Robert M. Edsel

avec Bret Witter

Monuments Men

Rose Valland et le commando d'experts à la recherche du plus grand trésor nazi

Traduit de l'américain
par Marie Boudewyn

Gallimard

Titre original :

MONUMENTS MEN
ALLIED HEROES, NAZI THIEVES,
AND THE GREATEST TREASURE HUNT IN HISTORY

© *2009 by Robert M. Edsel. Tous droits réservés.*
© *Éditions Jean-Claude Lattès, 2010, pour la traduction française.*

Robert M. Edsel est l'auteur d'essais parmi lesquels *Rescuing Da Vinci* et *Saving Italy: The Race to Rescue a Nation's Treasures from the Nazis*, récit du rôle joué par les « Monuments men » lors de l'invasion de l'Italie par les Alliés durant la Seconde Guerre mondiale et déjà best-seller aux États-Unis, ainsi que, avec Bret Witter, traduit en français, *Monuments Men : Rose Valland et le commando d'experts à la recherche du plus grand trésor nazi*. Il a coproduit le documentaire *The Rape of Europe*, finaliste de nombreux prix et récompensé par le River Run International Film Festival, et est également le président fondateur de la Monuments Men Foundation for the Preservation of Art, association à but non lucratif qui a reçu la National Humanities Medal, la plus haute distinction honorifique américaine liée aux Humanités. Robert M. Edsel s'est vu attribuer les prix suivants : Texas Medal of Arts, President's Call to Service et le Hope of Humanity, décerné par le musée de l'Holocauste de Dallas. Il est aussi conservateur au Musée national de la Seconde Guerre mondiale de La Nouvelle-Orléans.

À ma mère Norma, ma tante Marilyn,
et mon fils Diego
À la mémoire de mon père et de mon oncle
A. Ray Edsel et Ron B. Wright,
tous deux vétérans de la Seconde Guerre
mondiale
Et aux hommes et femmes des monuments,
dont l'héroïsme a permis de conserver
une bonne part des merveilles qui suscitent
encore aujourd'hui notre admiration.

« Quoi qu'aient pu représenter ces toiles aux yeux des hommes qui les contemplaient, il y a une génération de cela, aujourd'hui, leur statut excède celui d'une simple œuvre d'art. Aujourd'hui, elles symbolisent l'esprit de l'homme et le monde que l'esprit de l'homme a créé par sa liberté [...] Leur rendre hommage aujourd'hui revient à affirmer la volonté du peuple américain de ne jamais permettre qu'on étouffe la liberté de l'esprit qui a donné naissance aux chefs-d'œuvre de l'art et aux prodiges de la science. »

LE PRÉSIDENT FRANKLIN
D. ROOSEVELT,
lors de l'inauguration
de la Galerie nationale d'Art,
le 17 mars 1941.

« Autrefois, on appelait ça "piller" mais, entre-temps, la pratique s'est humanisée. Quoi qu'il en soit, j'ai bien l'intention de me livrer à un pillage systématique. »

LE REICHSMARSCHALL
HERMANN GÖRING,
à une conférence des membres
de la Commission du Reich
pour les territoires occupés
et les commandants militaires
à Berlin, le 6 août 1942.

Distribution des rôles

Robert Posey, capitaine de la 3ᵉ armée des États-Unis. Âgé de quarante ans. Né à Morris, dans l'Alabama rural, où il a grandi au sein d'une famille sans le sou. Une bourse du ROTC (le Corps d'entraînement des officiers de réserve de l'armée) lui a permis de sortir diplômé en architecture de l'université Auburn. Misanthrope, il tirait une grande fierté de sa présence au sein de la 3ᵉ armée, commandée par le légendaire général George S. Patton Jr. Il écrivait souvent à son épouse, Alice, et envoyait à son jeune fils Dennis, qu'il surnommait « Woogie », de nombreuses cartes postales et souvenirs.

James J. Rorimer, sous-lieutenant de la 7ᵉ armée des États-Unis. Âgé de trente-neuf ans. Né à Cleveland dans l'Ohio. Enfant prodige du monde muséal, il a obtenu très jeune le poste de conservateur du Metropolitan. Spécialiste de l'art médiéval, il a joué un rôle essentiel dans la fondation du département des Cloîtres sous le patronage de John D. Rockefeller Jr avant son affectation à Paris où sa détermination à toute épreuve et son amour de la culture française lui ont assuré l'affection de Rose Valland. Leur relation devait jouer un rôle essentiel dans la chasse au trésor des Nazis. Il a épousé l'une de ses collègues du Metropolitan, Katherine. Leur fille Anne est venue au monde alors que lui-même servait son pays outre-Atlantique ; il ne la verrait pas avant son deuxième anniversaire.

George Stout, lieutenant de la 1ʳᵉ puis de la 12ᵉ armée des États-Unis. Âgé de quarante-sept ans. Né à Winterset dans l'Iowa. Figure de proue de la conservation des œuvres d'art en tant que science, Stout a été l'un des premiers en Amérique à percevoir la menace que constituaient les Nazis pour le patrimoine culturel de l'Europe. En tant qu'officier supérieur, il a convaincu la communauté muséale et l'armée de créer un bataillon de conservateurs. Les Monuments men en poste en Europe du Nord se fiaient à son coup d'œil d'expert en le considérant par ailleurs comme un ami. Soigné et méticuleux, Stout, un vétéran de la Première Guerre mondiale, est mort en laissant son épouse Margie élever seule leur jeune fils. Son aîné s'est quant à lui battu dans la marine, en plein cœur du Pacifique.

Rose Valland, employée du musée du Jeu de Paume. Âgée de quarante-deux ans. Née à Saint-Étienne-de-Saint-Geoirs, en France. Issue d'un milieu modeste, élevée à la campagne, Rose Valland a été l'improbable héroïne du milieu culturel français. Bénévole au musée du Jeu de Paume au moment de la conquête de Paris par les Nazis, effacée mais résolue, cette célibataire s'est insinuée dans les bonnes grâces des occupants qu'elle a espionnés à leur insu de 1940 à 1944. Après la Libération, les renseignements d'une importance cruciale qu'elle était la seule à détenir ont permis de remettre la main sur de nombreuses œuvres d'art volées en France.

Ronald Edmund Balfour, commandant de la 1ʳᵉ armée canadienne. Âgé de quarante ans en 1944. Né dans l'Oxfordshire, en Angleterre. Historien à l'université de Cambridge. Un « gentleman érudit », selon la formule consacrée des Britanniques : voué corps et âme à ses passions intellectuelles sans ambitionner la moindre distinction. Protestant convaincu, il s'est d'abord lancé dans des études de théologie avant de s'intéresser à l'art religieux. Il tenait comme à la prunelle de ses yeux à sa bibliothèque personnelle.

Harry Ettlinger, soldat de la 7ᵉ armée des États-Unis. Âgé de dix-huit ans. Né à Karlsruhe en Allemagne. Il a ensuite suivi sa famille à Newark, dans le New Jersey. Juif allemand, Ettlinger a fui les persécutions des Nazis en 1939. Appelé sous les drapeaux dès sa sortie du lycée en 1944, il a d'abord erré dans le labyrinthe de la bureaucratie militaire avant de trouver la place qui lui convenait en mai 1945.

Walker Hancock, capitaine de la 1ʳᵉ armée des États-Unis. Âgé de quarante-trois ans. Né à St. Louis, dans le Missouri. Sculpteur de renom, lauréat du prestigieux prix de Rome avant la guerre, Hancock a dessiné la médaille de l'armée de l'air en 1942. Le cœur sur la main, doté d'un optimisme à toute épreuve, il faisait souvent part, dans ses lettres à son grand amour Saima Natti, qu'il a épousée deux semaines à peine avant son affectation en Europe, de la joie que lui procurait son travail et de son rêve d'acheter à Gloucester, dans le Massachusetts, une maison équipée d'un atelier où ils s'installeraient pour travailler ensemble.

Walter dit « Hutch » Huchthausen, capitaine de la 9ᵉ armée des États-Unis. Âgé de quarante ans. Né à Perry, dans l'Oklahoma. Célibataire au physique avantageux et à l'allure juvénile, Hutch était architecte et professeur de dessin à l'université du Minnesota. Lors de sa mission à Aix-la-Chapelle, il a dû veiller sur le patrimoine d'une bonne partie de l'Allemagne du Nord-Ouest.

Jacques Jaujard, directeur des Musées nationaux de France. Âgé de quarante-neuf ans. Né en France, Jaujard a veillé à la sauvegarde des collections d'art de l'État français pendant l'occupation nazie, de 1940 à 1944. C'était le supérieur hiérarchique, le mentor et l'ami fidèle de la grande héroïne des milieux culturels français : Rose Valland.

Lincoln Kirstein, soldat de première classe de la 3ᵉ armée des États-Unis. Âgé de trente-huit ans. Né à Rochester, dans l'État de New York. Imprésario et mécène, fondateur du légendaire New York City Ballet. Cet homme brillant, quoique sujet à des changements d'humeur imprévisibles et à des phases de prostration, passe pour l'une des figures culturelles les plus influentes de sa génération. Simple assistant du capitaine Robert Posey, il n'a hélas jamais réussi à s'élever dans la hiérarchie de la MFAA.

Note de l'auteur

La plupart d'entre nous ont conscience que la Seconde Guerre mondiale a été le conflit le plus destructeur de l'histoire. Nous gardons en mémoire le nombre des vies fauchées et les images de villes européennes en ruine. Combien d'entre nous ont toutefois déambulé dans un musée aussi imposant que le Louvre, se sont recueillis à l'intérieur d'une cathédrale comme celle de Chartres ou ont admiré une œuvre aussi sublime que la *Cène* de Léonard de Vinci en se demandant par quel miracle tant de monuments et de chefs-d'œuvre avaient survécu à la guerre et qui les a sauvés du désastre ?

Les événements les plus marquants de la Seconde Guerre mondiale — l'attaque sur Pearl Harbor, le débarquement en Normandie, la bataille des Ardennes — font aujourd'hui partie de notre patrimoine au même titre que les livres et les films — *Frères d'armes*, *Il faut sauver le soldat Ryan*, *La Liste de Schindler* —, les écrivains, réalisateurs et acteurs — Ambrose, Spielberg, Hanks — qui ont fait revivre pour nous cette époque héroïque riche en péripéties.

Si je vous disais à présent qu'un aspect du second conflit mondial essentiel à l'effort de guerre n'a jamais été raconté alors que les héros les plus improbables qu'on puisse imaginer y ont participé ? Si je vous disais qu'une poignée d'hommes se sont battus en première ligne pour sauver le monde où nous évoluons encore aujourd'hui ; des hommes qui ne tiraient pas à la mitraillette, ne conduisaient pas de chars d'assaut et ne détenaient aucun pouvoir politique mais qui ont perçu la menace qui planait sur tout ce que la civilisation et la culture ont accompli de plus remarquable et ont résolu de lutter jusqu'au bout pour la repousser ?

Ces héros méconnus ont reçu le surnom de « *Monuments men* » — les « hommes des monuments ». Ils ont participé à l'effort de guerre allié de 1943 jusqu'en 1951. À l'origine, leur mission consistait à limiter les dégâts causés aux églises et aux musées par les combats mais, après la pénétration des Alliés en Allemagne, ils ont surtout tenté de retrouver des objets d'art volés ou disparus. Pendant qu'ils occupaient l'Europe, Hitler et les Nazis se sont livrés au plus grand pillage de l'histoire en s'emparant de plus de cinq millions d'œuvres qu'ils ont ensuite rassemblées sur le territoire du Troisième Reich. Le combat des Alliés, sous la houlette des Monuments men, est ainsi devenu une « chasse au trésor » doublée d'une course contre la montre, émaillée de péripéties telles que seul un conflit mondial est capable d'en engendrer. Dans les endroits les plus improbables, dont certains ont d'ailleurs inspiré le château de la Belle au bois dormant du parc de Disneyland ou *La Mélodie du bonheur*, se cachaient alors des dizaines de milliers de chefs-d'œuvre, pour la plupart confisqués par les Nazis, dont d'inestimables toiles de Léonard de Vinci, de Vermeer ou de Rembrandt et des sculptures de Michel-Ange ou encore de Donatello. Certains des fanatiques qui les détenaient voulaient empêcher le reste du monde d'en jouir à partir du moment où le Troisième Reich allait devoir y renoncer.

Environ trois cent cinquante hommes et femmes de treize nationalités différentes ont fait partie de la section des Monuments, des Beaux-Arts et des Archives (la MFAA en anglais) — un chiffre ridicule rapporté aux millions de soldats engagés dans le conflit. Lors de la signature de l'armistice, le 8 mai 1945, ne se trouvaient cependant en Europe qu'une soixantaine de Monuments men, américains ou britanniques pour la plupart. Seuls vingt-deux officiers de la MFAA ont été affectés en Italie ; un pays au patrimoine d'une richesse pourtant inépuisable. Au cours des quelques mois qui ont suivi le Débarquement (le 6 juin 1944), moins d'une douzaine de Monuments men se sont rendus en Normandie. Vingt-cinq autres ont grossi leurs rangs jusqu'à la cessation des hostilités. La lourde responsabilité de veiller sur le patrimoine de l'Europe du Nord leur incombait. Un défi a priori impossible à relever !

Au départ, je souhaitais rendre compte dans ce livre de l'activité des Monuments men en Europe en me concentrant sur la période allant de juin 1944 à mai 1945 et sur huit d'entre eux qui se sont battus en première ligne — ainsi que sur deux acteurs essentiels du drame, dont une femme — en m'appuyant sur leurs journaux, leurs rapports militaires et surtout leurs lettres à leurs proches. Soucieux de donner une juste idée de ce vaste pan de l'effort de guerre allié, j'ai laissé mon manuscrit atteindre des proportions telles qu'il m'a fallu exclure à regret du présent ouvrage l'action des Monuments men en Italie. Je me suis donc concentré sur leur engagement dans le nord de l'Europe — en France, en Hollande, en Belgique et en Allemagne principalement.

Les officiers de la MFAA Deane Keller et Frederick Hartt (l'un et l'autre américains), John Bryan Ward-Perkins (un Britannique) et d'autres encore ont vécu d'incroyables aventures lors de leur périlleuse mission en Italie. Nos recherches ont tiré de l'oubli d'émouvantes lettres à leurs proches consacrées à l'écrasante responsabilité qui leur revenait de préserver cet irremplaçable berceau de la civilisation. Je traiterai dans un prochain ouvrage des événements mémorables auxquels ont été mêlés ces héros en Italie en m'appuyant sur leurs propres écrits.

Soucieux de la fluidité de mon récit, j'ai pris la liberté d'y insérer des dialogues fictifs, qui ne se rapportent en aucun cas à des points de première importance et sont rigoureusement fondés sur la documentation la plus complète à ma disposition. Je me suis chaque fois efforcé de décrire et d'interpréter les faits autant que la personnalité et le point de vue de ceux qui y ont été mêlés. Compte tenu du recul dont nous disposons aujourd'hui, il arrive que ce point de vue diffère du nôtre — d'où l'un des grands défis que pose l'histoire. Je revendique l'entière responsabilité de toute erreur d'appréciation.

En un sens, l'histoire des Monuments men me tient à cœur parce que c'est aussi l'histoire personnelle de différents individus. Permettez-moi de vous confier à ce propos une anecdote. Le 1er novembre 2006, je suis parti à Williamstown, dans le Massachusetts, m'entretenir avec l'officier de la MFAA S. Lane Faison Jr., un ancien membre du Bureau des Services stratégiques (l'OSS), l'ancêtre de la CIA. Lane est arrivé en Allemagne à l'été 1945. Il s'est aussitôt rendu au village d'Altaussee, en Autriche, afin de procéder à l'interrogatoire d'officiers nazis de haut grade appréhendés par les Alliés. Sa mission consistait à en apprendre le plus possible sur la collection d'œuvres d'art de Hitler et son projet de Führermuseum. Après la guerre, Lane a enseigné l'histoire de l'art au Williams College pendant près de trente ans, en transmettant à ses étudiants ses remarquables connaissances et son professionnalisme. Un certain nombre d'entre eux ont repris le flambeau ; je songe notamment à Thomas Krens (à la tête de la fondation Guggenheim de 1988 à 2008), James Wood (directeur du J. Paul Getty Trust depuis 2004), Michael Govan (responsable du musée d'art du comté de Los Angeles depuis 2006), Jack Lane (en fonction au musée d'art de Dallas de 1999 à 2007), Earl A. Powell III (qui officie à la Galerie nationale d'Art à Washington depuis 1992), sans oublier le légendaire Kirk Varnedoe (en poste au Musée d'art moderne de 1986 à 2001).

En dépit de ses quatre-vingt-dix-huit ans, Lane m'a paru en bonne santé. L'un de ses quatre fils, Gordon, m'a toutefois prévenu que « ces derniers temps, Papa pique systématiquement du nez au bout d'une demi-heure ; ne soyez donc pas déçu si votre entretien ne vous apprend pas grand-chose ». En réalité, notre entretien a duré près de trois heures ! Lane a feuilleté mon premier livre, *Rescuing Da Vinci* (Au secours de Léonard de Vinci), un hommage photographique à l'œuvre des Monuments men, en s'arrêtant de temps à autre pour étudier de plus près certains clichés qui semblaient le ramener dans le passé. Son regard s'est illuminé à mesure que ses souvenirs lui revenaient en mémoire. Il m'a raconté avec force gestes enthousiastes un tas d'histoires incroyables jusqu'à ce que l'heure sonne pour moi de m'en aller. Gordon en est resté stupéfait. Ses frères non plus n'en revenaient pas.

Au moment de prendre congé de Lane, je lui ai tendu la main, il l'a saisie entre les siennes en m'attirant près de lui pour me confier : « J'attends de rencontrer quelqu'un comme vous depuis des années. » Dix jours plus tard, à une semaine de son quatre-vingt-dix-neuvième anniversaire, il a rendu son dernier soupir. Un 11 novembre, le jour où les États-Unis rendent hommage aux vétérans des deux conflits mondiaux.

I

LA MISSION
1938-1944

« Il nous reste un long chemin à parcourir. On recherchera des hommes capables aussi sûrement que le soleil se lève le matin. On finira par dénoncer les réputations usurpées, la manie d'employer de grands mots pour ne rien dire et la superficialité en général. Une solide capacité à mener des troupes […] ajoutée à une infaillible détermination face au découragement, au danger et à une charge de travail sans cesse croissante caractériseront toujours le soldat à la tête d'une unité de combat digne de ce nom. Il lui faudra en outre une sacrée dose d'imagination — je n'en reviens pas de voir à quel point certains en manquent […] Enfin, le parfait combattant devra savoir s'oublier, lui et son intérêt personnel. Je viens de relever de leurs fonctions deux officiers qui s'inquiétaient de subir une "injustice" au détriment de leur "prestige" et que sais-je encore. Qu'ils aillent au diable ! »

LE GÉNÉRAL DWIGHT DAVID EISENHOWER,
commandant suprême des forces alliées, dans une lettre
au général Vernon Prichard du 27 août 1942.

« J'ai l'impression que nous avons fait du bon boulot parce que, comme personne ne s'intéressait à nous, personne ne nous mettait de bâtons dans les roues — sans compter que nous n'avions pas de moyens à notre disposition. »

JOHN GETTENS,
employé à la conservation des œuvres
d'art du musée Fogg, à propos de la percée scientifique
qu'il a réalisée avec George Stout, entre 1927 et 1932.

Le surnom de « Monuments men » a échu à un groupe d'hommes et de femmes de treize nationalités différentes, pour la plupart engagés volontaires dans la section des Monuments, des Beaux-Arts et des Archives (MFAA). La majorité d'entre eux avaient suivi une formation initiale de conservateur du patrimoine, professeur d'histoire de l'art, architecte ou encore archiviste. Leur mission consistait à préserver le patrimoine culturel de l'Europe au cours des combats du second conflit mondial.

La création de la MFAA (qui rassemblait les « restaurateurs de vénus » comme certains appelèrent à leurs débuts ceux qui recevraient bientôt le surnom de Monuments men) donna lieu à une remarquable expérience. Pour la première fois dans l'histoire, une armée livrerait bataille en s'efforçant de limiter les dégâts causés au patrimoine culturel — et ce sans moyen de transport adéquat ni ressources humaines suffisantes. Les hommes qui ont décidé de relever le défi n'avaient pas l'étoffe de héros a priori. La moyenne d'âge de la soixantaine d'entre eux qui ont servi en Afrique du Nord et en Europe jusqu'en mai 1945 (la première période que couvre notre récit) s'élevait à quarante ans. L'aîné, un « indestructible vétéran de la Première Guerre mondiale[1] » allait sur ses soixante-sept ans. Cinq seulement n'avaient pas encore franchi le cap de la trentaine. La plupart, en s'engageant, ont renoncé au moins pour un temps à leur famille et à une situation enviable et, pourtant, tous ont fait le choix de participer à l'effort de guerre dans la section des Monuments, des Beaux-Arts et des Archives, résolus à se battre jusqu'à la mort pour défendre les valeurs auxquelles ils croyaient. Je suis fier de vous les présenter en vous racontant à présent leurs remarquables aventures.

1. Quitter l'Allemagne

Karlsruhe, Allemagne, 1715-1938

Le margrave Karl Wilhelm von Baden-Durlach fonda
en 1715 la ville de Karlsruhe, dans le sud-ouest de l'Allemagne. Une légende locale prétend qu'un jour que Karl
Wilhelm s'était endormi au cours d'une promenade dans
les bois, il rêva d'un palais qu'entourait une ville. En
réalité, il abandonna sa résidence de Durlach à l'issue
d'une querelle avec les habitants de la cité. D'un optimisme à toute épreuve, Karl Wilhelm résolut de donner
au plan de la ville qu'il comptait fonder la configuration
d'une roue : trente-deux voies de circulation partiraient
en étoile de son palais, comme les rayons du moyeu.
Conformément à son rêve, une cité sortit bientôt de terre
aux abords de son nouveau château.

Dans l'espoir qu'elle atteigne rapidement une envergure régionale, Karl Wilhelm invita tous ceux qui le
souhaitaient à s'y installer ; peu importe leur ethnie ou
leur religion. Une telle tolérance était rare en ce temps-
là, surtout envers les Juifs relégués à l'intérieur de ghet-
tos dans la majeure partie de l'est de l'Europe. En 1718,
une communauté juive s'établit à Karlsruhe. En 1725
s'y installa un marchand du nom de Seligmann

originaire d'Ettlinger, un bourg des environs où sa famille vivait depuis 1600. Seligmann connut une relative prospérité à Karlsruhe ; sans doute parce que aucune loi antisémite n'y fut promulguée avant 1752, date à laquelle l'autorité de la cité s'étendit sur la région. Vers 1800, un règlement contraignit tous ceux qui résidaient en Allemagne à prendre un nom de famille. Les descendants de Seligmann optèrent pour celui d'Ettlinger, leur ville d'origine.

En 1850, la famille Ettlinger ouvrit une boutique de vêtements pour dames à l'enseigne « Gebrüder Ettlinger » dans la rue principale de Karlsruhe, la Kaiserstrasse. À l'époque, les Juifs n'avaient pas le droit de posséder de terres agricoles. Les professions libérales leur restaient accessibles mais ils y subissaient une rude discrimination. Les corporations (de plombiers ou de charpentiers par exemple) refusaient de les admettre comme membres. De nombreuses familles juives se rabattaient donc sur le commerce. La boutique des frères Ettlinger ne se trouvait qu'à deux pâtés de maisons du palais. À la fin des années 1890, elle devint l'une des plus courues de la région grâce à la protection de la grande-duchesse Hilda von Baden, descendante de Karl Wilhelm, mariée à Friedrich II von Baden. À l'aube du xxe siècle y travaillaient quarante employés répartis sur quatre niveaux. L'abdication de la duchesse suite à la défaite de l'Allemagne en 1918 ne porta heureusement aucun tort à la famille Ettlinger.

En 1925, Max Ettlinger épousa Suse Oppenheimer, la fille d'un grossiste en tissu de la ville voisine de Bruchsal, qui fournissait à l'État le drap des uniformes des policiers et des douaniers. Les Oppenheimer, des Juifs établis dans la région depuis 1450, étaient réputés pour leur honnêteté et leur bonté. La mère de Suse avait un temps dirigé la branche locale de la Croix-Rouge. Quand le fils aîné de Max et Suse, Heinz Ludwig Chaim Ettlinger, surnommé Harry, vint au monde en 1926, la famille aux revenus plus que confortables jouissait d'un respect unanime à Karlsruhe.

Les enfants évoluent en vase clos. Le jeune Harry dut s'imaginer que sa famille menait le même genre de vie depuis la nuit des temps. Il ne fréquentait que des Juifs. Tout comme ses parents. Il ne s'en étonnait donc pas. Il rencontrait à l'école ou au jardin public des Gentils dont il appréciait la compagnie mais il se rendait bien compte qu'il n'avait pas sa place parmi eux. Il ne se doutait pas qu'une récession touchait le monde entier ni que les périodes de crise amènent ceux qui en souffrent à en blâmer d'innocents tiers. Les parents de Harry s'inquiétaient de la situation économique mais surtout de la montée du nationalisme et de l'antisémitisme. Harry, lui, remarquait seulement que la frontière qui le séparait du reste de Karlsruhe devenait de moins en moins métaphorique et de plus en plus difficile à franchir.

En 1933, Harry, dans sa huitième année, fut exclu de l'association sportive locale. À l'été 1935, sa tante quitta Karlsruhe pour s'établir en Suisse. Quand Harry entra en cinquième quelques mois plus tard, sa classe de quarante-cinq élèves ne comptait que deux Juifs. Comme une blessure par shrapnel près de Metz avait valu une décoration à son père, un vétéran de la Première Guerre mondiale, Harry échappa pour un temps aux lois de Nuremberg qui privèrent en 1935 les Juifs de la citoyenneté allemande et de la plupart de leurs droits. À l'école, Harry fut toutefois contraint de

s'asseoir au dernier rang. Ses résultats s'en ressen-
tirent. Il pâtit cependant moins de l'ostracisme de ses
camarades, qui ne s'en prirent jamais à lui physiquement, que des préjugés hostiles de ses professeurs.

Deux ans plus tard, en 1937, Harry dut fréquenter
une école réservée aux Juifs. Vers la même époque, ses
deux frères cadets et lui reçurent un cadeau surprise :
des bicyclettes. Les Ettlinger venaient de faire faillite,
victimes du boycott des commerces juifs. Le père de
Harry travaillait désormais avec Opa (le grand-père)
Oppenheimer. Harry apprit à rouler à vélo afin de pouvoir se déplacer en Hollande où la famille espérait
émigrer. Les parents de son meilleur ami voulaient
s'établir en Palestine. À vrai dire, presque tous ceux que
fréquentait Harry cherchaient à quitter l'Allemagne.
Hélas ! La Hollande n'accorda pas de visa aux Ettlinger.
Quand Harry fit une chute à bicyclette, les médecins de
l'hôpital de Karlsruhe refusèrent de le soigner.

Il existait deux synagogues à Karlsruhe. Les
Ettlinger, qui n'observaient pas strictement les pré-
ceptes de leur religion, fréquentaient la moins ortho-
doxe, dans la Kronenstrasse : un imposant bâtiment
vieux d'un siècle où les fidèles priaient sur quatre
niveaux couronnés de dômes abondamment décorés
— quatre et pas plus car une loi interdisait aux constructions de la ville de dépasser la tour du palais de Karl
Wilhelm. Les hommes en costume et chapeau noirs prenaient place sur des bancs au rez-de-chaussée tandis
que les femmes occupaient les galeries. Le soleil qui
entrait à flots par les baies vitrées baignait de lumière
l'intérieur de la salle.

Les vendredis soir et samedis matin, Harry observait
depuis la tribune du chœur l'assemblée des fidèles, qui

s'en iraient bientôt les uns après les autres, poussés à émigrer par la misère, les discriminations, les menaces et le gouvernement, qui voyait dans leur départ la meilleure « solution » au problème des Juifs dans l'État allemand. En attendant, la synagogue ne désemplissait pas : le dernier havre dont disposaient les Juifs en ville les attirait en nombre croissant à mesure que la société régressait sur les plans économique, culturel et social. Il n'était pas rare que cinq cents personnes y prient ensemble pour la paix.

L'enthousiasme que suscita l'annexion de l'Autriche par les Nazis en mars 1938 consolida le pouvoir de Hitler en apportant de l'eau au moulin de son idéologie de l'Allemagne par-dessus tout (« Deutschland über alles »). Hitler était alors convaincu de fonder un nouvel empire allemand qui durerait un millénaire. Les Juifs de Karlsruhe, eux, estimaient un conflit inévitable. Pas seulement contre les Israélites mais contre le reste de l'Europe.

Un mois plus tard, le 28 avril 1938, Max et Suse Ettlinger se rendirent en train au consulat américain de Stuttgart, à quatre-vingts kilomètres de Karlsruhe. Depuis des années, ils sollicitaient l'autorisation d'émigrer en Suisse, en Grande-Bretagne, en France ou aux États-Unis, en vain. Ce jour-là, ils ne comptaient pas remplir de nouveaux formulaires mais simplement obtenir des réponses aux questions qui les hantaient. Une grande confusion régnait au consulat bondé. Le couple se laissa conduire d'un bureau à l'autre, sans comprendre de quoi il retournait. Des employés leur posèrent des questions en leur remettant des papiers à compléter. Quelques jours plus tard, une lettre leur annonça que le consulat donnerait suite à leur demande de visa pour les États-Unis. Dès le lendemain de leur visite, les autorités américaines avaient pourtant décidé de refuser toute nouvelle candidature à l'émigration. Les Ettlinger allaient bientôt pouvoir quitter l'Allemagne. Il s'en était fallu de peu !

Avant tout, il fallait célébrer la bar-mitsvah de Harry. La cérémonie fut fixée au mois de janvier 1939. Ses parents et lui émigreraient aussitôt après. Harry passa l'été à étudier l'hébreu et l'anglais. Pendant ce temps disparurent les biens des Ettlinger qui en confièrent une partie à leurs proches et empaquetèrent le reste en vue de leur traversée de l'Atlantique. Les Juifs n'avaient pas le droit d'emporter d'argent au-delà des frontières — la taxe prélevée par les Nazis sur les envois à l'étranger n'était pas que symbolique, loin de là ! — mais la loi les autorisa, jusqu'à la fin de l'année du moins, à conserver certains de leurs biens.

En juillet, la date de la bar-mitsvah de Harry fut avancée au mois d'octobre 1938. Enhardi par son triomphe en Autriche, Hitler déclara l'Allemagne prête à entrer en guerre afin de récupérer les Sudètes, un petit territoire rattaché à la Tchécoslovaquie après la Première Guerre mondiale. Le conflit apparut dès lors inévitable et surtout imminent. À la synagogue, les prières pour la paix devinrent plus fréquentes et désespérées que jamais. En août, les Ettlinger avancèrent encore de trois semaines la bar-mitsvah de leur fils et leur départ d'Allemagne.

En septembre, le jeune Harry de douze ans et ses deux frères se rendirent en train à Bruchsal, à vingt-sept kilomètres de Karlsruhe, afin de rendre une ultime visite à leurs grands-parents qui s'apprêtaient à s'installer dans la ville voisine de Baden-Baden suite à la faillite de leur entreprise textile. Oma (grand-mère)

Oppenheimer servit aux enfants un déjeuner sans prétentions. Opa Oppenheimer leur montra une dernière
fois sa collection d'estampes. Autodidacte et passionné
de peinture, il possédait près de deux mille gravures,
pour la plupart des ex-libris et des œuvres d'impressionnistes allemands de second plan actifs à la fin des
années 1890 et au début du xxe siècle. L'une des plus
belles pièces de sa collection, œuvre d'un artiste des
environs, reproduisait un autoportrait de Rembrandt ;
l'un des joyaux du musée de Karlsruhe. Opa Oppenheimer l'avait souvent admiré du temps où il y assistait
à des conférences mais, depuis cinq ans, l'entrée lui en
était interdite, à lui et ses coreligionnaires. Harry, lui,
n'avait jamais posé les yeux sur ce chef-d'œuvre alors
qu'il habitait à quatre pâtés de maisons à peine du
musée.

Opa Oppenheimer finit par ranger ses estampes pour
se tourner vers sa mappemonde. « Vous allez devenir
américains, les enfants, leur dit-il d'un ton attristé, et
vos ennemis seront — il fit tourner le globe avant de
poser son index, non pas sur Berlin mais sur Tokyo —
les Japonais[1]. »

Une semaine plus tard, le 24 septembre 1938, Harry
Ettlinger célébra sa bar-mitsvah dans la magnifique
synagogue de la Kronenstrasse. En vertu d'une coutume
vieille de plusieurs millénaires, Harry se leva pour chan-
ter un passage de la Torah en hébreu devant une salle
comble. La cérémonie, qui devait marquer son entrée
dans l'âge adulte, dura trois heures. La plupart des coreligionnaires de Harry avaient cependant renoncé à tout
espoir de bâtir leur avenir à Karlsruhe. Les Juifs en
butte à toutes sortes de vexations, exclus de la société,
n'y trouvaient plus de travail. Hitler défiait les

puissances occidentales de s'opposer à lui. Après la cérémonie, le rabbin prit les parents de Harry à part en leur conseillant de hâter leur départ prévu le lendemain en prenant l'après-midi même le train d'une heure pour la Suisse. Ils n'en crurent pas leurs oreilles : le rabbin les incitait à voyager le jour du sabbat. Jamais encore on n'avait entendu chose pareille !

Le trajet du retour de la synagogue parut interminable aux Ettlinger qui se contentèrent de déjeuner de simples sandwiches grignotés en silence dans leur appartement vide. Ils n'avaient invité qu'Oma et Opa Oppenheimer, l'autre grand-mère de Harry, Oma Jennie, et sa sœur, Tante Rosa, qui vivaient toutes deux chez les Ettligner depuis la fermeture de la boutique. Quand la mère de Harry fit part à Opa Oppenheimer des recommandations du rabbin, l'ancien combattant de l'armée allemande jeta un coup d'œil par la fenêtre à la Kaiserstrasse grouillant de soldats en uniformes.

« Si l'Allemagne comptait entrer en guerre aujourd'hui, déclara le vétéran qui en avait déjà vu d'autres, ces soldats auraient déjà rejoint leur caserne[2]. »

Le père de Harry, qui s'était lui aussi battu du côté allemand au cours de la Première Guerre mondiale, lui donna raison. Pour finir, la famille ne partit que le lendemain matin, à bord du premier train pour la Suisse. Le 9 octobre 1938, ils débarquèrent à New York. Un mois plus tard, le 9 novembre, les Nazis prirent le prétexte de l'assassinat d'un diplomate pour se lancer dans leur croisade contre les Juifs d'Allemagne. Pendant la Nuit de cristal, plus de sept mille commerces juifs et deux cents synagogues furent détruits. Les Nazis internèrent les Juifs de Karlsruhe, dont Opa Oppenheimer, au camp tout proche de Dachau. Un incendie ravagea la magnifique synagogue de la Kronenstrasse, vieille de plus d'un siècle, où Heinz Ludwig Chaim Ettlinger avait été le dernier Juif à célébrer sa bar-mitsvah quelques semaines plus tôt.

Mon propos n'est pas de raconter l'histoire de la synagogue de la Kronenstrasse, du camp de Dachau ni même de l'Holocauste, mais celle d'une autre agression des Nazis contre les nations européennes : la guerre qu'ils ont livrée à leur patrimoine. Quand le soldat américain Harry Ettlinger est revenu à Karlsruhe, il n'espérait y retrouver ni ses proches ni les ultimes traces de la communauté juive désormais disparue mais une partie de son héritage dont l'avait privé le régime hitlérien : la collection d'estampes chère au cœur de son grand-père. Sa quête l'amènerait à découvrir, enfouie à deux cents mètres sous terre, une œuvre dont il entendait parler depuis tout petit mais qu'il ne s'attendait pas à contempler un jour : le Rembrandt du musée de Karlsruhe.

2. Le rêve de Hitler

Florence, Italie, mai 1938

Au début du mois de mai 1938, quelques jours après que les parents de Harry Ettlinger eurent déposé presque sans s'en rendre compte une demande de visa pour l'Amérique au consulat de Stuttgart, Adolf Hitler effectua l'un de ses premiers voyages hors d'Allemagne et d'Autriche : il se rendit en visite d'État en Italie afin d'y rencontrer son allié fasciste Benito Mussolini.

À Rome, il dut se sentir bien humble face aux imposants monuments en ruine rappelant le passé impérial de la vaste cité. Hitler souhaitait que la capitale allemande ressemble à Rome au temps de sa splendeur — non pas telle qu'il la découvrit à l'époque mais telle qu'il l'imaginait d'après ses vestiges antiques. À côté, Berlin faisait figure de simple avant-poste de province. Voilà des années que Hitler projetait de conquérir le monde en commençant par l'Europe. Depuis 1936, il réfléchissait avec son architecte attitré Albert Speer à un plan de reconstruction de Berlin à grande échelle. Après son voyage à Rome, il ordonna à Speer de pourvoir aux nécessités immédiates sans jamais perdre de vue l'avenir. Il souhaitait voir surgir de terre des monuments qui, au fil des siècles, se mueraient en ruines sublimes afin qu'un millénaire après la fondation du Troisième Reich, les symboles de sa puissance continuent d'emplir l'humanité d'un émerveillement teinté de crainte.

Florence, la capitale artistique de l'Italie, ne l'inspira pas moins que Rome. Le cœur de l'Europe culturelle battait dans le dédale des monuments où la Renaissance italienne avait vu le jour. En l'honneur de la venue de Hitler, on pavoisa les rues de drapeaux nazis en acclamant le Führer. Celui-ci s'attarda plus de trois heures aux Offices, ému par ses splendides chefs-d'œuvre qu'il admira comme ils le méritaient. Son entourage tenta cependant d'écourter sa visite. Mussolini, qui n'avait jamais mis les pieds dans un musée de bon cœur[1], marmonnait dans son dos, exaspéré : « *Tutti questi quadri !* » (« Toutes ces toiles[2] ! ») mais Hitler refusa de presser l'allure.

Plus jeune, il rêvait de devenir artiste ou architecte mais il dut y renoncer quand de soi-disant experts — juifs, à l'en croire — rejetèrent sa candidature à l'académie des Beaux-Arts de Vienne. Il vécut ensuite dans la rue ou peu s'en faut pendant une dizaine d'années d'errance sans un sou en poche. Puis son véritable destin lui apparut enfin : Hitler n'était pas appelé à créer mais à reconstruire. À épurer avant de rebâtir. À fonder un empire allemand, le plus grand que le monde eût jamais connu. Le plus puissant, le plus discipliné et le plus pur aussi, d'un point de vue racial. Berlin serait sa Rome mais il fallait à un empereur à l'âme d'artiste une Florence or Hitler savait où il l'établirait.

Moins de deux mois plus tôt, le 13 mars 1938, un dimanche, Adolf Hitler avait posé une couronne de fleurs sur la tombe de ses parents dans la ville de son enfance : Linz, en Autriche. L'après-midi précédent, le 12 mars, venait de se réaliser l'une de ses principales ambitions. Lui, jadis rejeté, méprisé, s'était rendu d'Allemagne, qu'il gouvernait à présent, dans son Autriche natale tout juste annexée au Reich. Dans chaque ville, la foule avait poussé des cris d'allégresse au passage de son convoi en s'attroupant autour de sa voiture. Des mères de famille avaient pleuré de joie en l'apercevant, des enfants l'avaient couvert de fleurs et de compliments. À Linz, on le salua comme un héros conquérant, le sauveur de son pays et de sa race.

Le lendemain, il ne put quitter Linz à l'heure prévue. De nombreux camions et chars de son convoi tombés en panne bloquaient la route de Vienne. Toute la matinée, il maudit ses commandants qui lui gâchaient son heure de gloire en le ridiculisant aux yeux de son peuple et du reste du monde. L'après-midi, seul au cimetière, sa garde rapprochée campée à une distance respectueuse, Hitler sentit de nouveau la grâce le toucher, tel un aigle descendu des cieux pour fondre sur sa proie.

Il avait réussi. Il n'était plus seulement un fils en deuil en train de se recueillir sur la tombe de sa mère mais le Führer. L'empereur d'Autriche. Il n'avait plus à se sentir humilié par la vue du front de rivière de Linz où les industries s'étaient implantées au petit bonheur ; libre à lui à présent de le reconstruire. De redorer le blason de cette bourgade industrielle jusqu'à ce qu'elle éclipse Vienne, une ville aux mains des Juifs, quoique violemment antisémite, et qu'il méprisait.

Peut-être songea-t-il alors à Aix-la-Chapelle. Pendant onze siècles, la cité avait tenu lieu de monument à la gloire de Charlemagne, le maître du Saint Empire romain germanique, à l'origine du Premier Reich allemand en l'an 800, qui y reposait d'ailleurs. Charlemagne avait établi son pouvoir autour d'une magnifique cathédrale élevée sur les antiques fondations d'Aix-la-Chapelle. Adolf Hitler rebâtirait Berlin sur le modèle de Rome mais il reconstruirait Linz, ce trou perdu empuanti par les fumées d'usines, à sa propre image. Hitler se sentait désormais en mesure de témoigner dans la pierre de sa puissance et de sa personnalité artistique pour les siècles à venir. Deux mois plus tard, aux Offices de Florence, il entrevit ce que Linz était appelée à devenir : le centre culturel de l'Europe.

En avril 1938, Hitler se mit à réfléchir à la fondation d'un musée à Linz regroupant les œuvres qu'il collectionnait pour son propre compte depuis les années 1920. Son bref séjour dans l'un des principaux centres de l'art occidental lui fit comprendre que ses projets manquaient d'envergure. Il ne doterait pas Linz d'un simple musée, non : il remodèlerait les quais du Danube pour y implanter un quartier culturel aux larges avenues entrecoupées de sentiers de promenade et de parcs mettant en valeur le moindre point de vue. Il y construirait un Opéra, une salle de concerts symphoniques, un cinéma, une bibliothèque et, bien entendu, un mausolée géant qui abriterait sa dépouille. Non loin de là, dans le centre de la ville, se dresserait le Führermuseum, sa cathédrale d'Aix-la-Chapelle : le plus vaste, le plus imposant, le plus spectaculaire musée du monde.

Le Führermuseum — le testament artistique de Hitler — devait le venger du rejet de l'académie des Beaux-Arts de Vienne en fixant par ailleurs un objectif concret à sa volonté de purger l'art des œuvres des modernes et des Juifs. En créant de nouveaux musées tels que la Maison de l'art allemand (*Haus der*

Deutschen Kunst) à Munich, le premier projet public financé par son gouvernement, en organisant tous les ans de grandes expositions pour l'édification du peuple allemand et même en incitant l'élite du parti nazi à collectionner comme lui des œuvres d'art, Hitler poursuivait son éternelle quête de la pureté en art. Le Führermuseum, le musée le plus spectaculaire de l'histoire, devait réunir des trésors du monde entier.

Tout était déjà prévu depuis longtemps. En 1938, Hitler se lança dans une purge des milieux culturels allemands. De nouvelles lois privant les Juifs de la citoyenneté allemande préludèrent à la confiscation de leurs collections d'œuvres d'art, de leurs meubles et même de leur argenterie et de leurs photos de famille. Au moment même où Hitler se recueillait sur la tombe de sa mère, alors qu'il ne gouvernait l'Autriche que depuis la veille, des SS aux ordres de Heinrich Himmler arrêtaient, au nom de ces mêmes lois, l'élite juive de Vienne dont la fortune allait tomber entre les mains du Reich. Les SS savaient où trouver des œuvres d'art : ils disposaient de listes détaillées. Depuis plusieurs années, des historiens d'art allemands sillonnaient l'Europe en dressant en secret des inventaires. Quand Hitler achèverait sa conquête du continent — il s'y préparait depuis longtemps — ses agents sauraient précisément où dénicher le moindre objet de valeur.

Au cours des années à venir, à mesure que s'accroîtraient le pouvoir de Hitler et l'étendue du territoire sur lequel il l'exerçait, ses agents s'infiltreraient dans les moindres musées, bunkers et salons pour acheter ou confisquer des œuvres. Les saisies motivées par des considérations racistes du dirigeant nazi Alfred

Rosenberg donneraient bientôt lieu à un pillage alimenté par l'insatiable ambition du Reichsmarschall Hermann Göring. Hitler s'apprêtait à promulguer de nouvelles lois afin de rassembler les chefs-d'œuvre de l'Europe au sein du Vaterland où il les entreposerait en attendant l'occasion de les exposer dans le plus beau musée du monde. D'ici là, ces chefs-d'œuvre seraient répertoriés dans d'énormes catalogues de sorte que, dans un futur proche, à l'issue d'une longue journée passée à gouverner le monde, Hitler pourrait se détendre chez lui, son chien fidèle à ses pieds et une tasse de thé fumante à portée de sa main en contemplant parmi sa collection personnelle — la plus prestigieuse jamais réunie — quelques œuvres choisies pour illuminer sa soirée. Au cours des années à venir, Adolf Hitler ne cesserait plus d'y rêver, jusqu'à ce qu'avec le concours des architectes Albert Speer, Hermann Giesler et d'autres encore, le Führermuseum et le quartier culturel de Linz — parfaites illustrations de son tempérament artistique — deviennent une idée fixe, puis un plan détaillé et enfin une imposante maquette en trois dimensions figurant le moindre bâtiment, pont ou arbre qui verrait jamais le jour sous sa férule.

26 juin 1939
Lettre de Hitler ordonnant au Dr Hans Posse de superviser
la construction du Führermuseum à Linz.

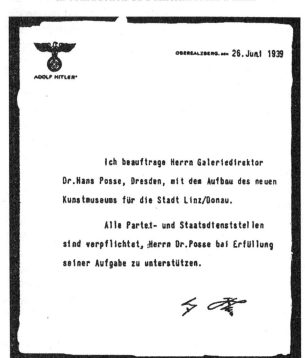

OBERSALZBERG, den 26. Juni 1939

ADOLF HITLER

Ich beauftrage Herrn Galeriedirektor
Dr. Hans Posse, Dresden, mit dem Aufbau des neuen
Kunstmuseums für die Stadt Linz/Donau.

Alle Partei- und Staatsdienststellen
sind verpflichtet, Herrn Dr. Posse bei Erfüllung
seiner Aufgabe zu unterstützen.

« Je charge le Dr Hans Posse, directeur de la galerie de Dresde, de la construction du nouveau musée des Beaux-Arts de Linz sur le Danube.

» L'ensemble des services du parti et de l'État s'engageront à soutenir le Dr Posse afin qu'il mène à bien sa mission. »

Signé : Adolf Hitler

3. L'appel aux armes

New York, décembre 1941

À la mi-décembre 1941, les illuminations de Noël étincelaient à New York comme par défi. Les vitrines des grands magasins Saks et Macy's brillaient de mille feux. Le sapin géant du Rockefeller Center éblouissait les passants en leur laissant l'illusion qu'une centaine d'yeux méfiants les scrutaient. Au Centre pour la Défense, des soldats décoraient des arbres de Noël alors que des civils préparaient à manger pour quarante mille engagés, à l'occasion de la plus grande fête jamais organisée dans la ville. Des écriteaux « Nous restons ouverts comme à l'ordinaire » apposés aux devantures des commerces indiquaient que ce Noël-là s'annonçait rien moins qu'ordinaire. Le 7 décembre, les Japonais avaient bombardé Pearl Harbor en causant un profond choc à la nation et en la propulsant dans la guerre. Alors que la plupart des Américains faisaient des emplettes en proie à une sourde colère et décidaient de passer quelques jours auprès de leur famille pour la première fois depuis des années — jamais autant de monde ne prit le bus ou le train que cette année-là —, certains guettaient les avions ennemis le long des côtes atlantique et pacifique.

De grands changements s'étaient produits depuis l'Anschluss en 1938. À commencer par la capitulation de la Tchécoslovaquie sur la question des Sudètes. Le 23 août 1939, l'Allemagne et l'Union soviétique avaient signé un pacte de non-agression. Une semaine plus tard, le 1er septembre, les Allemands envahissaient la Pologne. En mai 1940, les Nazis en pleine Blitzkrieg (guerre éclair) se lancèrent à l'assaut de l'ouest de l'Europe : ils mirent en déroute les troupes franco-britanniques en envahissant la Belgique et la Hollande. En juin, les Allemands se rendirent maîtres de Paris alors que beaucoup de Français sous le choc se préparaient à évacuer la moitié nord du pays. La bataille d'Angleterre débuta en juillet, suivie en septembre par un bombardement aérien de Londres de cinquante-sept jours : le fameux « Blitz ». À la fin du mois de mai 1941, les bombes allemandes avaient tué des dizaines de milliers de civils britanniques en détruisant au moins partiellement plus d'un million de bâtiments. Le 22 juin, assuré de la soumission de l'Europe occidentale, Hitler se retourna contre Staline. Le 9 septembre, la Wehrmacht (l'armée allemande) arriva aux abords de l'ancienne capitale russe, Saint-Pétersbourg, après avoir dévasté l'ouest du pays. Commença dès lors le siège de Leningrad, qui durerait près de neuf cents jours.

Aux États-Unis officiellement neutres, la tension, qui n'avait pas cessé de croître au cours des trois années précédentes, ne demandait plus qu'à se relâcher en libérant la formidable énergie accumulée entre-temps. La communauté muséale américaine, qui, comme tant d'autres, s'activait de son mieux, se mit en tête d'aménager des sous-sols climatisés pour y abriter ses réserves et ses trésors. Dès que les Nazis occupèrent Paris, le directeur du musée des Beaux-Arts de Toledo encouragea par courrier David Finley, le responsable de la Galerie nationale d'Art de Washington pour l'heure fermée au public, à établir un plan de sauvegarde des œuvres d'art à l'échelle nationale : « Je sais que [le risque d'une invasion] paraît éloigné pour l'instant mais en France aussi, c'était le cas, il n'y a pas si longtemps encore[1]. » Il avait fallu près d'un an aux Britanniques pour rendre propre à abriter des œuvres une mine désaffectée du pays de Galles. De combien de temps la communauté muséale des États-Unis disposait-elle encore afin de parer au danger ?

Au lendemain de l'attaque sur Pearl Harbor, la plus meurtrière jamais perpétrée sur le sol des États-Unis, un besoin presque désespéré de réagir s'empara des Américains. Un raid contre une métropole américaine semblait à présent probable et l'invasion du pays par les Japonais ou les Allemands ou même les deux était de l'ordre du possible. Le musée des Beaux-Arts de Boston interdit au public l'accès aux collections japonaises de crainte que des visiteurs ne passent sur elles leur colère. Au musée Walters de Baltimore, les bijoux et autres petits objets en or disparurent des vitrines afin de ne pas tenter les pompiers munis de haches susceptibles d'envahir les lieux en cas d'urgence. À New York, le Metropolitan décida de fermer ses portes à la tombée de la nuit pour éviter que des visiteurs n'endommagent des toiles ou n'en volent à la faveur d'un couvre-feu. Le personnel du MoMA (le Musée d'art moderne) prit l'habitude d'entreposer chaque soir des peintures dans une salle tapissée de sacs de sable avant de les raccrocher le lendemain matin. Les responsables de la collection Frick résolurent d'obturer les fenêtres des salles d'exposition afin d'empêcher les bombardiers ennemis de les repérer au centre de Manhattan.

Les personnalités en vue du milieu culturel américain qui gravirent l'imposant escalier du Metropolitan, le matin glacial du 20 décembre 1941, en réponse à une invitation de Francis Henry Taylor, son directeur, et de David Finley, à la tête de la Galerie nationale d'Art de Washington, gardaient ces circonstances présentes à l'esprit. La plupart des quarante-quatre hommes et quatre femmes (dont Jere Abbott, William Valentiner, Alfred Barr, Charles Sawyer et John Walker) qui se rendirent au Metropolitan ce matin-là dirigeaient l'une ou l'autre des principales institutions culturelles à l'est des Rocheuses : la collection Frick, le musée Carnegie, le Metropolitan, le MoMA, le musée Whitney d'art américain ou encore le Smithsonian, sans compter ceux de Baltimore, Boston, Detroit, Chicago, St Louis et Minneapolis.

Parmi eux se trouvait Paul Sachs, le directeur associé du musée d'art Fogg de l'université de Harvard — une institution dont la taille modeste ne nuisait nullement à l'influence de Sachs sur ses confrères. Fils de l'un des premiers associés de la banque d'investissement Goldman Sachs (son fondateur, Marcus Goldman, n'était autre que son grand-père maternel), il assurait le lien entre les conservateurs du patrimoine (dont il fut le premier professeur) et les riches banquiers juifs de New York. À l'université de Harvard, Sachs dispensa dès 1921 un cours intitulé « Problématiques des musées » : le premier jamais conçu à l'intention des futurs responsables de collections publiques. Il y enseignait, outre l'histoire de l'art, des méthodes de

gestion financière et apprenait à ses étudiants comment
solliciter des donations auprès des collectionneurs et
des banquiers d'Amérique que ceux-ci croisaient à
l'occasion de dîners chics où il leur fallait se mettre sur
leur trente et un en prenant garde à respecter l'étiquette. En 1941, d'anciens élèves de Sachs occupaient
depuis peu les postes les plus en vue dans les musées
américains, sur lesquels ils régneraient sans partage
après guerre.

On mesure l'influence de Paul Sachs quand on sait
qu'il accrochait en général les toiles assez bas, lui-
même ne mesurant pas plus d'un mètre cinquante-huit.
Lorsque les musées d'Amérique occupèrent le devant
de la scène mondiale au lendemain de la guerre, de
nombreux directeurs prirent l'habitude de présenter les
œuvres moins haut qu'en Europe ; les étudiants de
Sachs en étaient venus à trouver cela normal. Quant à
leurs collègues, ils suivirent tout bonnement leur
exemple.

Sachs, sur les instances de George Stout, le dandy à
la tête du département pionnier quoique méconnu de
la conservation et de la recherche technique du musée
Fogg, se prit d'intérêt pour le sort de la communauté
muséale européenne. Avec l'aide de leurs collègues,
Sachs et Stout y consacrèrent un exposé cet après-midi-
là. Les diapos projetées par Sachs dans la pénombre
rappelèrent aux directeurs des plus grands musées
d'Amérique le tribut payé par le patrimoine européen à
l'avancée des Nazis. Ils virent la National Gallery de
Londres vide, ses chefs-d'œuvre entreposés pour des
raisons de sécurité dans la carrière de Manod. La Tate
Gallery jonchée de vitres brisées. La nef de la cathédrale
de Cantorbéry remplie de terre dans l'espoir d'amortir

le choc d'une éventuelle explosion. Les toiles des
maîtres hollandais du Rijksmuseum d'Amsterdam
entassées comme des chaises pliantes contre les murs à
nu. Son trésor le plus célèbre, la monumentale *Ronde de
nuit* de Rembrandt, roulée sur elle-même à la manière
d'un tapis à l'abri d'une caisse qui ressemblait à un
cercueil. À Paris, la grande galerie du Louvre, dont les
imposantes dimensions s'apparentaient à celles d'une
gare de l'âge d'or des chemins de fer, ne contenait plus
que des cadres vides.

Les directeurs de musée rassemblés au MoMA se
rappelèrent les chefs-d'œuvre volés en Pologne que
personne n'avait revus depuis des armées, la destruction du centre historique de Rotterdam par la Luftwaffe
sous le prétexte que les négociations avec les Hollandais traînaient trop en longueur au goût des Nazis,
l'élite viennoise sous les verrous tant qu'elle n'accepte-
rait pas de céder à l'Allemagne ses collections d'art et
enfin le *David* de Michel-Ange entouré d'un mur de
briques par les Italiens inquiets de son sort alors même
qu'il trônait dans un musée de Florence célèbre de par
le monde entier. Sans parler de l'Ermitage, en Russie !
Les responsables des collections avaient réussi à mettre
à l'abri en Sibérie un million deux cent mille œuvres
(sur un total de plus de deux millions) avant que la
Wehrmacht sabote les lignes de chemin de fer menant à
Leningrad. À en croire une rumeur, ils vivaient à présent dans les sous-sols du musée auprès des chefs-
d'œuvre restés sur place et se nourrissaient de colle de
poisson et même de chandelles pour ne pas mourir de
faim.

L'exposé de Paul Sachs produisit l'effet escompté
en canalisant les forces de la communauté muséale. Le

soir même, ses confrères s'accordèrent sur la nécessité de maintenir les musées d'Amérique ouverts le plus longtemps possible. Hors de question de céder au défaitisme ! Pendant deux jours, les directeurs de musées animés d'une énergie hors du commun discutèrent des problèmes qui se posaient à eux en temps de guerre : devaient-ils offrir aux habitants du quartier une protection à l'intérieur même des institutions dont ils avaient la charge, en cas de raid ? Fallait-il mettre en sécurité les œuvres de valeur en les remplaçant dans les salles d'exposition par des toiles ou des sculptures de second ordre ? Fallait-il renoncer aux expositions temporaires de crainte qu'elles attirent une foule trop nombreuse pour procéder à son évacuation en cas de nécessité ? Les musées de la côte est devaient-ils confier leurs chefs-d'œuvre à ceux du centre des États-Unis où ils courraient moins de dangers ? Et les bombes incendiaires ? Les couvre-feu ? Les bris de verre ?

Paul Sachs proposa le lendemain une résolution qui sonnait comme un appel aux armes :

> La guerre nous rend d'autant plus précieux nos musées et nos galeries d'art, alors même qu'ils comptent déjà beaucoup pour notre société en temps de paix. À partir du moment où les valeurs durables éclipsent les préoccupations plus futiles, il devient indispensable de mobiliser l'ensemble de ses ressources intellectuelles. Il est de notre devoir de veiller avec un soin jaloux sur ce que nous avons hérité du passé, ce que nous sommes encore capables de créer à notre époque éprouvante et ce que nous tenons à préserver pour les générations futures.
>
> L'art n'est autre que l'impérissable témoignage d'une volonté de cet ordre. Il a toujours été et restera

toujours le fruit de l'activité d'un esprit libre [...] Qu'il soit donc décidé :

1) Que les musées des États-Unis se considèrent au service du peuple américain pendant la durée du présent conflit

2) Qu'ils continuent d'accuellir ceux qui désirent étancher leur soif de culture

3) Qu'ils élargissent leur champ d'activités grâce au soutien financier des communautés qu'ils animent

4) Qu'ils tiennent lieu de sources d'inspiration ; qu'ils éclairent le passé en vivifiant le présent ; qu'ils contribuent à l'état d'esprit dont dépend la victoire[2].

La grandiloquence du style de Sachs ne dissuada pas la plupart des musées de la côte Est de poursuivre leurs préparatifs en vue de la guerre. Le Metropolitan ferma ses départements de seconde importance en remplaçant les gardiens de salles par des pompiers. La nuit de la Saint-Sylvestre, la Galerie nationale d'Art de Washington évacua en catimini soixante-quinze de ses chefs-d'œuvre, remplacés par des toiles de moindre valeur lors de son ouverture au public en 1942. Le 12 janvier, ceux-ci arrivèrent au domaine Biltmore de la famille Vanderbilt dans les montagnes de la Caroline du Nord où ils demeureraient cachés jusqu'en 1944.

La réunion de décembre ne préluda pas qu'à l'évacuation d'œuvres. Paul Sachs et son collègue George Stout invitèrent les responsables d'institutions culturelles à assister au musée Fogg à une série de conférences sur la sécurité. Stout, en contact étroit avec des conservateurs du patrimoine en Europe depuis de nombreuses années, allait sensibiliser des douzaines de professionnels de la culture aux difficultés qui les guettaient. Il aborda devant eux la question des moulages, des champignons, du grillage métallique et des dégâts causés par la chaleur. Il expliqua pourquoi les bombes soufflaient les vitres et comment emballer les toiles pour éviter qu'un éclat de verre ne les abîme. Il rédigea une brochure sur la lutte contre les contrecoups des raids, auxquels il consacra un article publié au printemps 1942 par le mensuel professionnel *Technical Issues* (problèmes techniques). Il y préconisait une approche systématique et novatrice de la conservation des œuvres en temps de guerre.

Stout appelait en outre de ses vœux une réaction concertée de la communauté muséale. En avril 1942, il aborda le problème dans un document qu'il envoya à Francis Henry Taylor, l'organisateur de la réunion de décembre 1941. À en croire Stout, les musées d'Amérique n'étaient pas prêts à gérer la crise : « Il n'existe pour l'heure aucun partage des compétences ni mise aux normes des procédures. » Les responsables devaient « mettre en commun leurs expériences en se communiquant leurs doutes au même titre que leurs convictions et en s'efforçant de coopérer les uns avec les autres [...] Ce qui vaut pour tous, d'un point de vue pratique, devrait aussi valoir pour n'importe lequel d'entre eux[3] ».

La solution préconisée par Stout consistait — outre à faire cause commune — à former sur-le-champ des conservateurs capables de faire face à la tourmente sans précédent qui menaçait de s'abattre sur l'art occidental ; ce qui, selon Stout, ne prendrait pas moins de cinq ans. Il reconnaissait que les milieux culturels traversaient une grave crise. Déjà plus de deux millions d'œuvres en Europe avaient quitté les salles d'exposition pour s'entasser dans des lieux de stockage inadéquats après un trajet le long de routes cahoteuses sous les bombes ennemies. Et encore ! Un tel chiffre ne concernait que les évacuations officielles sans tenir compte des pillages que la rumeur attribuait aux Nazis. La préservation du patrimoine artistique nécessiterait des efforts inconcevables. Restait aussi le problème des attaques indispensables à la libération de l'Europe qui la transformeraient en champ de ruines.

À l'été 1942, dans une brochure intitulée *Protection des monuments : propositions pour temps de guerre*, Stout exposa en termes limpides le défi qui se posait aux conservateurs du patrimoine :

« À mesure que les soldats des Nations unies lutteront pour s'imposer sur des territoires conquis par l'ennemi, les gouvernements alliés devront affronter de multiples problèmes […] Dans les villes et les campagnes dévastées par les bombes et les incendies subsistent des monuments chers au cœur des autochtones : des églises et des sanctuaires, sans compter les statues ni les peintures, etc. Toutes ces œuvres sans exception risquent d'être détruites ou du moins endommagées. Et je ne parle pas des pillages […].

Leur sauvegarde ne décidera pas de l'issue des combats mais elle affectera les rapports des armées d'occupation avec les autochtones et leurs gouvernements […] La préservation des œuvres d'art apparaîtra comme une marque de respect envers les croyances et les coutumes locales en prouvant que l'art n'appartient pas qu'à un seul peuple mais à l'ensemble de l'humanité. La protection du patrimoine incombe aux gouvernements des Nations unies. Les monuments ne sont pas seulement beaux à regarder, leur intérêt ne se limite pas à la preuve qu'ils nous apportent de la créativité humaine. Ils expriment une foi en certaines valeurs et témoignent de la lutte de l'homme pour se rattacher à ses dieux et à son passé.

Convaincus que la protection des monuments est indispensable à la conduite d'une guerre juste, menée dans l'espoir de restaurer la paix, nous [...] souhaitons alerter sur ce point le gouvernement des États-Unis d'Amérique en l'incitant à prendre les mesures nécessaires[4]. »

Qui se révélerait le mieux à même d'assurer une telle protection ? Le bataillon spécialement entraîné que Stout se proposait comme de juste de former.

17 septembre 1940

Ordre de mission adressé au Feldmarschall Keitel,
concernant la confiscation de biens culturels

Copie

Commandement suprême des forces armées
Berlin W 35, Tirpitzufer 72-76, 17 septembre 1940
tél. 21 81 91

2 f 28.1.4 W. Z. No. 3812/40 g

Au responsable du haut commandement de l'armée pour l'administration militaire dans la France occupée.

Après avoir transmis l'ordre au Reichsleiter Rosenberg de fouiller bibliothèques et archives des territoires occupés de l'Ouest en quête d'œuvres présentant une valeur pour l'Allemagne, en vue de les confier ensuite à la Gestapo, le Führer a décidé :

De se fonder sur les titres de propriété émis en France avant la déclaration de guerre du 1er septembre 1939.

Seront invalidés les transferts ultérieurs de propriété à l'État français ou autre. (Sont concernés les bibliothèques polonaise et slovaque de Paris, les meubles du palais Rothschild ou d'autres biens appartenant à des Juifs dont le propriétaire a disparu entre-temps.) Il sera passé outre aux réserves émises à propos de la confiscation et du transport en Allemagne de tels biens compte tenu des raisons invoquées plus haut.

Le Reichsleiter Rosenberg ou le Reichshauptstellenleiter Ebert ont reçu des instructions précises du Führer concernant la saisie de biens ; ils sont autorisés à emmener en Allemagne les biens culturels qu'ils estimeront dignes d'intérêt afin de les conserver en sûreté. Le Führer se réserve le droit de décider lui-même de l'usage qui en sera fait.

Il faudra bien évidemment en informer les services concernés.

Signé : Keitel

À transmettre au Reichsleiter Rosenberg

4. Un monde terne et dépeuplé

Harvard et le Maryland, hiver 1942-1943

George Stout ne ressemblait pas à un responsable de musée ordinaire. Contrairement à la plupart de ses collègues qui appartenaient à l'élite de la côte est, Stout, originaire de la bourgade de Winterset, dans l'Iowa (la ville natale de John Wayne), était issu d'un milieu ouvrier qu'il n'avait quitté que pour entrer dans l'armée. Il passa la Première Guerre mondiale dans un hôpital en Europe en tant que simple soldat. De retour aux États-Unis, il se lança dans l'étude du dessin sur un coup de tête. Une fois diplômé de l'université de l'Iowa, Stout enchaîna les emplois précaires pendant cinq ans en mettant de l'argent de côté en vue d'un séjour en Europe indispensable à une carrière dans le milieu muséal. Quand il s'inscrivit à Harvard en 1926, l'année où Harry Ettlinger vit le jour à Karlsruhe, en Allemagne, Stout s'apprêtait à devenir père de famille à vingt-huit ans. Sa bourse d'un montant de mille deux cents dollars par an (il louait alors un appartement pour 39 dollars par mois) permettait à peine à sa famille de « ne pas mourir de faim[1] ».

En 1928, Stout rejoignit en tant qu'assistant stagiaire le département de la conservation des œuvres au musée

Fogg. Il s'en fit rapidement le champion, à une époque où les historiens d'art n'attachaient encore que peu d'importance aux techniques de préservation des toiles ou des sculptures anciennes en plus ou moins bon état. Dans un milieu dominé par les beaux parleurs, où la réussite dépendait souvent des relations avec certains professeurs vedettes de la trempe d'un Paul Sachs, Stout fit longtemps figure de simple étudiant parmi tant d'autres. Très soigneux de sa personne, il ne portait que des costumes à la coupe impeccable et arborait une fine moustache à la Errol Flynn, l'un des acteurs les plus admirés de son temps. Doué d'un charme indéniable et d'un sang-froid à toute épreuve, Stout cachait sous son flegme apparent un esprit en perpétuelle ébullition. La moindre de ses qualités n'était cependant pas la patience.

Stout ne travaillait que depuis peu au musée Fogg lorsqu'il y découvrit une série de tiroirs vides ayant jadis abrité le catalogue de la bibliothèque universitaire. Une idée lui vint : il disposait dans son service d'une remarquable collection de matières premières indispensables aux peintres — pigments, pierres, plantes séchées, huiles, résines, colles, etc. Avec l'aide du chimiste John Gettens, Stout en plaça divers échantillons dans les casiers à l'abandon en y ajoutant différents produits chimiques. Puis il observa les résultats. En prenant des notes. Pendant cinq ans. Grâce à de simples extraits végétaux et à une rangée de tiroirs vides, Stout et Gettens défrichèrent le champ de la conservation d'œuvres en tant que science en s'efforçant de percer les causes de la détérioration des toiles afin de remédier plus efficacement aux outrages du temps.

« J'ai l'impression que nous avons fait du bon boulot, commenta Gettens peu avant sa mort en 1974, parce que, comme personne ne s'intéressait à nous, personne ne nous mettait de bâtons dans les roues — sans compter que nous n'avions pas de moyens à notre disposition[2]. »

Son œuvre de pionnier amena Stout — à peine connu à l'époque d'une minorité de ses confrères — à se charger d'une nouvelle mission. Pendant des siècles, la conservation avait été considérée comme un art : le domaine exclusif de restaurateurs ayant appris les rudiments de leur métier auprès d'un maître. Pour la hisser au statut de science, il fallait l'asseoir sur des connaissances scientifiques. Dans les années 1930, Stout entama une correspondance avec les principaux conservateurs du patrimoine de son temps afin d'établir au fil de leurs échanges un ensemble de principes scientifiques régissant la conservation des œuvres d'art.

Un changement se produisit en juillet 1936, quand les fascistes espagnols équipés d'armes allemandes et entraînés au combat en Allemagne plongèrent leur pays dans la guerre civile. En octobre, des bombes incendiaires tombèrent près de l'Escurial, l'imposant monastère à une cinquantaine de kilomètres au nord-ouest de Madrid. Deux semaines plus tard, une explosion souffla les vitres du musée du Prado. Au printemps 1937, l'Allemagne prit part au conflit en mobilisant pour la première fois ses tanks et son aviation, dont dépendrait la réussite de sa future « guerre éclair ».

Le petit monde de la culture se rendit compte que le puissant armement allemand (et surtout les bombardements aériens à grande échelle) risquait de détruire bon nombre de chefs-d'œuvre de l'ancien continent. Les

Européens commencèrent aussitôt à échafauder des plans en vue de leur protection ou de leur évacuation. Au fur et à mesure de sa correspondance, George Stout adapta ses principes aux nécessités d'un monde en guerre. En vue de la réunion de décembre 1941 au Metropolitan, il rédigea une brochure de quelques pages sur les raids aériens ; le fruit d'une dizaine d'années de recherches. Son style — précis et modeste — y reste reconnaissable entre tous. *Un expert analyse d'abord et décide ensuite seulement*[3], aimait à répéter Stout.

Il passa la majeure partie des dix-huit mois suivants à former des conservateurs et à préconiser l'adoption d'un plan de protection des œuvres d'art à l'échelle nationale, qui n'aboutit cependant pas. À l'automne 1942, le découragement envahit l'impavide George Stout. Il avait consacré sa carrière à l'étude d'une branche obscure de l'histoire de l'art que la conjoncture mondiale propulsait tout à coup sous le feu des projecteurs. Voici venu le moment ou jamais de mettre à profit ses connaissances d'expert : il n'y avait pas une seconde à perdre si l'on tenait à sauvegarder le patrimoine culturel de l'humanité. Hélas, personne ne l'écouta ! L'opinion des directeurs de musée (les « nababs » du monde de l'art, comme les surnommait Stout) continua de prévaloir en temps de guerre. Stout, qui se considérait comme un humble artisan, les mains dans le cambouis, éprouvait à leur encontre le dégoût de l'homme de pratique pour les discours oiseux des dirigeants avant tout soucieux de ménager leur clientèle.

« J'en ai ma claque du point de vue individualiste qui prévaut depuis trop longtemps chez les administrateurs de musée, écrivit-il à l'un de ses amis au musée

Fogg. J'ai tenté de m'y opposer, sans résultat [...] Il ne me reste sans doute pas plus d'une vingtaine d'années devant moi ; ça devrait me suffire, à condition qu'on me laisse m'atteler à ma tâche pour de bon ! J'en ai assez des salamalecs et des courbettes devant les riches, assez aussi de m'asseoir sur le règlement rien que pour leur faire plaisir[4]. »

Stout se disait convaincu que seul un bataillon de conservateurs rompus à la discipline militaire saurait se rendre utile lors du conflit à venir. Les directeurs de musée, qui, à l'en croire, perdaient leur temps en salamalecs et en courbettes, réclamaient au président Roosevelt la création d'un comité de conseil aux militaires, dont ils entendaient évidemment faire partie.

À force de se heurter à un mur en Amérique, Stout et son confrère W.G. Constable du musée des Beaux-Arts de Boston se tournèrent vers les Britanniques au début de l'année 1943. Par courrier, ils firent part à Kenneth Clark, le directeur de la National Gallery de Londres, de leur projet de créer un bataillon de conservateurs. Clark leur rit au nez : « J'ai du mal à croire, leur répondit-il, à la possibilité de mettre en pratique vos suggestions. Même en admettant qu'on affecte un archéologue à chaque détachement, le pauvre aurait sans doute bien de la peine à dissuader un officier de bombarder un objectif militaire stratégique, tout ça parce que celui-ci abrite des œuvres de valeur[5]. »

La réponse de Clark faillit ne jamais parvenir à Stout. En janvier 1943, alors que les États-Unis en guerre appelaient des hommes valides sous les drapeaux, il s'engagea dans la marine, où il était réserviste depuis la Première Guerre mondiale. « Ces derniers mois, confia-t-il à sa famille, depuis la base navale aérienne de

Patuxent River dans le Maryland, je me suis senti dévalorisé, faute de pouvoir accomplir ce qu'un homme se doit d'accomplir en une époque comme celle que nous traversons. Je me contentais de tâches secondaires auxquelles d'autres que moi mettaient la dernière main. Voilà qu'une occasion s'offre enfin à moi de faire ce qui doit être fait et qui dépasse d'ailleurs de loin les capacités d'un seul homme[6]. »

La censure militaire lui interdit d'expliquer à son épouse en quoi consistait son travail — en l'occurrence, à camoufler des avions sous une peinture spéciale — mais il l'assura qu'il se sentait heureux. « Les responsabilités qui m'incombent sont telles qu'elles m'intimident et me ravissent en même temps. Pour peu que nous parvenions au moins en partie au résultat que nous espérons, je ne douterai plus d'avoir "apporté ma contribution à l'effort de guerre", comme on dit[7]. »

Peu après, son ami Constable lui écrivit que le colonel James Shoemaker à la tête de la division pour le gouvernement militaire des États-Unis, pris d'un intérêt soudain pour le projet de Stout, réclamait tous les renseignements dont celui-ci disposait sur la conservation des monuments. Constable le mit en garde : « Bien que tout invite à penser que les militaires envisagent de créer un bataillon de conservateurs, j'ignore si celui-ci verra le jour ; rien n'est moins sûr[8]. »

Stout se déclara « ravi que ce projet nébuleux prenne enfin forme entre les mains des militaires [...] Francis Taylor m'a téléphoné, voici quelques jours. Il venait d'entamer de nouvelles démarches en vue de la réalisation de son grand projet, pourtant, il m'a paru contrarié, écœuré. Sans doute que tout ne va pas comme il le

souhaiterait. Espérons qu'un humble effort soutenu sur
le long terme donnera plus de résultats[9] ».

Stout assura Constable que son affectation dans la
marine lui convenait tout à fait et qu'il ne souhaitait pas
y renoncer. « Je ferai mon possible, écrivit-il, même si
j'ai encore du mal à imaginer en quoi ça pourrait bien
consister et surtout quand j'en trouverai le temps[10]. »

Stout se demandait tout de même s'il n'avait pas eu
tort de s'engager ; non qu'il regrettât de ne plus s'occuper de sauvegarde du patrimoine (de son point de vue,
son projet était de toute façon mort et enterré) mais en
raison de sa famille. À quarante-cinq ans, Stout était
père de deux enfants. Il espérait obtenir le grade de
lieutenant et la solde qui l'accompagnait mais, en
attendant, ses modestes revenus permettaient à peine
aux siens de joindre les deux bouts, bien qu'ils eussent
l'habitude de se contenter de peu. En homme de son
temps, il estimait de son devoir de subvenir aux
besoins de sa famille, alors que son épouse Margie
gagnait sa vie en tant qu'enseignante. Surtout, il lui
répugnait de se séparer d'elle.

« Le monde me paraît terne et dépeuplé après les déli-
cieuses heures que j'ai passées à la maison ! écrivit-il à
Margie à l'issue d'une courte permission en juillet 1943.
Ton attitude et celle de Tom [son fils de sept ans] m'ont
beaucoup touché, de même que ton courage et l'incompréhensible amour que tu me voues. Je ne le mérite pas !
Sache toutefois que moi aussi je t'aime et je jure de faire
de mon mieux pour me montrer digne de toi. Il faut à
présent que je me persuade […] que j'ai fait le bon
choix et que, si je te laisse te débrouiller seule, ce n'est
pas à cause d'un simple caprice romanesque[11]. »

5 novembre 1940
Ordre du Reichsmarschall Hermann Göring,
concernant la répartition des trésors artistiques
appartenant à des Juifs

Dans le cadre de l'application des mesures prises pour la sauvegarde des œuvres d'art appartenant à des Juifs par le responsable de l'administration militaire à Paris et l'Einsatzstab Rosenberg, seront transportées au Louvre les catégories d'objets d'art suivantes :

1. Ceux dont le Führer s'est réservé le droit de décider lui-même l'affectation ultérieure.

2. Ceux qui compléteront la collection du Reichsmarschall.

3. Ceux qui sembleront utiles à l'établissement de la Hohe Schule et à la tâche qui incombe au Reichsleiter Rosenberg.

4. Ceux qu'il conviendra de céder à des musées allemands et qui seront aussitôt inventoriés, emballés et emportés en Allemagne par l'Einsatzstab avec le soin requis et l'assistance de la Luftwaffe.

5. Ceux qu'il conviendra de laisser à des musées français ou de mettre sur le marché de l'art français ou allemand seront vendus aux enchères à une date restant à déterminer ; les bénéfices en reviendront à l'État français qui les reversera aux veuves et orphelins de guerre.

6. Les saisies ultérieures de biens appartenant à des Juifs en France seront effectuées par l'Einsatzstab Rosenberg en coopération avec le responsable de l'administration militaire à Paris.

Paris, 5 novembre 1940

Je m'engage à soumettre cette résolution au Führer ; elle demeurera en vigueur tant qu'il l'approu-
vera.

Signé : Göring

5. Leptis Magna

Afrique du Nord, janvier 1943

Pendant que les Américains inquiets échafaudaient des plans, les Britanniques multipliaient les opérations militaires contre les puissances de l'Axe. En Europe, la machine de guerre alliée se composait essentiellement de saboteurs clandestins et de courageux pilotes combattant la Luftwaffe au-dessus de la Manche. En URSS, l'Armée rouge campait sur ses positions de repli en attendant de contrer l'offensive nazie. De l'autre côté de la Méditerranée, une bataille faisait rage dans le vaste désert de l'Afrique du Nord. Les Britanniques tenaient l'Égypte alors que les forces germano-italiennes occupaient la Libye et l'Algérie. Une attaque italienne sur l'Égypte en 1940 marqua le début de deux années de combat dans le désert. Ce ne fut qu'en octobre 1942, à l'issue de la défaite décisive des Italiens et des Allemands lors de la seconde bataille d'El-Alamein, que les Britanniques réussirent une percée en direction de Tripoli, la capitale libyenne.

En janvier 1943, ils parvinrent à Leptis Magna, une ville romaine en ruine à cent vingt kilomètres à l'est de Tripoli. Le lieutenant colonel sir Robert Eric Mortimer

Wheeler, de l'artillerie royale de l'armée britannique
d'Afrique du Nord, fut frappé par la splendeur de la ville
de Septime Sévère — l'imposant portail de la basilique,
les centaines de colonnes délimitant l'ancien forum,
l'immense amphithéâtre en pente et les eaux bleutées de
la Méditerranée scintillant à l'horizon. À l'aube du
IIIᵉ siècle de notre ère — à l'époque où l'empereur
Septime Sévère au sommet de sa puissance y investissait
des sommes faramineuses dans l'espoir de la voir devenir la capitale économique et culturelle de l'Afrique —
Leptis Magna était un port qui, en dix-sept siècles, avait
fini par s'ensabler au point de se réduire à une morne
étendue de terre argileuse, terne et dépeuplée.

Ci-gît la puissance de ceux qui gouvernaient autrefois le monde, songea Mortimer Wheeler. Voici un rappel de notre condition de simples mortels.

La cité menaçait de se confondre avec le Sahara qui
la grignotait lentement et sûrement depuis deux millénaires. La plupart des colonnes et des pierres arboraient déjà la teinte rouge du sable du désert. Au milieu
des ruines, Mortimer Wheeler repéra des ajouts récents
d'un blanc éblouissant ; quelques-unes des nombreuses
« améliorations » apportées par les Italiens depuis une
dizaine d'années. « Voici qu'un nouvel empire surgit
des ruines de l'ancien, répétait Mussolini à son peuple.
Nous édifions à présent un nouvel empire romain. »
Wheeler but une gorgée à sa gourde en guettant d'éventuels avions ennemis dans le ciel. Rien, pas même un
nuage. Les Italiens venaient d'abandonner sans même
lutter la pierre angulaire de leur « empire » ; et ce, pour
la deuxième fois.

La première remontait à 1940, quand trente-six mille
soldats britanniques et australiens avaient repoussé

l'avancée en Égypte des deux cent mille hommes de la 10ᵉ armée italienne.

Les Britanniques perdirent ensuite les ruines de Leptis Magna en 1941, quand les Italiens, soutenus par des bataillons d'élite allemands sous le commandement du général Erwin Rommel, les repoussèrent à leur tour en Égypte. Peu après, les Italiens se lancèrent dans la propagande culturelle en publiant un pamphlet intitulé : *Che cosa hanno fatto gli Inglesi in Ciernaica* (Ce que les Anglais ont fait en Cyrénaïque), qui montrait des œuvres pillées, des statues en morceaux et les murs du musée de Cyrène barbouillés par les soldats britanniques et australiens. Ce ne fut qu'en reprenant Cyrène, à six cent quarante kilomètres à l'est de Leptis Magna, que les Britanniques mirent en évidence la mauvaise foi des Italiens. Les statues étaient endommagées depuis des siècles et les piédestaux vides parce que les Italiens avaient emporté dans leur pays les sculptures qui s'y dressaient. Les graffitis ne s'étalaient pas sur les murs de salles d'exposition mais sur un appentis déjà largement barbouillé par des troupiers italiens.

L'affaire ternit hélas la réputation du War Office (chargé de l'administration de l'armée britannique) : pendant près de deux ans, les Anglais tentèrent de se disculper sans pouvoir hélas avancer la moindre preuve de leur innocence. Pas un seul archéologue britannique ne se trouvait en Afrique du Nord à l'époque : personne n'avait examiné le site au moment où les Alliés le contrôlaient. À vrai dire, aucun militaire n'avait pris conscience de l'importance historique et culturelle de Cyrène ni, à plus forte raison, de son potentiel à des fins de propagande.

Wheeler vit avec stupéfaction l'armée britannique se fourvoyer une fois de plus à Leptis Magna : voilà que des camions abîmaient le pavage d'époque romaine en roulant dessus sans ménagement tandis que des soldats escaladaient les vestiges des murs ! Un Arabe qui gardait le site dut se contenter d'agiter les bras lorsqu'un char d'assaut le frôla pour entrer dans le temple. Un homme en sortit alors la tête, le temps de saluer son camarade, qui le prit en photo. *Tout a été comme sur des roulettes en Afrique au Nord. J'aurais voulu que tu voies ça, M'man !* L'armée britannique n'avait-elle tiré aucun enseignement de la débâcle de la Cyrénaïque ? À ce train-là, les Italiens auraient bientôt des raisons valables de se plaindre.

« On ne peut quand même pas rester les bras croisés ! lança Wheeler à l'officier responsable des Affaires civiles et donc chargé d'administrer les territoires nouvellement conquis à l'issue des combats en y préservant la paix, même à quelques kilomètres du front.

— Les soldats ! Vous savez ce que c'est, lui répondit celui-ci en haussant les épaules.

— Enfin, il s'agit quand même de Leptis Magna, protesta Wheeler, la ville de l'empereur Septime Sévère. L'ensemble de ruines romaines le plus admirable d'Afrique.

— Je n'en ai jamais entendu parler. »

Wheeler n'en revint pas. En tant qu'officier de l'armée britannique d'Afrique du Nord, son interlocuteur avait forcément reçu des instructions concernant la Cyrénaïque et, pourtant, personne ne lui avait touché le moindre mot de Leptis Magna, alors même que l'armée s'attendait à y livrer des combats. Pourquoi ? Parce que personne n'avait encore accusé les Britanniques de profaner le site ? Ne serait-il pas possible de prévenir certaines erreurs ?

« Ces ruines ont donc de l'importance ? se renseigna l'officier.

— Mais oui !

— En quoi ?

— Elles sont irremplaçables. En tant que vestiges historiques. Il est de notre devoir de soldat de les préserver. Sinon, l'ennemi en profitera pour nous discréditer.

— Seriez-vous historien, lieutenant ?

— Archéologue. Directeur du musée de Londres.

— Alors prenez les mesures qui s'imposent ! » conclut l'officier aux Affaires civiles.

Dès que Wheeler se fut assuré qu'il ne s'agissait pas de paroles en l'air, il passa à l'action. Par chance, il apprit qu'un de ses collègues du musée de Londres, le lieutenant colonel et archéologue John Bryan Ward-Perkins, commandait une unité d'artillerie près de Leptis Magna. Avec l'aide de l'officier aux Affaires civiles, les deux hommes dévièrent la circulation des ruines dont ils évaluèrent l'état de conservation avant d'y poster des gardes et de tenter de les restaurer. Au moins, pendant ce temps-là, les soldats ne resteraient pas oisifs.

Les rapports de Wheeler et Ward-Perkins déconcertèrent leurs supérieurs militaires à Londres. Leptis Magna ? La conservation du patrimoine ? « Envoyez ça à Wooley ; il saura quoi en faire », décréta enfin on ne sait qui.

Sir Charles Leonard Wooley, un célèbre archéologue, proche de Sir Thomas Edward Lawrence (plus connu sous le surnom de Lawrence d'Arabie) avant la Première Guerre mondiale, travaillait à présent au War Office, à soixante ans passés. Lui au moins s'intéressait aux trésors de l'Antiquité. Au printemps 1943, Wooley, Wheeler et Ward-Perkins firent des heures supplémentaires afin d'élaborer un plan de conservation des sites antiques de Libye.

Wheeler et Ward-Perkins insistèrent pour « rendre les sites antiques et les musées [de Grèce et d'Afrique du Nord] accessibles aux soldats en développant l'intérêt de ceux-ci pour les vestiges de l'Antiquité[1] ». En d'autres termes, ils pensaient qu'une armée sensibilisée au respect du patrimoine culturel des pays conquis y causerait moins de dégâts. À leur insu, les Britanniques s'approchaient de l'objectif qui tenait tant à cœur à George Stout : préserver les monuments exposés aux tirs et aux bombardements.

6. La première campagne

Sicile, été 1943

En janvier 1943, alors que Wheeler et Ward-Perkins mettaient au point leur plan de protection de Leptis Magna et que George Stout servait sa patrie dans le Maryland, le président Roosevelt s'entretint en secret avec Winston Churchill à Casablanca, au Maroc. (Invité, Staline ne put se joindre à eux.) Les Alliés tenaient l'Afrique du Nord depuis la déconfiture des Italiens en Algérie face aux forces libres françaises et britanniques mais le continent européen demeurait plus imprenable que jamais. Roosevelt, sur les conseils de ses généraux, en particulier George C. Marshall, était d'avis d'attaquer depuis la Manche ; Churchill et ses conseillers, avec le soutien de Dwight D. (dit « Ike ») Eisenhower, refusèrent en invoquant le manque de préparation des Alliés. Au bout de dix jours de palabres, les deux puissances décidèrent d'envahir l'Europe par la petite porte, c'est-à-dire la Sicile.

Pour la première fois de l'histoire, les États-Unis et la Grande-Bretagne se partageraient la direction d'opérations communes depuis la base d'Alger. Inutile de préciser que la coordination des deux armées ne s'annonçait pas simple. Dès le début, il apparut évident aux soldats cantonnés en Afrique du Nord que les puissances alliées s'emmêlaient les pinceaux : on leur servit de la nourriture anglaise en leur installant des sanitaires français alors que l'inverse aurait sans doute mieux valu. Voilà qui augurait bien de la suite des opérations !

La protection des ruines de Leptis Magna sous la houlette de Wheeler et de Ward-Perkins ne fut que l'une des milliers de responsabilités assumées par les deux grandes puissances, ce printemps-là. À la fin du mois d'avril 1943, la hiérarchie militaire confia à deux officiers, un Américain et un Britannique, la mission d'inspecter les monuments des territoires occupés (à commencer par la Sicile) « dès que les Alliés s'en empareraient[1] ». L'armée des États-Unis demanda aux principaux directeurs de musées (dont Paul Sachs) de lui recommander un conseiller pour les Beaux-Arts et les monuments. Ceux-ci mentionnèrent Francis Henry Taylor, le responsable du Metropolitan aux ambitions démesurées tourné en ridicule par George Stout. L'armée n'en voulut pourtant pas, en raison... de son embonpoint ! Pressés par le temps et contraints de se rabattre sur un candidat déjà enrôlé dans l'armée, les directeurs de musées proposèrent le capitaine Mason Hammond, professeur de littérature gréco-romaine à Harvard, qui travaillait à ce moment-là dans les services secrets de l'armée de l'air.

Malheureusement, personne n'en avertit Hammond, qui débarqua en Algérie en sachant seulement que sa nouvelle mission l'amènerait à s'occuper de conservation du patrimoine. La nourriture infecte et l'hygiène douteuse des sanitaires ne furent pas les seules à lui causer un choc, loin de là !

Sitôt parvenu à Alger en juin, il apprit que l'invasion était fixée au début du mois de juillet.

Une invasion ? Il pensait rester en Afrique du Nord. Pas du tout ! Il allait partir pour la Sicile.

Mieux valait donc qu'il aille se documenter à la bibliothèque d'Alger : il ne possédait qu'une connaissance superficielle de la Sicile. Impossible ! lui répondit-on. Ses recherches risquaient d'alerter les espions allemands sur les objectifs de l'armée.

Dans ce cas, il se renseignerait au moins sur le résultat des recherches menées par l'armée en Sicile. Impossible également, pour la même raison.

Alors il se rabattrait sur les listes et les descriptions des monuments que son devoir lui imposait de protéger. Hélas ! Paul Sachs et ses collègues y travaillaient encore à New York. Ils n'en auraient d'ailleurs peut-être pas terminé avant des semaines. Et quand bien même ces listes lui parviendraient avant l'invasion, il ne pourrait les consulter ouvertement — toujours de crainte des espions allemands. Il les examinerait en Sicile, une fois l'île occupée.

Hammond réclama sur-le-champ un entretien avec ses supérieurs chargés de la conservation du patrimoine.

En réalité, il n'y en avait qu'un. Un Britannique. Qui ne se trouvait même pas sur place. Lord Wooley voulait être secondé par Wheeler ou Ward-Perkins or ils venaient l'un et l'autre de recevoir une nouvelle affectation. Dépité, il rechignait à nommer quelqu'un d'autre à leur place.

Comment ça, il « rechignait » à nommer quelqu'un ?

Personne n'occupait encore le poste. Du moins, pour l'instant.

Et les troupes chargées de veiller à la protection du patrimoine lors du débarquement ?

Il n'y en avait pas.

Hammond disposerait-il au moins de moyens de transport ?

Non.

De machines à écrire ? De radios ? De cartes ? De papier ? De crayons ?

Non plus.

De qui recevrait-il ses ordres ?

De personne. Le voilà libre de se rendre où il le souhaitait.

Hammond dut bientôt admettre qu'aucune mission ne lui incombait en réalité. « Libre » signifiait en fin de compte « tenu de ne rien faire ». Ce qui ne le dérangea pas outre mesure. « Je ne suis pas sûr qu'on ait besoin d'un grand nombre d'hommes spécialisés dans ce type de tâches, qu'on considère ici comme un luxe », écrivit-il d'Afrique du Nord à un ami. « Les militaires ne seraient de toute façon pas ravis de voir un tas d'experts traîner dans leurs jambes en leur ordonnant de ne surtout pas tirer ici ou là[2]. » Même les premiers Monuments men, pour employer le surnom qui échut bien vite aux experts en conservation du patrimoine, estimaient que l'armée perdait son temps en leur assignant de pseudo-missions en dépit du bon sens.

Les Alliés débarquèrent en Sicile la nuit du 9 au 10 juillet 1943. Hammond, qui ne figurait pas en bonne place sur la liste des hommes à transporter sur l'île, n'y parvint avec les forces d'occupation que le 29 juillet, bien après l'évacuation de la tête de pont. À Syracuse, le premier QG des Alliés, une brise rafraîchissait l'atmosphère. Des responsables locaux de la culture — ravis d'être débarrassés des Italiens du continent et des Allemands qui les rudoyaient — accueillirent avec enthousiasme Hammond, qu'ils emmenèrent visiter les monuments des environs, relativement épargnés par les combats. Sa destination suivante, la côte sud, où il ne vit qu'une succession de collines aux pentes douces jusqu'à la mer, lui parut on ne peut plus paisible. Lorsqu'il se rendit aux ruines d'Agrigente quelques jours plus tard sous un soleil sans pitié, il y constata de nombreux dégâts mais pas un seul ne datait de moins d'un millénaire. En fin de compte, il avait vu juste : rien de plus prenant n'attendait les Monuments men qu'une aimable conversation avec quelques experts du cru.

La confrontation avec la dure réalité survint à Palerme, la capitale de l'île bombardée sans répit par les Alliés lors d'une campagne aérienne de diversion ayant détruit le quartier du vieux port, des quantités d'églises, la bibliothèque, les archives d'État et même le jardin botanique. Les fonctionnaires des environs réclamèrent les uns après les autres l'adoption par le Gouvernement Militaire Allié (AMG) des mesures qui s'imposaient. Ils furent priés de s'adresser au capitaine Hammond, qui n'en pouvait mais, et qui n'occupait pour l'heure qu'une chaise pliante dans le coin d'un bureau de fortune partagé avec ses supérieurs. Les Siciliens ne demandaient qu'à prêter main-forte aux Alliés mais il leur fallait d'abord des explications ainsi qu'une évaluation précise des dégâts, sans parler du matériel indispensable aux réparations ni du salaire des artisans qualifiés à embaucher d'urgence dans les bâtiments qui menaçaient de s'effondrer. L'archevêque souhaitait se consacrer en priorité aux églises... et à sa résidence palatiale. Le général Patton, qui venait de s'emparer de la ville à la tête de la 7e armée américaine, réclamait de quoi refaire la décoration de l'ancien palais du roi de Sicile, où il logeait à titre provisoire.

Hammond n'eut même pas le temps de prêter l'oreille à l'ensemble des requêtes qui lui furent adressées. Plus d'un mois s'écoula avant qu'il trouve le loisir d'inspecter le moindre site. Il tapa sur sa machine à écrire personnelle de longues lettres à ses proches et des rapports où il réclamait des renseignements et des renforts au Département de la guerre. Aucune réponse ne lui parvint avant le mois de septembre, quand arriva sur l'île l'officier britannique F.H.J. Maxse, chargé de la protection des monuments. Hélas ! le temps pressait. Lorsque les Alliés envahirent la botte italienne le 3 septembre 1943, Hammond se trouvait encore pieds et poings liés à Palerme, à des centaines de kilomètres du théâtre des opérations. Les premiers Monuments men venaient d'échouer à relever le défi que leur posait la Sicile, pourtant largement rurale.

Le 10 septembre 1943, une semaine après le débarquement allié en Italie continentale, Paul Sachs écrivit à George Stout, au comble de la joie : « J'aurais dû vous informer plus tôt que votre projet venait enfin d'aboutir plus ou moins officiellement. Comme vous le savez, le Président a nommé une Commission américaine pour la Protection et la Sauvegarde des Monuments Historiques en Europe, présidée par le juge [de la cour suprême] Roberts. J'ai accepté d'en faire partie […] Il m'a semblé […] de mon devoir de vous l'annoncer, vu que la commission est en un sens le fruit de vos remarquables idées et de vos déclarations lors de la réunion au Metropolitan, au lendemain de Pearl Harbor. Au fond, la paternité de la commission mérite de vous être attribuée […] je suis certain qu'elle n'aurait jamais vu le jour sans votre esprit d'initiative, votre imagination ni votre énergie[3]. »

La lettre de Sachs dut laisser Stout perplexe. Si la paternité de la commission lui revenait, sa nature exacte lui échappait encore : elle tenait en effet plus d'un nouvel avatar de la bureaucratie que de la force spéciale dont il rêvait en première ligne. Au bout de plus de deux ans d'efforts, Paul Sachs avait réussi à mettre sur pied son propre projet ; pas celui de Stout.

Le 13 septembre, alors que la 5e armée américaine peinait à défendre sa tête de pont de Salerne, Stout répondit modestement à Sachs, en laissant libre cours à son humour ravageur : « Je félicite le gouvernement des États-Unis et le président de la commission d'avoir réussi à vous enrôler. Vous êtes bien bon de m'accorder autant de mérite mais, entre nous, vous exagérez. Il ne faut pas être un génie, loin de là, pour s'aviser des mesures à prendre. Ce qui compte, c'est de les faire appliquer[4]. »

20 mars 1941

Rapport adressé au Führer par Alfred Rosenberg,
à la tête de la principale organisation nazie de pillage, l'ERR

Je vous annonce par la présente l'arrivée à Neuschwanstein par train spécial le samedi 15 de ce mois sous la surveillance de mes hommes affectés aux Missions Spéciales [Einsatzstab] à Paris du principal convoi de « biens culturels » [Kulturgut], dont les propriétaires juifs ont disparu. Le train affrété par le Reichsmarschall Hermann Göring se compose de vingt-cinq voitures remplies d'objets d'art, de toiles, de meubles et de tapisseries de valeur faisant partie des collections Rothschild, Seligmann, Bernheim-Jeune, Halphen, Kann, Weil-Picard, Wildenstein, David-Weill et Levy-Benzion.

Mes hommes affectés aux missions spéciales ont commencé à confisquer des biens à Paris en octobre 1940 sur vos ordres, mon Führer. Le Service de Sécurité et la Geheime Feldpolizei [la sûreté aux armées] les ont aidés à inspecter l'ensemble des lieux où étaient cachées ou entreposées des œuvres d'art appartenant aux immigrants juifs en fuite. Leurs biens ont été réunis au Louvre à Paris. Les historiens d'art à mes ordres ont établi une liste de la totalité des œuvres, en photographiant celles de valeur. Je vous communiquerai sous peu un catalogue exhaustif des œuvres confisquées assorti de descriptions mentionnant leur provenance. Pour l'heure, l'inventaire concerne plus de quatre mille œuvres dont certaines d'une valeur incomparable. En plus de ce convoi spécial, deux fourgons ont emmené à Munich les chefs-d'œuvre sélectionnés par le Reichsmarschall, principalement parmi la collection Rothschild. Ils ont été mis en dépôt dans les abris antiaériens du Führer.

Sont en outre conservés à Paris un grand nombre de biens abandonnés par leurs propriétaires juifs. Nous devrions les expédier en Allemagne sous peu, dès qu'ils auront été identifiés. Nous estimons en avoir fini en Europe de l'Ouest d'ici deux à trois mois. Un autre convoi partira dès lors en Allemagne.

Berlin, le 20 mars 1941 A. Rosenberg

7. Mont-Cassin

Sud de l'Italie, hiver 1943-1944

La 5ᵉ armée des États-Unis devait débarquer par surprise sur la péninsule italienne près de Salerne le 9 septembre 1943 sans renforts maritimes ni aériens. Lorsque les soldats américains eurent rejoint le rivage, les Allemands leur crièrent en anglais par haut-parleur de se rendre. « Vous êtes cernés ! » Les Américains ouvrirent tout de même le feu. S'ensuivit l'une des batailles les plus sanglantes de la guerre. Les opérations ultérieures ne se révélèrent pas plus faciles. La lutte pour les principaux champs d'aviation de Foggia fit tant de victimes parmi la 82ᵉ division aéroportée qu'il fallut ensuite la fusionner avec le Xᵉ corps britannique.

Le 1ᵉʳ octobre, la 5ᵉ armée conquit son principal objectif : le port de Naples, en s'assurant par la même occasion des collines au sud du Volturno le 6. Devant les Alliés s'étendaient alors des centaines de kilomètres de terrain montagneux accidenté semé de fortifications que barraient quatre principales lignes de défense. La reddition italienne du 3 septembre (le jour même du débarquement sur la Péninsule) ne fut rendue publique que le 8 mais elle ne prit pas Hitler au dépourvu.

Tablant sur le manque de détermination de l'Italie, il venait de poster des troupes allemandes parfaitement entraînées et à la résolution sans faille dans tout le pays. Des soldats allemands aguerris remplaçaient donc les Italiens à mesure que ceux-ci rendaient les armes. Pour ne rien arranger, le temps se dégrada rapidement. Une pluie diluvienne changea les routes de terre battue en marécages, qui se couvrirent de plaques de verglas dès que la température eut subitement chuté. Des rivières sortirent de leur lit en inondant certains campements. Sur le terrain montagneux au nord du Volturno, les Allemands multiplièrent les escarmouches avant de battre en retraite avec une redoutable efficacité. Leurs guetteurs postés sur les sommets ordonnaient à leurs artilleurs de faire feu presque sans répit sur les Alliés qui espéraient atteindre Rome avant l'hiver. Quand les giboulées se mirent de la partie, il leur restait encore plus de la moitié du chemin à parcourir.

Le 1er décembre, la 5e armée pénétra dans la vallée du Liri. Quelques unités combattirent les Allemands sur les pics enneigés pendant que le gros des troupes s'avançait le long du fleuve sous une pluie battante et sous les tirs ennemis à la faveur de la nuit. Quarante-cinq jours plus tard, les Alliés aux rangs clairsemés par de nombreuses pertes humaines arrivèrent enfin aux abords de Cassino, une ville où passait la ligne Gustave, la principale série de fortifications allemandes au sud de Rome. Le point de vue imprenable des Allemands sur la vallée (ils occupaient une éminence qui la surplombait) leur permit de repousser une attaque des Alliés le 17 janvier 1944. La pluie battante ne laisserait pas de répit aux soldats aux pieds gelés blottis les uns contre les autres avant plusieurs semaines. Un nouvel assaut contre les Allemands ne parvint qu'à décimer les troupes alliées sur lesquelles les obus tombaient aussi dru que les averses.

Les soldats épuisés se méfiaient toutefois moins de la montagne elle-même que de l'imposante abbaye du Mont-Cassin à son sommet, fondée par saint Benoît aux alentours de 529. Sa remarquable position défensive lui avait permis de se protéger pendant des siècles des attaques des barbares. Ce fut au Mont-Cassin que saint Benoît rédigea sa règle à l'origine de la tradition monacale d'Occident, qu'il mourut et qu'on l'enterra. L'abbaye, en tant que centre intellectuel, illustrait « la persistance de la vie de l'esprit en des temps difficiles[1] ». D'un autre côté, elle impressionnait tant les soldats alliés épuisés aux uniformes tachés de sang qu'ils en vinrent à la considérer comme un symbole de la puissance nazie.

Les commandants alliés ne voulaient surtout pas l'endommager. Quelques semaines plus tôt à peine, juste avant son départ d'Italie, le général Dwight D. Eisenhower avait donné l'ordre de ne pas bombarder les sites historiques remarquables ; dont, bien sûr, le Mont-Cassin où se dressait l'un des plus beaux édifices chrétiens du haut Moyen Âge. Les instructions d'Eisenhower souffraient tout de même quelques exceptions : « À choisir entre la destruction d'un monument célèbre ou le sacrifice de nos troupes, je dois dire que la vie de nos soldats compte infiniment plus, alors tant pis pour le monument[2] ! » Le général n'en venait pas moins de tracer une frontière, qu'aucun commandant ne souhaitait être le premier à franchir, entre les nécessités militaires et le choix, par simple convenance, de tel objectif plutôt que de tel autre.

Pendant un mois, le commandement allié tergiversa. Pendant un mois, les soldats transis croupirent dans la vallée de la mort en pataugeant dans la gadoue. La température fraîchit sans prévenir. La pluie semblait ne jamais devoir cesser. Aux yeux des hommes du rang, le monde se réduisait aux troncs des arbres calcinés par les obus. Les nuages massés dans le ciel ne s'écartaient que pour laisser un instant paraître l'imposante abbaye. La presse, prenant les combattants alliés en pitié, s'étendit sur leurs conditions de vie sordides avant de publier des listes croissantes de morts et de blessés. L'abbaye apparut bientôt plus comme un piège mortel hérissé de fusils allemands que comme un trésor du patrimoine mondial aux journalistes et aux soldats occupés à scruter la montagne. Le nom du Mont-Cassin — la montagne de la mort, la vallée de l'affliction, la seule construction empêchant les Alliés d'atteindre Rome — fit à ce moment-là le tour du monde.

Les citoyens des nations alliées consternés par le sort de leurs compatriotes sous les drapeaux réclamèrent la destruction du Mont-Cassin. Les commandants britanniques aussi. Sans parler des soldats eux-mêmes. Certains commandants français et américains s'y opposèrent toutefois : il leur semblait peu probable que l'abbaye elle-même fût occupée par les Allemands. Le brigadier Butler, commandant en second de la 34e division des États-Unis, admit : « Au fond, je n'en ai aucune certitude mais je ne crois pas que l'ennemi se cache à l'intérieur du couvent. Les tirs ne proviennent que des pentes de la colline en contrebas des murailles[3]. » Les Britanniques finirent par l'emporter grâce aux troupes indiennes, australiennes et néo-zélandaises qui participèrent à la première vague d'assaut contre les fortifications allemandes. Le général Howard Kippenberger à la tête des Néo-Zélandais au Mont-Cassin justifia ainsi le bombardement du site : « Si les Allemands n'occupaient pas encore l'abbaye, ils ne tarderaient en tout cas pas à le faire. L'ennemi pouvait facilement y entreposer des munitions ou s'y réfugier en cas d'attaque. Dans ces conditions, comment ordonner à nos hommes de prendre d'assaut la colline où elle se dressait, intacte[4] ? »

Le 15 février 1944, un bombardement aérien détruisit sous les acclamations des soldats alliés et des correspondants de guerre la magnifique abbaye du Mont-Cassin. Le général Eaker de l'aviation américaine salua l'événement comme un triomphe, un remarquable exemple de ce qui pendait au nez des Allemands d'ici à la fin de la guerre.

Le reste du monde ne partagea pas son enthousiasme. Les Allemands et les Italiens retournèrent contre les Alliés leurs accusations de barbarie. Le cardinal Maglione qualifia, au nom du Vatican, la destruction de l'abbaye de « bévue colossale » et de « preuve de bêtise crasse[5] ».

Deux jours plus tard, après d'autres attaques de moindre envergure, les Alliés se lancèrent de nouveau à l'assaut de la montagne. Des tirs nourris les repoussèrent encore une fois. Comme le soupçonnait le brigadier Butler, les Allemands — conscients de la valeur culturelle de l'abbaye — ne s'étaient pas permis de l'occuper. Le bombardement allié n'affaiblit pas leurs positions. Au contraire : il leur fournit l'occasion de déployer des parachutistes dans les ruines du couvent, qu'ils inclurent dès lors dans leur système de défense. Les Alliés ne s'empareraient du Mont-Cassin que trois mois plus tard. Ils y perdraient encore cinquante-quatre mille hommes, morts ou blessés.

Le 27 mai 1944, le commandant Ernest DeWald, le premier Monuments man à se rendre à Cassino, une semaine après la prise de la ville et plus de trois mois après sa destruction, inspecta les ruines du Mont-Cassin. Si les fondations du complexe conventuel demeuraient intactes, il ne restait en revanche plus grand-chose du bâtiment qui s'élevait jadis au sommet de la colline. L'église du xviie siècle s'était effondrée. La bibliothèque et le monastère proprement dit se réduisaient à un tas de gravats. DeWald eut beau repérer l'emplacement de la basilique, il n'y trouva aucune trace de ses célèbres portes en bronze du xie siècle ni de son pavage en mosaïque. Il ignorait si la splendide collection de livres et d'œuvres d'art sacrées du monastère avait été endommagée ou emportée en lieu sûr par les Italiens ou les Allemands avant le bombardement. Lorsqu'il fouilla les ruines du Mont-Cassin cet après-midi-là, il n'y découvrit qu'un seul objet de valeur : la tête d'un ange ornant les stalles du chœur, dont les grands yeux mélancoliques fixaient le ciel bleu sans ciller.

16 avril 1943
Lettre de Rosenberg à Hitler
accompagnant les albums de photos d'œuvres dérobées
en vue de l'enrichissement des collections du Führermuseum

Mon Führer,

Désirant, mon Führer, vous apporter un peu de joie à l'occasion de votre anniversaire, je prends la liberté de vous envoyer un classeur contenant des reproductions de certaines toiles de valeur dont mon Einsatzstab, conformément à vos ordres, s'est emparé et qui proviennent de collections de Juifs ayant fui les territoires occupés d'Europe de l'Ouest. Ces photos complètent l'ensemble des 53 objets d'art précieux qui se sont ajoutés il y a peu à votre collection. Le classeur ci-joint ne donne qu'une idée partielle de la valeur exceptionnelle de l'ensemble des pièces saisies en France et mises à l'abri sur le territoire du Reich.

Je vous demande, mon Führer, de me laisser vous exposer lors d'une prochaine audience l'ampleur sans précédent de cette saisie d'œuvres. Je vous prie d'accepter un bref rapport à ce sujet qui servira de fondement à mon rapport oral ultérieur ainsi que 3 exemplaires du catalogue provisoire des toiles qui ne décrivent pour l'heure qu'une partie des collections en votre possession. Je vous en communiquerai d'autres (sur lesquels nous travaillons en ce moment) dès leur achèvement. Je prendrai la liberté, lors de l'audience que je sollicite auprès de vous, mon Führer, de vous donner vingt autres classeurs de photos en espérant que de vous occuper des merveilleuses beautés de l'art si cher à votre cœur égayera votre vie tant estimée.

Je vous salue, mon Führer,

A. Rosenberg

8. Monuments, Beaux-Arts et Archives

Shrivenham, Angleterre, printemps 1944

Le 6 mars 1944, quatre semaines après le bombardement du Mont-Cassin et quelques mois avant l'invasion du nord de la France, George Stout, le conservateur tiré à quatre épingles du musée Fogg, respirait pour la première fois de sa vie les senteurs d'un printemps anglais. Le sud du Royaume-Uni grouillait déjà de soldats britanniques et américains que la rumeur estimait à plus d'un million. Leur présence n'arrangeait rien à la situation du pays en ruine à l'issue de quatre années de raids de la Luftwaffe. La nourriture et les matières premières commençaient à manquer. « Le problème des Ricains, c'est qu'ils sont trop payés, trop nourris et qu'ils sont partout », entendait-on dire à Londres[1]. Que pouvait-on espérer de ces jeunes recrues encore adolescents pour la majorité d'entre eux ? S'ils se montraient arrogants, ce n'était que pour masquer leur peur : ils se lanceraient sous peu à l'assaut de l'Europe en sachant qu'ils n'en reviendraient pas tous vivants.

À Shrivenham, un petit village en rase campagne à mi-chemin de Bristol et de Londres, régnait une autre ambiance. Le corps des Affaires civiles américano-britannique avait installé un centre d'entraînement aux

Affaires civiles à l'école américaine (un campus comme il y en a tant aux États-Unis). Malgré les formations de soldats qui défilaient de temps à autre en uniforme, les murs de pierre et les vastes pelouses semblaient à des milliers de kilomètres des horreurs de la guerre.

Dès que George Stout mettait le nez dehors, les bourgeons attiraient son regard. Si une gelée tardive risquait encore de les empêcher de parvenir à maturité, l'optimisme qu'ils n'en incarnaient pas moins lui réchauffait le cœur. Voilà que la vie reprenait peu à peu à la sortie de l'hiver ! La veille au soir, Stout s'était rendu à pied à un pub à huit kilomètres de Shrivenham avec un de ses collègues anglais et un autre américain. Ils y avaient trouvé des fermiers rougeauds des environs qui sirotaient de l'ale en jouant aux fléchettes dans un décor de murs en pierre et de poutres en bois où n'apparaissait pas le moindre soldat. Si la bière laissa un goût amer à nos engagés, il n'en fut pas de même de la compagnie, plutôt joyeuse. Stout regrettait à ce moment-là l'ordinaire à bord du navire qui l'avait conduit de l'autre côté de l'Atlantique, sans parler du rythme immuable de la mer. Le chemin du retour à Shrivenham, dans la pénombre de l'Oxfordshire rural, entre des champs nettement délimités et des potagers bien entretenus, chassa les idées noires de Stout, inquiet de ne pas avoir reçu de lettre de sa famille depuis deux semaines.

Me voilà aux Affaires civiles, songea-t-il. Moi, un homme de la marine ! Je m'y sens à peu près autant à ma place qu'un poisson sur la terre ferme. Même le facteur n'a pas su me trouver !

Ce ne fut qu'en se rendant à pied au village voisin, par un radieux dimanche matin, que Stout prit conscience du chaos où venait de sombrer l'Angleterre.

Du buis envahi par le lierre. Des murs en pierre près de s'effondrer. De jeunes pousses à peine sorties de terre écrasées par le talon d'une botte. Des champs piétinés par des sabots. Les branches des arbres dressées en tous sens. Les méandres de la route. Stout perçut tout de même un ordre à l'œuvre derrière l'apparente confusion du décor. Au fond, chaque chose se trouvait à sa place. Il suffisait d'entrevoir la cohérence du système sous le fouillis qui s'imposait à première vue.

Tout de même, Stout aurait mieux aimé rester dans la marine aux États-Unis. Garder ses coudées franches dans un monde en paix. D'un autre côté, il devait bien admettre que sa mission actuelle était tout à fait « sa tasse de thé », comme disent les Anglais. Les Monuments, les Beaux-Arts et les Archives. Il manqua de peu s'esclaffer en y songeant. Voilà que l'armée recrutait enfin des techniciens qualifiés en vue de la préservation du patrimoine !

La sous-commission des Monuments, des Beaux-Arts et des Archives (MFAA), qui dépendait à la fois des États-Unis et de la Grande-Bretagne, vit le jour à la fin de l'année 1943 sous la direction des Affaires civiles du Gouvernement militaire allié des territoires occupés (AMGOT), elle-même dépendante de la division M-5 du Bureau de la Guerre britannique. Un tel embrouillamini bureaucratique donne une idée de l'importance accordée à la MFAA, longtemps noyée dans la hiérarchie militaire. Tout le monde était au courant du désastre en Italie. Le service dont s'occupait Hammond venait d'être remplacé par un autre mieux organisé mais la MFAA — sous la houlette de la Commission de contrôle alliée (ACC) — peinait encore à trouver ses marques. Quand la décision fut prise de détruire l'abbaye du Mont-Cassin, aucun Monuments man ne se trouvait en poste au nord de Naples. Leur échec en Italie décida les hommes de la MFAA à prendre les devants à l'avenir, tout en soulignant la difficulté de monter sur pied une unité de ce type en pleine campagne militaire.

Heureusement, la situation s'annonçait différente en Europe du Nord. Les Affaires civiles comptaient envoyer en France, avant le débarquement, un groupe d'officiers aguerris que la commission Roberts avait demandé à Paul Sachs, le supérieur hiérarchique de Stout au musée Fogg, de désigner. George Stout fut l'un des premiers nommés, en septembre 1943. Puis il n'en entendit plus parler pendant des mois, ce dont il ne s'étonna pas outre mesure. Il savait que ce genre de projets se résumait en général à un feu de paille[2]. Qui plus est, il se méfiait de ce que manigançaient les directeurs de musées.

Il n'en avait pas moins exposé son point de vue à Sachs : à chaque armée, il faudrait dans l'idéal attacher une équipe d'au moins dix personnes (seize de préférence), qui réunirait, outre des conservateurs du patrimoine, des emballeurs, des taxidermistes (mais oui !), des secrétaires, des chauffeurs et des photographes. Impossible de recruter ceux-ci parmi les troupes déjà sur place : son expérience de la Première Guerre mondiale avait appris à Stout que, sur le champ de bataille, les commandants ne pouvaient pas se passer d'un seul homme. Il faudrait donc créer de toutes pièces un bataillon équipé de jeeps, de camions bâchés, de caisses, d'appareils photos et d'aéromètres mesurant le degré d'humidité de l'air ; bref, de tous les outils du conservateur.

En décembre, Stout, toujours sans nouvelle de Sachs, entendit dire qu'il pouvait tirer un trait sur son projet. Il en attribua l'échec à l'intervention des directeurs de musée et continua de camoufler des avions. Quel dommage ! songea-t-il, que l'armée ait confié une mission pareille aux nababs !

Même son transfert en janvier 1944 ne suffit pas à dissiper les doutes de Stout. « La sauvegarde du patrimoine t'inspire les mêmes sentiments qu'à moi, écrivit-il à son épouse, Margie. Pour peu qu'on s'y prenne correctement, ce qu'on fait tiendra la route et rendra même quelques services. Sinon, il faudra s'attendre à des difficultés, des retards et beaucoup de frustration. Que je le veuille ou non, je m'y retrouverai mêlé le jour où l'armée décidera de s'en occuper pour de bon […] Une chose est sûre : on confiera la direction des opérations à des militaires et non à des civils en poste dans un musée ou un autre. Dans le cas contraire, autant renoncer tout de suite. Si j'ai bien compris, je resterai dans l'armée où l'efficacité et l'honnêteté sont de règle et où, en général, tenter d'en mettre plein la vue ne mène pas loin. Enfin ! Nous verrons bien[3]. »

George Stout sous-estimait les nababs : la communauté muséale, sous les dehors de la commission Roberts (et, par la suite, de son homologue anglaise, la commission Macmillan), servit de catalyseur à la création du corps de conservateurs qu'il appelait de ses vœux. L'armée des États-Unis n'aurait sans doute pas accepté la MFAA sans le prestige de la commission Roberts, formée avec l'appui de Roosevelt. Personne n'était mieux en mesure de réunir le corps de « techniciens qualifiés » réclamé par Stout que les dirigeants des hautes sphères culturelles d'Amérique. Ceux-ci tirèrent deux leçons de l'Afrique du Nord et de la Sicile : l'armée n'écouterait les conservateurs qu'à condition qu'ils y détiennent un grade officiel. Il fallait en outre qu'ils arrivent sur le champ de bataille pendant les combats ou aussitôt après et non des semaines ou des mois plus tard. Du point de vue de Stout, le plus prometteur restait encore que la MFAA ne comptait pas un seul directeur de musée dans ses rangs.

Au fond, ce n'était ni le recrutement des officiers de la MFAA ni l'ampleur de leur tâche qui inquiétait George Stout alors qu'il réfléchissait à l'invasion imminente de la France en ce matin de mars exceptionnellement chaud pour la saison, mais la nature même de leur mission. Ils ne disposaient d'aucun ordre officiel et ne savaient pas à qui se référer. Impossible de s'entendre sur le nombre d'hommes à recruter, leur affectation sur le continent ni même la nécessité d'éventuels renforts. Pour l'heure, des soldats se contentaient d'arriver au petit bonheur, munis de leur ordre de transfert. Un guide des procédures de sauvegarde du patrimoine avait vu le jour à partir des notes prises par Stout depuis 1942 (sans que lui-même participe à sa rédaction) mais, en dehors de cela, les Monuments men n'avaient pas suivi de formation à proprement parler. Les efforts se concentraient sur l'établissement de liste de monuments à protéger dans différents pays d'Europe. Pour autant que Stout pût en juger, personne ne se souciait de fournir la MFAA en armes, en uniformes ou en rations. La constitution d'une unité de conservateurs en prélude à l'invasion de la France avançait à une allure d'escargot.

Se posait en outre le problème de la taille du bataillon. Stout préconisait d'enrôler quinze hommes en plus de chaque officier or il lui apparaissait évident que la MFAA ne compterait même pas quinze recrues en tout en Europe du Nord. Stout était conscient des difficultés opposées par la bureaucratie militaire aux transferts ; surtout au moment où s'organisait la plus importante opération militaire de l'histoire. Paul Sachs connaissait à coup sûr des quantités d'hommes aptes à la tâche : n'avait-il pas eu pour élèves la plupart des actuels responsables de musées en Amérique ? Stout pouvait néanmoins compter sur ses doigts les officiers affectés à la protection du patrimoine : Rorimer, Balfour, LaFarge, Posey, Dixon-Spain, Methuen, Hammett. La MFAA en regrouperait peut-être une douzaine en tout — soit moins que ses compagnons de tablée au mess des officiers lors de sa traversée de l'Atlantique, alors qu'il se rendait en Angleterre à bord d'un bateau parmi des milliers d'autres, où l'on servait chaque jour des centaines de tables comme la sienne !

Il imagina les rares hommes qui composaient alors la MFAA en train de poser pour un portrait de groupe sur le flanc d'une colline ensoleillée près de leur base de Shrivenham.

Geoffrey Webb, pour commencer, leur commandant à la silhouette élancée. Âgé d'une bonne cinquantaine d'années, il enseignait l'histoire de l'art à l'université de Cambridge et comptait parmi les plus éminents spécialistes de sa discipline dans les îles Britanniques.

À ses côtés : lord Methuen et le chef d'escadre Dixon-Spain, des vétérans britanniques de la Première Guerre mondiale.

Le benjamin du contingent britannique, à plus de quarante ans, se nommait Ronald Balfour. Le crâne dégarni, il enseignait l'histoire de l'art au King's College de Cambridge et devait à son collègue Geoffrey

Webb sa nomination à la MFAA. La vivacité d'esprit et la gentillesse de Balfour lui assurèrent la sympathie immédiate de Stout, qui partageait sa chambre à Shrivenham. Protestant convaincu, Balfour avait commencé par étudier la théologie avant de s'intéresser à l'histoire de l'art. Il correspondait à l'archétype de ce que les Anglais appellent un « gentleman érudit » : un universitaire indifférent à son avancement, uniquement passionné par les spéculations intellectuelles et les longues discussions à bâtons rompus avec les rares personnes qui partagent ses inclinations.

Stout le considérait comme l'expert en manuscrits du groupe : il s'intéressait plus aux archives qu'aux beaux-arts à proprement parler et rien ne le rendait plus fier — comme il le répétait d'ailleurs souvent — que sa bibliothèque personnelle rassemblant plus de huit mille volumes. Uniquement des ouvrages de qualité, se hâtait-il de préciser. Bien qu'obnubilé par les vieux papiers, Ronald Balfour n'était pas homme à se complaire dans la paperasserie. Ses petites lunettes cerclées de métal ne lui donnaient pas une allure très martiale mais il possédait une volonté de fer et ne demandait qu'à en découdre. Fils de militaire, il avait été élevé dans le Buckinghamshire et surtout dans le respect de l'armée. Il ne laisserait en aucun cas des bombes allemandes endommager sa collection de livres, qu'il lui avait fallu des dizaines d'années pour constituer.

Du côté américain, Marvin Ross, un diplômé de Harvard expert en art byzantin, occupait le poste de commandant en second. Ralph Hammett et Bancel LaFarge, deux architectes, tenaient lieu à leur unité de spécialistes en bâtiments.

À quarante ans et quelques, Walker Hancock jouissait d'une certaine renommée en tant que sculpteur. Son œuvre la plus connue, un monument en l'honneur des combattants de sa ville natale de St Louis, dans le Missouri, donnait une juste idée de son talent et de sa personnalité. Elle s'intitulait *Sacrifice* ; un mot dont Hancock connaissait le sens mieux que beaucoup de soldats. En suivant les cours de l'académie militaire de Virginie pendant la Première Guerre mondiale, il avait consenti, par égard pour son père, à un véritable sacrifice, qu'il n'aurait pas hésité à pousser plus loin encore au besoin. À l'issue du conflit, sa vocation première d'artiste le rappela dans sa ville natale où il s'inscrivit à l'université Washington avant de fréquenter l'académie des Beaux-Arts de Pennsylvanie puis, à la fin des années 1920, l'académie américaine de Rome. En 1925, il reçut le prestigieux prix de Rome ; ce qui ferait de lui le membre le plus décoré de la MFAA, en plus d'être son unique artiste. En 1942, il remporta le concours pour la création de la médaille de l'armée de l'air, l'un des plus grands honneurs militaires des États-Unis, ce qui lui donna l'occasion de quitter son unité d'infanterie en première ligne des combats.

Facile à vivre, sociable, d'un optimisme à toute épreuve, Walker Hancock venait de consentir à un énorme sacrifice personnel. Quelques semaines à peine avant de partir pour l'Angleterre, il avait épousé l'élue de son cœur, Saima, dans une petite chapelle de la cathédrale nationale de Washington, DC. L'amour dont il se consumait pour sa jeune épouse ne l'avait cependant pas dissuadé de s'engager dans la MFAA de l'autre côté de l'Atlantique alors que l'armée voulait au départ l'affecter au Pentagone, près de chez lui.

Stout, qui le trouvait d'une politesse et d'une amabilité presque excessives, ne parvenait pas à l'imaginer sur le champ de bataille. Il le voyait mieux pelotonné contre Saima dans l'atelier du Massachussetts qu'il comptait s'acheter un jour à force d'économies. Un feu y brûlerait dans l'âtre et l'on devinerait dans le fond un buste d'Atlas en cours de réalisation. Bien entendu, Hancock s'en amusait. Rien ne le décourageait jamais. Doué d'une heureuse nature, il affirmait même prendre goût à la nourriture de l'armée.

À trente-huit ans, James Rorimer, la dernière recrue en date de la MFAA, semblait tout l'opposé de Hancock : ambitieux et sans scrupules, il comptait au nombre des rares hommes d'influence au sein de la communauté muséale américaine. Sa silhouette trapue évoquait celle d'un lutteur. Diplômé de Harvard, il travaillait au Metropolitan où, à même pas trente ans, il avait joué un rôle clé dans l'expansion des collections d'art médiéval. En 1934, au bout d'à peine sept années de carrière, il obtint le grade de conservateur du département d'art médiéval et fut l'un des principaux artisans de l'ouverture en 1938 à Manhattan des « Cloîtres » hébergeant les nouvelles collections médiévales du Metropolitan. Une ascension aussi rapide dans la hiérarchie du Metropolitan supposait du talent mais surtout beaucoup d'ambition. Stout ne fut pas surpris d'apprendre que Rorimer venait d'une ville ouvrière de l'Ohio, Cleveland, et que son père avait changé l'orthographe de leur nom juif (Rorheimer) par méfiance envers l'antisémitisme des Américains[4].

Rorimer n'appartenait pas officiellement au bataillon des Monuments men : il travaillait aux Affaires civiles, dont dépendait le centre de formation de Shrivenham.

Stout savait de source sûre que la protection des monuments intéressait beaucoup Rorimer et que le commandant de la MFAA Geoffrey Webb le voulait dans son équipe. Il n'y avait pas de quoi s'en étonner : Rorimer parlait français, connaissait Paris comme sa poche et suivait des cours d'allemand à Shrivenham six jours par semaine.

Rien ne l'arrêtait : Rorimer s'était démené plus que n'importe qui à Shrivenham pour rejoindre la MFAA. Il se donnait en outre un mal fou pour diversifier ses compétences. Quand on lui confiait une tâche, il se mettait en quatre afin de l'accomplir en temps voulu. Stout le tenait pour une future vedette de l'élite culturelle américaine. À condition, bien sûr, qu'il survive à la guerre.

Restait Robert Posey : le marginal. Stout ne savait pas grand-chose de lui. Il parlait peu et ne se mêlait pas aux autres. Il n'appartenait pas au cercle de Paul Sachs à Harvard et, pour autant qu'on pût en juger, n'était pas très réputé dans son domaine de compétences, l'architecture. Après une enfance difficile dans l'Alabama, une bourse du Corps d'entraînement des officiers de réserve de l'armée lui avait permis d'étudier à l'université d'Auburn. Militaire de formation, expert en art, il semblait tout désigné pour servir dans la MFAA, bien que personne ne sût au juste par quel biais il y était entré. Une rumeur prétendait qu'avant sa nomination en Angleterre, il servait sa patrie dans le cercle arctique ; ce qui paraissait trop farfelu pour ne pas être vrai. Il prétendit un jour, dans un moment de gaieté, qu'il était le seul à avoir jamais détruit un char d'assaut en Pennsylvanie. Au début de sa carrière militaire, il avait en effet conçu un pont expérimental qui ne tarda pas à s'effondrer : le premier char à le franchir tomba dans la rivière où il sombra. Les Monuments men ne savaient que penser de Robert Posey, hormis peut-être George Stout qui, comme lui, avait grandi dans un milieu ouvrier au cœur de l'Amérique rurale.

Voilà le groupe au complet : Balfour, l'universitaire britannique, Hancock, l'artiste doué d'une heureuse nature, Rorimer, le conservateur du patrimoine prêt à tout pour réussir, et enfin Posey, le paysan de l'Alabama. Sans oublier, bien entendu, George Leslie Stout, tiré à quatre épingles, la lèvre supérieure ourlée d'une fine moustache. Stout ne put s'empêcher de rire en bifurquant à un virage. George Stout, le dandy ! Pas ce jour-là, en tout cas ! Le poids de son baluchon de linge sale sur son épaule (la raison de sa promenade dominicale) lui rappela que la blanchisserie du centre d'entraînement de l'armée ne répondait pas à ses exigences et qu'il présentait moins bien qu'il ne l'eût souhaité.

La paternité de la MFAA avait beau lui revenir, comme l'écrivait Paul Sachs, il n'y était pourtant qu'un soldat comme un autre, sans la moindre autorité sur qui que ce soit — ce qui ne lui déplaisait d'ailleurs pas. Même à l'armée, Stout se méfiait de la hiérarchie. Il aimait mieux mettre les mains à la pâte, quitte à les salir, et à les laver méticuleusement, aussitôt après.

Ses collègues et lui formaient de son point de vue un bon groupe, qu'il n'aurait pas forcément constitué autrement, si l'occasion lui en avait été donnée. Le hic, c'est qu'ils n'étaient que onze, mais au moins onze érudits, artistes, conservateurs de musée ou architectes, c'est-à-dire des hommes qui travaillaient pour vivre plutôt que d'en exploiter d'autres à leur profit. Aucun d'eux n'avait été formé à la protection du patrimoine. Presque tous mariés, et pères de famille pour la plupart, ils semblaient assez mûrs pour comprendre l'enjeu de leur mission mais encore suffisamment jeunes pour survivre à l'épreuve du feu.

Survivre. George Stout ne tenait pas à s'appesantir là-dessus mais il partait en guerre au côté d'hommes qui ne reverraient pas forcément leur pays. Une fois de plus, il se dit que c'était un crime de les envoyer au front sans équipement adéquat ni renforts.

Selon lui, la faute en revenait à lord Woolley, le vieil archéologue du Bureau de la guerre britannique. Un brave type, comme aurait dit Ronald Balfour, mais qui les négligeait honteusement. Woolley tirait une fierté incompréhensible du fait que seules trois personnes présidaient à l'opération de sauvegarde du patrimoine — dont son épouse, lady Woolley. Comment prendre leur mission au sérieux dans ces conditions ? « Nous protégions les arts au moindre coût possible[5] » ; telle semblait être la devise de Woolley. Extraite de l'oraison funèbre prononcée par Périclès. Stout aurait parié que les gros bonnets de l'armée appréciaient la référence à sa juste valeur. Pour sa part, il espérait seulement qu'une telle finesse d'esprit viendrait à point nommé sur le champ de bataille.

« Pour peu qu'on s'y prenne correctement », avait-il écrit à son épouse. Voilà le hic ! Était-ce trop demander, une centaine d'hommes dans une armée qui en rassemblait un million ? et quelques milliers de dollars pour acheter des appareils photos, des radios et du matériel de base ?

« Eh bien, George ! La voilà ! » s'écria Ronald Balfour avec son accent des Midlands, en interrompant le cours des réflexions de Stout.

Celui-ci revint soudain à l'Angleterre et au printemps 1944. Il leva les yeux. Face à lui se dressait un groupe de maisons en pierre au toit de chaume et, derrière elles, le clocher d'une église, prétexte à leur excursion dans ce petit village. Stout jeta un coup d'œil au soleil déjà haut dans le ciel puis à sa montre. La messe devait être terminée depuis longtemps.

« Cinq minutes ! réclama Stout en indiquant son baluchon de linge sale. Et après, on y va.

— D'accord », lui répondit Balfour, un sourire aux lèvres.

Stout songea qu'il était difficile de ne pas apprécier Balfour. Seuls des hommes de sa trempe sauraient se rendre utiles, en fin de compte. Stout, un scientifique pourtant acquis à la modernité, n'avait aucune foi dans les machines. L'art de la conservation reposait à son sens sur une observation minutieuse plus que sur un quelconque mécanisme sophistiqué. Un conservateur du patrimoine devait garder l'œil aux aguets et en tirer les conséquences pratiques ; voilà tout le secret ! Une bonne connaissance de l'histoire de l'art ne suffirait pas à un officier de la MFAA sans un minimum de passion, de capacité d'adaptation et d'intelligence du fonctionnement de l'armée. Stout décelait chez Balfour un mélange de vivacité d'esprit, d'instinct pratique et de respect de l'uniforme qui lui inspirait confiance.

Qu'on nous amène sur le terrain, se disait-il, et hop ! le boulot sera bientôt fait.

Adolescent, Stout avait passé chez son oncle à Corpus Christi, dans le Texas, un été entier à travailler six jours par semaine. Le dimanche, oncle et neveu allaient à la pêche. Un jour, ils attrapèrent un flet dont les deux yeux se trouvaient du même côté de la tête. Stout, qui avait grandi dans l'Iowa, eut du mal à croire qu'il existait des poissons aussi bizarres. Sur le chemin du retour au port, le moteur du bateau tomba en panne. Stout dut ramer pendant des heures. En vain : son embarcation finit par s'échouer sur un banc de sable dans le golfe du Mexique. Heureusement, un schooner qui passait dans les environs le tira de là. Depuis, Stout ne se fiait plus aux moteurs : il ne comptait que sur la force du courant pour le ramener à bon port.

Il savait que les Monuments men n'arriveraient pas en France les mains vides. On leur remettrait des cartes des musées et des monuments historiques établies sous la direction de responsables du patrimoine et complétées par des clichés aériens. La liste des bâtiments à protéger, approuvée par les officiers aux Affaires civiles, était un modèle du genre. Il n'y avait rien à redire non plus aux manuels pratiques de protection du patrimoine, inspirés de ses travaux personnels.

Stout ne s'en rendait pas moins compte que l'opération ne tenait que par des bouts de ficelle. Les directeurs de musées ne comprenaient pas la mentalité des militaires, qui doutaient encore de l'intérêt de la MFAA. Les Monuments men se cantonnaient à un rôle de conseillers dépourvus de la moindre autorité effective. Libres de leurs mouvements, ils ne disposaient d'aucun moyen de transport. Il leur manquait des locaux et des renforts. En somme, l'armée leur fournissait un canot sans moteur. Ils allaient devoir ramer et sans doute à contre-courant. Ceci dit, une fois que l'on s'est lancé à l'eau, il arrive parfois qu'un schooner passe dans les parages.

Qu'on nous amène sur le théâtre des opérations ! songea Stout, qui ne voulait pas encore renoncer à tout espoir de voir leur mission aboutir. Qu'on nous donne notre chance !

« Un parfait exemple de style néo-roman, commenta Ronald Balfour derrière l'épaule de Stout. Petite mais bien proportionnée. De la fin des années 1800, à première vue. Qu'en dites-vous, George ? »

Stout examina l'église. Simple et solide. Joliment décorée. Rien d'extraordinaire, bien sûr, mais aucune faute de goût. Ravissante dans son genre. En dépit de son style incontestablement néo-roman, l'adjectif qui vint à l'esprit de Stout ne fut autre que « romantique ». À l'image d'un lieu où se retrouvent les amants et où, dans un passé aujourd'hui révolu, il aurait pu savourer la compagnie de son épouse Margie. Ou alors romantique comme sa conviction exagérément optimiste qu'il devait être possible de préserver des monuments historiques sur le théâtre d'une guerre moderne.

« On aura de la chance d'en trouver ne serait-ce qu'une comme celle-là sur le continent, commenta Stout en examinant l'église intacte.

— Ah, George ! sourit Balfour. Toujours aussi pessimiste ! »

Stout songea aux deux assurances vie qu'il avait contractées avant de faire voile pour l'Angleterre, Il fallait toujours s'attendre à tout.

« Je suis optimiste, monsieur Balfour. Méfiant mais optimiste quand même. »

9. L'objectif

Sud de l'Angleterre, fin mai 1944

Le 26 mai 1944, le général Eisenhower, commandant suprême des forces expéditionnaires alliées, promulgua l'ordre suivant[1], onze jours avant l'invasion du nord de l'Europe — et non près de six mois après le débarquement comme ce fut le cas en Sicile :

> Bientôt nous livrerons bataille en Europe pour la perpétuation de notre civilisation. Il est inévitable que se dressent sur notre chemin des monuments et des villes historiques qui symbolisent pour le monde entier les valeurs pour lesquelles nous luttons afin de les préserver.
>
> La responsabilité incombe à chaque commandant de protéger et de respecter ces symboles dans la mesure du possible.
>
> Dans certaines circonstances, notre répugnance à détruire de vénérables témoignages du passé pourrait toutefois nuire au succès de nos opérations militaires. Dans ce cas-là, comme au Mont-Cassin où l'ennemi a profité de notre attachement à l'abbaye pour consolider son système de défense, nous devons nous rappeler que la vie de nos soldats compte plus que tout. Quand les nécessités militaires l'exigeront, les commandants

ordonneront donc les opérations qui s'imposent ; tant pis si elles impliquent la destruction d'un site remarquable.

Les dégradations de monuments n'en demeurent pas moins injustifiables en de nombreuses circonstances. Les commandants, en imposant une stricte discipline, épargneront les centres historiques et les bâtiments revêtant une importance culturelle particulière. La hiérarchie des Affaires civiles avertira à l'avance les commandants de l'emplacement des monuments historiques à sauvegarder, au front comme dans les zones occupées. Ces informations seront transmises avec les instructions nécessaires à l'ensemble des officiers, quel que soit leur grade.

Le lendemain, la MFAA envoya au QG du général Eisenhower une liste des monuments à protéger en France. Tout le monde — civils autant que militaires — se tenait alors sur le qui-vive. L'issue de la guerre dépendait d'un saut dans l'inconnu : l'opération Overlord, le débarquement en Normandie. Une fois mis au courant du projet, Winston Churchill serra la main d'Eisenhower en lui confiant, les larmes aux yeux : « Je vous soutiendrai jusqu'au bout et, en cas d'échec, nous tomberons ensemble[2]. » La faillite de l'opération entraînerait, au mieux, deux années supplémentaires de préparatifs et, au pire, l'invasion de la Grande-Bretagne. Personne ne tenait à faire obstacle à la victoire — surtout pas les officiers, qui estimèrent beaucoup trop longue la liste des monuments à épargner sur le futur théâtre des opérations : à les entendre, son exhaustivité même nuirait à l'efficacité des manœuvres.

Les dirigeants de la MFAA durent choisir entre céder à la pression des militaires ou défendre jusqu'au bout leur conviction. Au lieu de modifier la liste,

Woolley décida de lui adjoindre une explication. Sur les deux cent dix monuments à protéger en Normandie, expliqua-t-il au QG des forces expéditionnaires alliées (le SHAEF), on dénombrait quatre-vingt-quatre églises auxquelles s'ajoutaient des ruines romaines ou médiévales, des alignements de pierres préhistoriques, des fontaines et autres constructions du même genre ne présentant que peu d'intérêt tactique. Dans l'ensemble de la Normandie, estima-t-il, seuls trente-cinq édifices sis en des points stratégiques tombaient sous le coup des restrictions de la MFAA. Les haut gradés, satisfaits par l'explication de Woolley, approuvèrent sans tarder la fameuse liste. Le 1er juin, les rangs de la MFAA avaient grossi en vue de la bataille. Quinze hommes y œuvreraient sur le continent, à l'exclusion de l'Italie : huit Américains et sept Britanniques (un autre Américain et trois Britanniques affectés à la France, la Belgique et l'Allemagne venaient de s'ajouter au groupe depuis le mois de mars). Sept d'entre eux resteraient au SHAEF tandis que les huit autres accompagneraient les armées britanniques et américaines. Pour bien souligner qu'il s'agissait d'une opération conjointe, un Américain fut affecté à la 21e armée britannique et un Britannique à la 1re armée des États-Unis. Aussi incroyable que cela paraisse, il incombait à ces huit officiers de protéger l'ensemble des monuments historiques que rencontreraient les forces alliées à mesure de leur progression depuis la Manche jusqu'à Berlin.

II

EUROPE DU NORD

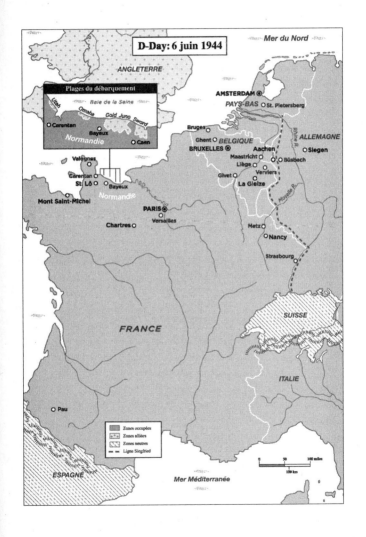

Lettre de James Rorimer à son épouse Katherine
6 juin 1944

Chers tous,

On nous annonce l'invasion imminente de l'Europe de l'Ouest par un nombre écrasant de soldats. Le journal de ce matin indiquait que Rome avait été épargnée. J'en suis ravi ! Mais je songe aux troupes en première ligne des combats et à la mission qui leur incombe. En dépit de notre âge relativement avancé, nous souhaitons bien sûr porter un coup fatal à la tyrannie. D'un autre côté, nous ne perdons pas de vue nos familles ni ce que nous leur devons en tant qu'époux, pères, fils et membres de la communauté en temps de paix.

Mon statut n'a pas beaucoup changé. Je n'ai aucune idée de ce que l'avenir me réservera. J'espère seulement pouvoir me rendre utile. Je suis convaincu que seul mon grade de simple sous-lieutenant retient la hiérarchie de me confier une mission. La connaissance de l'Europe et de ses habitants, la facilité à se lier d'amitié, le sens des vraies valeurs, une carrière à succès, la santé, des relations haut placées — ceci n'impliquant hélas pas la volonté de se rendre utile — ou, si l'on préfère, de rendre service à l'humanité — devraient normalement suffire. Je m'attends à ce qu'on me nomme officier des Monuments et des Beaux-Arts — mais Dieu seul sait quel genre de travail on va me confier.

Affectueusement,

Jim

10. Gagner le respect

Normandie, été 1944

Le bombardement naval d'Omaha Beach commença le matin du 6 juin 1944 dès 5 h 37. L'aviation prit ensuite le relais, à l'approche de l'aube. Quand les premiers soldats alliés débarquèrent à l'heure H (6 h 30), ils s'aperçurent presque aussitôt que le pilonnage de la plage n'avait pas produit le résultat escompté. De crainte de lâcher leurs munitions sur leur propre camp en raison d'un épais brouillard, les bombardiers avaient surtout arrosé l'intérieur des terres en laissant intactes les défenses allemandes le long de la côte. Les unités américaines à l'est et à l'ouest d'Omaha Beach essuyèrent de lourdes pertes avant de parvenir à mi-distance du rivage. Trente minutes plus tard, un nouveau contingent rejoignit les survivants coincés sur une mince bande de sable — la seule partie de la plage que ne couvrirait pas la marée haute, qui causa la mort par noyade de nombreux blessés. Au bout de six heures de combat acharné, les Américains s'emparèrent d'une bande de terre dont l'étroitesse n'augurait rien de bon. La marée rognait en effet sur la tête de pont des Alliés au fur et à mesure de leur progression.

Des quantités d'hommes continuèrent à déferler sur la grève. Comme les tirs allemands leur coupaient les voies d'accès à l'intérieur des terres, certains entreprirent d'escalader les falaises. Le général de brigade Norman Cota cria aux survivants : « Deux sortes d'hommes resteront sur cette plage, les morts et ceux qui ne tarderont pas à les suivre dans la tombe. Fichons le camp d'ici tout de suite[1] ! » Ce jour-là, quarante-trois mille soldats furent acheminés d'Angleterre par bateau à la plage d'Omaha la sanglante. Plus de deux mille deux cents y laissèrent la vie — des engagés volontaires pour la plupart, entraînés en vue de la bataille mais plus habitués à leur petite vie tranquille d'enseignants, de mécaniciens, d'ouvriers ou d'employés qu'au combat en première ligne. Ils trouvèrent la mort à Sword Beach, Gold Beach, Juno Beach et à la pointe du Hoc. À Utah Beach jaillirent du brouillard et de l'écume plus de vingt-trois mille soldats lancés à l'assaut des lignes allemandes. Les 101e et 82e divisions aéroportées parachutèrent treize mille hommes derrière les lignes ennemies, où ils risquaient de laisser leur peau, faute d'effectuer leur jonction avec les soldats venus par la mer avant la nuit tombée. Dans tous les cas, la bataille était loin d'être gagnée : la tête de pont demeurait vulnérable et un million d'Allemands se cachaient aux alentours, prêts à enterrer les Alliés en terre française.

Les Allemands se trompaient dans leurs calculs : ils croyaient les Alliés incapables de ravitailler leur armée en l'absence de port. À Utah Beach affluèrent pourtant des troupes pourvues de munitions et de bidons d'essence. Le matin du 6 juin (et les jours suivants aussi), débarquèrent des navires en tout genre mais principalement des *Landing Ship Tank* (ou

LST destinés au transport de chars), des soldats d'infanterie, des camions citernes, des artilleurs, des aumôniers, des officiers d'ordonnance, des ingénieurs, des médecins, des journalistes, des secrétaires, des traducteurs et des cuisiniers. « Le long de chaque plage se déversaient des mâchoires béantes des barges alignées sur des kilomètres : des chars, des camions, des jeeps, des armes à feu de toutes sortes, des tas de rations et de munitions, des milliers de jerricans d'essence, des radios, des téléphones, des machines à écrire et des formulaires ; en somme, tout ce qu'il faut à des hommes en guerre[2]. » Dans le ciel, des avions alliés vrombissaient sans répit — on ne dénombra pas moins de quatorze mille sorties le jour J et presque autant les suivants où le ciel demeura dégagé. La Manche grouillait tellement de bateaux que, pendant plus d'un mois, il fallut trois jours pour la traverser, contre un seul en temps normal. À côté de tout ce remue-ménage, à quelques mètres d'Utah Beach à peine, se dressait une petite église vieille de quatre siècles.

Qui sait ce que les soldats en pensèrent ? La plupart de ceux qui envahirent la plage large de plusieurs kilomètres n'y prêtèrent sans doute aucune attention. Beaucoup d'autres durent passer devant sans s'y arrêter : les mémoires de guerre n'en font que rarement mention. Sans doute servit-elle dans un premier temps d'abri provisoire ou de point de rendez-vous en prélude à une incursion à l'intérieur des terres. Quelques hommes y rendirent probablement l'âme : des blessés amenés là par leurs camarades qu'achevèrent des balles ou des mines allemandes. Le toit essuya des tirs d'artillerie, les poutres volèrent en éclats mais la petite chapelle tint bon. Un office y fut bientôt célébré chaque jour à l'intention des milliers d'hommes débarquant en Normandie et des centaines d'autres de retour du front.

Début août, un soldat remarqua pour la première fois l'édifice. « Chapelle Sainte-Madeleine, nota-t-il dans son calepin avant d'en prendre une photo qu'il comptait envoyer en Angleterre. Le père McAvoy y annonce sur un panneau à l'entrée la célébration d'un office quotidien à 17 heures. Bel exemple d'architecture Renaissance du XVIe siècle dans le style de la *Maison Carrée*. Aux alentours traînent quelques débris éventuellement utiles à une restauration ultérieure. Le portail principal a été endommagé. Charpente en bois en bon état à l'exception de quelques dégâts mineurs[3]. »

Ce soldat n'était autre que le sous-lieutenant James Rorimer, le conservateur du Metropolitan à la détermination sans faille. À l'inverse des milliers d'autres combattants qui venaient de traverser Utah Beach, il n'avait pas l'intention de soumettre la chapelle aux nécessités de la victoire alliée, non : en tant que Monuments man, il était au contraire résolu à la sauvegarder.

Le débarquement du sous-lieutenant Rorimer — à l'instar de la bataille de Normandie dans son ensemble — ne se passa pas comme prévu. Il dut d'abord patienter un certain temps avant de partir pour la France où l'armée acheminait en priorité les combattants. Quand il reçut enfin l'autorisation d'embarquer, il manqua son bateau — le capitaine, qui ne s'attendait pas à devoir transporter un Monuments man, n'appartenant à aucune unité, était parti plus tôt que prévu. Le lendemain, Rorimer décida de traverser la Manche avec des vétérans français de la campagne d'Afrique du Nord, afin de mettre le pied sur le sol français au côté des Forces Françaises libres.

Les Alliés comptaient envahir la France entière avant la fin du mois de juillet. Au bout de huit semaines, ils n'avaient pourtant avancé que de quarante kilomètres sur un front large de cent trente. Ailleurs, c'était encore pire. Au début du mois d'août, la 2e armée britannique (et son Monuments man Bancel LaFarge) n'avait guère dépassé que de quelques kilomètres son objectif initial : Caen. Cinq autres officiers de la MFAA venaient d'arriver sur le continent. La lenteur de la progression des troupes limitait hélas leur champ d'action. Les opérations s'enlisaient tandis qu'on commençait à voir paraître dans les journaux les mots tant redoutés d'« impasse » et de « bourbier ». James Rorimer fut le dernier Monuments man à rejoindre la Normandie, le 3 août, tandis que les combats battaient encore leur plein.

De toute façon, il ne restait plus de place pour débarquer qui que ce soit d'autre. Au-delà d'Utah Beach, Rorimer ne découvrit pas la paisible campagne française telle qu'on pouvait encore la contempler deux mois plus tôt mais un grouillement de soldats. La Manche offrait d'après John Skilton (un officier des Affaires civiles qui rejoindrait plus tard la MFAA) un spectacle « aussi stupéfiant qu'impressionnant ». Des bateaux attendant d'accoster se succédaient jusqu'à l'horizon. Les plages fourmillaient de soldats. Dans le ciel, des milliers de dirigeables formaient un mur protecteur contre l'aviation ennemie. Des embouteillages menaçaient de se former aux abords de la grève. « Jamais je n'ai vu une telle quantité de véhicules de toutes tailles et de toutes sortes, écrivit Skilton. Ils dessinnent un ruban continu sur la route, aussi loin que porte la vue[4]. »

Rorimer ne mesura l'ampleur des dégâts que lorsqu'un convoi le conduisit au QG de la section avancée, à travers un paysage lunaire de fortins démolis, de haies dévastées et de champs éventrés. Des dépanneuses lourdes conduisaient à la décharge des véhicules abîmés tandis que la rouille s'attaquait aux armes abandonnées le long de la route. Des avions bourdonnaient sans répit dans le ciel, en lâchant des bombes dont l'explosion se confondait avec les détonations des mines. Des démineurs en détruisaient la plupart mais il arrivait qu'un civil ou un soldat malchanceux pose le pied sur l'une d'elles. « Quant à évaluer les dégâts parmi les cratères béants et les vestiges des bâtiments incendiés, écrivit Rorimer en arrivant en Normandie, autant conserver du vin dans un tonneau qui fuit[5] ! »

Le QG de la section avancée, installé dans des fermes ou sous des tentes distantes de plusieurs kilomètres les unes des autres, ne semblait pas mieux organisé que le débarquement lui-même. Personne n'y attendait Rorimer, pourtant censé arriver la veille. Il dut parcourir une longue route à pied avant de se présenter à l'officier dont il dépendait et qui lui conseilla simplement de se méfier des cadavres piégés et des bombes dissimulées dans des coffres ou sous des bancs d'église, avant de retourner à ses cartes. James Rorimer allait devoir se débrouiller seul. Il s'aménagea un petit bureau puis se demanda par où commencer.

Il ne resta pas longtemps les bras croisés à réfléchir. Les soldats de dix-huit ans savent qu'ils s'apprêtent à lutter jusqu'à la mort contre d'autres soldats de leur âge qui, au fond, n'ont pas plus de raisons qu'eux de se battre. Les officiers supérieurs eux-mêmes doivent admettre qu'ils ne s'en prennent pas à des monstres mais à des militaires de carrière comme eux auxquels seul le hasard de leur naissance a attribué un autre uniforme. La plupart des combattants ne considèrent leur engagement que comme une simple affaire de circonstance. James Rorimer, en revanche, estimait accomplir une mission décisive. Hitler s'était attaqué au monde de l'art en 1939 en envoyant en Pologne des unités chargées d'en ramener des toiles de maître et de détruire certains monuments. Les Nazis franchirent un point de non-retour en s'emparant du retable de Veit Stoss — l'un des trésors nationaux de la Pologne, qu'ils emportèrent à Nuremberg. Ils firent ensuite main basse sur la *Dame à l'hermine* de Léonard de Vinci, l'une des rares toiles (une quinzaine au plus) attribuées avec certitude au maître italien. Ils s'approprièrent en outre des Raphaël et des Rembrandt de la fameuse collection Czartoryski, l'une des plus riches du genre en territoire polonais. L'on restait depuis sans nouvelle de ces peintures. En 1940, quand l'Europe de l'Ouest tomba sous le joug nazi, des rumeurs alertèrent le monde de l'art sur le démantèlement de collections publiques ou privées par les Nazis qui emportaient systématiquement leur butin en Allemagne. Le débarquement en Normandie fournit aux responsables culturels d'Amérique et d'Angleterre une occasion de découvrir ce que manigançait l'ennemi et de réparer le préjudice subi par la Pologne. James Rorimer ne comptait pas rester assis à son bureau alors qu'une bataille décisive de l'histoire se livrait autour de lui.

Ce fut pourtant ce qui se produisit.

Rorimer s'était engagé dans l'armée à trente-sept ans, en 1943. Nommé depuis peu conservateur des Cloîtres (le département d'art et d'architecture médiévaux du

Metropolitan), Rorimer, l'une des étoiles montantes du milieu muséal américain, fut comme beaucoup d'autres incorporé en tant que simple homme du rang. Il se retrouva dans le 4e bataillon d'infanterie de Camp Wheeler, en Georgie. En février 1944, sa fille Anne vint au monde. « Enfin, me voilà père et fier de l'être ! écrivit-il à sa femme, Kay, en apprenant la nouvelle. Les photos de la petite sont encore ce qu'il me reste de plus précieux au monde[6]. » Peu après, il partit pour l'Angleterre. Il ne verrait pas sa fille avant son deuxième anniversaire.

Affecté au centre d'entraînement des Affaires civiles à Shrivenham, Rorimer s'arrangea bien vite pour s'occuper de sauvegarde des monuments. « Je rencontre ici de plus en plus d'historiens, écrivit-il à son épouse, une fois nommé à la MFAA. On nous tient en réserve, au cas où […] Je me fais le plus discret possible pendant que les autres se mêlent de politique[7]. »

Connaissant bien la langue et l'art français, Rorimer s'attendait à ce qu'on l'associe au projet d'invasion de son « pays d'Europe préféré[8] ». Hélas ! une confusion indescriptible régnait à la MFAA. En avril, officiellement chargé de la protection des monuments mais en réalité dépourvu de la moindre mission spécifique, Rorimer tenta de se rendre utile. À partir du 9 avril, il se mit en tête d'apprendre aux officiers à conduire des camions de l'armée, huit heures par jour, et devint bientôt expert en mécanique. Il confia toutefois à son épouse Kay que « je m'occupe de protection du patrimoine dès que j'ai un moment de libre[9] ».

Le 30 avril, Rorimer tenta de saisir l'occasion d'accomplir auprès d'une autre unité le travail d'historien qui lui tenait à cœur. Hélas ! le responsable de la

MFAA, Geoffrey Webb, s'opposa à son transfert.
« Mon affectation actuelle dépend des circonstances, de
l'humeur et des manœuvres politiques des uns et des
autres — et surtout de Webb », se plaignit-il à Kay[10]. Il
avait beau croire en sa mission, comme le conservateur
tiré à quatre épingles du musée Fogg, George Stout, qui
avait passé des années à tenter en vain de mettre sur
pied une unité de spécialistes, il n'espérait plus que ses
efforts porteraient un jour leurs fruits. « Dis à Sachs que
ce que je redoutais est bel et bien arrivé, écrivit Rorimer
un peu plus d'un mois avant le débarquement en
Normandie, et que j'ai obtenu un bon poste où j'enseigne la mécanique[11]. » Une semaine plus tard, le 7 mai,
il n'était déjà plus du même avis. « Certains jours, ou à
certaines heures de la journée — de temps à autre,
quoi — je me persuade qu'il n'y a rien de plus merveilleux que de travailler aux Affaires civiles [...] Un
travail formidable nous attend [nous, Monuments
men]. Je me réjouis que tout se passe aussi bien que
possible[12]. »

James Rorimer n'était pas préparé à la lenteur ni à
l'indécision chroniques de la bureaucratie militaire. Au
Metropolitan, il s'était rapidement hissé au sommet de
la hiérarchie. En dépit de son jeune âge, il avait sur-
monté les difficultés inhérentes à la création d'un nouveau département tel que celui des Cloîtres en cultivant
la générosité du mécène John D. Rockefeller Jr et en
s'entourant de sa propre équipe de collaborateurs. En
arrivant à l'armée, Rorimer se retrouva au bas de
l'échelle, réduit à l'impuissance. Malgré sa récente
promotion au rang de sous-lieutenant, il détenait
encore le grade le plus humble parmi ses collègues de
la MFAA. « La guerre fiche tout en l'air, écrivit-il à

son épouse en avril, surtout quand on se retrouve officier subalterne après une carrière fulgurante dans le civil. J'espère seulement que ceux qui se mêlent de politique n'entraveront pas ma volonté de servir ma patrie[13]. » Rorimer n'apprit sa nomination à la MFAA que quatre semaines après le débarquement en Normandie. James Rorimer, à présent qu'il venait de se dépêtrer de l'embrouillamini bureaucratique qui le retenait en Angleterre, ne laisserait personne l'empêcher d'accomplir sa mission — tant pis si son issue semblait encore incertaine.

En Normandie, chaque Monuments man s'occupait d'une zone de combats spécifique, qui recoupait en général le champ d'action d'une armée — la 1re ou la 3e des États-Unis ou encore la 2e britannique. Rorimer veillerait sur la zone de communications, derrière le front, où l'on aménageait alors des routes afin d'acheminer du matériel. Ses limites changeaient si rapidement qu'il était toutefois presque impossible de les localiser. En Normandie abondaient les levées de terre plantées d'arbres et de buissons afin de délimiter les champs en abritant les routes. Il n'était pas rare d'en trouver une demi-douzaine en l'espace d'un kilomètre or elles masquaient l'horizon et se rejoignaient en formant des angles imprévisibles, de sorte que les soldats qui les longeaient ne savaient souvent plus dans quelle direction ils avançaient.

« Suis la route, un point c'est tout, conseilla un officier au bout du rouleau à Rorimer alors qu'il s'aventurait pour la première fois hors du QG. Et baisse la tête. Un officier des monuments mort ne servirait à rien[14]. »

Au dépôt de véhicules, un soldat parcourut son ordre de mission avant de lui lancer : « Navré, lieutenant : la section des monuments ne figure pas sur ma liste. Vous devrez faire du stop. Des tas de camions s'en vont sans arrêt rétablir des lignes télégraphiques, apporter des munitions ou enterrer des morts. Vous n'attendrez sans doute pas longtemps que l'un d'eux vous dépose où vous le souhaitez. »

Rorimer partit avec le premier convoi qui voulut bien de lui. Il devait inspecter des douzaines de sites sans ordre particulier à respecter ni le moindre objectif défini. Au fond, il ne souhaitait qu'une chose : de l'action et se rendre utile. Il s'arrêta d'abord à Carentan — un point de jonction stratégique entre Omaha Beach et Utah Beach, que les bombardements et les tirs d'artillerie avaient bien failli rayer de la carte. Rorimer eut la surprise de découvrir parmi les décombres le seul bâtiment inscrit sur la liste des monuments à protéger : la cathédrale, presque intacte. Seule la tour avait subi des dommages, heureusement mineurs. Rorimer devait d'abord évaluer l'état des monuments au lendemain de la bataille avant de veiller aux réparations d'urgence, le cas échéant. La tour ne lui parut pas encore près de s'effondrer. Il ne lui restait donc aucune raison de s'attarder à Carentan. Il insista auprès de l'architecte du département de la Manche, qui inspectait lui aussi les ruines, pour que l'on consolide la tour et adressa un signe à un jeune garçon qui l'observait dans l'ombre, de l'autre côté de la rue.

« Tu veux aider ? » lui demanda Rorimer. Le jeune garçon acquiesça. Rorimer fouilla dans son sac. « Quand ce type descendra de la tour, expliqua-t-il en français, tu lui diras que je suis parti inspecter une autre ville et tu lui demanderas d'accrocher ça aux portes. » Il tendit au garçon plusieurs pancartes qui indiquaient en anglais et en français :

Monument historique
Défense d'aller plus loin
Ordre du commandement militaire[15]

La mission d'un Monuments man consistait à s'assurer que ni les soldats ni les autochtones ne dégraderaient les bâtiments historiques — même en ruine. Rorimer suivit des yeux le garçon, qui ne portait même pas de chaussures. Il courut derrière lui pour l'attraper par l'épaule. «*Merci*», lui dit-il en lui tendant une tablette de chewing-gum que le garçon accepta en souriant avant de rejoindre la cathédrale au pas de course.

Quelques minutes plus tard, un convoi qui passait par là conduisit Rorimer à un autre monument. Au bout de plusieurs journées d'inspection des sites classés, Rorimer se retrouva incapable de retracer son itinéraire sans l'aide de son journal. Dans son esprit, les villes se confondaient les unes avec les autres à mesure qu'il revenait sur ses pas en quête d'un moyen de transport. Il lui arrivait de rester une heure sur le bas-côté d'une route où défilaient des chars équipés de lames afin d'ouvrir des brèches dans les haies. Puis, au-delà d'un tournant, il n'apercevait plus âme qui vive avant des kilomètres. À tel endroit, des cratères trouaient le sol piétiné par les soldats entre des haies calcinées ou éventrées. Un peu plus loin, en revanche, des vaches paissaient à l'ombre, aussi tranquillement que l'été précédent. Certaines villes semblaient entièrement détruites tandis que d'autres demeuraient intactes. Un bâtiment en ruine se dressait parfois à côté d'un autre comme neuf — si l'on ne tenait pas compte d'une vitre brisée par une balle perdue. La guerre ne dévastait pas tout sur son passage à la manière d'un cyclone : elle se contentait de frapper par endroits, en coûtant la vie à l'un alors qu'elle épargnait son voisin.

Rorimer remarqua une constante parmi le chaos des décombres : les églises. Dans chaque ville ou presque, comme à Carentan, s'en élevait une intacte à l'exception de son clocher détruit. En Normandie, une région de collines, le point le plus élevé à des kilomètres à la ronde n'était souvent autre que la flèche d'une cathédrale. Si les Alliés n'osaient pas profaner les lieux consacrés, les Allemands ne témoignaient pas des mêmes scrupules. En violation de la convention de La Haye de 1907, des tireurs embusqués et des guetteurs allemands se cachaient parfois dans les tours afin d'abattre des soldats ou de tirer au mortier sur certaines unités. Les Alliés se défendaient en visant en premier lieu les tours, qu'ils détruisirent dans la plupart des cas sans toucher au reste de l'édifice. Rorimer ignorait si les Alliés tenaient compte ou pas de la liste des monuments à préserver. De toute façon, les commandants semblaient deviner d'instinct quelles constructions méritaient d'être épargnées.

Parfois, il en allait quand même autrement. À La Haye-du-Puits, Rorimer dut déloger de l'église les paysans venus y prier : il craignait que les vibrations causées par le passage des blindés et des pièces d'artillerie dans la rue voisine provoquent la chute de la tour endommagée. À Valognes, les Alliés repoussèrent au bulldozer les débris d'une partie de l'église dédiée à saint Malo afin de ménager une voie de circulation à travers l'édifice en ruines. Les habitants de la ville supplièrent Rorimer de renoncer à un tel projet. Il leur expliqua qu'il ne restait pas d'autre solution. Tel était le prix à payer pour leur libération.

Le désastre ne fut parfois évité que de justesse. Un bombardement aérien allié détruisit l'abbaye de Saint-Sauveur-le-Vicomte, un dépôt de munitions allemand. À l'arrivée de Rorimer, des GI donnaient leurs rations à manger aux cinquante-six orphelins qui y logeaient auprès de trente-cinq sœurs. « L'abbaye est bénie, lui dit la mère supérieure, il n'en reste plus rien mais tout le monde est sain et sauf. »

Seuls quelques pans de murs calcinés subsistaient du château du comte de Germigny incendié par des bombes alliées. Un bulldozer s'apprêtait à démolir l'un d'eux (l'armée comptait se servir des pierres pour paver les routes) lorsque Rorimer s'interposa : le château figurait sur la liste des monuments à protéger. Le mur menacé appartenait en outre à la chapelle privée du comte. À l'arrière, Rorimer aperçut deux grandes statues du XVIIIᵉ siècle.

« Arrêtez ce bulldozer ! cria-t-il au conducteur stupéfait qui venait probablement de passer les journées précédentes à démolir le reste du château. Il s'agit d'une demeure historique, précisa-t-il en brandissant sa liste de monuments à protéger. Il ne faut surtout pas le détruire. »

Quelques minutes plus tard, un commandant surgit parmi les décombres. « Que se passe-t-il ici, sous-lieutenant ? » s'enquit-il en soulignant intentionnellement le grade de Rorimer — le plus bas dans la hiérarchie des officiers subalternes. Les Monuments men ne disposaient d'aucune autorité effective. Ils se cantonnaient à un rôle de conseillers ; ce que le commandant n'ignorait pas.

« Ce château figure sur la liste des monuments historiques à préserver ! »

Le commandant considéra le mur à moitié démoli au pied duquel gisaient des pierres éparses. « L'armée de l'air aurait dû y songer plus tôt.

— Nous sommes ici dans une propriété privée, qu'il convient de respecter.

— Nous devons gagner la guerre, sous-lieutenant. Pour cela, il nous faut aménager une route ici même. »

Là-dessus, le commandant tourna les talons en estimant la discussion close. James Rorimer ne comptait pourtant pas lâcher prise. À force d'un travail acharné, il s'était hissé en moins de dix ans au sommet de la hiérarchie du Metropolitan, la plus prestigieuse institution culturelle d'Amérique. Son ambition s'appuyait sur une assurance à toute épreuve. Il n'avait pas l'habitude des échecs et ne comptait pas en essuyer un maintenant.

« Je viens de prendre ce mur en photo en vue d'un rapport officiel. »

L'officier supérieur fit volte-face. Quel culot ! Pour qui se prenait donc ce type ? Rorimer sortit une copie de la proclamation d'Eisenhower sur les monuments en temps de guerre. « "Quand les nécessités militaires l'exigeront." Ça vous dit quelque chose ? Ordre du commandant suprême. Tenez-vous vraiment à passer le reste de votre engagement à expliquer en quoi la démolition du château relevait d'une nécessité absolue ? »

L'officier supérieur soutint le regard du sous-lieutenant : en dépit de son allure martiale, celui-ci se comportait comme un parfait imbécile. Ne savait-il pas qu'une guerre faisait rage ? Il comprit cependant à l'expression de James Rorimer que s'opposer à lui ne mènerait nulle part. « D'accord, concéda le commandant, qui ordonna au conducteur du bulldozer d'arrêter sa machine. N'empêche ! en voilà, des manières de mener une guerre[16] ! »

Rorimer songea à l'abbaye de Saint-Sauveur-le-Vicomte où des GI donnaient leurs rations à manger aux orphelins. Des soldats y campaient sous la pluie, chassés des lits douillets des moines par un général conscient de la valeur historique du bâtiment. Sans doute ne jouissait-il pas d'une grande popularité auprès de ses hommes. Cela dit, seuls des officiers comme lui gagneraient le respect des Français.

« Je ne suis pas d'accord, rétorqua Rorimer. Il me semble au contraire que c'est exactement ainsi qu'il convient de mener la guerre. »

Lettre de George Stout à son épouse Margie
14 juillet 1944

Chère Margie,

La chance m'a souri : j'ai enfin obtenu un billet de logement, il y a trois jours. Quel soulagement ! J'en profite tant que ça dure.

Je t'avouerai que je tire mon chapeau aux Français ; pas a leurs dirigeants, ceux-là, je ne les connais pas, même s'il s'agit probablement de gens de valeur, mais aux hommes et aux femmes de la rue, qui font preuve d'un courage touchant. On s'en rend bien compte quand on sillonne les campagnes. Quoique rudement éprouvés par les bombardements, ils continuent de vaquer à leurs occupations, comme si de rien n'était. Ils se montrent très aimables envers nous — plus que nous ne le méritons — et d'une sympathie incroyable. Des centaines de chaumières arborent le drapeau tricolore et d'autres, des bannières étoilées. Où les Français les ont-ils dénichées ? Voilà qui défie l'imagination ! Ils ont dû les tailler dans les doublures de leurs habits. À l'évidence, certaines ont été cousues main : des bandes blanches y alternent avec d'autres d'une couleur qui rappelle plus ou moins le rouge, où se détachent des espèces d'étoiles. Nous n'arrêtons pas de saluer les autochtones, le long de la route. À notre passage, ils se postent en général sur le seuil de leurs maisons démolies ; une attitude bien plus éloquente qu'aucun défilé en honneur de la victoire.

À présent que je t'écris, j'ai l'impression d'avoir perdu l'usage d'au moins l'un de mes sens. Je ne t'entends plus et ne te vois plus non plus. Du coup, je me demande si toi, tu m'entends. Une chose n'en reste pas moins sûre : je t'aime.

À toi de tout cœur,

George

11. Une réunion sur le terrain

Normandie, août 1944

La ville de Saint-Lô, un antique carrefour au sommet d'une éminence, offre un point de vue imprenable sur l'une des principales routes qui traversent la Normandie d'est en ouest. À la mi-juin 1944, la lutte engagée par la 29ᵉ division d'infanterie contre la 352ᵉ division allemande finit par s'enliser au point que, d'un côté comme de l'autre, il ne restait presque plus de survivants au débarquement.

Le 17 juillet, une heure avant l'aube, les hommes de la 29ᵉ se lancèrent à l'assaut de Saint-Lô, malgré l'absence de renforts. Ils attaquèrent les Allemands par surprise en sautant dans les tranchées, armés de baïonnettes et de grenades à main. Ils franchirent les lignes ennemies alors que le soleil se levait et remportèrent un avantage décisif à un kilomètre de la ville. Les Allemands contre-attaquèrent mais l'artillerie alliée ne tarda pas à les repousser. Dans la brume d'un matin d'été normand, les hommes de la 29ᵉ se rendirent maîtres de la dernière colline qui leur résistait avant de distinguer enfin l'objectif qui avait coûté la vie à tant de leurs camarades. « Des B-17 bombardèrent Saint-Lô le jour du débarquement et les suivants ; du moins, lorsque le temps le permettait, raconte l'historien Stephen Ambrose. Dans le centre de la ville s'élevait un tas de gravats "où l'on distinguait à peine la chaussée proprement dite du trottoir"[1]. »

Saint-Lô ne s'était pas rendue pour autant. Dans ses décombres se tenaient en embuscade des soldats allemands. Les Alliés durent bientôt reprendre les armes en se battant surtout dans le cimetière adjacent à l'église Sainte-Croix en ruines. Les pierres tombales volèrent en éclats sous les balles tandis que des chars d'assaut équipés de béliers de fortune passaient sur les tombes sans plus de difficultés que des hérissons en forçant les Allemands à battre en retraite dans la ville dévastée. Quand la victoire des Alliés mit enfin un terme aux combats, les hommes de la 29e enveloppèrent d'un drapeau américain le corps du commandant Tom Howie, l'un de ses officiers les plus populaires, instituteur dans le civil, avant de le jucher sur un tas de pierres, vestiges d'un mur de l'église Sainte-Croix. La ville revint aux Alliés mais à quel prix ! La 29e division perdit plus d'hommes encore à Saint-Lô qu'à Omaha Beach.

James Rorimer reçut la mission d'évaluer les dégâts. Il découvrit des cadavres parmi les ruines. Les habitants de Saint-Lô privés de leur domicile cherchaient de quoi se nourrir sous les cendres, entre les charpentes des constructions tombées à terre. « Les Allemands ont mis le feu aux maisons, expliqua un civil à Rorimer tandis qu'il se frayait un chemin entre les décombres. Ils ont posé des mines dans les rues principales. » Non loin de là, comme pour lui donner raison, une mine explosa soudain. Un bâtiment s'effondra. Un de plus ! L'architecte municipal ne put retenir une larme en apercevant le centre historique de Saint-Lô : les Allemands avaient aménagé des tranchées et des abris souterrains en béton au sein même et aux abords des principaux monuments, ensuite bombardés par les Alliés. Un incendie venait de ravager les bâtiments administratifs pilonnés par l'artillerie. De l'hôtel de ville, où l'on conservait jadis la charte de Guillaume le Conquérant, ne subsistaient plus que les murs extérieurs. Le musée voisin et ses trésors patiemment réunis au fil des siècles se réduisaient à un tas de poussière. Dans le chœur de l'église Notre-Dame s'élevait un amas de gravats de six mètres de haut. « Des grenades, des bombes fumigènes, des rations et toutes sortes de débris inimaginables » encombraient les rares parties de l'édifice qui tenaient encore debout. « Le pupitre et l'autel, nota Rorimer, étaient l'un comme l'autre piégés[2]. »

Au quartier général des Alliés, les officiers qui prirent connaissance du rapport de Rorimer n'en crurent pas leurs yeux. Le colonel responsable des Affaires civiles décida de se rendre compte par lui-même de la situation… qui lui parut encore pire que la décrivait Rorimer ! Saint-Lô était détruite à 95 % — un pourcentage seulement comparable aux quelques villes allemandes les plus durement touchées par les bombardements alliés. Le grand écrivain irlandais Samuel Beckett, expatrié en France, qualifia Saint-Lô de « capitale des ruines[3] ». L'inventaire des destructions, loin de se limiter au patrimoine architectural, englobait des archives, de magnifiques collections de céramiques ou encore d'objets d'art et, surtout, un grand nombre de manuscrits enluminés (qui remontaient pour certains au XIe siècle) mis en dépôt par les moines du Mont-Saint-Michel aux archives départementales de la Manche.

La ville ne fut toutefois pas détruite en vain : sa prise par les Alliés fournit l'occasion à ces derniers d'arroser de tirs d'artillerie les défenses allemandes. Quelques semaines après le bombardement aérien le plus terrible de l'histoire militaire, la 1re et la 3e armée des États-Unis s'engouffrèrent en plein cœur de la France occupée par la brèche ouverte à Saint-Lô en rendant enfin inopérant l'« anneau d'acier » qui avait retenu les Alliés en Normandie pendant deux mois. Aucune ville n'a mieux que Saint-Lô illustré la complexité de la mission des Monuments men censés trouver le juste milieu entre la protection du patrimoine et la réalisation des objectifs militaires.

Le choix, pour les Monuments men sur le théâtre des opérations, d'un lieu de réunion le 13 août à proximité des ruines de Saint-Lô semblait aller de soi. Le général Patton venait alors de donner l'ordre à ses troupes parties de la ville de bifurquer vers le nord-ouest afin d'encercler les Allemands. Bien que la bataille de Normandie ne fût pas officiellement terminée, la victoire des Alliés semblait assurée. Voilà le moment venu de faire le point et de songer à l'avenir ! Les derniers mois n'avaient pas été une partie de plaisir, loin de là : l'épuisement des Monuments men en disait long sur la difficulté de leur tâche. James Rorimer, venu en stop du QG des Alliés, dormit debout dans ses bottes crottées du début à la fin de la réunion. L'accompagnait le capitaine Ralph Hammett, un architecte lui aussi affecté dans la zone de communications. Le commandant Bancel LaFarge, originaire de New York (le premier Monuments man débarqué en Europe), les rejoignit à bord d'une petite voiture fournie par ses collègues de la

2e armée britannique. En février, LaFarge renoncerait aux opérations de terrain pour occuper le poste le plus en vue de la MFAA après celui de directeur. Le capitaine Robert Posey, l'architecte de l'Alabama affecté à la redoutable 3e armée de George Patton, fit faux bond à ses collègues, auxquels il n'avait de toute façon pas pour habitude de se mêler, faute de moyen de transport.

De prime abord, ils n'avaient pas fière allure, ces trois hommes entre deux âges aux uniformes fripés — moins de la moitié des officiers de la MFAA attendus en Normandie. Lorsqu'ils aperçurent, pour la première fois depuis Shrivenham, les traits fatigués de leurs collègues, ils comprirent à quel point ils avaient changé : en Normandie, il n'y avait ni blanchisserie, ni douches, ni permissions. Ils venaient de passer des semaines sur des champs de bataille ou au cœur de villes meurtries, sous des averses orageuses qui transformaient en bourbier le moindre chemin de terre. Ils avaient beau se sentir sales, à bout de forces, jamais une énergie aussi farouche ne les avait animés. Cela se voyait à leurs regards. Depuis des mois, des années qu'ils rongeaient leur frein, voilà que l'occasion s'offrait à eux de défendre la cause alliée.

« Il me semble que je n'ai jamais été aussi heureux, écrivit James Rorimer à son épouse. Je travaille du matin au soir, assuré du soutien de mon colonel et de son équipe. Mes supérieurs me laissent une marge de manœuvre plus que confortable. Ma réputation de bourreau de travail porte enfin ses fruits. Je n'hésite plus quand je dois parler français. Je fais tout ce qu'il me tardait de faire depuis la déclaration de guerre[4]. »

Il ne faudrait toutefois pas en conclure que la tâche des Monuments men s'annonçait facile : loin de là ! Sur le terrain, ils se retrouvaient livrés à eux-mêmes, sans la moindre instruction claire à suivre quant à leur méthode de travail ou leur attitude face aux officiers. Il leur fallait agir au cas par cas, improviser d'heure en heure en trouvant le moyen de mener à bien une mission qui devait leur paraître plus ardue de jour en jour. En qualité de simples conseillers, ils ne disposaient d'aucune autorité effective. Sur le terrain, personne ne leur prêtait main-forte, excepté les conscrits et les officiers qu'ils réussissaient à convaincre du bien-fondé de leur cause. Ceux qui s'attendaient à recevoir des ordres précis, à disposer de moyens concrets ou à obtenir des succès tangibles ne tarderaient pas à baisser les bras. À l'inverse, ceux qui, comme James Rorimer, exultaient face à un défi à relever dans un environnement plus qu'hostile, connurent au sein de la MFAA des montées d'adrénaline qu'aucun emploi dans le civil n'aurait pu susciter en eux. Comme l'écrivit Rorimer : « Il n'est plus temps, à l'époque où nous vivons, de faire entrer en ligne de compte des considérations personnelles […] Kay, tu avais raison, il s'agit là d'une expérience exaltante[5]. »

De toute façon, se lamenter n'aurait pas servi à grand-chose : les Monuments men ne pouvaient rien changer aux conditions de leur participation à l'effort de guerre. Leur sort n'avait en outre rien à envier à celui des soldats en première ligne. Puis Rorimer n'était pas du genre à se plaindre mais à agir ; ce qui expliquait d'ailleurs sa présence en Normandie. Il ne cesserait de se démener qu'une fois Hitler mort et ses soldats enterrés auprès de lui.

Quoique animés des meilleures intentions du monde, les Monuments men réunis près de Saint-Lô ne tardèrent pas à soulever quelques problèmes. Ils manquaient de pancartes interdisant l'accès aux églises en ruines. Hammett et Posey attendaient encore les appareils photo qu'on leur avait promis. Aucun d'eux ne disposait de radio. Ils œuvraient en solitaires et ne formaient pas une unité à proprement parler mais un simple groupe chargé de veiller sur des territoires épars en poursuivant chacun un objectif distinct. Comment ces hommes envoyés seuls sur le terrain étaient-ils censés communiquer avec leur QG ou même les uns avec les autres en l'absence de radio ?

Rorimer s'apprêtait à soulever la question des moyens de transport — qui leur faisaient cruellement défaut — quand il aperçut le long de la route une Volkswagen en mauvais état conduite par un Américain en uniforme d'officier : casque en métal, chemise en laine, pantalon vert, bottes protégées par une paire de caoutchoucs et, bien qu'il fît assez chaud, un manteau de pluie (des trombes d'eau se déversaient du ciel aux moments les plus inattendus depuis le début de l'été). Comme il manquait un pare-brise à son véhicule, l'officier portait des lunettes d'aviateur de la Première Guerre mondiale. Une bande bleue entourait son casque. Sur son manteau se détachaient en blanc les lettres USN. Il appartenait donc à la marine. Ce fut ce détail qui permit à Rorimer de reconnaître son collègue George Stout.

Celui-ci descendit de voiture puis ôta ses lunettes avant d'épousseter sa tenue. Quand il enleva son casque, qui lui masquait presque la vue, les autres remarquèrent ses cheveux coupés court, peignés avec autant de soin que ses vêtements avaient été repassés. Tom Stout raconterait plus tard que son père, au crépuscule de sa vie, se promenait en veste dans la campagne du Massachusetts, un foulard noué au cou, un béret sur la tête, en s'aidant d'une canne et en s'arrêtant souvent pour échanger quelques mots avec l'une ou l'autre de ses connaissances. À Saint-Lô, il ne dut pas paraître moins sûr de lui ; seuls le colt glissé d'un côté de sa ceinture et le poignard coincé de l'autre juraient avec son apparente affabilité. Son principal trait de caractère, déjà admirable dans le civil, tenait carrément du prodige sur le champ de bataille : contrairement à ses collègues de la MFAA, George Stout, tiré à quatre épingles, semblait plus frais et dispos que jamais.

Tous lui demandèrent où il s'était procuré sa voiture. « Elle n'a pas de klaxon, il faudrait changer la courroie de transmission et aussi l'un des freins, sans compter qu'il lui manque un toit, admit Stout, mais je remercie du fond du cœur les Allemands qui l'ont abandonnée.

— Tu ne l'as pas réquisitionnée ?

— Disons que je l'ai trouvée. »

Stout avait révolutionné les techniques de conservation des œuvres d'art à l'aide d'un jeu de tiroirs abritant jadis le catalogue d'une bibliothèque ; il n'allait certainement pas perdre son temps à se plaindre tant qu'il pouvait récupérer du matériel encore utilisable.

D'après Craig Hugh Smyth, qui rejoindrait plus tard la MFAA, « Stout était réservé, généreux, modeste, posé, le caractère bien trempé, doué d'une capacité d'innovation remarquable. À l'écrit comme à l'oral, il se montrait concis, précis. Ce qu'il disait valait la peine d'être pris en considération et ses conseils méritaient qu'on les suive[6] ».

George Stout avait lui-même pris l'initiative de la réunion. En bon meneur d'hommes (et bien qu'il ne détînt pas un grade supérieur à celui de ses collègues), il ne se contenterait pas de prendre des notes. Il avait été l'un des premiers officiers de la MFAA à débarquer en Normandie, le 4 juillet. Au cours des six semaines qui venaient de s'écouler, il avait parcouru plus de kilomètres et sauvé de la destruction plus de monuments que n'importe lequel de ses collègues. Il n'était pas venu à Saint-Lô se lamenter sur son sort ni se féliciter du travail accompli mais identifier les obstacles qui se dressaient encore sur son chemin afin de les surmonter.

Les panneaux interdisant l'accès aux monuments en ruines manquaient ? Rorimer s'arrangerait pour en faire imprimer cinq cents sur-le-champ. L'approvisionnement en électricité de la Normandie laissait à désirer mais l'armée disposait à Cherbourg d'une presse qui fonctionnait la nuit. En attendant, on bricolerait des pancartes au fur et à mesure que le besoin s'en ferait sentir.

Ni les soldats ni les civils ne tenaient compte des écriteaux de fortune rédigés à la main ? Il fallait dans ce cas cerner les sites les plus importants de ruban blanc « Danger : mines ! » au-delà duquel personne n'osait s'aventurer.

La MFAA préconisait de laisser les Français accrocher eux-mêmes les panonceaux : les Alliés éviteraient ainsi de se comporter en envahisseurs. C'étaient encore les enfants, affirma Rorimer, qui se montraient les plus dociles. Ils ne demandaient qu'à se rendre utiles et ne réclamaient rien de plus en échange qu'un chewing-gum ou une barre chocolatée. « Il ne faut pas non plus hésiter à s'appuyer sur les autorités culturelles locales, ajouta-t-il. Il suffit qu'on les encourage un peu pour que les responsables du patrimoine acceptent de s'acquitter des tâches même les plus ingrates. »

Quant aux appareils photo, tout le monde s'accorda sur l'impossibilité de s'en passer. En attendant, on se débrouillerait quand même sans.

Les communications posaient un autre problème de taille. Les Monuments men se trouvaient isolés sur le terrain, sans moyen de contacter leur QG, ni de se transmettre des informations. Leurs rapports officiels ne parvenaient à leurs supérieurs qu'au bout de plusieurs semaines ; à ce moment-là, ils ne servaient plus à rien. Trop souvent, après de longues heures harassantes à sillonner les routes, un Monuments man arrivait sur un site protégé déjà inspecté, dont l'accès venait d'être interdit au public parce que des ouvriers y effectuaient des travaux de restauration dans l'urgence. Et si une contre-attaque surprise des Allemands déplaçait la ligne de front pendant l'intervention sur le terrain d'un officier de la MFAA ?

« C'est encore pire avec les Britanniques, murmura Rorimer, que les errances sans fin de lord Methuen agaçaient prodigieusement. Ils ne restent jamais dans les zones qui leur ont été assignées. Impossible de communiquer avec eux.

— Ils sont conscients du problème et tentent de le résoudre, tempéra le capitaine LaFarge.

— En ce qui concerne les rapports, reprit Stout, je propose qu'on en établisse des copies que l'on se transmettra les uns aux autres. »

Surgit alors la question des assistants. Selon Stout, chaque Monuments man avait besoin d'un assistant qualifié au moins, à choisir de préférence parmi un groupe de spécialistes rattaché au QG.

Le problème le plus urgent restait celui des moyens de transport. LaFarge disposait d'un vieux tacot et Stout de sa Volkswagen sans toit mais les autres perdaient de précieuses heures à faire du stop, sans parler des difficultés de circulation sur les routes endommagées.

« L'armée nous répond toujours la même chose, grommela Rorimer. La commission Roberts à Washington aurait dû se charger de nous fournir du matériel.

— Sauf qu'à en croire la commission Roberts, c'est l'armée qui ne tolère aucune ingérence dans ses affaires », ajouta Stout en résumant ainsi leur situation bancale.

Hammett et Stout avaient obtenu de s'entretenir le 16 août avec les officiers de la 12e armée des États-Unis, auxquels ils comptaient transmettre leurs réclamations.

La conversation roula ensuite sur des généralités. En dépit de problèmes indéniables, la mission de la MFAA rencontrait un succès inespéré : aucun doute là-dessus. Les Monuments men avaient de la chance : la Normandie n'était ni très étendue ni, en dépit de son charme indéniable, très riche en monuments à préserver. On n'aurait su rêver meilleur début. La MFAA allait devoir redoubler d'efficacité à l'avenir, Stout et ses collègues en étaient conscients, mais, pour le moment, ils s'estimaient satisfaits. Les Français, qui ne manquaient pas de courage, appréciaient leur travail à sa juste valeur. Quant au gros des troupes, il tenait compte de leurs suggestions et respectait le patrimoine français. Seul hic : la bureaucratie militaire refusait de les soutenir. La plupart des commandants suivaient leurs conseils mais il y en avait toujours un ou deux pour leur mettre des bâtons dans les roues. En somme, l'expérience des officiers de la MFAA confirmait la conviction initiale de George Stout : seul un homme de terrain, s'adressant directement aux militaires, parviendrait à mener à bien la mission qui leur incombait.

Depuis peu, c'étaient surtout les Allemands qui posaient problème. D'inquiétantes rumeurs parvenaient aux Monuments men : l'ennemi avait, paraît-il, fortifié des églises et entreposé des armes dans des quartiers où vivaient des femmes et des enfants. Les Allemands brûlaient des maisons et détruisaient des infrastructures pour des raisons stratégiques ou plus simplement parce que l'occasion se présentait. Le bruit courait que les officiers supérieurs n'hésitaient pas à fusiller leurs propres hommes quand ceux-ci menaçaient de battre en retraite. James Rorimer sortit de sa poche la carte de visite d'un certain J.A. Agostini, un Français chargé de la conservation du patrimoine de la ville de Coutances. Au verso, il avait griffonné : « J'atteste que certains militaires allemands ont pillé les environs à l'aide de camions de la Croix-Rouge, Dans certains cas, des officiers les accompagnaient[7]. »

« Voilà qui ne présage rien de bon », commenta George Stout, en exprimant tout haut ce que les autres pensaient tout bas.

« Imbécile ! » s'impatienta le nouveau commandant de James Rorimer, hélas moins compréhensif que son prédécesseur, quand celui-ci lui demanda la permission d'inspecter, à cent cinquante kilomètres de là, le Mont-Saint-Michel, une forteresse médiévale sur un éperon rocheux que la marée haute coupait du continent. « Nous sommes au XXᵉ siècle. Qui se soucie encore des vieilles pierres moyenâgeuses[8] ? »

Ça aussi, c'était un problème : au sein de l'armée, les commandants se succédaient les uns aux autres or Rorimer ne savait jamais de qui il recevrait ses ordres de retour au QG — ni si son nouveau supérieur se soucierait de la sauvegarde du patrimoine. Les Monuments men disposaient heureusement du soutien du général Eisenhower ; ce dont l'officier supérieur parut tout à coup se rappeler.

« D'accord, céda-t-il à contrecœur. Allez-y. Mais j'aime autant vous prévenir, Rorimer : ne traînez pas. S'il nous faut lever le camp avant votre retour[9]... »

Rorimer se détourna pour que l'autre ne surprenne pas son sourire. Sans doute voulait-il dire « tant pis ! On se passera de votre compagnie ». Rorimer ne s'en formalisa pas : il éprouvait un malin plaisir à contrarier la hiérarchie militaire.

Faute d'obtenir un véhicule de l'armée, Rorimer, plus intrépide que jamais, loua une voiture à un civil — qui l'avait cachée dans une meule de foin pendant l'occupation allemande — afin de se rendre sur la côte. Une contre-offensive allemande avait failli percer le front que contrôlait Patton aux abords d'Avranches. Heureusement, la bataille de Normandie touchait à présent à son terme et le calme régnait dans la campagne à l'ouest de la ville. Sur le trajet, Rorimer songea au souvenir qu'il gardait d'une précédente visite au Mont-Saint-Michel, un éperon rocheux relié au continent par une étroite chaussée d'un kilomètre et demi de long. Un petit village se blottissait d'un côté de l'île, au sommet de laquelle se dressait une abbaye, la fameuse « cité des livres » médiévale. Rorimer grimaça en pensant au nombre de manuscrits monastiques détruits à Saint-Lô. Pourvu que l'abbaye n'ait pas été touchée, elle aussi… Rorimer se rappela le cloître du XIIIᵉ siècle, puis le clocher de l'église, le labyrinthe souterrain de cryptes et de chapelles et enfin la salle des Chevaliers au plafond soutenu par une triple rangée de colonnes, qui avait suscité chez Bancel LaFarge une vocation d'architecte. Le Mont-Saint-Michel, défendu par la mer qui le cernait de toutes parts, avait résisté à plus d'un millier d'années d'attaques et de sièges. Une armée moderne n'en restait pas moins capable de le détruire d'un seul lâcher de bombes.

L'inquiétude de Rorimer se dissipa bientôt : à un détour de la route lui apparut le monastère, encore debout ! Le capitaine Posey, attaché à la 3ᵉ armée de Patton, avait placé à l'entrée de la chaussée qui y menait trois panneaux « défense d'aller plus loin ». Hélas ! Ils n'avaient pas dissuadé les soldats de dévaster l'île. Partout, on en voyait qui se chamaillaient en braillant et, surtout, en buvant jusqu'à plus soif. Rorimer prit soudain conscience que le Mont-Saint-Michel « était le dernier endroit en France que personne ne gardait et où la vie continuait comme avant […] Chaque jour, plus d'un millier de soldats allaient s'y soûler [et dévaliser les boutiques de souvenirs] au point qu'il devenait impossible de leur faire entendre raison[10] ». Dans les restaurants, la nourriture et, pire encore, l'alcool commençaient à manquer. Le bruit courait qu'un général de brigade britannique s'était installé à l'hôtel en compagnie d'une femme. Voilà qui explique sans doute pourquoi James Rorimer ne trouva aucun officier prêt à prendre les mesures qui s'imposaient.

Le soir même, après avoir inspecté le monastère puis chassé les soldats des bâtiments les plus anciens en cadenassant leurs portes, Rorimer dîna avec le maire, propriétaire d'une boutique de souvenirs mise à sac quelques jours plus tôt. Les deux hommes estimèrent qu'il valait mieux ne pas interdire l'accès au Mont-Saint-Michel, même si les arguments en faveur du contraire ne manquaient pas. Les Alliés venaient de vivre trois mois éprouvants : plus de deux cent mille d'entre eux avaient été tués, blessés ou portés disparus. L'odeur de la mort — celle des civils et des animaux de ferme aussi bien que des militaires — empuantissait l'atmosphère en imprégnant jusqu'à la nourriture et les vêtements des survivants. Heureusement, la bataille de Normandie s'était conclue par une victoire décisive des Alliés. Un officier de la MFAA n'allait certainement pas empêcher les hommes du rang de fêter le succès des opérations ! Quand le maire épuisé prit congé de lui, Rorimer se réfugia dans un bar où il réfléchit à l'avenir en sirotant une bière, ses bottes juchées sur une table.

La Normandie appartenait désormais au passé : l'essentiel restait encore à accomplir. Rorimer songea aux soldats allemands emportant des toiles de maître à bord d'ambulances de la Croix-Rouge. Les Nazis avaient commis des crimes atroces, il n'en doutait pas, or s'il voulait remettre de l'ordre dans le monde de l'art, il devait obtenir son transfert sur le front où se trouvaient les preuves des méfaits des Allemands. Avant tout, il fallait qu'il se rende à Paris.

Le lendemain matin, un officier de la police militaire réclama ses papiers à Rorimer. Leur examen lui arracha un sourire : voilà qui confirmait ses soupçons ! L'officier arrêta sur-le-champ le Monuments man. « Compte tenu de votre grade, on n'a pas pu vous confier les responsabilités que vous prétendez, lui asséna-t-il. En plus, aucun officier ne se déplace sans un véhicule attitré. » Même au QG local de l'armée, on le prit pour un espion allemand. Le policier militaire responsable de son arrestation exultait à la perspective de la promotion qui l'attendait. Il escorta Rorimer jusqu'au QG de ce dernier où on lui confirma qu'il existait bel et bien une section des Monuments, des Beaux-Arts et des Archives à laquelle appartenait le sous-lieutenant James Rorimer. Les Monuments men avaient beau s'estimer satisfaits de leurs premiers mois d'activité en Europe, leur mission n'était pas encore près d'aboutir.

Lettre de George Stout à son épouse Margie
27 août 1944

Chère Margie,

J'ai trouvé une enveloppe pour acheminer ma lettre par avion, ça me donnera l'occasion de m'épancher un peu plus aujourd'hui. Voilà une semaine que je ne suis plus passé au QG relever mon courrier. Avec un peu de chance, je m'y rendrai demain et là, j'aurai des nouvelles de toi, ma chérie.

Mon travail ne m'a pas laissé une minute de loisir, cette semaine, mais j'en suis plutôt content. Pendant deux jours, j'ai logé chez une famille charmante, qui m'a rappelé bon nombre de nos connaissances. Je n'en reviens pas du peu de différences qui séparent les nations ; du moins, celles qu'on dit civilisées.

La liste des méfaits de l'ennemi s'allonge à mesure que le front se déplace et que les pièces à conviction s'accumulent. Les Allemands se sont très mal comportés, surtout les derniers jours de l'Occupation. Je ne les considère plus comme un peuple innocent gouverné par des criminels mais comme un peuple de criminels. Je me demande combien de temps il leur faudra avant de renouer des relations normales avec le reste du monde.

Comme j'habite en ville en ce moment, j'ai l'impression d'être encore plus mal habillé que ces derniers temps : sans cravate, couvert de poussière, une arme à la ceinture en permanence. J'ai toutes les peines du monde à garder mon linge propre. Je n'ai plus le temps de le laver moi-même or je ne peux le confier à personne, vu que je n'arrête pas de me déplacer.

On nous réserve ici un accueil chaleureux. En ville, ce matin, j'ai vu débouler une jeep couverte de fleurs.

«Bon sang! On croirait qu'on a gagné la guerre», s'est exclamé le caporal qui la conduisait. Hier, dans un village rudement éprouvé par les combats, une jeune fille a demandé à sa petite sœur de deux ans de m'apporter une pomme, que je n'ai d'ailleurs pas voulu accepter, en vain. Ailleurs, c'est un garçon qui m'a offert une tomate. Tout le monde insiste pour nous serrer la main.

Prends bien soin de toi. Quand ma lettre te parviendra, l'été touchera à sa fin et tu entameras une nouvelle année scolaire. Ne cherche pas à faire plus que le nécessaire. Je m'arrangerai pour qu'on me règle ma solde un de ces quatre et je t'enverrai de l'argent.

J'imagine que tu entends beaucoup parler de soldats morts au combat. Pas nous, cependant nous ne nous en portons pas plus mal!

Je t'aime et pense beaucoup à toi.

Bien à toi,

George

12. La *Madone* de Michel-Ange

Bruges, Belgique, septembre 1944

À la fin du mois d'août 1944, la campagne d'Europe du Nord devint une partie de plaisir. Les Allemands avaient tout misé sur leur « anneau d'acier » autour de la Normandie. Une fois celui-ci brisé, les Alliés avancèrent sans rencontrer la moindre résistance ou presque. Ils trouvèrent sur leur chemin de la nourriture en quantité, du charbon, des véhicules abandonnés, des soldats allemands blessés et même des wagons remplis de lingerie et de parfum pillés dans les boutiques parisiennes. À l'arrivée des Alliés, les villageois enchantés fleurirent leurs maisons en offrant de la nourriture et du vin à leurs libérateurs. Quant aux rares survivants nazis, ils déposèrent les armes avant de rentrer précipitamment chez eux.

Le 28 août, la ligne de front avait déjà avancé de plus de cent cinquante kilomètres et Paris était enfin libéré. Le 2 septembre, les Alliés parvinrent à la frontière belge. Le lendemain, ils poursuivirent leur progression jusqu'à Bruxelles, qu'ils libérèrent à son tour. Quatre jours plus tard, dans la nuit du 7 au 8 septembre, un coup frappé contre sa porte tira de son sommeil le sacristain de la cathédrale Notre-Dame de Bruges. Il ne répondit pas tout de suite, le temps d'enfiler une robe de chambre. On toqua de plus belle. « Patience ! » marmonna-t-il.

Quand il ouvrit enfin, il se trouva nez à nez avec deux officiers ; l'un, vêtu de l'uniforme bleu de la marine allemande, et l'autre, en gris. Derrière eux, dans les ténèbres de la rue, le sacristain distingua des marins allemands armés jusqu'aux dents ; une vingtaine au moins. Ils venaient d'arriver à bord de deux camions de la Croix-Rouge.

« Ouvrez-nous les portes de la cathédrale », ordonna l'un des officiers.

Le sacristain les conduisit au chanoine.

« Nous avons reçu des ordres, lui expliqua l'un des Allemands, en brandissant un papier. Dont celui de mettre *La Madone* de Michel-Ange à l'abri des Américains.

— Des Américains ? releva le chanoine d'un ton moqueur. On prétend que les Britanniques sont aux portes de la ville mais les Américains, je n'en ai pas encore entendu parler.

— Nous avons reçu des ordres », répéta l'Allemand en entrant de force.

Quelques marins armés lui emboîtèrent le pas. Leur résolution ne faisait aucun doute. Le chanoine et le sacristain accompagnèrent les soldats à la cathédrale dont ils ouvrirent les portes à l'aide de vieilles clés en fer. Un calme parfait régnait aux alentours. Sous l'occupation allemande, seuls les Résistants se risquaient dehors avant l'aube, or ils se cachaient dans les ruelles de traverse. Le couvre-feu, s'il empêchait les Alliés de lâcher des bombes la nuit, facilitait l'organisation de la Résistance.

« Vous ne la sortirez jamais de Bruges, affirma le chanoine au commandant. Les Britanniques ont déjà repris Anvers.

— Ne croyez pas tout ce qu'on raconte », lui rétorqua l'autre.

À l'intérieur de la cathédrale, les Allemands ne perdirent pas une minute. Quelques soldats se postèrent à l'entrée. D'autres firent le tour de l'édifice afin d'en masquer les fenêtres tandis que deux de leurs camarades surveillaient le chanoine et le sacristain. Le reste du groupe se dirigea vers le bas-côté nord où l'œuvre de Michel-Ange se trouvait dans une pièce fermée construite par les autorités belges en 1940. Ils en forcèrent la porte. À la clarté de leurs lampes-torches — les seules, semblait-il, à briller dans toute la ville —, *La Madone* grandeur nature leur apparut enfin. Son doux visage de femme encore jeune sculpté dans le marbre blanc le plus pur d'Italie exprimait une tristesse presque résignée. Le Christ enfant, qui n'avait rien d'un simple nouveau-né réduit à l'impuissance, parut un instant s'avancer sous la lumière, en un geste de défi.

« Servez-vous des matelas », ordonna le commandant. Quatre jours plus tôt, le Dr Rosemann, le responsable de la section belge de la Kunstschutz, l'organisme allemand chargé de la protection des monuments, était venu, à ce qu'il prétendait, contempler *La Madone* une dernière fois avant de quitter la Belgique. « Sa photo trône sur mon bureau depuis des années », confia-t-il au chanoine. Une fois admirée la sculpture, le Dr Rosemann donna l'ordre à ses hommes de disposer des matelas autour. « Pour la protéger des bombes [...] Les Américains ne sont pas comme nous : ils ne valent pas mieux que des sauvages incapables d'apprécier la valeur d'une telle œuvre. » Le

chanoine comprit soudain que les matelas allaient permettre de transporter rapidement et sans encombre la statue jusqu'aux camions.

« Et les peintures ? » s'enquit un marin. Près de *La
Madone* étaient accrochées quelques-unes des plus
belles toiles de la cathédrale.

Le commandant réfléchit un instant. « Toi, là !
interpella-t-il l'un des soldats en faction à la porte.
Ramène-nous un camion supplémentaire. »

Le chanoine retint son souffle, les yeux rivés aux
Allemands juchés sur le socle de la statue, qu'il craignit un instant de voir se fracasser en tombant. À côté
de lui, le sacristain se signa en marmonnant des prières,
sans oser lever le regard sur le chef-d'œuvre qui vacilla
soudain. Heureusement, les marins tenaient le matelas
où bascula la statue, dont le poids les entraîna tous au
sol. Pour autant que le chanoine pût en juger, *La
Madone* qui gisait à présent sur le matelas, face contre
terre, était intacte.

Pendant qu'une douzaine de soldats l'emmenaient
vers une porte dérobée, d'autres posèrent une échelle
contre un mur de la cathédrale afin d'en décrocher
quelques toiles tandis que le commandant faisait les
cent pas en écartant du pied des mégots.

« Ce tableau-là est trop haut, cria un marin. Il nous
faudrait une échelle plus longue.

— Baisse d'un ton ! » lui ordonna le commandant.
Dehors, il faisait encore nuit noire : il leur restait donc
assez de temps devant eux. « Essaye autrement. »

La Madone était à présent arrivée à la porte. Les
marins s'emparèrent d'un deuxième matelas — ils semblaient avoir reçu des instructions précises à ce sujet —

qu'ils placèrent au-dessus de la statue afin de la protéger ; des regards indiscrets plus que des chocs.

« Rien à faire ! se lamenta le soldat juché sur l'échelle.

— Tant pis, alors ! » s'impatienta le commandant, irrité par la tournure que prenait l'opération. Cinq heures du matin s'apprêtaient à sonner or il n'avait pas fermé l'œil de la nuit. Tout ça pour une statue ! « Laissez la toile et embarquez le reste. »

Il fallut encore une demi-heure pour hisser la statue dans l'un des camions de la Croix-Rouge. Les soldats montèrent à bord d'un autre et les tableaux s'entassèrent dans le troisième, amené à la cathédrale par un marin, une heure plus tôt. Les premiers rayons du soleil pointaient à l'horizon lorsque le chanoine et le sacristain en robe de chambre virent disparaître *La Madone de Bruges*, la seule sculpture de Michel-Ange qui eût quitté l'Italie du vivant de l'artiste.

Le chanoine marqua une pause dans son récit pour siroter une gorgée de thé. Un léger tremblement agitait encore sa main. « On pense qu'elle a quitté Bruges par bateau, conclut-il d'un ton lugubre, ou alors par avion. Quoi qu'il en soit, elle n'est plus ici. »

En face de lui, Ronald Balfour, le camarade de chambre de George Stout à Shrivenham, rajusta ses lunettes avant de prendre quelques notes dans son calepin. Le bureau du chanoine rempli de livres lui rappelait un peu sa propre bibliothèque, à Cambridge.

« Vous savez quand elle a quitté la Belgique ?

— Il y a quelques jours au plus, je dirais. Peut-être hier. Qui sait ? »

Le vol remontait à peine à une semaine et l'entrée triomphale des Britanniques en ville à quelques jours.

Balfour referma son carnet. Il s'en était fallu de

peu ! *La Madone de Bruges* venait de lui filer entre les doigts.

« Vous souhaitez que je vous en remette une photo ?

— Ce ne sera pas nécessaire », répondit Balfour, absorbé par ses pensées.

Il servait sa patrie depuis 1940. Pendant trois ans, il avait d'abord recruté des fantassins dans les campagnes anglaises avant de suivre une formation de huit mois à la protection du patrimoine au sein de la MFAA. Il s'était alors cru préparé à sa mission or, depuis trois semaines à peine qu'il se trouvait sur le continent européen, rattaché à la 1re armée canadienne sur le flanc nord-ouest de l'avancée alliée, il se sentait dépassé par les événements. Il avait commencé par trouver le palais de justice de Rouen en ruines à son arrivée dans la ville. Une bombe alliée l'avait endommagé par inadvertance en avril et les Allemands avaient aggravé les dégâts en mettant le feu au quartier sans le vouloir alors qu'ils cherchaient à détruire un central téléphonique le 26 août. À une semaine près, Balfour aurait peut-être pu le sauver.

Le cas de *La Madone* était différent. Sa disparition ne résultait ni d'une décision malencontreuse prise lors d'une retraite précipitée ni des dommages liés aux combats. Tout le monde savait depuis longtemps que les Allemands confisquaient des œuvres d'art à leur profit. Balfour n'aurait pourtant pas cru qu'ils continueraient à piller les territoires occupés sous la menace imminente d'une attaque alliée.

« Prenez ça, déclara le chanoine en tendant un tas de cartes postales à Balfour. Et distribuez-les autour de vous. La plupart des soldats n'ont jamais vu *La Madone*. Imaginez qu'ils la retrouvent dans une grange ou chez un officier allemand ou encore... au fond du port. Prenez-les ! Comme ça, vos hommes la reconnaî-tront. »

Balfour accepta les cartes postales. « On la retrou-vera », promit-il au chanoine.

13. La cathédrale et le chef-d'œuvre

Nord de la France, fin septembre 1944,
sud de la Belgique, début octobre

À la mi-septembre 1944, le capitaine Walker Hancock, sculpteur dans le civil, rejoignit Paris par avion depuis Londres. Il fut ainsi le dernier homme de terrain de la MFAA à débarquer sur le continent européen. Une épaisse couverture nuageuse contraignit le pilote à voler à basse altitude. Heureusement, la Luftwaffe avait quasiment disparu du ciel français. Par le hublot, Hancock aperçut Rouen où, quelques semaines plus tôt, Ronald Balfour avait inspecté la carcasse incendiée du palais de justice. Même en altitude, on distinguait les dommages subis par la ville. Aux alentours, la campagne semblait toutefois paisible : fermes, vaches et moutons formaient de minuscules points dans les champs. Les haies qui délimitaient les terrains dessinaient de ravissants motifs. Les petits villages aux ruelles tranquilles semblaient jouir d'une heureuse prospérité — du moins, tant qu'on n'y regardait pas de trop près. Pendant tout le trajet, Hancock ne vit pas un seul pont praticable.

Paris arborait encore les cicatrices des combats ; ce qui n'empêcha pas Walker Hancock de trouver la capitale française plus belle que jamais. La tour Eiffel se dressait comme de juste à l'horizon. Le long des boulevards, les passants se grisaient du parfum enivrant de la libération. Des milliers de drapeaux français, britanniques et américains flottaient aux fenêtres. Aucun véhicule à moteur ne circulait, à l'exception d'un convoi militaire de temps à autre. « Tout le monde se déplace à bicyclette, écrivit Hancock à son épouse Saima, du coup, on voit beaucoup de jolies jambes. Jamais je n'aurais imaginé Paris sans taxis et pourtant ! Les habitants n'allument aucune lumière chez eux avant 10 heures du soir. Bien sûr, l'éclairage public ne fonctionne toujours pas. Le métro, en revanche, si : il est plus bondé encore que celui de New York ! Les Allemands avaient réclamé le droit de l'emprunter gratuitement aux Français. Ils ont décidé de l'étendre à leurs "libérateurs" [...]. Les premières manifestations de liesse populaire touchent à leur terme. A priori, on pourrait croire qu'il n'y a pas de quoi s'appesantir là-dessus et, pourtant, les Français débordent de sympathie envers nous. Il n'est pas rare qu'un petit garçon ganté de blanc vienne nous serrer la main d'un air solennel, sans dire un mot. Les enfants même les plus démunis insistent pour nous offrir des souvenirs — des babioles qu'ils collectionnent, comme les images qu'on trouve avec les plaques de chocolat [...]. Aujourd'hui, je me suis procuré des cartes postales au café d'un village près de notre cantonnement. Le tenancier n'a pas voulu que je les lui paye. "Nous vous devons tout", qu'il m'a dit. "Jamais nous ne rembourserons notre dette envers les soldats américains." »

L'automne s'annonçait déjà et, pourtant, il semblait à Hancock que la douceur estivale continuait d'imprégner l'atmosphère. « Je suis allé à Paris, poursuit-il, et je remercierai toujours la providence d'y être arrivé un mois après la Libération[1]. »

Il passa une soirée en compagnie de James Rorimer. « Jimsie », comme le surnommaient ses camarades, venait d'obtenir l'affectation qu'il désirait à la section de la Seine, c'est-à-dire à Paris. Il occupait l'appartement de sa sœur et de son beau-frère abandonné par ces derniers au début des hostilités. Au petit déjeuner, le lendemain matin, Hancock eut droit à des œufs frais, les premiers depuis des mois, puis la conversation roula sur les événements récents. Rorimer venait d'arriver à Paris avec le général Pleas B. Rogers à la tête du premier convoi américain à pénétrer dans la Ville lumière. Il avait vu des colonnes de fumée s'élever de la Chambre des députés, entre les immeubles, à l'ombre de la tour Eiffel, et des balles fuser des toits tandis qu'on emmenait des prisonniers allemands au Comptoir national d'escompte, sur la place de l'Opéra. Au jardin des Tuileries, le canon des mitrailleuses abandonnées par les Nazis était encore brûlant. « Je ne tenais plus en place ! Je n'ai réussi à me reposer qu'une fois dans ma chambre pourvue d'un balcon à l'hôtel du Louvre, confia Rorimer à Hancock. Ça paraît absurde et, pourtant, au beau milieu des décombres se dressait encore un confortable établissement aux plafonds hauts, équipé de l'eau courante chaude et froide. J'aurais pu me croire dans le Paris d'avant guerre[2]. »

Walker Hancock ne s'attarderait pas dans la capitale. Il avait d'ailleurs hâte de s'en aller afin d'accomplir le devoir qui l'avait incité à renoncer à sa vie facile aux États-Unis. Contrairement à bon nombre de ses camarades qui espéraient retirer un avantage personnel de leur engagement militaire, Hancock aurait très bien pu

rester en Amérique. Sculpteur renommé, auteur d'œuvres monumentales (dont un cheval ailé intitulé *Sacrifice* au mémorial en l'honneur des combattants de la
Première Guerre mondiale de sa ville natale, St. Louis),
il possédait deux ateliers et, quoique endetté (un motif
supplémentaire de ne pas solliciter un emploi mal payé
dans l'armée), il avait reçu commande de suffisamment
d'œuvres pour subvenir à ses besoins jusqu'à la fin
de ses jours. Enfin, un mois avant de s'embarquer pour
l'Europe, à quarante-deux ans, il avait épousé Saima
Natti, son grand amour.

Malgré tout, aucun soldat ne servirait sa patrie avec
plus d'enthousiasme que Walker Hancock. Pénétré du
sentiment de son devoir, il voulut d'abord s'engager
dans les services secrets de l'armée de l'air au lendemain de Pearl Harbor mais il fut recalé aux tests d'apti-
tude physique, qu'il réussit pourtant haut la main dans
les services secrets de la marine. Il se trouvait dans un
camp d'entraînement en tant que simple conscrit lorsqu'un beau matin, un sergent instructeur lui annonça
son transfert. Hancock se crut sur le point d'entrer enfin
dans les services secrets. Pas du tout : il venait de remporter le concours en vue de la création d'une nouvelle
médaille de l'armée de l'air — l'une des décorations
militaires les plus prestigieuses des États-Unis. Il travaillait à la section italienne du département de la
Guerre lorsque la MFAA le recruta.

« La vie réserve bien des surprises aux simples mortels que nous sommes ! écrivit-il à sa fiancée Saima en
octobre 1943. Tout à ma joie de penser à toi, j'ai
soudain appris qu'on allait m'envoyer de l'autre côté
de l'Atlantique en me confiant la tâche qui me tient le
plus à cœur[3]. » Hancock épousa Saima le 4 décembre

1943 à Washington. Son ordre de mission lui parvint deux semaines plus tard. « Je me rappelle encore qu'en me retournant à bord du taxi qui m'emportait pour un long voyage, j'ai vu Saima pleurer sur le seuil […] Ce fut le moment le plus pénible de ma vie[4]. »

À New York, Hancock manqua le bateau qui devait le transporter de l'autre côté de l'océan — le personnel de bord n'attendait pas d'homme de la MFAA. Les matins suivants, il dut se présenter sur le quai, vêtu de son uniforme et muni de ses bagages, au cas où il resterait de la place sur un navire en partance pour l'Europe. En attendant, il était condamné à l'oisiveté ; ce qui lui sapait le moral. « Pour un peu, je me croirais en prison — je dois me rendre "disponible" chaque jour, écrivit-il à Saima, alors que je n'ai qu'une envie : passer du temps auprès de toi […] D'un autre côté, je flotte sur un nuage — j'en oublie même de remonter ma montre. Tu parles d'un officier[5] ! »

D'un naturel optimiste, il ne tarda tout de même pas à reprendre du poil de la bête. « Essayons de voir le bon côté des choses, écrivit-il à Saima. Le plus merveilleux, c'est que nous sommes l'un et l'autre assurés de la force de nos sentiments ; ce qui ne doit entamer en rien ma joie de me rendre utile, bien au contraire[6]. »

Saima rejoignit son mari à New York, dans un hôtel pour soldats. Le matin, quand il la quittait, elle ne savait jamais s'il reviendrait ou pas. Pendant deux semaines, elle le retrouva chaque soir puis, un beau jour, elle comprit qu'il s'en était allé. L'armée ne lui avait même pas laissé le temps de faire ses adieux à sa femme.

« Le soleil, le vent et l'endroit si pittoresque où nous venons de débarquer, écrivit-il à Saima en arrivant en Angleterre, me rappellent que c'est une chance de participer aux événements qui rendront l'année à venir plus décisive encore que n'importe quelle autre depuis des générations, plutôt que d'en découvrir le compte rendu au Pentagone[7]. » À quarante-deux ans, Hancock était conscient de vivre une époque incroyable. Il craignait toutefois que « la plupart ne sortent de leur torpeur que trop tard et ne comprennent qu'après coup ce qu'ils auront manqué[8] ».

Après huit mois en Angleterre, Hancock arriva enfin dans le nord de la France. Les Alliés, forts de leurs succès en Normandie, avançaient à toute vitesse vers la frontière allemande, sans rencontrer de résistance ou presque de la part de l'ennemi qui battait en retraite. Le général George C. Marshall, le conseiller militaire le plus écouté du président Roosevelt, lui assura que les combats en Europe cesseraient « entre le 1er septembre et le 1er novembre 1944 ». Il conseilla d'ailleurs à ses subordonnés de préparer le transfert des troupes dans le Pacifique[9]. Aux averses d'été en Normandie succéda un temps radieux, au point que la première mission de Walker Hancock en tant que Monuments man rattaché à la 1re armée des États-Unis — l'inspection des bâtiments historiques dans la zone que contrôlait celle-ci en compagnie de son collègue, le capitaine Everett Lesley — lui laissa l'impression d'une excursion touristique. Hancock écrivit à Saima, avec son entrain coutumier, que « chaque heure de ces derniers jours a été pour moi un vrai plaisir[10] ».

Il n'eut à constater que des dégâts mineurs. En 1940, les Allemands avaient envahi le nord-est de la France sans y rencontrer d'obstacle ou presque. Quatre ans plus tard, les Alliés venaient de la reconquérir en un éclair en laissant indemne une large partie du territoire. La plupart des dégradations dataient de l'occupation nazie : des musées pillés, des champs infestés de mines ou du moins impraticables, des chandeliers et des poignées de porte en cuivre emportés en guise de souvenirs. Certaines toiles avaient aussi disparu mais les déprédations touchaient surtout le mobilier du siècle de Louis XIV en vogue dans les plus belles demeures de France. Beaucoup de meubles finirent en bois de chauffage, remplacés par des créations modernes capitonnées plus au goût des Allemands. Bien entendu, ceux-ci vidèrent les caves à vin en échangeant de grands crus contre du cidre bon marché qui flattait leur palais. La mission de Hancock se révéla d'autant plus plaisante que George Stout, qui abattait à lui seul une besogne impressionnante, venait d'inspecter avant lui les principaux sites de la région.

À Chartres, les tours de la cathédrale dépassaient encore des champs de blé environnants mais un profond silence enveloppait la ville, pourtant bruissante d'activité en temps normal. L'imposante masse et l'ambitieuse complexité de l'édifice impressionnèrent encore plus Hancock que lors de ses précédentes visites, du temps où il suivait les cours de l'académie américaine de Rome. Il avait fallu des siècles pour édifier cette splendeur. Hancock ne pouvait croire que quatre années de guerre à peine eussent suffi à la détruire.

Aurait-il chéri cet édifice plus encore s'il s'était douté que la Wehrmacht avait failli anéantir en une après-midi l'œuvre de plus de quatre générations d'artisans ? À leur arrivée à Chartres, les Alliés trouvèrent à l'intérieur de la nef pas moins de vingt-deux explosifs. Stuart Leonard, qui rejoindrait la MFAA après la fin des hostilités, les désamorça en sauvant ainsi le bâtiment.

Comme il l'expliquerait plus tard à son collègue Bernie Taper dans un bar de Berlin : « L'avantage, quand tu t'occupes de déminage, c'est qu'aucun officier ne te colle aux basques pour surveiller ce que tu fabriques. »

Un monument valait-il pour autant une vie humaine ? se demanda Taper — une question qui devait hanter tous les Monuments men. « J'avais le choix, commenterait Leonard. C'est moi qui ai décidé de désamorcer les bombes et j'estime que j'ai été largement dédommagé de mes peines.

— Comment ça ?

— J'ai eu l'occasion de passer près d'une heure, seul, dans la cathédrale de Chartres[11]. »

Les générations à venir comprendraient-elles ce qu'impliquait la sauvegarde de la cathédrale au mépris des menaces que la guerre faisait peser sur elle ? se demanda Walker Hancock. L'apprécieraient-elles plus encore en la voyant telle qu'elle se présentait pour l'heure, dépourvue de vitraux, un tas de sacs de sable d'une dizaine de mètres de hauteur au milieu de la nef, des impacts d'obus dans les tours ? Au sol serpentait le chemin que les pèlerins suivaient à genoux depuis des siècles dans l'espoir d'assurer leur salut. Une brise agitait les bâches en plastique déchirées qui bouchaient tant bien que mal les ouvertures en hauteur dans les murs.

« J'ai été témoin d'un spectacle d'une beauté inouïe, nota Hancock. Dans les baies s'encadrait le ciel […] on distinguait à la fois l'intérieur et l'extérieur de ce merveilleux édifice. Les imposants contreforts qui se prolongent en croisées d'ogives en rejoignant le toit m'ont offert une belle leçon d'architecture gothique, encore que leur signification soit loin de se résumer à cela. La contemplation de ces voûtes caractéristiques de Chartres, dont on dirait qu'elles repoussent de toutes leurs forces les murs de l'abside, a fait naître en moi une sorte d'exaltation […] Depuis le chœur, je distinguais les rois et les reines de Juda et le Christ de l'Apocalypse sous un jour nouveau, éclairés par une lumière directe, plus crue[12]. » La cathédrale apparut à Hancock à la fois comme un monument à la gloire des Alliés et un édifice intemporel qui, échappant aux horreurs de la guerre, subsisterait jusqu'à la fin des temps.

L'instant d'après, le soleil disparut à l'horizon. Ses derniers rayons transpercèrent les baies en projetant une lueur orangée sur les murs. La ligne de front se trouvait dans la direction opposée, à l'est. Hancock n'ignorait pas qu'on avait encore besoin de lui, là-bas. Il hissa son sac sur son épaule avant de revenir à la réalité des combats.

Quelques semaines plus tard, Walker Hancock fut brusquement tiré de son sommeil par son collègue de la MFAA rattaché à la 1re armée des États-Unis, George Stout, tiré à quatre épingles en dépit de l'heure pour le moins matinale. « Nous avons du pain sur la planche », lui annonça-t-il, posté au pied de son lit, avant d'ajuster les lunettes d'aviateur qu'il portait toujours en conduisant.

Dehors, ce 10 octobre 1944, il pleuvait à verse. Une brume si épaisse enveloppait les alentours que Hancock distinguait à peine les baraquements où cantonnait la 1re armée. Il se rappela, non sans dépit, qu'il manquait un toit à la voiture de Stout — une Volkswagen en piètre état dont il se servait depuis son arrivée en Normandie. Il resserra son manteau autour de lui : l'hiver approchait à grands pas.

Hancock, pas encore rompu à la routine militaire, prit son petit déjeuner au mess en compagnie de Stout. Il venait d'arriver une semaine plus tôt en stop au QG de la 1re armée à Verviers (une ville de l'est de la Belgique à une trentaine de kilomètres de la frontière allemande) après avoir pris congé de Bill Lesley et de sa jeep aux abords de Paris. La Belgique lui était apparue dévastée par l'occupation allemande. Des familles entières, en revenant chez elles, retrouvaient leur domicile en ruines ou mis à sac. Des nids de mitrailleuses et des armes abandonnées jonchaient cours et jardins. Les villageois à court de nourriture — personne n'avait cultivé leurs terres en leur absence — offraient aux soldats alliés des tomates et des oignons en témoignage de gratitude. Tous racontaient que les Allemands « s'étaient montrés très disciplinés et corrects tant qu'ils avaient le dessus mais qu'un vent de folie s'était emparé d'eux quand ils avaient compris qu'ils allaient devoir plier bagage[13] ».

« Je ne t'écrirai sans doute plus beaucoup au cours des semaines à venir, annonça par courrier Hancock à Saima. Je n'ai plus une minute à moi. Quand je pense à tout ce que j'ai fait ces deux derniers jours, j'en ai la tête qui tourne. D'un autre côté, ma mission me passionne tellement que les mois passés à patienter en échafaudant des plans et des théories et en sermonnant les autres me paraissent bien ternes, par comparaison[14]. »

Hancock s'apprêtait à découvrir sous une pluie battante l'est de la Belgique aux collines boisées. Il n'en garderait pas un souvenir aussi enchanteur que celui de ses premiers jours en France. Stout s'installa au volant d'une voiture qu'on lui avait prêtée, le temps de réparer sa Volkswagen. Au moins, ils y seraient au sec !

Hancock ne s'aperçut qu'ils venaient de franchir la frontière hollandaise que lorsqu'ils s'arrêtèrent face à une colline couverte de broussailles, au pied de laquelle se dressait une construction en béton. Hancock crut un instant qu'il s'agissait d'un tunnel ferroviaire mais non : deux portes en métal en interdisaient l'entrée.

« Où est-ce qu'on est ?

— Devant un dépôt d'œuvres d'art », lui répondit Stout alors que les portes s'ouvraient pour livrer passage à leur jeep.

L'abri, aménagé au début du XVIIe siècle afin de protéger les trésors du patrimoine hollandais des envahisseurs français, disposait d'un équipement moderne qui maintenait l'air à une température et un degré d'humidité constants. Hancock crut basculer dans un autre monde en pénétrant au côté de Stout sous la colline où régnait un silence déstabilisant. Les deux civils chargés de la surveillance du dépôt les guidèrent le long de murs de pierre éclairés au néon jusqu'à une série de présentoirs pivotant autour d'un axe comme on en voit dans les boutiques pour touristes sauf qu'ils accueillaient, au lieu de cartes postales à deux sous, les toiles du plus grand musée des Pays-Bas, le Rijksmuseum d'Amsterdam. L'un des conservateurs actionna un mécanisme dont le cliquetis se répercuta sous la voûte. Défilèrent alors des chefs-d'œuvre de maîtres hollandais — des natures mortes figurant des tables croulant sous les victuailles, de magnifiques paysages aux cieux infinis tapissés de nuages gris, des portraits de bourgeois souriants vêtus de noir.

« Incroyable ! » murmura Hancock. Il aurait voulu en faire part à Saima mais les censeurs ne laisseraient jamais filtrer des renseignements aussi précis, de crainte qu'un espion allemand n'intercepte sa lettre.

En se retournant, il aperçut une grande toile roulée sur elle-même à la manière d'un tapis, autour d'un axe en métal pourvu d'une manivelle. Le matériau semblable à du papier d'emballage qui protégeait la peinture en dépassait, à demi en lambeaux.

« *La Ronde de nuit* », commenta l'un des conservateurs. La mâchoire de Hancock se décrocha. Sous ses yeux se trouvait l'une des plus célèbres peintures de Rembrandt, dite aussi *La Compagnie de Frans Banning Cocq*, achevée en 1642.

Stout décolla de la toile le matériau qui la protégeait afin d'en examiner le bord. Il fronça les sourcils. Un séjour prolongé dans l'obscurité ne valait décidément rien de bon aux peintures à l'huile. Des parasites finissaient le plus souvent par les recouvrir tandis que les résines présentes dans les vernis jaunissaient en étouffant les couleurs et en atténuant les contrastes. Dès le mois de mars 1941, Stout avait entendu des experts hollandais s'inquiéter du jaunissement de *La Ronde de nuit*. Comme il le craignait, les trois ans et demi écoulés depuis n'avaient pas épargné la toile. Dans le cas où elle croupirait là encore longtemps, il faudrait la revernir — une opération toujours préjudiciable aux œuvres vieilles de plusieurs siècles. Plus inquiétant encore : la toile démontée de son châssis risquait de se couvrir de craquelures ou même de se déchirer en subissant ainsi des dommages irréversibles. Les chefs-d'œuvre ne sont pas faits pour demeurer enfouis sous des collines. Pour l'instant, on ne pouvait hélas rien y changer. *La Ronde de nuit* bénéficiait du meilleur traitement possible en temps de guerre. Stout se demanda combien d'autres chefs-d'œuvre — *L'Astronome* de Vermeer, par exemple, volé aux Rothschild à leur domicile parisien par les Nazis en 1940 et que nul n'avait revu depuis — traînaient ainsi Dieu sait où.

« Qui garde l'entrepôt ? » se renseigna Stout.

L'un des conservateurs lui indiqua deux policiers à l'autre bout de la salle.

« C'est tout ? »

Le conservateur opina du chef. En ces années de vaches maigres, on ne pouvait charger qu'une poignée d'hommes de veiller sur les trésors de la nation. Puis à quoi bon en recruter plus ? Les Allemands connaissaient l'existence du dépôt de la montagne Saint-Pierre, près de Maastricht. Ils avaient d'ailleurs eux-mêmes entreposé *La Ronde de nuit* dans plusieurs cachettes successives avant de la laisser à Maastricht, à proximité de la frontière allemande, en 1942. Le petit nombre d'hommes affectés à la protection de l'œuvre ne semblait pas inquiéter les conservateurs hollandais. Retranchés du monde dans leur abri souterrain, ils n'avaient pas encore eu vent du vol de *La Madone* de Michel-Ange à Bruges. Contrairement à George Stout, ils ne comprenaient pas que le danger avait redoublé depuis que les Allemands, pour qui rien n'allait plus, estimaient le moment venu de tenter le tout pour le tout. Qu'avait dit le Dr Rosemann au chanoine de la cathédrale de Bruges ? *La photo de* La Madone *trône sur mon bureau depuis des années.* Et les paysans français ? *Les Allemands se sont montrés très disciplinés et corrects tant qu'ils avaient le dessus mais un vent de folie s'est emparé d'eux depuis qu'ils ont compris qu'ils allaient devoir plier bagage.*

« Nous enverrons d'autres hommes garder le dépôt, déclara Stout. Au moins dix en attendant que tout soit rentré dans l'ordre. »

Comme les lignes téléphoniques ne fonctionnaient plus, Stout dut revenir au QG réclamer des renforts ; ce qui ne le contraria pas qu'un peu, sans parler du danger inhérent au moindre retard. Il ne tarda cependant pas à reprendre son sang-froid : « Les gardes arriveront peut-être dès demain, conclut-il en rejoignant sa voiture. Enfin ! Je ne vous garantis rien. Merci pour la visite, en tout cas ! »

Seigneur ! songea Hancock en prenant place à côté de son collègue après un dernier coup d'œil au chef-d'œuvre de Rembrandt roulé comme un tapis prêt à couvrir le parquet du premier salon venu. La guerre réserve décidément bien des surprises !

14. *L'Agneau mystique* de Van Eyck

Est de la France, fin septembre 1944

Le 23 septembre 1944, le capitaine Robert Posey, élevé dans une ferme de l'Alabama et rattaché, en tant que Monuments man, à la 3ᵉ armée du général George Patton, accrocha sa serviette de toilette humide à une patère avant de regagner sa tente. Il venait de se doucher à l'eau chaude pour la première fois depuis son arrivée en Normandie, plus de deux mois auparavant. Il passa une main sur son visage rasé de frais, encore étonné de ne plus y rencontrer de moustache. Il paraissait beaucoup plus jeune, glabre. Personne ne lui aurait donné quarante ans. Au moment de son incorporation, cet architecte, père de famille, s'était taillé une moustache à la Hitler — une façon pour lui de se moquer du Troisième Reich. Hélas la plaisanterie ne fut pas du goût de son général !

« Bon sang, Bobby, rasez-moi donc cette saleté ! » s'était emporté Patton[1].

Posey ne se formalisait pas des mouvements de colère de son supérieur. Il considérait comme un honneur d'appartenir à la 3ᵉ armée de Patton, la plus redoutable sur le continent européen. À vrai dire, Robert

Posey se sentait moins proche de ses collègues de la MFAA que des hommes de la 3ᵉ armée, qu'agaçait le refus des autres de reconnaître leur supériorité. C'étaient pourtant eux qui avaient brisé l'anneau d'acier en Normandie et balayé la poche de résistance aux alentours de Falaise en coupant la retraite aux derniers Allemands dans l'ouest de la France. C'étaient eux aussi qui avaient lancé une offensive au sud tandis que les autres luttaient encore au nord. Si Eisenhower avait laissé les coudées franches à la 3ᵉ armée quand Patton s'était mis en tête de repousser les Allemands vers l'est, la guerre toucherait peut-être déjà à son terme. En tout cas, aucun soldat de la 3ᵉ armée n'en doutait. Tous avaient foi en l'avenir et, surtout, en l'homme arrogant et un peu fou qui les fédérait sous sa bannière, le général George S. Patton Jr. Posey aurait fait n'importe quoi pour lui. En revanche, il ne supportait pas son chien, un bull-terrier baptisé Willie en l'honneur de Guillaume le Conquérant.

Posey s'assit sur son matelas, enfila sa chemise et relut, pour la quatrième ou cinquième fois, la dernière lettre de son épouse Alice, qui ne tarda pas à faire fondre sa carapace de soldat. Des membres de sa famille hébergeraient Alice en Caroline du Sud tant que durerait la guerre. Posey se rappela leur « ménagerie », ainsi qu'il appelait par plaisanterie leur foyer plein d'animation. Le sourire en coin de son fils cadet et l'adorable moue perplexe de son épouse qui jamais n'élevait la voix lui revinrent en mémoire. L'envie le prit soudain de la serrer contre lui. Comme les censeurs autorisaient depuis peu les militaires à livrer des détails sur leur quotidien — du moins, dans les territoires conquis — il résolut de lui raconter ses récents déplacements.

« À présent que les opérations en France touchent à leur fin, lui écrivit-il, nous avons le droit d'évoquer les villes où nous sommes passés. J'ai vu les cathédrales de Coutances, Dol, Rennes, Laval, Le Mans, Orléans, Paris, Reims, Châlons-sur-Marne, Chartres et Troyes. La plus imposante reste encore celle de Chartres. J'ai visité aussi beaucoup de belles églises de village et de nombreux châteaux. Sans compter le célèbre mont Saint-Michel et Fontainebleau. Le petit village que je te décrivais [dans une lettre précédente] est celui des Ifs, à mi-chemin de Rennes et de Saint-Malo en Bretagne. J'ai fini par réunir une belle collection de cartes postales dédicacées[2]. »

Il cessa un instant d'écrire pour y jeter un coup d'œil. Il comptait les remettre à son fils de cinq ans, Dennis, qu'il surnommait « Woogie ». Posey prenait plaisir à lui envoyer des babioles — des cartes, des boutons ou encore cette boucle de ceinture en forme de croix gammée et cette serviette de toilette brodée de l'inscription « *Kriegsmarine* » qu'il venait de récupérer dans une base sous-marine allemande. Posey n'était pas le seul à la 3e armée à expédier ce genre de souvenirs : ils l'aidaient à garder le lien avec son fils en renseignant celui-ci sur le périple en Europe de son père, auquel une mine ou une balle risquait à tout instant de mettre fin.

Posey revint en pensée sur les événements des derniers mois, encore stupéfié par le chemin qu'il venait de parcourir. Il portait aux nues l'armée depuis qu'une bourse du Corps d'Entraînement des Officiers de Réserve lui avait permis de terminer ses études d'architecte. Dès le lendemain de l'attaque sur Pearl Habor, il avait décidé de se battre dans le Pacifique en tant que réserviste mais, compte tenu de la confusion qui régnait en cette période éprouvante pour la nation, six mois s'écoulèrent avant son rappel sous les drapeaux. En plein cœur de l'été, la hiérarchie l'envoya dans un camp d'entraînement en Louisiane, la région la plus chaude et la plus humide où il eût jamais mis les pieds — or il avait grandi dans le centre de l'Alabama ! Un avion le conduisit ensuite à Churchill, le seul port d'importance du Canada sur le littoral arctique et la ville la plus glaciale à sa connaissance. Il passa le plus clair de son temps à aménager des pistes d'aviation au cas où les Allemands envahiraient l'Amérique par le pôle Nord.

Le pôle Nord ! Quel général avait bien pu attraper des sueurs froides en se figurant une éventualité aussi improbable ? Posey ne rencontra pas un seul Allemand dans la toundra gelée. En revanche, il eut affaire aux ours polaires. Comme il le découvrit bientôt, Churchill était en effet la capitale mondiale des ours blancs.

Il logeait à présent dans des baraquements allemands de l'est de la France, repris depuis peu à l'ennemi. D'ici à quelques semaines ou peut-être même quelques jours, vu la vitesse à laquelle se déplaçait la 3e armée, il pénétrerait sur le territoire allemand avant de parvenir à Berlin… du moins si personne ne mettait de bâtons dans les roues de Patton !

Il conclut sa lettre à son épouse par un post-scriptum à propos des douches à l'eau chaude — un véritable luxe ! — puis examina un colis en provenance du QG des forces expéditionnaires alliées, qui devait le renseigner sur les trésors disparus du patrimoine belge : *La Madone de Bruges* (Ronald Balfour avait enquêté sur sa disparition la semaine précédente) et, surtout, le retable de Gand.

La Belgique ne possédait rien de plus précieux que le polyptyque de *L'Agneau mystique*, plus connu sous le nom de retable de Gand. Haut de trois mètres soixante et large de près de cinq mètres, il se compose de deux rangées de panneaux de bois montés sur charnières : quatre au centre plus quatre de chaque côté, peints sur l'une et l'autre faces. L'ouverture, partielle ou non, du retable n'en donne à voir que l'une ou l'autre partie à la fois. La peinture du centre, qui donne son nom à l'œuvre, représente l'agneau de Dieu sur un autel au-dessus duquel rayonne l'Esprit saint figuré par une colombe et autour duquel se masse une foule compacte. Le retable fut commandé à Hubert Van Eyck, que sa réputation prétendait *maior quo nemo repertus* («supérieur à quiconque»). Après sa mort en 1426, son frère cadet Jan (*arte secondus*, soit le second en son art) le termina, en 1432.

Quand il fut enfin exposé à la cathédrale Saint-Bavon de Gand, le retable choqua les bonnes âmes de l'époque. Son réalisme s'inspirait d'une observation minutieuse de la nature et non des formes idéalisées de l'Antiquité ou des silhouettes sans relief du Moyen Âge. Il témoignait d'une attention extraordinaire portée aux moindres détails des visages (des portraits d'authentiques Flamands du xve siècle) mais aussi des monuments, de la végétation, des bijoux et des habits. Jusque-là, nul n'avait encore exploité avec autant d'habileté la technique de la peinture à l'huile. La révolution picturale qui en résulta préluderait à un âge d'or de la culture flamande, qui rivaliserait avec celle de la Renaissance italienne plus au sud.

Cinq cent huit ans plus tard, en mai 1940, les forces allemandes occupaient les collines et les prairies figurées avec tant de précision sur le chef-d'œuvre de Van Eyck. Pendant qu'un demi-million de soldats britanniques et français se repliaient au nord, poursuivis par la Wehrmacht, trois camions emportèrent vers le sud les principaux chefs-d'œuvre de la Belgique, dont le retable de Gand, en vue de placer ceux-ci sous la protection du pape au Vatican. Hélas ! ils ne se trouvaient encore qu'à la frontière française lorsque l'Italie déclara la guerre aux pays d'Europe occidentale. Poursuivis par une division de panzers qui voulait empêcher l'évacuation des troupes britanniques à Dunkerque, les camions changèrent d'itinéraire et s'arrêtèrent à Pau dans un château converti en dépôt d'œuvres d'art où les chauffeurs épuisés confièrent le retable au gouvernement français.

Hitler savait qu'il ne pourrait s'approprier un chef-d'œuvre tel que le retable de Gand sans s'attirer les foudres du monde entier. Même si, de par sa mentalité de conquérant, il s'estimait en droit de s'emparer d'un butin de guerre, Hitler ne ménagea pas sa peine pour établir de nouveaux règlements « légalisant » le pillage auquel il comptait de toute façon se livrer. Il obligerait ainsi les nations soumises à lui céder certaines œuvres au terme de leur capitulation. Hitler destinait les pays de l'Est tels que la Pologne à la culture de la terre et à l'industrie : des esclaves slaves y produiraient des biens de consommation pour la race des maîtres. La plupart des œuvres emblématiques de leur patrimoine furent détruites, leurs monuments rasés et leurs statues fondues dans des usines de missiles. À l'ouest, les Aryens comptaient jouir de leurs conquêtes. Inutile de priver la France ou la Belgique de leurs trésors artistiques — du moins, dans un premier temps. Le Troisième Reich ne

devait-il pas durer un millier d'années ? Hitler ne tou-
cha pas aux chefs-d'œuvre tels que *La Joconde* ou *La
Ronde de nuit*, bien qu'il sût parfaitement où les trouver. En revanche, il jeta son dévolu sur *L'Agneau mystique.*

En 1940, par l'intermédiaire de Goebbels, son
ministre de la Propagande, Hitler commanda un inventaire (auquel son auteur, Otto Kümmel, le directeur
général des musées nationaux de Berlin, laisserait
d'ailleurs son nom) des œuvres d'art conservées en
Occident — en France, en Hollande, en Grande-
Bretagne, et même aux États-Unis — qui appartenaient de droit à l'Allemagne ; c'est-à-dire, selon les
critères avancés par Hitler, les œuvres sorties d'Allemagne après 1500, réalisées par un artiste d'origine
allemande ou autrichienne, commandées ou exécutées
en Allemagne ou encore réalisées dans un style allemand. Le retable de Gand, emblématique de la culture
flamande, n'en restait pas moins, du point de vue des
Nazis, suffisamment « allemand » par son style pour
leur revenir.

Six des panneaux latéraux appartenaient jusqu'en
1919 à l'État allemand, contraint par le traité de
Versailles de les restituer à la Belgique au titre des réparations de guerre. Hitler exécrait le traité de Versailles
— une humiliation du peuple allemand qui, à l'en
croire, en disait long sur la veulerie de ses dirigeants de
l'époque. Quand l'Allemagne infligea une défaite militaire à la France en juin 1940, Hitler prit une revanche
symbolique en ordonnant à ses hommes de retrouver le
wagon où l'armistice avait été signé en 1918 avant de
l'amener à Compiègne, à l'endroit précis où il stationnait, vingt-deux ans plus tôt. Assis à la place du maré-

chal Foch, le héros de la Première Guerre mondiale qui tenait alors le rôle du vainqueur, Hitler contraignit les Français à conclure un armistice. Aussitôt après sa signature, il ordonna de conduire le wagon à Berlin, où il remonta l'avenue Unter den Linden en passant par la porte de Brandebourg avant de s'arrêter au Lustgarten, sur les rives de la Spree. En mettant la main sur le wagon de Compiègne, l'Allemagne s'était vengée de la France en lui montrant que rien ne semblait trop sacré aux yeux des Nazis pour qu'ils en détournent leur convoitise.

L'appropriation du retable de Gand — un chef-d'œuvre ayant infléchi le cours de l'histoire picturale — devait satisfaire deux des désirs les plus chers de Hitler : redresser les « torts » infligés à l'Allemagne par le traité de Versailles et ajouter un trésor de plus à la collection de son Führermuseum de Linz.

En 1942, Hitler succomba à la tentation : en juillet, il envoya en secret au dépôt de Pau le Dr Ernst Buchner, directeur général des musées de Bavière. Celui-ci — escorté par un unique camion — ne se livrerait pas à une épreuve de force mais à un larcin pur et simple. Face au refus du surintendant français de lui confier le retable, Buchner contacta la chancellerie du Reich. Quelques heures plus tard parvint à Pau un télégramme de Pierre Laval, chef du gouvernement du régime de Vichy, ordonnant la remise du retable à Buchner. Quand les autorités culturelles belges apprirent la nouvelle, le tableau avait déjà disparu en Allemagne. Le gouvernement de la Belgique protesta en accusant les Français de trahir leur culture — hélas, trop tard !

Deux ans plus tard, Robert Posey examinait une photo de cet irremplaçable trésor dans un baraquement allemand où venaient de s'installer les Alliés en France, conscient que le monde entier comptait sur les Monuments men pour restituer le retable à la Belgique en mettant hors d'état de nuire ceux qui tenteraient de se l'approprier ou de le détruire.

15. James Rorimer visite le Louvre

Paris, début octobre 1944

Si Posey se félicitait de son affectation à la 3e armée des États-Unis, le sous-lieutenant James Rorimer (le conservateur du Metropolitan aux dents longues) n'était pas mécontent non plus de la sienne. En sirotant une bière au mont Saint-Michel, il avait formulé le vœu de se retrouver en poste dans la Ville lumière. De retour à son QG, il apprit qu'on venait de lui confier « la plus belle mission dont puisse rêver un type comme moi en Europe[1] ». Accueilli « à bras ouverts et de tout cœur » par les autorités françaises, fêté en tant qu'ami et libérateur, il se retrouva bientôt la coqueluche de la haute société parisienne[2], qui recherchait son appui alors que lui-même espérait en tirer de précieux renseignements.

La ville de Paris se portait alors comme un charme. On avait peine à croire qu'elle sortait de quatre années d'occupation nazie. Plusieurs bâtiments emblématiques — dont le Grand Palais incendié par les Nazis lors d'une tentative d'éradiquer la Résistance — avaient été détruits, et pourtant, les avenues de la capitale offraient un paysage urbain bouillonnant de vie et quasi inchangé. À cause de la pénurie d'essence, des bicyclettes se

massaient à chaque coin de rue, à côté des tandems
équipés de petites carrioles qui servaient de taxis sous
l'Occupation. Dans les parcs, des hommes coiffés de
bérets ou de feutres disputaient des parties de cartes. Au
jardin du Luxembourg, les enfants s'amusaient à pousser à la surface de la fontaine leurs voiliers blancs minia-
ture. « Le long des avenues merveilleusement désertes
qui mènent au cœur de la capitale, écrivit Francis Henry
Taylor, qui se rendit à Paris en tant que représentant de
la commission Roberts, une douce euphorie vous envahit, que connaissent bien les malades en voie de rétablissement au sortir d'un profond sommeil. La volonté de
vivre a repris le dessus. Paris, création suprême de
l'esprit, vient de paralyser la main qui tentait de l'étran-
gler[3]. »

Taylor ne resta pas longtemps dans la capitale française. Un examen plus attentif de la société parisienne
en apparente ébullition aurait pu lui révéler la méfiance
et la crainte qui la minaient. Le départ précipité des
Allemands et la chute du régime de Vichy avaient
entraîné une pénurie de fonctionnaires et de policiers.
Comment maîtriser dans ces conditions les mouvements de colère de la population ? Un désir de revanche
s'empara des Parisiens qui résolurent de se faire eux-
mêmes justice. On tondit dans la rue les femmes qui
couchaient avec les Allemands. Des tribunaux impro-
visés jugèrent ceux qu'on soupçonnait d'avoir colla-
boré avec l'ennemi avant d'ordonner leur exécution
sommaire. Un simple coup d'œil au *Figaro* de l'époque
donne la mesure de la gravité de la situation. Sa paru-
tion reprit le 23 août 1944, après deux ans d'interrup-
tion. La rubrique « Les arrestations et l'épuration »
informait quotidiennement les lecteurs des progrès de la

traque des anciens collaborateurs. La liste des exécutions capitales précédait celle des exécutions sommaires. On prononçait alors des condamnations à mort à l'issue de procès qui ne duraient que quelques jours au plus.

Dans un tel vide institutionnel, où chacun se méfiait de son voisin, les Monuments men n'eurent pas le temps de chômer. Le manuel des Affaires civiles de l'armée dénombrait cent soixante-cinq monuments à Paris — dont cinquante-deux à protéger. Des centaines de statues (notamment en bronze) avaient disparu des espaces publics, victimes des pillards nazis qui avaient même volé au Sénat ses lustres du XIXe siècle. La capitale chamboulée s'efforçait tant bien que mal de reprendre pied. Obtenir du matériel ou des renseignements s'apparentait à une véritable gageure. Le respect des procédures conduisait trop souvent à l'impasse. Entrer en contact avec le responsable de telle ou telle zone réclamait une énergie incroyable.

À son arrivée à Paris en août, Rorimer se retrouva pour un temps sous les ordres du lieutenant colonel Hamilton qui, à la fin du mois de septembre, ne voulait toujours pas se séparer de lui. « Aucun officier ne devrait s'occuper uniquement de sauvegarde du patrimoine », déclara Hamilton à Rorimer quand celui-ci le supplia de le laisser quitter son détachement. Hamilton, qui manquait d'hommes énergiques et compétents connaissant le français, n'entendait pas de sitôt renoncer à Rorimer[4] !

Celui-ci s'assura que les Alliés ne semaient pas le chaos dans la capitale française. En août, quand il parvint à Paris à la suite du général Rogers, la ville lui parut déserte. Depuis, elle grouillait de soldats qui ne demandaient d'ailleurs qu'à lui prêter main-forte. Un détachement chargé par Rorimer d'évaluer les dégâts sur la place de la Concorde y dénombra les moindres impacts de balles sur les façades. Le lendemain, Rorimer trouva ses hommes occupés à en faire de même au Louvre. « Je vous ai demandé une estimation d'ensemble, leur rappela-t-il. Inutile d'entrer dans les détails. » Vu la taille du palais, il ne leur aurait pas fallu moins d'une année pour y compter les traces de projectiles.

D'après Rorimer, le principal problème venait de l'incapacité des militaires américains à comprendre la mentalité française. Le jardin des Tuileries en offrait une parfaite illustration. Situé en plein cœur de Paris, il datait du règne de Louis XIV. Tous ceux qui avaient un jour ou l'autre visité la capitale française le connaissaient. Le lendemain de son arrivée, Rorimer l'aperçut tel qu'il est rarement donné de le contempler : quasi désert à la lumière de l'aube. Les armes abandonnées par les Allemands dissuadaient à l'évidence les Parisiens de s'y risquer. Sans une unité américaine en bivouac sous un bosquet d'arbres en train de préparer son petit déjeuner sur des réchauds à gaz, Rorimer y aurait joui d'une parfaite solitude.

Quand il revint aux Tuileries quelques semaines plus tard, il y découvrit un immense campement militaire. Les Allemands avaient creusé dans les pelouses des tranchées garnies de barbelés, où les Alliés venaient d'aménager des latrines. Voilà qui dépassait la mesure ! Les déjections des Américains, martèlerait-il au fil d'interminables réunions, n'avaient pas leur place aux Tuileries, aussi indispensables au bien-être des Parisiens que Hyde Park ou Central Park à celui des Londoniens ou des New-Yorkais.

L'armée finit par céder mais de quoi Rorimer pouvait-il se vanter, au fond ? Des camions et des jeeps stationnaient le long du boulevard qui traversait les Tuileries, devenu le plus grand parc de stationnement de la ville. Six statues y étaient déjà tombées de leur socle à cause d'un choc contre un véhicule. La pression des camions faisait éclater les conduites en terre cuite du XVIIe siècle. Il ne fallut pas moins de dix jours à Rorimer pour concevoir une solution de remplacement : l'esplanade des Invalides qui avait au moins le mérite de se trouver dans un quartier aux fonctions militaires attestées de longue date. Si seulement il parvenait à convaincre ses supérieurs de l'intérêt d'y parquer leurs camions plutôt qu'aux Tuileries !

Rorimer passa devant le grand bassin — même à l'ombre des véhicules militaires, de jeunes garçons y faisaient voguer leurs petits voiliers — avant de traverser la terrasse des Tuileries. Il montra sa carte d'accréditation aux gardes armés de la cour du Louvre qui l'autorisèrent à y entrer. D'un côté pointaient les mitraillettes d'une installation anti-aérienne des Américains, non loin de la clôture où les Alliés avaient parqué les prisonniers allemands au lendemain de leur entrée dans la capitale. À l'intérieur du musée, en revanche, Rorimer ne vit aucune arme. Pas un seul des quémandeurs qui venaient sans arrêt à son bureau le supplier de s'occuper de leur cas personnel ne vint l'importuner. Sous le plafond vitré de la grande galerie régnait un silence aussi profond qu'à l'intérieur d'une tombe. Là où des millions de visiteurs admiraient jadis des chefs-d'œuvre du monde entier ne subsistaient plus que des gribouillis à la craie indiquant aux conservateurs l'emplacement de toiles ou de sculptures.

Il ne fallait cependant pas en blâmer les Allemands. Les œuvres manquantes se trouvaient encore dans les dépôts où les Français les avaient mises à l'abri en 1939 et 1940, à la veille de l'invasion. Jacques Jaujard, le directeur des Musées nationaux et l'un des grands héros de la cause française, avait lui-même organisé leur évacuation.

À quarante-neuf ans, Jaujard comptait au nombre des responsables du patrimoine les plus respectés d'Europe. Ses cheveux d'un noir de jais plaqués en arrière et ses traits finement ciselés lui donnaient l'allure d'un aïeul toujours vert. Il avait beau travailler dans l'administration, il n'hésitait pas à se salir les mains au besoin. Au cours de la guerre civile en Espagne, Jaujard avait joué un rôle décisif dans la préservation des trésors du Prado. Sitôt promu directeur des Musées nationaux en 1939, il organisa l'évacuation des principales collections publiques de France alors que bien peu s'attendaient encore à voir les Nazis conquérir le pays. Il veilla personnellement à la mise en caisse, au transport puis au stockage de milliers de chefs-d'œuvre. Un ingénieux système de poulies couplé à des rails en bois lui permit de déplacer la *Victoire de Samothrace*, une statue grecque de l'Antiquité trônant au sommet du principal escalier du Louvre. La déesse Niké aux ailes déployées (dont la tête et les bras se sont hélas perdus au fil des siècles), haute de près de trois mètres quarante, se compose en réalité de milliers d'éclats de marbre blanc patiemment recollés. Jaujard dut probablement retenir son souffle en la voyant glisser au bas des marches du Louvre. Si jamais elle se brisait, il aurait à en répondre. D'un autre côté, il aimait relever des défis. À l'instar de Rorimer, il préférait encore assumer la lourde responsabilité d'un poste de commandement que de se cantonner au bas de la hiérarchie.

Rorimer se retourna, le temps d'examiner la grande galerie du Louvre. Que de dangers les œuvres irremplaçables qui en avaient disparu ne couraient-elles pas ! Il s'avança vers une niche encadrée de colonnes où une inscription attira son regard : « *La Joconde.* » Les mots semblaient flotter sur le mur à l'intérieur d'un cadre vide. La plupart des toiles du Louvre avaient été conduites à des dépôts par camions entiers sur des routes criblées de trous d'obus. La plus célèbre peinture du monde, elle, avait voyagé seule à bord d'une camionnette où on la hissa sur une civière en plein cœur de la nuit. Un conservateur du patrimoine l'accompagna. Les portes de la camionnette furent hermétiquement fermées par souci d'assurer à la toile des conditions de conservation optimales. *La Joconde* parvint à destination en parfait état. Le conservateur en manque d'oxygène s'apprêtait en revanche à perdre connaissance[5].

D'autres anecdotes mériteraient d'être relatées : en traversant Versailles, *Le Radeau de la Méduse* de Géricault se prit dans les câbles du tramway. Les conservateurs en tirèrent la leçon : des réparateurs de lignes téléphoniques escorteraient dès lors le convoi en soulevant les câbles gênants à l'aide de leurs outils de travail. Le camion avançant à l'allure d'un escargot à la suite des techniciens munis de longues piques pendant que les habitants évacuaient précipitamment les lieux en jetant des regards ahuris aux visages des naufragés à l'agonie dut offrir un spectacle pour le moins cocasse. La situation ne prêtait cependant pas à sourire. Les véhicules qui transportaient les chefs-d'œuvre du Louvre n'étaient pas des chars de parade ! Grâce à Jaujard, il n'y eut pratiquement pas de dommages à déplorer.

Jaujard ne s'attendait toutefois pas à ce que les Allemands infligent une aussi cuisante et rapide défaite à l'armée française. La mise à l'abri provisoire des plus belles toiles dans des châteaux devait en principe les protéger des bombardements aériens. On avertit les pilotes allemands que Sourches près du Mans abritait des trésors en inscrivant « musée du Louvre » en lettres blanches sur la pelouse. Au fur et à mesure de la déroute de l'armée française, Jaujard ordonna de transporter les œuvres plus au sud et à l'ouest. Les Allemands le rattrapèrent à Chambord, alors qu'il surveillait l'évacuation du mobilier. « Vous êtes bien le premier fonctionnaire français de haut rang que l'on voie s'activer à son poste[6] », lui confièrent-ils.

L'artillerie ne fit heureusement aucun dégât. On ne saurait en dire autant des occupants nazis qui, sachant exactement où trouver les œuvres qu'ils convoitaient, s'en emparèrent sans hésiter. Les Allemands envahirent Paris le 14 juin 1940. Le 30, Hitler donna l'ordre à ses sbires de rafler les collections de l'État français ainsi que celles de quelques particuliers, notamment des Juifs[7]. Il comptait s'en servir pour faire pression sur la France lors des négociations à venir. Celle-ci n'avait en effet signé qu'un armistice. Hitler comptait lui imposer un traité de paix l'autorisant à s'emparer des biens culturels français « par la voie légale » — comme Napoléon s'était emparé de ceux de la Prusse, un siècle et demi plus tôt. Personne n'ignorait que sans les campagnes napoléoniennes, le Louvre n'eût été que l'ombre de ce qu'il était devenu.

Le gouverneur nazi de Paris, Otto Abetz, annonça l'intention des occupants de se charger eux-mêmes de la conservation des biens culturels. Obéissant aux instructions de Hitler, il confisqua les tableaux que détenaient alors les quinze principaux marchands de Paris — Juifs pour la plupart. En moins de quelques semaines, une quantité inouïe de toiles s'entassèrent à l'ambassade allemande « dans l'intérêt de leur préservation ». Ce fut à ce moment-là, raconta Jaujard à James Rorimer lors d'un de leurs fréquents entretiens, que parut sur le devant de la scène un authentique héros : le comte Franz von Wolff-Metternich.

« Un Allemand ? » s'exclama Rorimer, étonné.

Jaujard hocha la tête, une étincelle au fond des yeux. « Et même un Nazi ! »

En mai 1940, le comte Wolff-Metternich fut nommé à la tête de la Kunstschutz, l'organisme allemand chargé de la conservation du patrimoine fondé pendant la Première Guerre mondiale et dépendant de l'armée — une sorte d'ancêtre de la MFAA. Rattachée depuis 1940 au gouvernement d'occupation nazi, la Kunstschutz exerçait alors l'essentiel de ses activités en Belgique et en France. Metternich, expert de l'architecture de la Renaissance dans la région du Rhin, où il avait grandi et vu le jour, dut quitter son poste de professeur à l'université de Bonn pour assumer ses nouvelles fonctions.

Les Nazis offrirent la direction de la Kunstschutz à Wolff-Metternich en se disant que cet érudit respecté de tous assurerait sa légitimité en y témoignant d'un professionnalisme indéniable. Il n'appartenait pas aux hautes sphères du parti mais les Nazis aimaient parfois mieux recruter des hommes compétents que de simples partisans de leur cause. Sans doute l'appartenance de Wolff-Metternich à une famille allemande en vue dont les titres nobiliaires remontaient à l'empire prussien fit-elle pencher la balance en sa faveur.

Wolff-Metternich avait beau ne pas recevoir d'instructions précises, il se formait une haute idée de sa mission. « Du début à la fin, écrirait-il, nous nous sommes appuyés sur la convention de La Haye » — c'est-à-dire sur une définition des responsabilités culturelles approuvée par la communauté internationale et non par les seuls Nazis. « La protection des biens culturels, affirma-t-il encore, incombe à n'importe quelle nation européenne en guerre. Je n'imagine pas de meilleur moyen de servir ma patrie qu'en prenant la responsabilité d'appliquer ce principe de la manière la plus stricte[8]. »

« Le comte Metternich a tenu tête à l'ambassadeur, raconta Jaujard à Rorimer. Il a même court-circuité ses supérieurs pour s'adresser directement au sommet de la hiérarchie. Les militaires étaient alors à couteaux tirés avec le gouvernement d'occupation de la France. Au bout de quelques jours, l'armée a interdit qu'on achemine d'autres biens culturels à l'ambassade. Sur mon instance et grâce à l'appui de Wolff-Metternich, de nombreux objets saisis par les Nazis ont été transférés au Louvre. La plupart d'entre eux y sont arrivés déjà emballés en vue de leur transport en Allemagne. »

Jaujard ne laissa pas le succès lui monter à la tête. Cet homme discret se disait convaincu que ceux qui agissent le plus sont aussi ceux qui parlent le moins. Rorimer admirait son courage : le directeur des musées nationaux n'hésitait jamais à s'opposer aux Nazis. En damant le pion à l'ambassadeur, Jaujard avait remporté une bataille mais pas la guerre culturelle. Il avait surtout œuvré main dans la main avec le comte Wolff-

Metternich — ce qu'il n'admettrait d'ailleurs pas volontiers par la suite. Un fonctionnaire chargé de confisquer les archives du gouvernement tenta peu après de s'emparer des collections de l'État français : certains Nazis voulaient les emmener en Allemagne, dans l'intérêt, à ce qu'ils prétendaient, de leur conservation. Wolff-Metternich éventa leur ruse en inspectant lui-même les dépôts d'œuvres provisoires. Le Dr Joseph Goebbels revendiquait près d'un millier d'œuvres « allemandes » en possession de l'État français. Wolff-Metternich estimait comme Goebbels que bon nombre d'entre elles revenaient légitimement à l'Allemagne mais, contrairement au ministre de la Propagande, il refusa de les rapatrier tout de suite. « Je n'ai jamais caché qu'à mon avis, ce problème délicat, qui touche à l'honneur de tous, ne pourra être tranché que lors d'une conférence de paix par un accord conclu entre des peuples jouissant des mêmes droits », écrivit-il.

« En agissant ainsi, il risquait son poste et même sa vie, confia Jaujard à Rorimer alors qu'il lui dressait l'éloge du responsable de la Kunstschutz. Il a eu recours au seul moyen possible de s'opposer à Goebbels, en interprétant à la lettre l'ordre du Führer daté du 15 juillet 1940 interdisant le déplacement d'œuvres d'art en France avant la signature d'un traité de paix. Le Führer comptait ainsi empêcher les Français de dissimuler leurs trésors avant que les Nazis s'en emparent. Wolff-Metternich a estimé que ses instructions s'appliquaient aussi à ses compatriotes. Sans lui, il aurait fallu renoncer à tout espoir.

« Nous n'avons pas envoyé promener les Nazis : ça n'aurait servi qu'à enrager Goebbels. Au contraire, nous leur avons toujours dit oui, expliqua Jaujard à

Rorimer, sauf qu'à chaque fois, ils ont achoppé sur un détail ou un autre. Les Nazis raffolent de la paperasserie. Ils ne prennent aucune décision sans envoyer au moins cinq ou six courriers à Berlin. »

Jaujard ne s'étendrait pas devant Rorimer sur les difficultés qu'il avait rencontrées avec Wolff-Metternich pour repousser la menace que faisaient planer les Nazis sur les collections de l'État français — les longues années passées à défendre l'accès aux entrepôts, les menaces d'agression physique et le code secret dont il avait convenu avec un ami afin de s'échapper de Paris au cas où les Nazis tenteraient de l'arrêter. Plus d'une fois, il avait réveillé Wolff-Metternich au milieu de la nuit par un coup de fil le priant de venir mettre des bâtons administratifs dans les roues d'un pillard. Wolff-Metternich avait toujours répondu à l'appel en dépit d'une grave maladie des reins qui aurait dû en théorie l'obliger à prendre sa retraite. S'il n'en fit rien, ce fut « avant tout en raison de la confiance qu'ont placée en moi certains responsables de la conservation du patrimoine français[9] ».

Rorimer ne se doutait pas que l'influence du directeur des Musées nationaux s'étendait bien au-delà de la hiérarchie nazie. Un réseau d'employés de musées lui fournissait des renseignements de première main ; il entretenait des relations haut placées au sein même de l'administration française ; l'un de ses plus proches amis, le mécène Albert Henraux, participait à la Résistance en transmettant à ceux qui luttaient sur le terrain les informations que communiquaient à Jaujard ses espions dans les musées. Wolff-Metternich ne devait d'ailleurs pas l'ignorer. *Il risquait son poste et même sa vie*, avait déclaré Jaujard en parlant de l'aristocrate allemand. Il aurait pu en dire autant de lui-même.

Le « bon Nazi », ainsi que Rorimer se plaisait à le surnommer, fut démis de ses fonctions en juin 1942 alors que Goebbels venait de renoncer sur ses instances à s'emparer de milliers d'œuvres « allemandes ». Son limogeage s'explique par son opposition au vol le plus scandaleux ordonné par Hitler sous l'Occupation : celui du retable de Gand entreposé à Pau. Certains Nazis à la botte du Reichsmarschall Hermann Göring complotaient de toute façon sa perte depuis des mois sous le prétexte de son attachement excessif au catholicisme et de son souci exclusif des intérêts français[10]. En réalité, Wolff-Metternich ne répondait pas aux attentes des Nazis. La Kunstschutz devait donner à leurs pillages un vernis de légalité. Ils souhaitaient placer à sa tête un homme qui fléchirait les règlements au bénéfice de la patrie or le comte Wolff-Metternich ne s'y résoudrait jamais. Cette bonne âme finit par « s'égarer dans le nid de frelons de la bande de Hitler[11] ».

La violente dénonciation par Jaujard du vol du retable de Gand allait lui coûter son poste à lui aussi. Les fonctionnaires des Musées nationaux protestèrent contre sa mise à pied en démissionnant les uns après les autres ; ce qui en dit long sur l'influence de Jacques Jaujard dans le milieu culturel français. Les Allemands n'eurent pas d'autre choix que de le réinstaller dans ses fonctions, où il devint pour ainsi dire inamovible. Au final, les Nazis ne s'emparèrent que de deux œuvres des collections nationales françaises, l'une et l'autre d'origine allemande et d'importance secondaire.

Il n'y avait pas de quoi crier victoire pour autant. Si les collections de l'État ne craignaient plus grand-chose, celles des particuliers demeuraient la proie des rapaces nazis — Himmler et ses Waffen-SS, Rosenberg et, surtout, le Reichsmarschall Göring.

Face au mur qui accueillait jadis *La Joconde*, Rorimer se rappela que Jaujard tenait le Reichsmarschall Göring pour un homme à la convoitise insatiable, ne tolérant aucune opposition, et qui ne s'embarrassait pas de scrupules dans sa quête du pouvoir et des richesses. Göring ne voyait dans les trésors d'une nation telle que la France qu'un butin de guerre à même de satisfaire sa cupidité.

« James ! » Le prénom de Rorimer retentit entre les murs de la grande galerie déserte en arrachant le sous-lieutenant à ses pensées. Il se détourna de l'alcôve qui abritait jadis *La Joconde* et reconnut Jacques Jaujard alors qu'il s'avançait à sa rencontre. Rorimer connaissait déjà Jaujard avant la guerre. Il s'étonna de lui trouver aussi fière allure après les années éprouvantes qu'il venait de vivre.

« Ravi que tu aies reçu mon message ! déclara Jaujard en posant une main sur l'épaule du Monuments man.

— Ça fait plaisir de te revoir, Jacques, affirma Rorimer en lui serrant la main. Je t'apporte de bonnes nouvelles, cette fois. Les formalités sont réglées : la tapisserie t'appartient, au moins pour quelques semaines.

— Ah, ces fonctionnaires ! » s'amusa Jaujard en invitant Rorimer à le suivre dans son bureau.

Décidément, il ne change pas ! songea Rorimer. Jaujard disposait d'un bureau mais aussi d'un logement de fonction dans l'enceinte même du Louvre. Rorimer se demanda s'il était sorti une seule fois du palais au cours des quatre années d'occupation allemande.

Et à plus forte raison depuis l'arrivée des Américains ! Dans l'atmosphère fiévreuse des premiers jours suivant la Libération, une foule en colère s'en était prise aux prisonniers allemands parqués dans un camp à l'extérieur du Louvre. Craignant de finir lynchés, ceux-ci brisèrent les fenêtres du palais avant de se réfugier à l'intérieur. On les retrouva parmi les œuvres d'art ; quelques-uns s'étaient même cachés dans l'urne funéraire en granit rose du pharaon Ramsès III. Un conservateur fut en outre surpris en train de conduire un Allemand blessé à l'infirmerie ; il n'en fallut pas plus à la foule pour accuser l'ensemble du personnel de trahir la France en collaborant avec l'ennemi. Comment expliquer autrement la survie de l'institution ? Aucun autre musée ne s'en était aussi bien sorti.

Jaujard et ses fidèles assistants — dont sa secrétaire Jacqueline Bouchot-Saupique, qui transmettait aux Résistants des informations de première main au péril de ses jours — furent conduits à l'Hôtel de Ville aux cris de « Collabos ! Traîtres ! Qu'on les tue[12] ! ». Ils manquèrent de peu de se retrouver fusillés avant d'atteindre la mairie. Seul le témoignage venu à point nommé de plusieurs contacts de Jaujard dans la Résistance leur sauva la vie.

À présent qu'il ne craignait plus rien, Jaujard, au lieu de se reposer, se dépensait sans compter pour organiser une exposition à même de remonter le moral de la capitale meurtrie. Il souhaitait montrer aux Parisiens la tapisserie de Bayeux — une pièce unique à bien des égards datant des années 1070. Large de moins de cinquante centimètres et longue de près de soixante-dix mètres, elle figure une série de personnages représentés de manière plus dynamique que jamais auparavant. Son auteur inconnu n'a pas réalisé d'autre œuvre qui nous soit parvenue. Considérée pendant six cents ans

comme une relique de médiocre importance, la tapisserie de Bayeux, redécouverte au début du XVIIIe siècle,
marque un jalon essentiel de l'histoire culturelle française.

En tant que document historique, elle offre en outre
un témoignage de première main sur l'invasion de
l'Angleterre par Guillaume le Conquérant en 1066.
Figurant plus de quinze cents personnages, animaux,
armes, églises, tours, cités, bannières, carrioles et reliquaires groupés selon une logique narrative, la tapisserie de Bayeux donne une excellente idée de la vie
quotidienne au Moyen Âge. Centrée sur les campagnes
militaires de Guillaume et la mort du roi anglo-saxon
Harold II à la bataille de Hastings en 1066, elle illustre
le thème de la conquête et de la fondation d'une dynas-
tie ; ce qui explique que les Nazis la convoitaient depuis
longtemps — en particulier le Reichsmarschall Göring,
grand amateur de tapisseries.

En 1940, les Français inquiets de son sort la sortirent
de Bayeux, l'une des principales villes de Normandie,
pour l'amener au dépôt de Sources. Sitôt la France
conquise, les Nazis se mirent en tête de se l'approprier
contre de faramineuses sommes d'argent. Comme à
l'habitude, Jaujard noya le poisson. Le 27 juin 1944,
alors que les Alliés occupaient les plages de Normandie
et que la tapisserie menaçait d'échapper aux Nazis,
ceux-ci la transportèrent au Louvre sous escorte militaire. Le 15 août, pendant que Paris s'apprêtait à se
soulever, le gouverneur militaire de la France, le général Dietrich von Choltitz, voulut s'assurer que la tapisserie se trouvait encore au musée. Il alla l'examiner en
compagnie de Jaujard avant d'envoyer un rapport aux
autorités de Berlin.

Le 21 août, la chancellerie du Reich confia la mission d'emporter la tapisserie en Allemagne à deux SS. Depuis la fenêtre de son bureau, le général von Choltitz leur montra le toit du Louvre grouillant de Résistants. Une mitrailleuse faisait feu sur les quais de la Seine.

« La tapisserie se trouve au sous-sol, indiqua von Choltitz aux SS.

— Mais, *Herr General*, le Louvre est aux mains de l'ennemi !

— Évidemment ! Il abrite à présent la préfecture où se sont réunis les principaux meneurs de la Résistance.

— Comment nous en emparer dans ces conditions, *Herr General* ?

— Messieurs, leur répondit von Choltitz, vous comptez au nombre des meilleurs soldats du monde. Je vous confie six de mes hommes ; ils vous couvriront le temps que vous traversiez la rue de Rivoli. Il vous suffira de forcer une porte pour mettre la main sur la tapisserie[13]. »

Quand les Alliés libérèrent Paris quelques jours plus tard, le 25 août 1944, la tapisserie de Bayeux se trouvait encore en sécurité dans sa caisse de plomb au sous-sol du Louvre.

« Qu'en dit-on à Bayeux ? » demanda Jaujard à Rorimer. La tapisserie faisait l'orgueil de la Normandie. Bien qu'elle fût pour l'heure entreposée au Louvre, l'obtention d'une autorisation officielle de l'exposer avait tourné au cauchemar bureaucratique. Rorimer s'était arrangé avec les militaires américains et le gouvernement français mais il restait encore à convaincre les fonctionnaires de Bayeux qui, par principe, s'opposaient à toute sortie de la tapisserie de leur ville.

« Un jeune employé de l'administration est parti solliciter la permission de la montrer au public. À bicyclette, croyez-le ou non ! Alors que Bayeux se trouve à deux cent soixante kilomètres de Paris.

— Au moins, il reste des fonctionnaires zélés », commenta Jaujard sans amertume.

Dans la France libérée depuis peu, l'administration peinait à jouer son rôle or il fallait bien en prendre son parti. « À propos, poursuivit-il en passant dans le bureau contigu au sien, j'aimerais vous présenter Mlle Rose Valland.

— Enchanté ! » dit Rorimer tandis que Mlle Valland se levait pour les accueillir.

Bien charpentée, elle dépassait du haut de son mètre soixante-cinq la plupart de ses contemporaines. Rorimer ne lui trouva pas beaucoup de charme, d'autant qu'elle portait une tenue démodée. Dans son regard perçant que masquaient ses lunettes cerclées d'acier perçait une détermination qui étonna d'autant plus le Monuments man qu'elle contrastait avec son chignon bien sage.

« James Rorimer, du Metropolitan, se présenta ce dernier en lui tendant la main. Et de l'armée des États-Unis.

— Je sais qui vous êtes, monsieur Rorimer, lui répondit Valland. Je me félicite de pouvoir vous remercier enfin de l'attention particulière que vous avez accordée au Jeu de Paume. J'ai jusqu'ici rencontré peu d'Américains aussi sensibles aux préoccupations des Français. »

Rorimer se rappela soudain qu'il l'avait déjà vue dans une annexe du Louvre au bout des Tuileries : le Jeu de Paume, construit par Napoléon III pour y pratiquer un sport ancêtre du tennis. L'armée des États-Unis avait voulu installer un bureau de poste dans ce bâtiment entre-temps reconverti en centre d'exposition d'art contemporain. Rorimer s'y était opposé lors d'une série de réunions tendues en affirmant l'intérêt de maintenir en état le Jeu de Paume, en tant qu'annexe du Louvre.

« Mlle Valland s'occupe du musée, expliqua Jaujard. À ma demande, elle a conservé son poste de fonctionnaire du gouvernement français pendant l'Occupation.

— Ça n'a pas dû être facile », commenta Rorimer.

Il songea aux récits qui parvenaient à ses oreilles depuis son arrivée à Paris : sous l'Occupation, on ne trouvait ni viande, ni café, ni pétrole pour se chauffer et à peine une cigarette de temps à autre. Des mères de famille au désespoir ramassaient des châtaignes dans les jardins publics pour ne pas mourir de faim ainsi que des feuilles et des branches afin d'alimenter leurs poêles. Certaines femmes cousaient ensemble des morceaux de leurs anciens sacs à main pour s'en fabriquer de nouveaux et se taillaient des talons hauts dans des semelles en bois. D'autres étalaient sur leurs jambes une pommade imitant la couleur des bas de soie — hélas introuvables — en allant jusqu'à tracer en guise de couture une ligne noire à l'arrière de leurs mollets. Et, après, elles se plaignaient que les Allemands les sifflent dans la rue ou leur fassent des avances ! « Ils ne pouvaient pas plutôt aller à Montmartre ? » se moqua un soir une femme qui dînait de provisions achetées au marché noir, où l'on trouvait de tout, pour peu qu'on eût de l'argent et surtout le bras long. À cause du couvre-feu et des fréquentes coupures d'électricité, les théâtres grivois de la butte avaient percé leur plafond pour laisser entrer la lumière du jour. Les prostituées ne chômaient pas, pendant ce temps-là. Cela dit, Rorimer les soupçonnait de nourrir elles aussi des griefs contre les Allemands.

Ça ne semblait pas le cas de Rose Valland. Elle se contenta de sourire en rétorquant : « Nous avions tous notre rôle à jouer. »

Sans doute venaient-ils de l'interrompre en plein travail : l'instant d'après, elle s'excusa de devoir retourner au Jeu de Paume. Rorimer, en la voyant disparaître au bout du couloir, se convainquit qu'elle n'avait jamais tracé le long de ses jambes une ligne noire imitant la couture d'un bas de soie. Ce n'était pas son genre. À part ça, il ne savait qu'en penser. Il résolut de la chasser de ses préoccupations.

« C'est une véritable héroïne, commenta Jaujard en s'apprêtant à retourner à la tapisserie de Bayeux et aux affaires qui le réclamaient.

— Tous autant que vous êtes, vous avez agi en héros, lui répondit Rorimer. Je ne l'oublierai jamais. »

Lettre de James Rorimer à ses proches, dont sa famille
et le mécène du département des cloîtres du Metropolitan,
John D. Rockefeller Jr.
25 septembre 1944

Chers tous,

Il y a un mois jour pour jour que je suis arrivé à
Paris, au moment même où les Américains entraient
dans la ville. Je suppose que c'est aujourd'hui de
l'histoire ancienne. Les Allemands venaient à peine
de capituler dans leurs derniers retranchements que
nous nous frayions déjà un chemin parmi les rues
barricadées pour nous rendre au point de rendez-
vous convenu. Les Allemands s'apprêtaient alors à
passer leur dernière nuit au Sénat. Un incendie
venait de se déclarer à la Chambre des députés. Nous
avons dormi dans un hôtel encore occupé la veille
par les Allemands. Le lendemain au Louvre, j'ai pré-
senté mes respects à M. Jaujard, le directeur des
Musées nationaux, avant de commencer à réfléchir
au travail qui m'attendait à la section des Monuments, des Beaux-Arts et des Archives de la Seine,
qui, comme du temps des Allemands, englobe aussi
la Seine-et-Marne et la Seine-et-Oise.

En tant que l'un des premiers officiers arrivés à
Paris, j'ai eu l'occasion de faire la connaissance des
autorités locales — peut-être est-il encore trop tôt
pour mentionner des noms, bien que beaucoup
apparaissent déjà dans les journaux français. On
m'a d'abord confié un travail sans aucun rapport
avec les Beaux-Arts : établir notre QG. Puis on m'a
chargé de la section des renseignements où j'ai tenu
le bureau des renseignements pendant huit jours au
lieu des quarante-huit heures prévues au départ.
J'ai rencontré tous ceux qui, à Paris, s'occupent des

relations franco-américaines ; de nombreux généraux, des officiers en veux-tu, en voilà, du personnel hôtelier et des hommes d'affaires de tout poil, d'anciens amis, des serruriers, des démineurs et des agents des services secrets [...] J'ai donné des ordres qui, heureusement, ont été exécutés. J'ai exigé une obéissance aveugle à partir du moment où il m'a fallu laisser de côté les Beaux-Arts, histoire de faire le tri entre les Français et les Allemands, distinguer le vrai du faux, les faibles des forts et les paresseux des hommes de bonne volonté. Des centaines de chauffeurs de taxi ont demandé à ce qu'on les embauche et des interprètes à ne plus savoir qu'en faire. Souvent, une file de plus de cinquante personnes se formait devant mon bureau. J'ai contribué comme j'ai pu à faire tourner la roue du progrès. Oui, on peut dire que j'ai bien participé à l'effort de guerre au cours de ces journées d'une fébrilité incroyable [...]

Me voilà dans le plus grand centre artistique au monde. Je ne compte plus les musées, les bibliothèques, les châteaux et les bâtiments publics sur lesquels je dois veiller. Il va falloir s'activer, mais surtout appliquer les instructions à la lettre. Jusqu'ici, ça n'a pas été le cas. J'ai donné des ordres qui vous feraient à coup sûr dresser les cheveux sur le crâne. Quand la guerre sera finie, je vous raconterai mes aventures de sous-lieutenant qui a osé tenir tête à ses supérieurs. Même si on me relève de mes fonctions, personne ne pourra dire que je n'ai pas tenté mon possible pour sauvegarder les trésors des siècles passés [...] Je compte m'acquitter au mieux de ma mission — parfois, je me demande quand même s'il ne s'agit pas encore d'une chimère, comme le département des cloîtres. Après de longs mois à enseigner la mécanique, me voilà de retour au bon

vieux temps où je me démenais sans compter mais,
Dieu merci, non sans résultat [...].

J'aurais encore bien des choses à raconter. Les
souffrances qu'ont endurées les Français (à l'exception de quelques-uns qui ont joliment profité de
l'occupation mais ceux-là, on ne les voit plus) ne
sont pas encore tombées dans l'oubli bien que la joie
de la liberté ait contaminé tout le monde [...] Dieu
seul sait ce qui s'est vraiment passé. Ce n'était pas
beau à voir, en tout cas, je peux vous l'assurer.

Ça suffit pour ce soir. Je n'ai plus de nouvelles
d'aucun de vous depuis un mois. Je me démène
pour récupérer vos lettres. À quelle boîte postale
m'avez-vous écrit ? Notez bien ma nouvelle adresse ;
je compte sur vous !

Affectueusement,

James

16. L'arrivée en Allemagne

Aix-la-Chapelle, octobre-novembre 1944

À la mi-octobre 1944, Walker Hancock regardait les bombes pleuvoir sur Aix-la-Chapelle. Voilà deux semaines que cela durait ! Il serra contre lui les pans de sa veste en scrutant l'horizon. Où était passé le soleil de septembre ? La température venait de chuter sans prévenir. Des volutes de fumée s'enroulaient sur fond de ciel gris. La ville brûlait. Derrière lui grésilla une radio alors que la communication s'établissait avec le front.

Hancock avait rencontré son collègue George Stout à Verviers, au QG de la 1ʳᵉ armée des États-Unis, alors que les Alliés commençaient à manquer de carburant et de munitions. Les combattants venaient de parcourir plusieurs centaines de kilomètres en deux mois sans rencontrer de résistance ou presque, jusqu'à la frontière allemande. Là, ils ne trouvèrent pas l'ennemi battant en retraite comme ils l'escomptaient mais un front continu de mitrailleuses, de barbelés, de champs de mines et de barrières antichar plus connu sous le nom de ligne Siegfried. Certes, la rouille attaquait déjà les fortifications et les sept cent mille soldats allemands qui les défendaient — des bleus pour la plupart, recrutés parmi la population décimée — manquaient cruellement d'expérience. Les Alliés déployés sur un front trop étendu ne parvinrent pas pour autant à franchir la ligne Siegfried, qui les contraignit à marquer une halte, à bout de forces (et de provisions). Le 21e groupe d'armées du général Montgomery (qui englobait la 1re armée canadienne où servait Ronald Balfour) se vit repoussé à l'issue d'une tentative de franchir le Rhin en Hollande. La 3e armée américaine de Patton ne parvint pas à aller au-delà de Metz. Quant à la 1re, elle rencontra une résistance à Aix-la-Chapelle pour la première fois depuis la Normandie.

Les Alliés projetaient de contourner Aix-la-Chapelle par le nord et le sud avant d'effectuer leur jonction sur une crête à l'est de la ville, dont la population était passée de près de cent soixante-cinq mille habitants à six mille au fur et à mesure de l'approche alliée. Avant de se rendre maîtres d'Aix-la-Chapelle, les Alliés allaient devoir livrer le genre d'interminable combat qu'il valait mieux éviter, d'autant que la ville, faute d'industrie lourde, ne possédait qu'une valeur tactique mineure. En revanche, elle pouvait se targuer d'un passé de capitale du Saint Empire romain germanique — le Premier Reich, selon la terminologie de Hitler. C'était en effet à Aix que Charlemagne avait consolidé son pouvoir en unissant le centre de l'Europe sous sa férule et qu'en 800, dans la cathédrale élevée à sa gloire, le pape Léon III l'avait couronné empereur — une première depuis la chute de Rome. Pendant six cents ans, des rois et reines allemands recevraient à leur tour leur couronne dans la chapelle Palatine où Charlemagne priait jadis en privé. Une raison de plus, pour les Alliés, de ne pas toucher à la ville.

Le berceau du Premier Reich (qui avait d'ailleurs donné à Hitler l'idée de son Führermuseum à Linz) possédait aux yeux de ce dernier une valeur symbolique indéniable en tant que première ville allemande menacée par les Alliés. Les habitants se réjouirent en voyant les soldats allemands battre en retraite. Quand les Alliés surgirent à l'horizon, les Nazis d'Aix-la-Chapelle montèrent avec leurs possessions personnelles à bord du dernier train à quitter la ville, en laissant la population seule face à son destin. Hitler ne s'émut pas du sort qui guettait les habitants — après tout, donner sa vie pour l'Allemagne passait pour un honneur auprès de ceux qui n'étaient pas encore requis de le faire — mais en apprenant que les responsables nazis de la ville venaient de l'abandonner, il fut pris d'une telle colère qu'il les envoya sur le front est en tant que simples soldats, ce qui revenait à signer leur arrêt de mort. Il donna l'ordre à une division de cinq mille hommes de défendre Aix-la-Chapelle jusqu'à ce que le dernier d'entre eux laisse la vie dans ses décombres.

Les Alliés révisèrent alors leur position. Les commandants qui venaient d'encercler la ville en se rendant maîtres des alentours jugèrent trop risqué de laisser une poche de cinq mille soldats derrière le front. Le 10 octobre 1944, ils réclamèrent la capitulation des habitants, qui refusèrent de se rendre. Le 13 octobre, la 1re armée attaqua la ville. Sauvegarder les monuments des pays occupés comme la France et la Belgique allait de soi mais quid de l'Allemagne ? Hancock eut soudain l'impression que les bombardements aériens redoublaient. Les soldats ne feraient pas dans la dentelle. La devise d'un bataillon — « Abattez-les tous » — l'indiquait assez. À l'évidence, les Alliés brûlaient d'impatience de raser Aix-la-Chapelle.

La bataille fit rage pendant huit jours. Les Alliés disposaient de forces supérieures mais les Allemands se cachaient partout, y compris dans les égouts, et la lutte ne tarda pas à dégénérer en combats de rue. Des bombardiers lâchèrent des explosifs qui ne prenaient pas feu en touchant le toit des immeubles mais uniquement au sol, en laissant aux alentours un champ de ruines. L'artillerie et les chars détruisirent la ville entière, un pâté de maisons après l'autre. Les Américains eurent raison des édifices historiques en pierre du centre en y déchargeant à bout portant leurs plus grosses pièces d'artillerie. Un bulldozer nettoyait les gravats pour faciliter l'avancée des troupes qui prenaient un plaisir féroce à tout démolir. Quelques kilomètres plus tôt, les Alliés avaient franchi une ligne invisible. Ils ne se trouvaient plus en France mais en Allemagne, qu'ils estimaient apparemment digne de tous les dommages qu'ils avaient les moyens de lui infliger — et de bien pire encore.

Le 21 octobre, au mépris des ordres de Hitler de se battre jusqu'à la mort pour le Reich, les habitants d'Aix-la-Chapelle capitulèrent. Walker Hancock pénétra sur le territoire allemand pendant que les Alliés rassemblaient les défenseurs de la ville en vue de leur évacuation. Il traversa les champs de mines de la ligne Siegfried que les ingénieurs de l'armée venaient d'entourer d'un cordon blanc. Derrière eux se dressaient des dents de dragon, empêchant les chars de passer — des blocs de béton alignés en rangs comme les tombes blanches des soldats au cimetière national d'Arlington. Des barbelés délimitaient d'autres champs de mines devant des nids de mitrailleuses en béton, résistant aux attaques aériennes.

D'Aix-la-Chapelle, il ne restait plus qu'un tas de cendres encore fumantes. Deux semaines plus tôt, Hancock avait déjà eu l'impression de se retrouver dans un autre monde au dépôt hollandais de Maastricht. Là lui apparut pour de bon un univers totalement étranger : « le spectacle le plus bizarre et le plus fantastique » à sa connaissance[1]. Des vitres brisées gisaient sur la chaussée tandis que des rails de tramway pointaient entre les pavés. Beaucoup de maisons se réduisaient à un empilement de gravats. À l'orée d'un terrain vague jonché de débris d'immeubles, des soldats avaient planté un écriteau où figurait au-dessus de sa traduction anglaise cette citation de Hitler : « *Gebt mir fünf Jahre und Ihr werdet Deutschland nicht wiedererkennen.* » « Donnez-moi cinq ans et vous ne reconnaîtrez plus l'Allemagne[2]. »

Hancock s'éloigna des chars et des détachements qui transmettaient des munitions et des ordres d'une division à l'autre pour se diriger vers le centre de la ville. Au détour d'une rue, il se retrouva enveloppé par une profonde solitude. « On a beau lire des quantités de descriptions des ravages que causent les bombardements aériens et en voir des tas de photos, il est impossible de se figurer ce qu'on ressent au cœur d'une ville morte[3]. » Les tas de gravats atteignaient par endroits six mètres de hauteur. Les ruelles de traverse formaient de longs couloirs à l'atmosphère angoissante, bordés de façades mutilées. À une ou deux reprises, un spectre surgit sous les yeux de Hancock — celui d'un groupe de Belges en maraude ou encore d'un soldat américain à cheval vêtu d'un costume de peau-rouge volé à la troupe de l'Opéra, qui disparut derrière un rideau de fumée. Hancock se demanda s'il ne rêvait pas. La ville tombait en ruines. Des pans de béton s'effondraient de temps à autre. Il observa la façade d'un immeuble vide dont le toit manquant laissait apercevoir le ciel. Les vitres avaient volé en éclats tandis que les planchers s'étaient effondrés. « Une ville réduite à l'état de sque-lette comme Aix-la-Chapelle, affirmerait plus tard Hancock, produit une impression plus terrible encore qu'une cité rasée par les bombes[4]. »

À l'approche du centre, Hancock dut escalader une pile de gravats. De temps à autre, il apercevait la cathé-drale, miraculeusement intacte, dont la flèche s'élevait un instant au-dessus des constructions effondrées avant de disparaître à un tournant. Seul trouait le silence le sifflement des obus que l'artillerie des deux camps continuait à lancer. Tout à coup, les bombardements s'intensifièrent. Le long d'une vingtaine de pâtés de maisons au cœur de la vieille ville, Hancock dut cher-cher refuge d'une embrasure de porte à la suivante en prenant ses jambes à son cou chaque fois qu'une bombe explosait.

Trouvant les portes de la cathédrale ouvertes, il tra-versa le vestibule à toute vitesse avant d'entrer dans la chapelle Palatine en forme d'octogone où il se sentit enfin en sécurité. Depuis des siècles, il suffisait aux pèlerins d'en franchir le seuil pour s'y retrouver coupés du monde, au plus près du Seigneur. Même les vitraux en mille morceaux ne parvenaient pas à troubler la séré-nité du lieu. Des éclats de verre et de pierre jonchaient le chœur où des matelas et des couvertures sales appa-raissaient entre les gravats. Hancock remonta lentement la nef. Du verre pilé crissa sous ses semelles. Les reliefs d'un repas traînaient encore sur des chaises, de même qu'un fond de café dans des tasses. En avançant dans la partie gothique du chœur, Hancock s'aperçut qu'une bombe lancée par les Alliés avait détruit l'autel en tombant sur l'abside. Hancock en distingua les vestiges parmi les poutres de la charpente tombées à terre. Chose incroyable : la bombe n'avait pas explosé, épargnant ainsi des centaines de vies et un millier d'années d'histoire.

Hancock se retourna vers la literie et la vaisselle abandonnées. Il contempla le ciel par les ouvertures en pierre que comblaient autrefois des vitraux et se rappela les baies de la cathédrale de Chartres. À ce moment-là, plusieurs obus explosèrent à la suite les uns des autres. De la fumée envahit le ciel en plongeant la cathédrale dans les ténèbres. Hancock observa les vestiges du camp de réfugiés autour de lui. Une statue mutilée qui le dévisageait dans la pénombre attira son regard. Décidément, le sort d'Aix-la-Chapelle ne saurait se comparer à celui de Chartres.

« Ces murs massifs ont tenu le coup plus de onze cents ans, se dit Hancock. Je n'en reviens pas d'être arrivé juste à temps pour assister à leur destruction. D'un autre côté, je trouve ça rassurant qu'il y en ait eu au moins un témoin[5]. »

Hancock venait de retourner à la chapelle Palatine y évaluer les dégâts lorsqu'une silhouette surgit de l'obscurité. Hancock s'en effraya moins qu'il ne s'en étonna : il se croyait vraiment seul dans un univers parallèle. « *Hier !* » le héla la silhouette en l'invitant à la suivre[6]. Le vicaire de la cathédrale, frêle de carrure et l'air épuisé, tenait une lanterne au bout de son bras tremblant. Il conduisit en silence Hancock au sommet d'un escalier en évitant les débris qui jonchaient les marches. Hancock comprit à l'étroitesse du passage qu'ils se trouvaient à l'intérieur d'un des grands murs de pierre de l'édifice. Le vicaire invita Hancock à prendre place sur l'une des chaises qu'il avait disposées dans une sorte de débarras. À ce moment-là seulement, Hancock remarqua le tremblement qui agitait le vicaire.

« Six garçons, commença celui-ci dans un anglais maladroit. Âgés de quinze à vingt ans. La brigade d'incendie de la cathédrale. À huit reprises, ils ont éteint le feu qui s'était déclaré sur le toit, en sauvant l'édifice. Vos hommes les ont emmenés au camp de Brand. Il n'y a plus personne pour actionner les pompes. Il suffirait d'un obus pour tout détruire. »

La lueur de la lanterne découpait des ombres sur les traits tirés du vicaire. Hancock aperçut dans un coin un vieux matelas et les restes de nourriture grâce auxquels son interlocuteur subsistait tant bien que mal depuis le début des bombardements, plus de six semaines auparavant. « Ce sont de braves garçons, poursuivit le vicaire. Certes, ils font partie des jeunesses hitlériennes mais, ajouta-t-il en pressant une main sur son cœur, ce ne sont pas là leurs convictions intimes. Il faut que vous les rameniez avant qu'il soit trop tard[7]. »

Hancock se demanda si le « trop tard » concernait les garçons ou la cathédrale. Quoi qu'il en soit, il valait mieux suivre les conseils du vicaire. Hancock nota les noms des membres de la brigade — Helmuth, Hans, Georg, Willi, Carl, Niklaus. Tous des Allemands[8] ; ce qui, Hancock le savait bien, ne signifiait pas forcément : tous des Nazis.

« Il faudra vous occuper d'eux », releva-t-il, inquiet. On ne trouvait plus rien à manger dans la ville privée d'eau courante et d'électricité.

« Ils dormiront ici. Il reste encore de l'eau et quelques denrées de base. Quant à la nourriture…

— Je pourrais peut-être vous en procurer.

— Nous disposons d'une cave où conserver les aliments au frais. »

La remarque du vicaire imprima un tour nouveau aux réflexions de Hancock. La cathédrale d'Aix-la-Chapelle était célèbre pour ses reliques — le buste en or et en argent de Charlemagne contenant un morceau de son crâne, la croix processionnelle du Xe siècle de Lothaire II, incrustée de pierres précieuses et d'un antique camée d'Auguste, sans parler des autres reliquaires gothiques. Hancock n'en avait pas vu un seul.

« Où sont les trésors ? Dans la crypte ? »

Le vicaire secoua la tête. « Les Nazis les ont emportés. Afin d'assurer leur sauvegarde. »

Hancock en avait suffisamment entendu sur la « sauvegarde » des œuvres d'art, telle que l'entendaient les Nazis, pour frémir à ces mots. « Où cela ? »

Le vicaire haussa les épaules. « Quelque part à l'est. »

17. Une excursion pédagogique

Le Monuments man Walker Hancock suivait une route boueuse à la chaussée défoncée, au volant d'un véhicule blindé. Près d'un mois venait de s'écouler depuis son inspection de la cathédrale d'Aix-la-Chapelle. Si la 1re armée des États-Unis avait continué sur sa lancée, elle se trouverait à présent, en cette fin de novembre 1944, à mi-chemin de Berlin et non pas enlisée dans les épaisses forêts marécageuses à l'est d'Aix-la-Chapelle. La progression des Alliés se mesurait à présent en mètres et non en kilomètres face à l'ennemi dissimulé dans des tranchées. Pour couronner le tout, un froid terrible s'était installé : celui d'un hiver qui resterait dans les mémoires le plus rude depuis longtemps dans le nord de l'Europe. Même sur les routes en bon état (dont ne faisait pas partie celle sur laquelle bringuebalait le blindé de Hancock) le givre rendait périlleux les moindres virages.

« Attention ! s'écria le colonel assis à côté de Hancock. Si je dois mourir, j'aime autant que ce soit à cause d'un obus allemand et non d'un maudit accident de voiture. » À l'arrière, George Stout ne cilla même pas.

Les obus présentaient un danger réel. Le récent impact au centre de commandement de Korneli-münster le prouvait assez. À côté, un écriteau indiquait : « Après votre passage ici, vous pourrez vous vanter d'avoir été au front[1]. » En arrivant à Büsbach, Hancock calcula qu'il venait de dépasser Korneli-münster de près de cinq kilomètres. Les voilà donc en première ligne des combats ! La veille, en se rendant à un poste de commandement isolé, Hancock avait vu des soldats fouiller des décombres encore fumants — ceux d'une petite maison où ils avaient ensuite établi leur campement, détruite moins d'une demi-heure avant leur arrivée.

Hancock se rappela le musée Suermondt d'Aix-la-Chapelle, aux collections évacuées bien avant le début de la bataille. Il y avait passé une partie du mois précédent à tenter de retrouver la trace des œuvres en examinant les dossiers abîmés qui traînaient encore dans les bureaux pilonnés par l'artillerie alliée. L'électricité ne fonctionnait plus. Les gravats projetaient de drôles d'ombres à la lueur de sa lampe torche. La poussière en suspension dans l'air lui noircissait les lèvres et l'eau de sa gourde ne parvenait jamais à étancher sa soif. Malgré tout, il s'en apercevait à peine. La réalisation de ses sculptures, qui nécessitaient parfois des années de travail, lui avait enseigné la patience. En dehors de rares moments magiques tels que la visite de la cathédrale de Chartres ou celle du dépôt d'œuvres de Maastricht, sa mission de Monuments man l'obligeait surtout à étudier en détail les moindres informations disponibles en gardant l'œil aux aguets.

La ténacité de Hancock finit par porter ses fruits. Il découvrit d'abord une liste d'écoles, de brasseries et d'églises servant de dépôts d'œuvres provisoires. Il en visita plusieurs et en ramena une impressionnante collection de peintures mais pas le moindre chef-d'œuvre. Il ne découvrit que plus tard — sous les décombres — la pierre de Rosette du musée Suermondt : un catalogue poussiéreux de ses collections. Une note manuscrite sur la couverture expliquait que les œuvres inscrites en rouge — celles de valeur, comprit aussitôt Hancock — se trouvaient pour l'heure à Siegen, une ville à cent cinquante kilomètres environ à l'est, au-delà des lignes ennemies.

Hancock y réfléchit à bord du blindé qu'il conduisait en direction du front — un luxe après tant de journées à faire du stop et de nuits passées le ventre vide ! Il devait y avoir à Siegen un grand entrepôt ; peut-être une tour en béton ou une église ou un hangar au pied d'une colline, comme celui qu'il avait visité avec George Stout en Hollande. Qui sait si les trésors de la cathédrale d'Aix-la-Chapelle ne s'y trouvaient pas aussi ? Le buste de Charlemagne, la croix de Lothaire décorée du camée d'Auguste, le reliquaire contenant la robe de Marie…

D'un autre côté, les Allemands avaient pu les cacher dans une centaine d'endroits différents au moins. Rien ne garantissait à Hancock qu'il localiserait le dépôt de Siegen dans la ville même. Celui-ci pouvait très bien en être distant d'une vingtaine de kilomètres ou plus.

Hancock résolut de se renseigner auprès des autochtones. Il y avait forcément quelqu'un au courant mais qui ? Un archiviste de la MFAA l'aida à passer en revue les listes de prisonniers écroués par les Alliés (qui détenaient pour l'heure la plupart des habitants d'Aix-la-Chapelle). Il y reconnut le nom d'un peintre qui le présenta à un conservateur de musée, lequel le mit ensuite en relation avec des architectes. Hélas ! le dépôt de Siegen n'éveillait d'écho dans l'esprit de personne.

« Ils sont tous partis, confia le conservateur de musée à Hancock. Seuls les pontes du parti nazi connaissaient les détails de l'opération or ils se sont repliés avec l'armée à l'est. »

La mission de Hancock ne se limitait pas à la recherche des trésors de la cathédrale d'Aix-la-Chapelle. Depuis son arrivée dans la zone des combats, il passait le plus clair de son temps à inspecter des monuments ou à répondre aux sollicitations des commandants : à croire que les Américains ne pouvaient pas entrer dans une maison sans y trouver un prétendu Michel-Ange parmi les peintures de nymphes et de bouquets de fleurs !

L'alerte reçue la veille pourrait toutefois bien s'avérer justifiée ; d'où la présence de George Stout au côté de Hancock. Si quelqu'un était en mesure de dénicher une aiguille dans une botte de foin, c'était bien lui ! Hancock ne doutait pas de son propre jugement, seulement la nouvelle lui semblait trop inespérée pour qu'il osât y croire. Une toile de maître venait en effet de reparaître alors même que Hancock commençait à se demander si la botte de foin dissimulait la moindre aiguille.

Il se remémora son premier aperçu de la peinture, vingt-quatre heures plus tôt. Il en avait tout de suite reconnu le style. Flamand. Du XVIe siècle. Un Peter Breughel l'Ancien ? Ou l'œuvre d'un de ses proches collaborateurs ? Hancock avait admiré quelques tableaux du même genre à Maastricht mais pas un seul qui l'eût ébloui à ce point. En le voyant adossé au mur d'un poste de commandement parmi des munitions

crasseuses, Hancock avait pris conscience de la vulné-
rabilité des chefs-d'œuvre livrés sans protection au
monde.

« Où l'a-t-on trouvé ? s'enquit-il auprès de l'officier
supérieur.

— Chez des paysans.

— On n'y a rien déniché d'autre ?

— Non. »

Hancock en conclut que la toile, digne d'un musée,
avait dû être volée puis abandonnée au moment de la
retraite des Allemands. Un officier de passage dans
une belle demeure campagnarde se l'était sans doute
appropriée avant de la laisser derrière lui en la considérant comme une menace pour ses jours. Son isolement
ne faciliterait pas la recherche des autres chefs-d'œuvre
disparus. Cela dit, il n'enlevait rien à sa valeur en tant
qu'œuvre d'art.

Hancock étudia la peinture en songeant à la route
boueuse de Verviers, sous la menace des obus allemands. Jamais il n'oserait la transporter à bord de sa
jeep sans toit.

« Bravo, commandant ! s'exclama Hancock. Voilà
une sacrée trouvaille ! » Un obus explosa non loin de
là en arrachant des éclats aux poutres du toit. Hancock
bondit. Le commandant, lui, ne parut rien remarquer.
« Je m'en doutais, confia-t-il à Hancock.

— Malheureusement, je n'ai rien pour la transporter.
Il va falloir que je la laisse ici. Je reviendrai demain.

— Vous retournez au QG ?

— Oui.

— Pour l'amour du ciel, rapportez-nous une lampe.
Nous n'avons rien pour nous éclairer, pas même une

bougie, or il ne fait pas bon moisir ici après la tombée de la nuit[2]. »

Le lendemain, Hancock embarqua, en plus d'une lampe, un colonel arrivé de frais du QG des forces expéditionnaires alliées qui brûlait d'assister aux combats, ainsi que George Stout, de retour d'une mission sur le terrain. On comptait alors plus d'un million de soldats américains cantonnés dans l'ouest de l'Europe. Eisenhower venait de créer une nouvelle division administrative — le 12e groupe d'armées — sous le commandement du général Omar Bradley, qui regrouperait les 1re, 3e, 9e et 15e armées. George Stout y fut affecté en tant que Monuments man en se retrouvant ainsi promu à un poste de direction comme il le redoutait tant. Hancock eut le sentiment que son collègue ne semblait pas pressé de retourner à Paris assumer ses nouvelles fonctions.

Stout, qui ne rechignait pas à retrousser ses manches, était le seul conservateur qualifié parmi les artistes et les architectes de la MFAA. Hancock se remémora l'un de ses conseils lors de leur première expédition commune : *Toujours analyser avant de prendre la moindre décision*[3]. Il se réjouit de la présence de Stout à son côté : celui-ci n'hésitait jamais sur la marche à suivre. Il assumerait ses responsabilités jusqu'au bout. Quant au colonel, Hancock ne s'en souciait pas outre mesure. Il lui laissait l'impression d'un fanfaron à peine sorti des bureaux qui a le chic pour se mettre à dos les hommes du rang. Au moins, en acceptant de le conduire au front, il avait obtenu de se faire prêter un blindé. Après tant de mois passés sur le terrain, Hancock se sentait à présent dans la peau d'un chauffeur de limousine.

« Enfin, nous y voilà ! s'écria le colonel. Il était temps. »

Le poste de commandement, une chaumière branlante au centre d'une cour boueuse, n'inspirait guère confiance à première vue. Des avions alliés le survolèrent en vrombissant alors que Hancock parquait son blindé à proximité. Un nuage de poussière épaississait l'atmosphère. Les combats parurent à Hancock plus proches que la veille. Peut-être que ça cartonne tout bonnement plus, se dit-il en entendant des obus exploser, incapable d'en déterminer la provenance. L'endroit ne se prêtait décidément pas à l'examen d'une œuvre d'art. Hancock résolut de ne pas s'attarder.

Stout ne l'entendait pas de cette oreille.

« Prends des notes, tu veux bien ? » ordonna-t-il à Hancock en s'agenouillant devant la peinture après les présentations d'usage aux gradés[4]. Avec précaution, il promena les doigts sur la surface du tableau, tel un aveugle retrouvant un vieil ami. « Une kermesse, affirma-t-il, du XVIᵉ siècle. De l'atelier de Peter Breughel l'Ancien[5]. »

Je le savais ! songea Hancock. Le maître, s'il n'avait pas lui-même mis la main à la pâte, avait du moins supervisé l'exécution du tableau.

Stout le retourna. « Support : panneau de chêne. » Il sortit son mètre ruban. « 84 centimètres par 120. 4 millimètres d'épaisseur. Trois lattes de largeur égales assemblées à l'horizontale. »

Des obus s'abattirent aux alentours en secouant la charpente. Du plâtre en tomba. Par la fenêtre, Hancock aperçut le colonel au sommet d'une pile de gravats, observant les combats à la jumelle.

« Châssis : sept pièces en chêne en longueur et dix

en pin en largeur. Quelques traces de vers. Coins inférieurs endommagés, rabotés au moment de la fixation
du châssis. »

Stout retourna une fois de plus le tableau. *Toujours
analyser d'abord*, se rappela Hancock. Stout n'avait
pour habitude ni de se presser, ni de se contenter de
simples suppositions. Il ne laisserait pas la peur lui dicter sa conduite. Dommage ! se lamenta pour le coup
Hancock.

« Une première couche blanche, très fine. Craquelée
par endroits, surtout dans la moitié supérieure. »

Hancock vit quelques hommes sortir de l'ombre pour
s'attrouper autour d'eux. Des soldats d'infanterie ayant
tout juste quitté les bancs de l'école pour se battre en
première ligne. Depuis des mois, ils essuyaient les tirs
ennemis tandis que les obus pleuvaient autour d'eux.
Ils n'ôtaient même pas leur casque les rares fois où ils
prenaient un bain et mangeaient leurs rations à même
les boîtes en essuyant leurs couverts sur leurs pantalons.
Faute de billet de logement, ils dormaient là où ils pouvaient. Comme souvent, Hancock eut envie de leur dire
un mot, de les remercier. Stout prit toutefois la parole le
premier.

« Pigments à l'huile. Une mince couche de peinture
translucide dans les zones d'ombre laisse apparaître par
endroits un dessin d'une seule et même couleur. »

Dehors, le colonel exultait, ravi de se trouver enfin
confronté à une authentique guerre. À l'intérieur de la
chaumière, les deux Monuments men se penchaient sur
un tableau vieux de quatre cents ans à la lueur de la
lampe qu'ils venaient d'apporter. L'un d'eux, à genoux
par terre, en étudiait la surface tel un archéologue dans
une tombe égyptienne ou un médecin au chevet d'un

blessé. L'autre, derrière lui, se concentrait sur ses notes. Des soldats sales et épuisés se groupaient autour d'eux en observant en silence les visages expressifs des paysans sur la peinture et les deux hommes en tenue de soldat qui en examinaient à la loupe le moindre centimètre carré.

Lettre de George Stout à son collègue Langdon Warner
4 octobre 1944

Cher Langdon,

La nouvelle de la démission de nos directeurs [ceux du musée Fogg] ne m'est même pas venue d'eux ! C'est Margie qui m'a tout raconté [...] Je suppose que je devrais leur écrire. En tout cas, je serais bien en peine de trouver quoi leur dire. Le manuel de savoir-vivre de Hall qui trônait en bonne place dans la bibliothèque de mon père n'offre aucun exemple de lettre adressée aux codirecteurs d'un musée où l'on aurait travaillé et dont on aurait appris le départ par ouï-dire [...].

Koehler a tout à fait raison. Dans l'idéal, le poste devrait revenir à un type capable de faire du musée un rouage efficace du département [...] Je ne pense pas avoir jamais été aussi sûr qu'un homme a avant tout besoin, sur le plan intellectuel, de comprendre les ressorts de son activité et d'en tirer les conséquences pratiques et qu'il est inutile d'espérer voir prospérer notre société sans cela. J'entends d'ailleurs bien y consacrer le reste de ma vie.

Je n'estime pas avoir à me plaindre de mon affectation [à la MFAA]. Au cours des trois dernières semaines, j'ai travaillé avec un Anglais revenu de tout qui prétendait que nous perdions notre temps. Je me demande à quoi il s'attendait. À de romanesques aventures qui le couvriraient de gloire ou alors à une autorité indiscutée. En tout cas, il n'a pas réussi à saper mon enthousiasme. Bien qu'il soit encore trop tôt pour juger du résultat de nos efforts, je m'estime satisfait, non pas de ce que j'ai accompli, mais de ce que signifie ma mission. Une chose en particulier me réchauffe le cœur, même si la posté-

rité ne s'en souviendra probablement pas : l'attitude
des hommes auxquels j'ai affaire. A priori, ça ne les
inquiète pas outre mesure de détruire des monuments ; ils ont l'air de penser que ça fait partie du
jeu. D'un autre côté, ils ne demandent qu'à se culti-
ver. Les simples soldats autant que les officiers.
Hier, un type que j'avais déjà vu, un sergent que je
connais depuis belle lurette et un gars infichu d'ali-
gner deux phrases m'ont demandé si les monuments
des environs avaient subi beaucoup de dommages.
Je me souviens, en France, il y a quelques semaines,
d'un vieux colonel mal dégrossi à qui j'ai exposé ma
mission. Il m'a lancé un regard incrédule. « Qu'est-ce
que vous me chantez là ? » m'a-t-il dit. Nous avons
commencé à discuter. Midi venait de sonner. Il est
resté auprès de moi avec son aide de camp pendant
que je mangeais quelques rations sur l'aile de mon
vieux tacot. Notre conversation les a tellement cap-
tivés que j'ai eu du mal à me débarrasser d'eux.
C'est humain de chercher à en savoir plus sur une
œuvre qui nous paraît belle. Peut-être — que les
pontes du Fogg me pardonnent ! — que la curiosité de
ces hommes représente plus, au final, que certains
des monuments eux-mêmes.

    Bien à vous,

George

18. La tapisserie

Paris, 26 novembre 1944

À Paris, à quatre cents kilomètres de là, le musée du Louvre accueillait de nouveau des œuvres d'art ; des sculptures classiques, principalement, quoique pas en aussi grand nombre que l'aurait souhaité James Rorimer, tout de même conscient de l'exploit que constituait leur retour au Louvre. Le gouvernement français venait de combler le vide laissé par le départ des Nazis en imposant le recours à une paperasserie tatillonne, qui tournait souvent au cauchemar. Les employés à chaque échelon de l'administration semblaient nourrir leurs propres ambitions. Rorimer, lui, s'activait sur tous les fronts. Comme le remarquerait plus tard un observateur attentif : « Il ne se montrait pas toujours très diplomate[1]. » Ses rodomontades laissaient perplexes les Français. Plus d'un se plaignit d'ailleurs de son « attitude de cow-boy[2] ». Le pire, c'est que, malgré sa ténacité et son agressivité, Rorimer n'avançait pas beaucoup.

Selon lui, le problème venait de son grade de sous-lieutenant, qui le desservait — non qu'il regrettât pour autant son passage par l'infanterie, bien au contraire !

Son entourage avait beau l'estimer digne du rang de commandant, compte tenu de la besogne qu'il abattait, Rorimer n'obtiendrait jamais de promotion ; ce qui l'irritait malgré lui. Ce n'était pas seulement une question de fierté personnelle : son grade l'entravait dans ses responsabilités.

Il se rappela le jour de septembre où il avait appris qu'on allait installer dans le bureau du général Eisenhower à Versailles des meubles du château et du Louvre. Jaujard, le directeur des Musées nationaux, était au courant : il avait lui-même donné son aval dans l'intérêt de la coopération des forces alliées. Rorimer, lui, ne l'entendit pas de cette oreille. Il courut à Versailles — Eisenhower occupait un bureau en ville et non au palais lui-même — où il trouva des soldats occupés à déplacer des meubles. Une superbe table de travail de style régence, un tapis persan du Mobilier national. Une statue en terre cuite, des tableaux du musée du château, entreposés contre un mur.

Le capitaine chargé de l'opération, le bien-nommé O.K. Todd, venait de sélectionner les pièces à emporter dans le bureau du commandant suprême des forces alliées, dont il comptait ainsi s'attirer les faveurs. Rorimer ne lui eut pas plus tôt exposé son point de vue que Todd contacta le colonel Brown, responsable du QG d'Eisenhower. Rorimer s'expliqua avec lui aussi. Une telle mesure était-elle bien nécessaire ? Ou même avisée ? « Imaginez l'embarras du général Eisenhower, argumenta Rorimer, si le bruit se répandait qu'il utilise des objets d'art dans un but militaire au mépris de ses propres instructions. La propagande allemande s'en donnerait à cœur joie si cela venait à se savoir que le général Eisenhower a réservé des meubles du château de Versailles à son usage personnel[3]. »

Rorimer venait de dépasser la mesure. « Voyons un peu ce qu'en pense votre général Rogers », tempêta Brown en composant le numéro de téléphone du commandant de Rorimer[4].

Par chance, le général Rogers demeura introuvable. Le colonel Brown n'eut pas la patience d'attendre qu'il reparaisse. Le lendemain matin, les objets d'art retournèrent au château. La municipalité de Versailles félicita O.K. Todd de sa conduite. Eisenhower, quand il arriva en ville quelques jours plus tard, trouva trop grand son bureau au mobilier réduit à l'essentiel. Il demanda à y installer une cloison provisoire afin de le partager avec ses secrétaires. En fin de compte, l'incident ne prêta pas à conséquence, même s'il faillit coûter son poste à Rorimer. Voilà le hic : il y avait trop de susceptibilités à ménager, trop de temps perdu. Rorimer bouillait presque autant d'impatience qu'à l'époque où il travaillait encore au Metropolitan.

Il décida de penser à autre chose. Il venait de passer le plus clair du mois précédent à inspecter d'anciens domaines aux alentours de la capitale française. Une couche de suie noire couvrait les murs de nombreux châteaux : ni les Allemands ni les Américains ne savaient allumer proprement un feu de cheminée. Quatre soldats Alliés énamourés avaient offert des toiles de valeur à de jeunes villageoises. À Dampierre, les Allemands avaient installé un bar à cocktails face à *L'Âge d'or*, l'une des plus célèbres peintures murales de France. Dans l'ensemble, Rorimer ne fut cependant pas déçu du voyage. Il ne constata que peu de dégradations. Le moral des troupes restait au beau fixe. Une autre anecdote donne une idée de la situation : à Dampierre, les Allemands s'étaient servis de lettres de Bossuet en guise de papier toilette. Après leur départ, le gardien du château, qui les retrouva dans les bois, les nettoya avant de les restituer à la bibliothèque. Voilà ce qui s'appelait le sens du devoir !

L'heure n'était pas au pessimisme. En ce 26 novembre 1944 — le dimanche suivant Thanksgiving, que personne ne célébrait en France —, James Rorimer pouvait s'estimer heureux. À l'issue de plusieurs semaines de discussions et de supplications, les véhicules de l'armée avaient enfin quitté le jardin des Tuileries, de nouveau ouvert au public. Le Louvre accueillait lui aussi des visiteurs depuis peu : des voix résonnaient sous les plafonds où seuls retentissaient les pas de Rorimer, deux mois plus tôt. La tapisserie de Bayeux était visible à Paris pour la première fois depuis un siècle et demi. Rorimer avait accompagné le général Rogers à l'inauguration de l'exposition, deux semaines auparavant ; il s'apprêtait à présent à y retourner. Paris reprenait vie or Rorimer ne pouvait s'empêcher de croire qu'il y était pour quelque chose.

Il éprouvait d'autant plus le besoin d'encouragements que le reste de sa mission s'enlisait. Bien que la capitale française parût à première vue indestructible, les Nazis y avaient causé de nombreux dégâts. Jacques Jaujard et le « bon » Nazi, le comte Franz von Wolff-Metternich, étaient parvenus à préserver les collections de l'État français mais pas celles des particuliers, mises à sac. Avant la guerre, une grande part du patrimoine artistique de la capitale appartenait à ses résidants les plus en vue ainsi qu'aux marchands d'art — les Rothschild, David-Weill, Rosenberg, Wildenstein, Seligman, Kann et autres, tous Juifs. Comme les lois promulguées par les Nazis interdisaient aux Juifs de posséder le moindre objet de valeur, l'État allemand n'avait pas tardé à s'approprier leurs biens. Une fois épuisées les collections les plus prestigieuses, les Nazis s'en prirent aux Juifs des classes moyennes puis à tous ceux qui portaient un nom de consonance juive — ou qui détenaient ce que convoitait la Gestapo. Les Nazis se livrèrent en fin de compte à un pillage à grande échelle avec l'aide des officiers de la Gestapo qui forçaient les portes des domiciles parisiens avant d'en emporter des objets d'art, des meubles ou même de simples matelas. D'après les estimations de Jaujard, vingt-deux mille œuvres étaient passées aux mains de l'ennemi.

Pour l'instant, Rorimer ne détenait d'informations que sur un très petit nombre d'entre elles. Les Nazis avaient emporté ou détruit leurs archives, les victimes avaient disparu à l'étranger ou dans les camps de concentration et les témoins répugnaient à parler. C'en était fini de la vague de terreur — on ne tondait plus de femmes ni n'exécutait de prétendus collaborateurs en public. Pour autant, le nouvel ordre n'inspirait pas confiance. Livrer des renseignements comportait encore trop de risques. La plupart des Parisiens estimaient préférable de célébrer la victoire au champagne en gardant bouche cousue.

La communauté muséale en France ne s'en sortait pas beaucoup mieux. La Commission autoproclamée de récupération artistique se réunit pour la première fois le 29 septembre 1944 sous la direction d'Albert Henraux, le fameux mécène et l'un des principaux contacts de Jacques Jaujard dans la Résistance. Rose Valland, son assistante, qui s'occupait du Jeu de Paume, en assurerait le secrétariat ; ce qui en disait long sur l'influence de l'inamovible Jaujard. Malgré tout, le gouvernement n'avait officiellement reconnu l'existence de la commission que deux jours plus tôt, le 24 novembre. Pour autant que Rorimer pût en juger, celle-ci n'avait pas encore récupéré grand-chose.

À la fin de sa visite au Louvre — le premier après-midi où il eut l'occasion de faire un peu de tourisme à Paris depuis son arrivée trois mois plus tôt — Rorimer passa au bureau de son vieil ami. Les derniers visiteurs étaient alors invités à quitter l'établissement à l'approche de la fermeture mais Jaujard, lui, se trouvait encore et toujours à son poste. À croire qu'il ne se reposait jamais !

« Quel succès ! » le félicita Rorimer à propos de l'exposition. Une queue s'était formée pendant plusieurs heures à l'entrée du musée, en dépit du prix relativement élevé du billet d'entrée (dix francs). Seuls les militaires pouvaient admirer la tapisserie de Bayeux gratuitement.

« Le public apprécie qu'on propose à nouveau des expositions temporaires, commenta Jaujard. Ça représente un sacré pas en avant.

— Et pourtant, personne, en dehors de la communauté muséale, ne se rend compte de la somme de travail qu'il a fallu fournir.

— On entend partout le même refrain, James. Je suis certain que les producteurs de lait se plaignent que personne n'apprécie leurs efforts pour qu'on trouve à nouveau du lait en vente un peu partout.

— Les soldats américains, eux, se plaignent de leurs difficultés à se procurer du parfum. Certains commerçants se sont mis en tête de leur réclamer de l'argent en échange d'un flacon. »

Jaujard se mit à rire. « Il n'y a que vous, les Américains, pour oser plaisanter sur votre présence ici. Nous avons beau nous lamenter, nous, les Parisiens, le souvenir de l'Occupation reste encore trop frais dans notre mémoire pour que nous oubliions ce que nous vous devons. Quand bien même nous ne vous cédons plus n'importe quoi gratuitement ! »

Ils discutèrent quelques minutes encore de l'exposition et de la vie quotidienne dans la capitale. Ils se considéraient à présent comme de véritables amis, liés par les circonstances et l'admiration qu'ils se vouaient l'un à l'autre. Dès qu'il en entrevit l'occasion, Rorimer orienta la conversation sur la commission.

« Je me félicite que tu m'en parles, lui confia Jaujard. Tu pourrais peut-être nous aider. » Il s'interrompit comme s'il cherchait la meilleure manière d'exposer la situation. « Tu as entendu parler du pillage de collections privées par les Nazis ?

— Ils se sont emparés de vingt-deux mille œuvres d'art. Comment l'oublier !

— Oh, le chiffre que tu avances est sans doute inférieur à la réalité ! Ils en ont volé à Paris et dans toute l'Île-de-France. Comme tu t'en doutes, retrouver la provenance de chacune relève de la mission impossible. Enfin ! Avant de l'évacuer de Paris, les Nazis ont entreposé leur butin au Jeu de Paume, le temps d'en dresser l'inventaire puis de le mettre en caisse. Or nous disposions d'une espionne sur place. »

Une espionne ? En voilà un sacré coup de chance !

« Qui donc ? s'enquit-il.

— Rose Valland. »

Rorimer songea à l'administratrice du Jeu de Paume dont il avait fait la connaissance près de deux mois plus tôt. Bien qu'il l'eût revue depuis à plusieurs reprises, il ne se rappelait pas grand-chose d'elle hormis sa tenue terne, ses lunettes cerclées d'acier et son chignon de grand-mère, qui lui donnaient l'allure d'une vieille fille inoffensive.

Et cependant… il soupçonnait depuis le début qu'il ne fallait pas s'en tenir aux apparences, sans pour autant se douter du véritable rôle qu'elle assumait auprès de Jaujard. Rorimer avait beau fréquenter Rose Valland depuis plusieurs semaines, il la trouvait encore aussi impénétrable qu'à leur première rencontre. Elle parlait peu, sans jamais rien livrer d'important. Elle ne craignait pas de le contredire, d'un ton souvent sarcastique mais en dissuadant Rorimer de se formaliser de ses remarques à froid. À vrai dire, il ne se rappelait jamais ses propos ; ce qui aurait dû logiquement lui mettre la puce à l'oreille. Rose Valland possédait l'étoffe d'une espionne parce qu'elle réussissait à passer pour une employée effacée sans rien de remarquable mais c'eût été une erreur de la réduire à cela.

Jaujard sourit. « Je te l'ai présentée comme une héroïne mais tu n'as pas compris. Personne ne comprend, de toute façon. Rose Valland n'est ni jeune ni séduisante ; ce qui a d'ailleurs été un atout pour elle au Jeu de Paume. On a vite tendance à l'oublier, compte tenu de son allure passe-partout. Que fabriques-tu, James ?

— Son allure passe-partout…, répéta Rorimer en prenant en hâte quelques notes sur un bout de papier[5].

— Sans parler de son indépendance d'esprit ni de sa capacité à s'assumer seule, poursuivit Jaujard. Elle ne se fie pas à son charme de femme et reste au contraire aussi impénétrable qu'un chat quand il joue au chat et à la souris… du moins, en admettant qu'il se fasse passer pour la souris. Rose Valland possède un sens de l'humour remarquable. Elle a la manie de soupirer avant chacune de ses phrases, comme par affectation, bien qu'elle se montre toujours d'excellente humeur. Elle compte moins sur son astuce que sur sa volonté de fer. Elle a toujours tenu à se débrouiller seule, peu importe ce qu'il lui en coûtait. Voyons voir. Sensible. Rude à la tâche. Ça suffira[6] ? »

Rorimer leva le nez de ses notes. « Oh oui, acquiesça-t-il. D'autant que je ne sais même pas pourquoi je garde une trace de ce que tu me dis là.

— Parce que nous voulons que tu t'adresses à elle, James.

— Pourquoi moi ?

— Voilà trois mois que tu es à Paris. Tu as eu le temps de te rendre compte de ce qui se passait ; la méfiance généralisée, les difficultés de mettre sur pied un nouveau gouvernement, les retards administratifs dont nous devons prendre notre parti. Il n'y a rien d'étonnant à ce que Rose rechigne à livrer ses informations au bout de quatre longues années au Jeu de Paume auprès des Nazis. »

Rorimer glissa son bout de papier dans une brochure du Louvre consacrée à la tapisserie de Bayeux, qu'il venait de ramasser en entrant. « Si ça se trouve, elle ne sait rien d'intéressant.

— C'est ce que pense McDonnell, ton collègue britannique de la MFAA. Il a étudié la question et en a conclu qu'il n'y avait rien à en tirer. Cela dit, il se trompe. »

Rorimer réfléchit un moment. « Ça n'a pas de sens. Supposons qu'elle détienne des renseignements. Pourquoi ne les communiquerait-elle à personne ? »

Jaujard se carra dans son fauteuil. « Elle en a déjà livré une partie mais à moi seulement. Tu ne dois pas perdre de vue que, pendant les quatre années d'Occupation, s'est posé le problème des collaborateurs qui, aujourd'hui encore, nous préoccupe tous autant que nous sommes. Ça ne va pas de soi, pour nous, d'accorder notre confiance à nos compatriotes. Personne ne sait à qui se fier — encore maintenant.

— Rose Valland doit pourtant bien se douter que tu ne la trahiras jamais.

— La confiance ne résout pas tout, James. Je ne suis qu'un rouage parmi tant d'autres, dans l'administration. Jusqu'à présent, chaque fois que Rose Valland m'a transmis des informations — d'une valeur inestimable, crois-moi — j'ai fait mon devoir en les communiquant aux autorités concernées. Malheureusement, celles-ci n'ont pas toujours pris les mesures qui s'imposaient ou, en tout cas, pas aussi vite que nécessaire. Il a fallu deux mois au gouvernement — deux mois, James ! — pour mettre la main sur 112 caisses d'œuvres volées dont m'avait parlé Rose Valland. Pendant ce temps-là, évidemment, un certain nombre d'entre elles ont disparu. »

Jaujard dévisagea Rorimer mais celui-ci ne réagit pas. « Il nous faut un étranger, James, lui expliqua-t-il. Quelqu'un qui parvienne à débloquer la situation. Elle n'acceptera de s'ouvrir à personne d'autre.

— Elle ne me connaît même pas !

— Toi, tu ne la connais peut-être pas mais elle sait qui tu es. Elle s'est renseignée sur ton compte. Ce que tu as accompli en France l'impressionne beaucoup. Elle te l'a d'ailleurs avoué elle-même, quand tu l'as croisée dans mon bureau. »

Jaujard leva la main. « Ne me contredis pas ! Tu es

parvenu à plus que ce que tu crois. À chaque fois que tu as rencontré un obstacle sur ton chemin, tu as donné de la tête contre le mur de la bureaucratie. »

Jaujard se leva. « Enfin ! On ne va quand même pas passer la soirée à parler de Rose Valland. Adresse-toi à mon ami Albert Henraux, le président de la commission. Il est du même avis que moi. Il t'expliquera tout. » Jaujard récupéra son chapeau sur le portemanteau avant de longer un couloir. « Je ne me lasserai jamais de contempler la tapisserie de Bayeux. Sais-tu quand on l'a vue à Paris pour la dernière fois ? En 1804. Napoléon s'en était emparé pour la montrer à ses généraux : il voulait leur donner du courage avant d'envahir l'Angleterre. »

Rorimer lui emboîta le pas en jetant un coup d'œil aux murs encore vides du musée, dont seule une partie des collections — insignifiante comparée à la quantité d'œuvres volées aux particuliers en France — était à nouveau visible.

« Ça m'ennuie de te poser la question, Jacques, mais… qu'est-ce qui te permet d'affirmer que Rose Valland n'était pas au service des Nazis ?

— Elle les espionnait pour mon compte. Je lui ai demandé de rester au Jeu de Paume, ce qu'elle a accepté en dépit du danger. Elle me fournissait des renseignements de première main, presque chaque semaine. Grâce à elle, la Résistance a pu empêcher de partir les derniers convois allemands chargés des plus belles collections particulières de France. »

Jaujard marqua un temps de silence. « Je la connais, James. Elle a toujours été fidèle à la France. Bientôt, tu comprendras ce que je veux dire. » Il se remit en route. « Si jamais un soupçon te venait quand même, interroge-la sur le fameux convoi d'œuvres d'art. Rose Valland a sauvé plus de toiles de maîtres, ajouta Jaujard d'un air absent, que beaucoup de conservateurs n'en manipulent dans leur carrière. Surtout ceux qui n'ont pas connu cette maudite guerre. Ah ! Nous y voilà. »

Ils pénétrèrent dans la salle qui accueillait la tapisserie de Bayeux. Une succession de scènes médiévales défila sous les yeux de Rorimer. Un souffle épique animait l'œuvre riche de détails d'une précision inouïe. On aurait dit un roman graphique.

« Une question me chiffonne depuis l'inauguration, il y a deux semaines », avoua Rorimer. Un écran provisoire masquait l'une des dernières scènes qui, si la mémoire de Rorimer ne lui jouait pas de tours, représentait des soldats dispersés levant en l'air bras et armes. « Elle n'a quand même pas été abîmée ? Après tant de siècles ! »

Jaujard se hâta de le détromper. « Le problème vient d'une inscription : *Et fuga verterunt Angli*, les Anglais ont pris la fuite. »

Rorimer se rappela dès lors que les soldats dispersés représentaient la retraite de l'armée anglaise face aux puissants Français. Il ne put s'empêcher d'en rire. « Vous devez nous trouver un peu chatouilleux, non ? »

Jaujard haussa les épaules. « Après tout, nous sommes en guerre. »

19. Vœux de Noël

Metz, décembre 1944

L'hiver 1944 fut sans conteste l'un des plus éprouvants de la guerre sur le front ouest. Le 21ᵉ groupe d'armées du général Montgomery, qui regroupait des Britanniques et des Canadiens, repoussé au niveau du Rhin par des soldats allemands planqués au fond de tranchées, pataugea des semaines dans l'embouchure du fleuve afin d'ouvrir à la navigation le port d'Anvers où l'on attendait des munitions et d'autres fournitures dont le manque se faisait cruellement sentir.

La 1ʳᵉ armée des États-Unis atteignit à ce moment-là la forêt de Hürtgen — une redoutable enfilade de vallées truffées de mines et de fortifications allemandes garnies de soldats. En décembre, de la neige couvrit les arbres tandis que le gel empêchait par endroits de creuser des abris dans le sol. Pas facile d'avancer dans ces conditions ! Les Alliés ne progressèrent plus que de deux kilomètres et demi en un mois, au prix de quatre mille cinq cents vies. La bataille de la forêt de Hürtgen, la plus longue de l'histoire militaire des États-Unis, durerait de septembre 1944 jusqu'au mois de février 1945. Elle ne permettrait pourtant pas à la

1re armée de conquérir plus de cent trente kilomètres carrés.

Plus au sud, le général Patton et la 3e armée des États-Unis parvinrent à la ville fortifiée de Metz, à la limite orientale de la France. Entourée d'ouvrages de défense reliés par des tranchées et des tunnels, Metz — creuset d'influences au cœur de l'Europe occidentale — fut à la chute de l'Empire romain la dernière ville de la région à capituler face aux tribus germaniques. Les premiers Croisés qui y massacrèrent des Juifs en 1096 la convoitaient eux aussi, de même que, plus tard, les rois Bourbons. En 1870, pendant la guerre franco-prussienne, elle soutint une redoutable attaque avant de tomber, à l'issue d'un siège, aux mains des Prussiens qui la rattachèrent pour un temps à l'Allemagne. Les Français la reconquirent ensuite mais par la diplomatie et non par la force. En novembre 1944, la 3e armée vint s'ajouter à la longue liste de celles qui avaient tenté de conquérir Metz.

L'inefficacité des bombardements aériens décida Patton à envoyer ses troupes à l'assaut de la ville. Les combats durèrent près d'un mois. Les soldats durent escalader les fortifications en pierre et se battre dans des tunnels souterrains garnis de barbelés tranchants. Les défenses allemandes finirent toutes par tomber à l'exception de Fort Driant, qui capitula. L'avancée des Alliés depuis la Moselle coûta la vie à plus de quarante-sept mille Américains, bien qu'elle leur permît de progresser de moins d'une cinquantaine de kilomètres. Le général Patton, excédé par les vingt centimètres de pluie tombée pendant les combats, écrivit au secrétaire à la Guerre : « J'espère qu'à la fin des hostilités, vous insisterez pour que les Allemands gardent la Lorraine :

ce doit être un sacré fardeau de gouverner ce pays infect où il pleut tous les jours et où la richesse des habitants ne se mesure qu'à leurs tas de fumier[1]. »

Le mois de décembre se révéla pire encore. Le 8, le jour de la reddition officielle des derniers Allemands à Metz, le général Patton adressa à ses hommes des vœux de Noël assortis de la prière suivante : « Notre père tout-puissant plein de miséricorde, nous Te prions humblement de mettre un terme aux pluies contre lesquelles nous avons dû lutter. Accorde-nous un ciel serein tant que durera la bataille. Exauce nos prières afin que, forts de Ton soutien, nous avancions de victoire en victoire en écrasant nos ennemis pour établir le règne de Ta justice parmi les nations. Amen[2]. »

La prière de Patton ne donna aucun résultat. Le ciel demeura couvert et la température chuta. La neige s'entassait à présent à hauteur d'épaule au fond des ravins boisés en tombant par paquets des branches. Un épais brouillard s'installait souvent en masquant les alentours. Lorsqu'il se dissipait enfin, il transformait en cibles mouvantes les soldats dont la couleur des uniformes ressortait sur la neige. Dans les Ardennes, il gela à pierre fendre : impossible de creuser la terre, même à la pioche. Quelques unités chanceuses reçurent du TNT afin d'aménager des abris souterrains. D'autres se contentèrent de se blottir sous une tente en se partageant de rares couvertures. À cause du froid mordant, certains soldats perdirent leurs doigts. D'autres trop épuisés pour ôter leurs chaussures virent leurs pieds se décomposer suite à une exposition prolongée à l'humidité par des températures négatives. À la menace de l'hypothermie s'ajoutait celle de l'artillerie allemande, qui semblait tenir le moindre mètre carré depuis la mer du Nord jusqu'à la frontière suisse. Pour les armées occidentales qui avançaient il y a peu encore à vive allure commença dès lors une guerre d'épuisement où les progrès ne se mesuraient plus qu'en mètres.

Le Monuments man Robert Posey (l'architecte natif de l'Alabama) dut remercier le ciel d'avoir obtenu un billet de logement à Nancy en repensant à sa première affectation dans les mornes étendues du nord du Canada. Le patrimoine artistique de Metz, qu'il allait souvent inspecter, avait subi des dommages considérables. Un incendie venait de détruire la célèbre collection de manuscrits médiévaux de la ville. Posey avait retrouvé de nombreuses œuvres de valeur dans des dépôts, à l'exception toutefois des reliques de Metz (parmi lesquelles, le manteau de Charlemagne) expédiées en Allemagne « dans l'intérêt de leur conservation » avec le trésor de la cathédrale. Nancy, en revanche, n'avait pas beaucoup souffert. Posey décida de rédiger une notice à propos de son passé artistique, sachant que la 3e armée y passerait le plus clair de l'hiver. Son expérience sur le terrain lui avait fait comprendre la nécessité de sensibiliser les soldats à la protection du patrimoine.

Le texte de Posey jouirait d'une immense popularité auprès des troupes : il les éclairerait sur l'histoire de la région au nom de laquelle continuait la lutte. Sa rédaction ne fut pas pour autant une partie de plaisir. En ce mois de décembre glacial, Posey songeait avant tout au passé militaire de son propre pays. Autour de lui, des soldats alliés mouraient de froid au combat. Jamais il ne l'oublierait. Il se considérait à présent comme un militaire autant que comme un architecte. N'avait-il pas écrit à sa femme, Alice, que « l'armée offre encore plus

d'occasions que l'université de rencontrer des gens
qu'on se félicite par la suite de connaître. Un lien plus
fort semble ici nous unir[3] ». En écrivant cela, il ne songeait pourtant pas à ses collègues de la MFAA.

Jusqu'alors, la chance n'avait pas beaucoup souri à
Posey. Son enfance, il l'avait passée dans une ferme
près de la petite ville de Morris, dans l'Alabama, où
l'architecture se résumait à clouer des bardeaux sur les
murs et où il n'y avait rien de plus artistique à contempler que le reflet du ciel dans une flaque après la pluie.
Les Posey compensaient la modestie de leur situation
sociale par le prestige dont jouissaient leurs aïeuls.
N'importe quel membre de la famille connaissait par
cœur la liste de ses gloires militaires : Frances Posey,
opposé aux Français et aux Indiens lors des guerres
coloniales, Hezekiah Posey, milicien en Caroline du
Sud pendant la guerre d'indépendance, blessé par les
loyalistes en 1780, Joseph Harrison Posey, adversaire
des Indiens Creek pendant la guerre de 1812, Carnot
Posey — le fils de Robert, Dennis, portait également
son prénom —, un survivant de Gettysburg qui mourut
d'une blessure reçue pendant la bataille quatre mois
plus tard, et enfin son frère John Wesley Posey, du
15e régiment d'infanterie montée du Mississippi — il se
rendait à cheval sur le champ de bataille où il luttait
ensuite à pied —, le seul des huit frères Posey à sortir
vivant de la guerre de Sécession.

Aux yeux de Posey, une histoire assez semblable
d'honneur et de sacrifice caractérisait l'Alsace et la
Lorraine. Comme le prouvaient les cimetières, aucune
génération ou presque n'avait vécu en paix depuis
qu'Attila avait précipité l'Empire romain dans le chaos.
Un peu auparavant, Posey était passé près de Verdun, le

champ de bataille le plus sanglant de la Première
Guerre mondiale, où deux cent cinquante mille hommes
avaient péri auprès d'un million de blessés. Il en profita
pour inspecter les cimetières militaires de Meuse-
Argonne et de Romagne-sous-Montfaucon, où reposaient les victimes de la Grande Guerre, « la der des
ders ». À Montsec, des balles de la Seconde Guerre
mondiale avaient criblé le mémorial aux héros de la
Première. Posey découvrit au cimetière américain de
Saint-Mihiel des pierres tombales ornées de l'étoile de
David renversées par des soldats allemands.

Ses pensées revinrent à la saison des fêtes. Posey
manquerait-il à son fils Woogie le jour de Noël ? Celui-
ci trouverait-il un cadeau dans ses bas de laine suspen-
dus au manteau de la cheminée ? Aurait-il droit à de la
dinde farcie en dépit du rationnement ? À Nancy, peu
de monde fêterait Noël — un jour comme les autres, de
même que du temps de son enfance dans l'Alabama. À
cette époque-là, le petit Robert s'estimait heureux
quand il recevait un mouchoir et une orange. Une
année, son père lui avait fabriqué une petite carriole
— encore que non : la carriole, il l'avait reçue au printemps, pas à Noël. Son père y avait attelé leur chèvre
avant d'emmener Robert faire le tour de la cour. Il
mourut peu après. Robert, qui avait vu sa mère confier
sa fille cadette à sa sœur parce qu'elle n'avait plus de
quoi la nourrir, se mit à travailler dès onze ans à l'épicerie et à la brasserie locales.

Heureusement, l'armée allait le tirer de là. Dès qu'il
en eut l'âge, il rejoignit le corps d'entraînement des
officiers de réserve qui assurerait son avenir en finan-
çant ses études à l'université d'Auburn. Il ne devait au
départ y rester qu'un an avant de laisser la place à son

frère cadet ; une seule bourse ne suffisant pas à couvrir leurs frais de scolarité. Robert réussit toutefois si brillamment ses examens que son frère insista pour qu'il poursuive sa formation. Ce fut ainsi qu'il se découvrit une passion pour l'architecture qui, depuis ce temps, occupait dans son cœur une place aussi importante que l'armée.

Il posa son crayon pour s'emparer du cadeau de Noël d'Alice : un paquet de figues sèches et de cacahuètes dont, enfant, il n'aurait même pas osé rêver ! Il lui restait encore plusieurs colis à déballer mais il attendrait le matin du 25 décembre.

Il se remémora l'instant où il avait pris conscience que le monde ne s'arrêtait pas à la ferme de ses parents : quand, à huit ans, il avait vu pour la première fois une montagne en photo. De la neige en couvrait le sommet alors que des fleurs poussaient à son pied, dans la vallée. Posey ne disposait alors d'aucun moyen de comprendre pourquoi il en allait ainsi et pas autrement ; ce qui ne l'avait pas dissuadé pour autant de creuser le problème. La vie lui était apparue d'une complexité de plus en plus exaltante à mesure qu'il avançait dans ses réflexions. Tant de questions se posaient ! Sans doute passerait-il le restant de ses jours à en chercher la réponse[4].

Il se demanda ce que le petit garçon qu'il était jadis penserait de l'homme qu'il était devenu. Il avait vu des montagnes de ses propres yeux. Et des glaciers de trois cents mètres d'épaisseur dans l'Arctique. Il y avait même aménagé des pistes d'aviation au cas où des pilotes américains auraient à s'y poser. Il avait aussi conçu un pont flottant qui s'était effondré sous le poids d'un char, entraînant son naufrage dans les eaux boueuses d'une rivière de Pennsylvanie. Il avait vu Londres et aussi New York où il avait même travaillé un temps.

Le voilà pour l'heure en Europe. Pour peu qu'il mette le nez dehors, il apercevrait une ville historique aux rues couvertes d'une épaisse couche de neige. En tant qu'expert en bâtiments, il avait pour mission de sauve-garder le patrimoine artistique européen ; ce qui ne l'empêchait pas de rester un soldat dans l'âme. Il avait rencontré le général George S. Patton Jr., le meilleur combattant de l'armée américaine. Lorsque l'un de ses hommes le traitait de salaud — ce qui leur arrivait à tous, à un moment ou un autre —, on devinait à chaque fois une pointe d'admiration sous l'insulte.

Posey se rappela une anecdote qui courait sur Patton, du temps où il commandait la 7e armée des États-Unis en Sicile, en 1943. Le général, en découvrant les ruines d'Agrigente, aurait demandé à un expert : « La 7e armée n'a quand même pas causé tant de dégâts ?

— Non, ceux-là remontent à la précédente guerre.

— C'est-à-dire ?

— La deuxième guerre punique[5]. »

La remarque prête à sourire. Elle n'en possède pas moins un sens profond : l'histoire est complexe, il ne faudrait pas méconnaître son legs à la postérité. La 3e armée se devait de devenir la plus redoutable depuis qu'Hannibal avait franchi les Alpes avec ses éléphants en manquant de peu de renverser l'Empire romain. Robert Posey ne servait pas dans l'infanterie : il ne maniait pas d'arme à feu. Sa mission n'en restait pas moins capitale or il lui tenait à cœur de la mener à bien. Tant pis pour le mauvais temps ! Au diable le danger ! Robert Posey n'aurait voulu pour rien au monde se trouver ailleurs qu'auprès de la 3e armée.

Sauf à la rigueur chez lui, en compagnie des siens.

Une fois de plus, il posa son crayon. Son regard s'arrêta sur les colis envoyés par Alice et Woogie. En ce 10 décembre, deux semaines le séparaient encore de Noël et pourtant, il n'en pouvait déjà plus d'attendre.

Le premier paquet contenait des cadeaux pour les enfants de France. Il avait dit à Alice de ne pas en envoyer parce qu'il se déplaçait sans arrêt et qu'il ne connaissait pas d'enfants mais elle ne l'avait pas écouté. Le lendemain, à sa grande surprise, Posey vit des gamins ramasser des lambeaux de papier aluminium dans la rue pour en décorer des sapins. Les avions allemands en avaient lâché un peu partout afin d'entraver les radars des alliés. Voilà bien la seule denrée qu'on trouverait en abondance cette année-là ! Posey se rappela sa jeunesse dans l'indigence et s'émerveilla de la générosité d'Alice. Il aperçut un groupe de petites filles françaises à qui il remit ses cadeaux mais à une condition : qu'elles écrivent une lettre en français à son fils.

Lettre de Robert Posey à son jeune fils « Woogie »
29 novembre 1944

Cher Dennis,

Je suis sûr que tu aimerais garder pour toi seul la carte de vœux que voici. J'espère que tu as bien reçu l'épaulette de la 3e armée que j'ai jointe à l'une de mes lettres, il y a deux mois.

Au recto de la carte, tu verras nos chars en train d'enfoncer les lignes allemandes en Normandie. Ils ont ensuite envahi la Bretagne et traversé la France à toute vitesse en direction de Berlin. Dire que j'y étais ! Nous sommes de si redoutables adversaires que je suis certain que nous atteindrons bientôt Berlin.

Quel spectacle ! Hélas ! ceux qui vivent là où les combats font rage en souffrent beaucoup. Sans parler des soldats arrachés à leur foyer qui s'endurcissent et deviennent parfois amers.

L'Allemagne a déclenché les hostilités en envahissant un petit pays après l'autre jusqu'à ce que la France et l'Angleterre soient obligées de lui déclarer la guerre. Nous sommes venus en aide à la France et à l'Angleterre mais nous ne sommes pas responsables du conflit. Le Japon s'en est pris à nous et, au même moment, l'Allemagne nous a déclaré la guerre. Il a donc bien fallu nous battre, non sans mal au départ, vu que nous n'étions pas prêts. À présent, nous sommes forts, au moins autant que l'Angleterre et la Russie, elle aussi attaquée par l'Allemagne. Nous avons vaincu l'Italie, qui soutenait les Allemands et se range à présent de notre côté. La France, écrasée par l'Allemagne mais que nous avons libérée depuis peu, se dote en ce moment même d'une puissante armée. La Grèce, la Belgique et une partie de la Hollande ont été elles aussi libérées et nous soutiennent à présent. La Chine, quant à elle, a du mal à se défaire du joug japonais.

Voilà pourquoi je pense que nous allons bientôt triompher de l'Allemagne et du Japon en leur donnant une bonne leçon. Comme ça, quand toi et tes camarades arriverez à l'âge adulte, vous n'aurez plus à vous battre. Et j'espère qu'aucun autre pays ne se lancera dans un conflit : la guerre ne vaut rien de bon à personne.

Enfin ! Plus je m'en convaincs, plus cela m'aide à me résigner à passer Noël loin de toi et Maman. J'espère que tu passeras un merveilleux moment et que tu recevras des tas de chouettes cadeaux. S'il te plaît, achète pour moi de jolis cadeaux à Maman pour son anniversaire et Noël.

À présent, je te dis au revoir

Bob qui t'aime

20. La Madone de La Gleize

Belgique, décembre 1944

Pendant que Robert Posey se démenait dans l'est de la France, le sculpteur Walker Hancock sillonnait en voiture la campagne belge à l'arrière du front. La Gleize — une étape obligatoire de sa tournée d'inspection — ne l'impressionna pas autant qu'Aix-la-Chapelle. Le village ne lui inspira aucun enthousiasme particulier : il n'espérait pas y retrouver de Breughel ! Au moins, il lui parut paisible : quelques bâtisses sans prétention se groupaient au sommet d'une colline que surplombait un ciel d'hiver pratiquement blanc. Hancock devait jeter un coup d'œil à l'église qui, d'après sa liste de monuments à sauvegarder, datait du XIe siècle. Une amère déconvenue l'attendait. Il n'y avait plus rien à tenter pour sauver le bâtiment. La tour avait été abattue et les murs de pierre détruits ; pas lors des combats mais à la suite de rénovations mal comprises. À l'évidence, cela ne servait à rien de protéger encore l'église.

Le froid mordant incita tout de même Hancock à y entrer. Au beau milieu de la nef, un socle accueillait une petite statue en bois de la Vierge. Le Monuments man se figea. Celle-ci possédait une grâce admirable, en dépit du travail assez grossier du sculpteur. Elle ne mesurait que quelques pieds de haut et pourtant sa présence s'imposait dans l'ensemble de l'église. L'une des mains de Marie reposait sur son cœur. Les doigts de l'autre, ouverte paume en l'air, étaient d'une délicatesse inouïe. La beauté de l'œuvre transfigurait son humble environnement.

En l'absence du curé, une jeune employée de l'office du tourisme proposa à Hancock de l'emmener visiter La Gleize. Des champs pentus s'y succédaient jusqu'à la forêt des Ardennes en offrant une vue magnifique sur le massif. Le village, quasi à l'abandon, ne comptait que quelques fermes et un ou deux commerces. Hancock le trouva dépourvu de charme. Sa jeune guide, en revanche, l'enchanta. Son père tenait une auberge mais, comme, depuis la guerre, il ne venait plus d'hôtes de passage, il consacrait le plus clair de son temps à ses champs. La statue du début du XIVe siècle faisait l'envie des paroisses des alentours. On ne l'avait découverte dans le clocher que cinquante ans plus tôt au cours d'une rénovation. Elle ne trônait dans la nef que depuis quelques années.

La jeune femme remit à Hancock une carte postale de la Vierge — la seule photographie disponible de la Madone — en l'invitant à dîner chez son père, M. Geneen, qui occupait une maison de pierre à un étage bâtie de ses propres mains, où la jeune femme habitait encore. Elle lui servit un repas presque trop copieux après un mois de rations militaires. Hancock passa une soirée fort chaleureuse en compagnie de ces braves gens qui cultivaient la terre, dont les manières rustiques l'enchantèrent. Le souvenir de la Madone et de son dîner à une table de bois sans prétention le réconforterait les mois suivants, sous la pluie et les obus, dans le froid des tranchées et au cœur des villes détruites. Si un village semblait bien épargné par la guerre, c'était celui de La Gleize.

Lettre de Walker Hancock à sa jeune épouse Saima
4 décembre 1944

Ma précieuse Saima,

Aujourd'hui, c'est un grand jour pour nous deux : celui de l'anniversaire du plus beau jour de ma vie. Dieu sait si je t'aimais déjà il y a un an, et pourtant, crois-moi, je t'aime bien plus encore cette année. Même si nous n'avons passé que peu de temps sous le même toit, nous sommes restés l'un auprès de l'autre au meilleur sens du terme. Tu m'as soutenu en m'alimentant au long de ces mois passionnants mais épuisants comme tu n'aurais sans doute jamais eu l'occasion de le faire au quotidien chez nous. Bientôt, nous mènerons une vie normale à la maison et notre bonheur ne connaîtra plus de bornes. Ce que tu as été pour moi au cours de ces mois de séparation, jamais je n'aurais été en mesure de l'imaginer. Ce sont surtout tes lettres qui m'ont permis de tenir le coup. Le compte rendu de ce que tu fais et de ce que tu penses. Quand je ne les lis pas, je pense à toi.

Aujourd'hui, j'en ai bavé — j'ai vécu l'un de ces jours où l'on se dit que l'on a échoué sur toute la ligne. J'espère quand même pouvoir me rattraper la semaine prochaine. Il faut se faire à l'idée qu'on n'avance que d'un pas à la fois dans l'armée — ça ne sert à rien d'ambitionner plus que ce dont on est capable [...] Un soldat polonais occupe la couchette à côté de la mienne, il prétend qu'il passe là son sixième Noël dans l'armée, loin des siens. Il a le moral au plus bas — et pourtant, nous lui assurons que l'an prochain, il fêtera Noël chez lui.

Je m'attends à voir George Stout demain ou après-

demain. Je me demande s'il va revenir à la
1re armée. Je l'espère car je suis pour l'instant
débordé par l'ampleur de ma tâche. Je te transmets
tout mon amour, à toi ma douce que j'aime.

Walker

21. Le train

Paris, août et fin décembre 1944

Rose Valland songea une fois de plus aux derniers jours de l'automne au Jeu de Paume. Sitôt l'ambassadeur Abetz mis hors d'état de nuire par Jaujard et Wolff-Metternich, les Nazis avaient conçu un nouveau plan pour faire sortir « légalement » des biens culturels de France. Le 17 septembre 1940, le Führer donna l'autorisation à l'ERR (l'équipe d'intervention du Reichsleiter Rosenberg) de « fouiller les loges, les bibliothèques et les archives des territoires occupés de l'ouest à la recherche d'objets pourvus d'une valeur pour l'Allemagne afin de les mettre en sûreté par l'intermédiaire de la Gestapo[1] ». L'ERR devait officiellement pourvoir aux besoins des instituts « académiques » d'Alfred Rosenberg dont la mission consistait à prouver scientifiquement l'infériorité de la race juive. Il ne fallut pas longtemps aux Nazis pour se rendre compte que l'ERR leur fournirait une couverture idéale à l'acheminement d'œuvres d'art vers l'Allemagne. Dès la fin du mois d'octobre commença au Jeu de Paume une opération de catalogage, d'emballage et de transport de biens culturels.

Les Nazis installèrent au musée où travaillait Valland un centre de répartition du butin dont ils s'emparaient en France. Pendant quatre ans, les collections privées de citoyens français, pour la plupart juifs, transitèrent par les salles du Jeu de Paume avant leur départ pour le Reich. Pendant quatre ans, la Gestapo ne laissa pénétrer à l'intérieur du musée que les rares privilégiés munis d'un laissez-passer accordé par le colonel Kurt von Behr, commandant du Jeu de Paume et responsable local de l'ERR. Depuis que les Nazis occupaient les lieux, les coups de poignard dans le dos, les larcins et les complots s'y multipliaient. Les spoliations ne s'en poursuivaient pas moins avec une déprimante efficacité : des caisses entières d'objets volés continuaient de parvenir au musée en vue de leur expédition en Allemagne.

À l'été 1944, une page de l'histoire se tourna : les Alliés débarquèrent sur les plages de Normandie. Il fallait s'attendre à les voir rejoindre Paris tôt ou tard. En juin, Bruno Lohse, un marchand d'art allemand fourbe et insaisissable parvenu à se hisser dans la hiérarchie de l'ERR à force d'intrigues, revint d'un séjour à la montagne avec une jambe cassée et des douleurs aux reins que la rumeur prétendit feintes, vu que les Allemands en bonne santé devaient alors se battre en première ligne. À la fin du mois de juillet, alors que la lutte des Nazis contre les Alliés prenait un tour critique, Lohse partit pour la Normandie, un revolver dans la ceinture. « Au combat ! » s'écria-t-il avant de mettre les voiles. Il revint deux jours plus tard au volant d'un camion rempli de poulets, de beurre et d'un agneau rôti à la broche et organisa une grande fête à son domicile parisien où il invita même le colonel von Behr, son supérieur et néanmoins rival au Jeu de Paume[2].

Puis, soudain, c'en fut fini des Nazis. « Ouf[3] ! »
commenta Valland dans ses carnets.

Son soulagement se teintait toutefois d'appréhension.
Au fil des quatre années d'Occupation s'était installée
au musée une espèce de routine qui rendait l'isolement
de Valland dans l'antre du lion non pas plaisant mais
tolérable. Elle savait à quoi s'attendre. Elle voyait clair
dans le jeu des uns et des autres. Le Dr Borchers, l'historien d'art chargé de cataloguer les biens confisqués
par les Nazis, se confiait à elle ; il lui servait, à son insu,
de principale source d'information. Plus d'un secret
échappé à Borchers tomba dans l'oreille de Jacques
Jaujard, qui en fit part à la Résistance. Valland savait
que Borchers ne la trahirait jamais : elle était la seule au
musée qu'il ne considérait pas comme son ennemie.
Hermann Bunjes, un érudit corrompu ayant quitté la
Kunstschutz de Wolff-Metternich pour l'ERR à la botte
du Reichsmarschall Göring, estimait Valland indigne de
son mépris. Lohse voulait sa mort ; elle en aurait juré.
Bel homme, quoique retors et lâche, il jouissait d'une
grande popularité auprès des Parisiennes. Si jamais un
haut gradé ordonnait un jour l'exécution de Valland, ce
serait Lohse. Il le lui avait clairement laissé entendre en
février 1944, en la surprenant en train de déchiffrer une
adresse sur un bon de livraison.

« La moindre indiscrétion pourrait vous coûter la vie,
lui asséna-t-il en la regardant droit dans les yeux.

— Personne ici n'est assez bête pour l'ignorer »,
lui rétorqua-t-elle sans s'émouvoir en soutenant son
regard[4].

Il n'y avait pas de meilleure attitude à adopter vis-à-
vis de Lohse. Surtout : ne jamais laisser transparaître sa
peur, ne jamais battre en retraite. Dès que les Nazis

découvraient une faille en leur adversaire, ils l'exploitaient jusqu'à ce que mort s'ensuive. Il fallait se rendre suffisamment gênant pour leur compliquer la tâche mais pas au point de les mécontenter. En somme, il fallait parvenir à un équilibre délicat ; ce que Rose Valland réussissait mieux que personne. À plusieurs reprises, elle se retrouva mise à la porte suite à des accusations d'espionnage, de vol, de sabotage ou de transmission d'informations à l'ennemi. Elle clama son innocence ; ce qui n'empêcha pas les récriminations de pleuvoir sur elle. Les Nazis finirent à chaque fois par la réintégrer dans ses fonctions. Plus elle prêtait le flanc aux soupçons, plus elle se rendait indispensable en servant de bouc émissaire ; à Lohse, en particulier, que tout le monde soupçonnait de dérober des œuvres pour sa propre collection ou en vue de les offrir à ses amis et à sa mère. Valland savait qu'il volait pour son propre compte : elle le vit dissimuler quatre toiles dans le coffre de sa voiture dès le mois d'octobre 1942. Elle n'en souffla mot à personne. Quelle ironie de voir des pilleurs s'emparer en douce du butin les uns des autres ! Depuis, Lohse tenait à la discrétion de Valland. En fin de compte, son pire ennemi pourrait bien devenir aussi son protecteur.

Du moins, tant qu'il estimerait opportun de la garder à son poste. À partir du moment où les pillages cessèrent à l'approche des Alliés, Rose Valland devint gênante. En juin, une secrétaire française de l'ERR disparut : les Nazis s'étaient mis en tête qu'elle les avait trahis. Peu après, ils arrêtèrent une secrétaire allemande mariée à un Français, accusée d'espionnage. Les Nazis ne faisaient pas que le ménage parmi les collections françaises : le personnel des musées aussi était concerné.

Rose Valland, paradoxalement, comptait au nombre des rares Français à échapper aux soupçons. Ce qui ne signifiait pas que les Nazis lui laisseraient la vie sauve. S'ils estimaient leur cause perdue, ils ne se contenteraient pas d'éliminer les espions : les témoins aussi y passeraient.

Le 1er août commença la dernière manche : les Allemands se dépêchèrent d'emporter tout ce qui se trouvait encore au musée avant l'arrivée des Alliés. Rose Valland continua de traîner dans les couloirs, l'œil et l'oreille aux aguets. Plus la moindre trace de Lohse nulle part ! Bunjes arpentait les salles du Jeu de Paume, l'humeur sombre, tandis qu'autour de lui tout le monde s'activait fébrilement. Le colonel Kurt von Behr ne quitta pas son poste. Valland se rappelait encore leur rencontre, en octobre 1940. Il portait alors son uniforme complet, raide comme un piquet, les mains dans le dos : l'archétype du guerrier allemand dans une pose triomphale. Grand, bel homme, il s'arrangeait pour que la visière de sa casquette masque son œil de verre. Baron rompu aux usages du monde, il ne manquait pas de charme et parlait couramment français. Grisé par la victoire de son pays, il se montra d'abord amical, soucieux de convaincre Valland que les Nazis n'étaient pas tous des sauvages. Magnanime, il lui donna la permission de poursuivre ses activités dans le musée sur lequel il régnerait désormais.

Quatre ans plus tard, von Behr présentait un tout autre visage : inquiet, marqué de rides, le crâne dégarni. Pour ne rien arranger, Valland lui avait découvert un passé dissolu assez lamentable. Issu d'une famille de noblesse douteuse et sans le sou, il n'était même pas soldat. Placé par les Nazis à la tête de la Croix-Rouge française, il ne détenait officiellement aucun grade, bien qu'il se fît passer pour un colonel : son uniforme noir de la Croix-Rouge orné de croix gammées ressemblait à s'y méprendre à celui des Waffen SS.

S'il se rendait ridicule, par bien des côtés, il n'en restait pas moins dangereux. Une chose en particulier frappait chez lui, à l'époque où il assistait au démantèlement de son royaume : son expression. Quatre ans plus tôt, il arborait l'air détendu du conquérant sûr de lui. Depuis, une sourde colère se lisait dans son regard : il savait qu'il s'apprêtait à tout perdre.

« Attention ! » dit-il d'un ton sifflant aux soldats qui entrechoquaient des tableaux en les empilant dans des caisses sans même les protéger. Une peur panique se devinait au fond de leurs yeux. Ils n'avaient qu'une envie : fuir au plus vite. Et la discipline tant vantée des Allemands, alors ?

Rose Valland voulut glisser une pique au colonel. Les hommes armés qui l'entouraient l'en dissuadèrent. Dommage, songea-t-elle[5]. Là-dessus, le colonel lui lança un coup d'œil lourd de menaces. Il va vouloir liquider les témoins, en conclut-elle aussitôt.

« Colonel von Behr, s'écria un soldat en détournant de Valland l'attention de son supérieur, qui le foudroya du regard. Les camions sont presque pleins.

— Finissez de les remplir, imbécile ! » grommela le colonel.

Sans lui laisser le temps de se retourner, Rose Valland s'éclipsa. Il ne lui revenait ni de railler von Behr ni encore moins de l'assassiner. Son rôle consistait à espionner, telle la souris qui, lentement mais sûrement, détruit les fondations d'une maison en les grignotant. Quatre années d'Occupation allaient prendre fin en quelques jours, voire en quelques heures. Voilà le moment ou jamais d'adopter un profil bas.

Comme d'habitude, la ténacité de Valland finit par payer. À force de traîner dans les couloirs, elle apprit que les camions chargés des dernières œuvres saisies en France ne se rendaient pas en Allemagne mais à la gare d'Aubervilliers. Le butin des Nazis devait être acheminé par voie ferrée. Si suivre la trace d'un camion relevait de l'impossible, il n'en allait pas de même d'un train ; d'autant que Valland prit soin de relever le numéro des voitures.

Le 2 août 1944 stationnaient en gare d'Aubervilliers cinq wagons contenant 148 caisses de peintures. L'ERR s'était dépêchée de les emballer au Jeu de Paume quelques jours plus tôt et, pourtant, elles n'avaient toujours pas quitté la région parisienne. Le train censé les conduire en Allemagne devait y emporter en même temps 46 wagons d'objets saisis par une autre organisation nazie sous le contrôle de von Behr, « M-Aktion » (M comme *Möbel*, « meubles » en allemand). Au grand dépit de von Behr, le chargement n'était toutefois pas encore prêt.

Le train nº 40044 se trouvait encore en gare lorsque, quelques jours plus tard, Rose Valland rendit visite à son supérieur, M. Jaujard. Elle lui remit une copie du bon de transport mentionnant les numéros des voitures, le contenu des caisses et leur destination (le château de Kogl, près de Vöcklabruck en Autriche et le dépôt de Nikolsburg en Moravie). Pourquoi ne pas retarder le départ du train ? proposa-t-elle. Les Alliés allaient arriver d'un jour à l'autre.

« Entendu ! » s'écria Jaujard.

Pendant que von Behr fulminait sur le quai de la gare en injuriant les soldats qui chargeaient tant bien que

mal le reste des voitures, les contacts de Jaujard dans la
Résistance se mirent en devoir d'immobiliser le convoi
grâce aux informations obtenues par Rose Valland. Le
10 août, les œuvres d'art étaient enfin prêtes à partir
lorsqu'une grève d'un millier de cheminots français
retint le train en gare d'Aubervilliers. Le 12 août, les
voies ferrées rouvrirent à la circulation. Au lieu de faire
route vers l'Allemagne, le convoi fut orienté sur une
voie de garage afin de laisser passer des wagons remplis
d'Allemands terrorisés emportant avec eux leurs biens
personnels. Les soldats, épuisés par dix jours d'attente,
arpentèrent les quais en éprouvant sans doute le désir
de rentrer à leur tour chez eux. L'armée française,
chuchotait-on, n'était plus qu'à quelques heures de la
capitale. Une cascade de problèmes techniques retarda
ensuite le départ du convoi. Malgré tout, toujours pas
d'armée française en vue ! À l'issue d'un délai de près
de trois semaines, le train s'ébranla enfin en direction
de l'Allemagne, en arrachant aux jeunes soldats un soupir de soulagement.

Le convoi n'alla cependant pas au-delà du Bourget,
à quelques kilomètres d'Aubervilliers. Le poids excessif
des cinquante et une voitures chargées du butin des
Nazis avait soi-disant provoqué une panne mécanique
qu'il faudrait quarante-huit heures pour réparer ; le
temps pour la Résistance de faire dérailler deux locomotives qui bloqueraient dès lors le passage. Voilà le
train immobilisé aux abords de Paris ! « Les voitures de
fret et leurs 148 caisses d'œuvres sont à nous », écrivit
Valland à Jaujard[6], sans se douter des difficultés qui
allaient encore se poser.

Dès son arrivée dans la capitale, quelques jours plus
tard, la 2ᵉ division blindée des Forces Françaises libres

fut avertie par la Résistance de la valeur du convoi. Le détachement envoyé par le général Leclerc trouva plusieurs caisses ouvertes de force (dont deux vidées de leur contenu). Une collection complète de pièces d'argenterie avait en outre disparu. Trente-six des cent quarante-huit caisses, contenant des toiles de Renoir, Degas, Picasso, Gauguin et d'autres encore, furent expédiées au Louvre — elles rassemblaient l'essentiel de la collection de Paul Rosenberg, le fameux marchand de tableaux parisien dont le fils commandait comme par un fait exprès la division des Forces Françaises libres chargée d'inspecter le train. Au grand dépit de Rose Valland, près de deux mois s'écoulèrent avant le retour au musée du reste des caisses. Elle s'en inquiétait justement quand elle sollicita la permission du chef de gare d'inspecter le reste du convoi sous la neige de décembre.

« Nous aimerions nous adresser au chef de gare », expliqua James Rorimer à un employé de la gare de Pantin en soufflant sur ses mains dans l'espoir de les réchauffer. Derrière lui, Rose Valland tirait sur sa cigarette, perdue dans ses pensées. « Je sais que c'est un vice, lui avait-elle confié lors de l'un de leurs premiers entretiens, mais tant que j'ai l'occasion de fumer, il n'y a que mon travail qui compte[7]. »

C'était bien son genre de lâcher des remarques énigmatiques, au sens impénétrable. Rorimer ne savait jamais à quoi s'en tenir avec elle. En tout cas, ils étaient en excellents termes. Henraux, qui, à l'instar de Jaujard, avait incité Rorimer à soutirer le plus de renseignements possible à Valland, prétendait lui aussi qu'elle l'admirait. Surtout, la semaine précédente, le 16 décembre, alors qu'il venait de remettre à la commission plusieurs toiles et gravures récupérées dans une installation militaire des Américains, Valland lui avait dit : « Merci. Trop souvent, vos compatriotes nous donnent la pénible impression d'avoir débarqué dans un pays dont les habitants ne comptent plus[8]. » Valland ne se livrait jamais autant qu'à travers ce genre de commentaires.

Que devait penser Rorimer de leur relation ? Valland se fiait-elle vraiment à lui ? Il se rappela les confidences de Jaujard : Rose Valland avait tenu tête, seule, à la foule des Français venus au Jeu de Paume fêter la libération de Paris, le jour même de l'arrivée du général Leclerc, en leur refusant l'accès au sous-sol qui abritait les collections sous l'Occupation.

« Elle y cache des Allemands ! lança une voix.

— Collabo ! » Le cri se répandit d'un bout à l'autre du bâtiment.

Sans se départir de son calme, Valland, pourtant sous la menace d'une arme à feu, prouva à ses compatriotes que le sous-sol ne contenait que la tuyauterie et des œuvres d'art avant de les chasser au mépris de leurs protestations. Valland ne s'en laissait pas facilement imposer : elle tenait dur comme fer à ses principes sur le devoir et l'honneur. Gare à ceux qui la sous-estimaient ! Rorimer se demanda si Jaujard lui avait confié l'anecdote pour lui donner une idée de la ténacité de Valland ou parce qu'il souhaitait établir une distinction entre eux. Jaujard aussi avait été menacé par ses compatriotes.

En tout cas, Rorimer progressait. Le 16 décembre, alors qu'il devait remettre à Valland, au Jeu de Paume, des œuvres récupérées depuis peu, il rendit visite à Albert Henraux, le directeur de la commission de récupération artistique. Celui-ci lui communiqua l'adresse de neuf entrepôts de l'ERR où il l'incita à se rendre en compagnie de Valland. « Elle en sait plus qu'elle n'a bien voulu nous le dire jusqu'ici, James. Peut-être réussirez-vous à lui tirer les vers du nez. »

Rose Valland lui raconta l'histoire des fameux entrepôts pendant le trajet qui les y mena. À force d'espionner les Nazis au Jeu de Paume, elle avait fini par découvrir l'emplacement de leurs dépôts à Paris — et, surtout, par localiser le domicile des principaux pilleurs. Au début du mois d'août, elle transmit leurs adresses à Jaujard, qui les communiqua au nouveau gouvernement français en vue d'une enquête. Quelques œuvres revinrent au Louvre puis on n'en entendit bientôt plus parler. Valland se rendait donc pour la première fois aux entrepôts nazis dont l'identification lui avait coûté tant d'efforts. Bien entendu, Rorimer l'accompagnait.

Au final, ils ne trouvèrent pas grand-chose. L'un des hangars abritait des milliers de livres rares. À l'intérieur de deux ou trois autres traînaient des œuvres mineures abandonnées là par le gouvernement français au moment de vider les lieux. Encore une impasse : un revers de plus. Rorimer avait beau continuer d'écrire aux siens qu'il aimait son travail, le doute et la frustration minaient la satisfaction qu'il en retirait.

En plus, Rorimer souffrait du mal du pays. En Angleterre, il avait décidé de ne pas envoyer de lettres larmoyantes à ses proches vu qu'« elles ne serviraient qu'à bouleverser en vain leur auteur et leurs destinataires[9] ». Pendant six mois, il respecta son engagement mais, à la fin d'octobre, n'y tenant plus, il écrivit à son épouse : « Je pense souvent à tes soucis, et même tout le temps. Ne t'imagine pas que je ne souhaite pas t'aider à t'organiser en ce moment ! Seulement, il me paraîtrait stupide d'échafauder des projets à propos d'autre chose que de notre bonheur futur l'un auprès de l'autre. Je ne te demande pas de nouvelles de notre fille et je ne t'avouerai pas non plus à quel point j'aspire à la voir. Ce ne serait pas juste. C'est pour cette même raison, dont je t'ai déjà parlé, que je ne m'étends pas sur mes sentiments et que j'évite les effusions inutiles. Chaque fois que je croise le fils du concierge, je me rends compte à quel point je souffre d'être privé de ces moments que nous devrions normalement partager[10]. » Anne n'avait que huit mois. Elle ne connaissait pas encore son père, qui ne gardait aucun espoir de lui rendre visite dans un avenir proche.

Rorimer se sentait à bout : les revers et les obstacles s'accumulaient — les pistes qui n'aboutissaient pas, la bureaucratie trop tatillonne, sa solitude loin des siens. La goutte d'eau qui, en novembre, fit déborder le vase paraît anodine à première vue : on lui vola sa machine à écrire bien-aimée, achetée de ses propres deniers avant son départ d'Angleterre. Personne ne lui en prêta d'autre et il ne parvint pas non plus à s'en procurer une nouvelle. Il écrivit à sa mère de lui en envoyer une ; ce pour quoi il dut, bien entendu, solliciter la permission de l'armée. Sa mère voulait qu'il lui envoie des lettres longues et fréquentes. Comment y parviendrait-il sans machine à écrire ?

En y repensant quelques semaines plus tard, il s'étonna lui-même de sa réaction. Il ne se doutait pas que son agacement provenait d'une cause plus profonde. Sa mission de Monuments man ne nécessitait plus sa présence à Paris, où la haute société continuait pourtant à le recevoir. Le plus gros de son travail l'attendait en Allemagne, or Rorimer n'aimait pas se cantonner dans l'inaction. Il ne l'aurait sans doute pas admis car il n'en était alors pas conscient mais il voyait dans la guerre une occasion de rendre « ce qu'on appelle un service à l'humanité ». Au fond, il rêvait de laisser son empreinte dans l'histoire[11].

Voilà sans doute pourquoi l'absence d'œuvres de valeur dans les entrepôts de l'ERR ne le démoralisa pas outre mesure. Il comprit, en embrassant du regard les hangars déserts, que ceux-ci allaient lui donner accès à autre chose. Pour la première fois depuis des mois, Rorimer eut le sentiment d'être mêlé à une affaire dont l'ampleur le dépassait. La taille des entrepôts lui donna la mesure des pillages des Nazis. Ceux-ci n'avaient pas agi au hasard ni par simple volonté de revanche, non : ils avaient patiemment tissé leur toile, dont les ramifications s'étendaient de Paris jusqu'en Allemagne et, plus précisément, jusqu'au bureau de Hitler à Berlin. De par ses nombreuses relations haut placées, Rorimer s'estimait le seul en mesure de lutter contre la volonté d'appropriation des Nazis. S'il avait réussi à préserver les collections des musées et du gouvernement français, jusque-là, il n'avait pas pu grand-chose pour celles des particuliers. Jaujard venait de lui donner les moyens d'agir. Quant à Rose Valland, c'était elle qui allait le guider.

Valland finit par apprendre que les œuvres volées se trouvaient dans neuf hangars et un train. Trente-six des caisses identifiées au cours des derniers jours de l'Occupation reparurent au Louvre en août mais, au début du mois d'octobre, les autres (au nombre de cent douze) traînaient encore Dieu sait où à l'intérieur des voitures de chemin de fer. En dépit des demandes répétées de Jaujard, personne ne daigna informer la communauté muséale de leur sort. Quelqu'un savait forcément sur quelle voie stationnait le convoi d'œuvres d'art mais l'information ne parvint jamais aux conservateurs du patrimoine. Le mystère fut enfin levé le 9 octobre, quand la police municipale de Pantin contacta le Louvre en se plaignant que personne, au gouvernement, ne voulait s'occuper du train parqué sous le pont Édouard-Vaillant. La police municipale ne disposait pas d'assez d'hommes pour le surveiller ; en plus, il se trouvait à proximité de voitures de fret remplies de munitions. La communauté muséale passa aussitôt à l'action.

Le 21 octobre, Rose Valland informa Jacques Jaujard qu'entre le 17 et le 19, cent douze caisses de peintures étaient revenues au Jeu de Paume — dont plusieurs vides. Elle craignait que « la plupart des voitures aient elles aussi fait l'objet d'un pillage en règle[12] ». Voilà pourquoi elle comptait y jeter un coup d'œil en compagnie de James Rorimer.

« Je suis M. Malherbaud, le chef de gare, se présenta soudain un homme âgé.

— C'est vous qui avez dérouté le convoi qui devait emmener en Allemagne des Cézanne et des Monet ? »

Le chef de gare lança un coup d'œil méfiant à l'uniforme de Rorimer puis à la femme d'allure quelconque qui fumait une cigarette derrière lui. Paris grouillait encore d'espions allemands et de saboteurs. Mieux valait rester sur ses gardes.

« Pourquoi me posez-vous la question ?

— Je suis le sous-lieutenant Rorimer de l'armée des États-Unis. Voici Mlle Valland, des Musées nationaux. C'est elle qui a prévenu la Résistance que des centaines d'œuvres devaient partir en train pour l'Allemagne.

— Je le regrette mais il n'en reste plus une seule ici.

— Nous voudrions quand même examiner les voitures du convoi. »

Le chef de gare parut surpris. « Suivez-moi, dans ce cas. »

Les wagons stationnaient dans un hangar d'aspect banal. « Rien à signaler, à première vue », commenta Rorimer alors que le chef de gare leur ouvrait la porte. Les neuf entrepôts localisés par Valland avaient été vidés avant son arrivée sur les lieux ; celui-là, en revanche, devait encore renfermer une quantité d'objets. Le cœur de Rorimer se mit à battre la chamade.

Ce qu'il aperçut à l'intérieur ne correspondait pas du tout à ses attentes. Il ne savait pas ce qu'il espérait au juste mais certainement pas un banal tas de meubles ! Devant lui se dressait une pile deux fois aussi haute que lui de canapés, de fauteuils, de miroirs, de tables, de casseroles, de cadres et de jouets, d'enfants. Le volume qu'ils occupaient donnait le tournis et, pourtant, il ne correspondait qu'au contenu de quarante-six voitures à peine. M-Aktion, découvrit-on à l'issue de la guerre, en avait transporté vingt-neuf mille quatre cent trente-six en Allemagne.

Ils ont retardé le départ du convoi pour ça ? songea Rorimer dont le moral s'effondra aussitôt. Ça ne vaut pas un clou ! Puis il se reprit : il avait tort. Ces objets possédaient une valeur, ils appartenaient à des familles dont ils composaient le cadre de vie. Les Nazis s'étaient en effet introduits chez des particuliers en vue de vider leur domicile, en allant jusqu'à s'emparer des photos de famille.

« Ce n'est pas ce que vous espériez, avouez ? » l'interpella Valland en enfouissant ses mains dans ses poches.

Sa remarque frappa Rorimer comme la foudre. Rose Valland connaissait le numéro des voitures renfermant des objets de valeur ; elle se doutait bien qu'il ne restait rien d'important dans ce hangar. Elle n'en avait pas moins voulu s'en assurer par elle-même. La Résistance n'était parvenue à retenir le train aux environs de Paris que grâce à elle et, pourtant, personne ne lui avait donné l'autorisation d'inspecter le convoi. Au fond, elle n'était qu'une employée sans envergure du gouvernement.

Rorimer réfléchit aux informations que Valland lui cachait encore. Impossible, sans elle, de prendre la mesure des pillages des Nazis. Seule sa coopération permettrait de retrouver la trace des objets disparus. Hélas ! Valland occupait le dernier échelon ou presque d'une hiérarchie sans fin de fonctionnaires. Elle avait besoin de Rorimer autant que lui avait besoin d'elle.

« Vous savez où se trouvent les œuvres d'art volées », affirma-t-il.

Elle lui tourna le dos en s'éloignant.

« Vous le savez, non, Rose ? » Il pressa le pas pour la rattraper. « Qu'attendez-vous ? De rencontrer quelqu'un de confiance ?

— Je vous en ai assez dit », lui affirma-t-elle, un sourire au coin des lèvres.

Rorimer la retint par le bras. « Je vous en prie, faites-moi part de vos découvertes. Je ne m'en servirai que dans l'intérêt de la France, vous le savez bien ! »

Elle se dégagea, en cessant de sourire. « Je vous dirai tout le moment venu[13]. »

22. La bataille des Ardennes

Robert Posey finit par ne plus y tenir. Il comptait n'ouvrir le dernier cadeau envoyé par son épouse Alice — le gros colis étiqueté « avec l'affection des tiens » — que le 25 décembre[1]. Six jours venaient de s'écouler depuis qu'il l'avait reçu or dix autres le séparaient encore de Noël. Cédant à son impatience, il déballa le paquet, où il découvrit un disque vinyle.

« Ce qui m'a le plus étonné, c'est encore ta carte de vœux sur microsillon », écrivit-il à Alice, ce soir-là. « J'ai tout de suite couru aux Services spéciaux où un sergent m'a prêté un pick-up Victrola. Je me suis installé dans une pièce à l'écart, où j'ai pu l'écouter. On ne saurait rêver plus beau cadeau ! L'enregistrement était impeccable. Je n'ai pas perdu une seule syllabe du conseil que tu as donné à Dennis hors micro de dire "tout ce qui te passe par la tête". On aurait pu croire que vous participiez à une émission de radio ! Il m'a suffi de tourner le bouton pour augmenter ou baisser le volume. La petite chanson à la fin m'a enchanté. Ça m'a rassuré de vous entendre tous en même temps. Je n'ai remarqué aucun changement dans la voix de Dennis ; je m'attendais pourtant à ce qu'à l'oreille, du moins, il me paraisse plus âgé mais non : à l'entendre, ce n'est encore qu'un enfant. Quant à ma petite chatte [Alice], elle me paraît toujours aussi timide[2]. »

Plus tard ce même soir lui parvint une autre surprise : un présentateur de la radio annonça que les Allemands venaient de repousser les Alliés.

Walker Hancock apprit la nouvelle de l'offensive von Rundstedt, qui marquerait le début de la bataille des Ardennes, le lendemain, quand une unité l'avertit que le village où il comptait se rendre, Waimes, se trouvait à présent aux mains des Allemands. Il passa la nuit sur la route à bord d'un convoi aux feux éteints qui se dirigeait vers l'ouest, en suivant la petite lueur verte sur le pare-choc de la jeep qui le précédait. Il n'essuya qu'une seule fois des tirs ennemis et passa le réveillon de Noël dans une cave à Liège, en Belgique. Le lendemain matin, un bombardement allemand interrompit la messe.

Ronald Balfour, l'érudit britannique attaché à la 1re armée canadienne, passa la bataille des Ardennes à l'hôpital : le 29 novembre, quatre jours après son arrivée en Hollande, il s'était fracturé la cheville lors d'un grave accident de circulation. Il ne reprendrait ses fonctions qu'à la mi-janvier.

George Stout eut beau retarder le plus possible la prise d'effet de sa nouvelle nomination (et Walker Hancock, prier pour le retour de son mentor à la 1re armée des États-Unis), il fut officiellement incorporé au 12e groupe d'armées des États-Unis au début du mois de décembre ; ce qui le contraignit à s'attarder au QG de Versailles. Le 14 décembre 1944, il inspecta les collections médiévales du château avec James Rorimer.

Les semaines suivantes, il rédigea un compte rendu du travail des Monuments men avant de réviser leurs procédures. « Je passe le plus clair de mes journées entre quatre murs, écrivit-il à son épouse Margie, à travailler dans mon bureau. Je ne m'en plains pas vu le temps qu'il fait dehors[3]. » L'hiver 1944 fut le plus rude depuis de longues années, brumeux et tellement froid que même l'essence finit par geler. Paris se retrouva ensevelie sous une couche de neige.

L'avancée soudaine des Allemands ayant décimé l'infanterie, la 3e armée des États-Unis se mit en quête de nouvelles recrues. Robert Posey, le Monuments man de l'Alabama qui tenait, plus que n'importe lequel de ses collègues, à se retrouver en première ligne, se porta volontaire pour grossir ses rangs. Posey n'était cependant pas prêt à se battre. Il y voyait si mal qu'il ne distinguait pas un soldat ennemi à une centaine de mètres. Il reçut des instructions simples — « Continue à tirer jusqu'à ce que tu arrives à court de munitions[4] » — qu'il suivit d'ailleurs. Il tira entre les arbres couverts de neige de la forêt ardennaise jusqu'à ce qu'il doive recharger son arme. Quand ses camarades déchargeaient leurs fusils en allant de l'avant, il leur emboîtait le pas sous les balles ennemies en visant, au-delà d'une clairière, les bois que masquait une nappe de brume.

23. Champagne !

Paris, fin décembre 1944

À Paris, Rose Valland se frayait tant bien que mal un chemin à travers la couche de neige qui tapissait tout l'ouest de l'Europe. Quelques jours plus tôt, alors que les Allemands attaquaient les Alliés dans les Ardennes où se battait Robert Posey, elle avait envoyé à James Rorimer une bouteille de champagne. Elle craignait en effet de s'être montrée un peu trop dure envers lui à propos du convoi d'œuvres d'art, or elle ne tenait pas à ce qu'il reste sur une mauvaise impression. Le désir de Rorimer d'obtenir ses confidences la flattait. L'inspection des entrepôts des Nazis en sa compagnie lui avait laissé un bon souvenir. Ils se sentaient liés par leur métier, l'un comme l'autre passionnés par l'art, que ce fût au Metropolitan ou au Louvre. Valland admirait aussi les qualités humaines de Rorimer : méthodique, résolu, parfois jusqu'à l'entêtement, il savait juger n'importe quelle situation sur-le-champ… et en tirer parti. Surtout, il ne manquait jamais de respect à Valland, lui sachant gré de ce qu'elle venait d'accomplir. Elle tenait à ce qu'il mesure l'importance que leur amitié revêtait à ses yeux. D'où la bouteille de champagne. En remerciement, il l'avait invitée à boire un verre. Elle ne put s'empêcher de se dire, en avançant dans la neige, qu'elle s'apprêtait à vivre un moment décisif, même si elle ignorait encore en quoi il changerait sa vie.

Rose Valland avait parcouru bien du chemin. Issue d'un milieu modeste, sans fortune ni accès à la culture, elle avait grandi dans une petite ville de province avant d'étudier les beaux-arts à Lyon puis de mener à Paris une existence bohème d'artiste sans le sou — qui ne paraît romantique que tant qu'on ne soupçonne pas les épreuves qu'elle réserve. Valland se plia ensuite aux nécessités de la vie en étudiant aux Beaux-Arts, à l'école du Louvre et à la Sorbonne, dont elle sortit diplômée. Décidée à réussir dans la capitale artistique de l'Europe, elle saisit la première opportunité qui s'offrit à elle, au Jeu de Paume, où elle accepta un poste de bénévole, qui lui assurerait au moins l'accès au milieu artistique. Beaucoup de passionnés d'art étaient alors prêts à travailler gracieusement dans des musées, surtout aussi prestigieux que le Louvre : venant pour la plupart de familles d'aristocrates ou, du moins, aisées, ils n'avaient pas besoin du maigre salaire que l'institution versait à ses employés. Ce n'était pas le cas de Rose Valland qui, faute de relations haut placées, subvint à ses besoins en donnant des cours particuliers. Pendant ses loisirs, elle gravait, peignait et étudiait. En France, le grade de « conservateur » ne s'obtient pas facilement. Au bout d'une dizaine d'années à Paris, Valland dut admettre qu'il lui échapperait probablement toute sa carrière. Elle n'en persévéra pas moins dans la voie qu'elle s'était tracée.

Survint alors la guerre.

En 1939, elle aida Jacques Jaujard, le directeur des Musées nationaux, à mettre en sûreté les œuvres appartenant à l'État français. Elle quitta Paris en même temps que la plupart de ses habitants lorsque les Allemands s'en rendirent maîtres en 1940 et se retrouva coincée dans les embouteillages à la sortie de la capitale tandis que les bombardiers de la Luftwaffe vrombissaient dans le ciel et que les vaches meuglaient à fendre l'âme parce qu'il ne restait plus personne pour les traire. Dès la fin des combats, elle regagna et Paris, et son poste de bénévole au musée où elle se sentait comme chez elle.

En octobre 1940 (les Nazis n'occupaient alors la Ville lumière que depuis quatre mois), l'existence de Valland prit un tour nouveau. Jaujard lui ordonna de rester au Jeu de Paume afin de surveiller les Nazis en lui rapportant tout ce qu'elle apprendrait d'intéressant. Ce n'était pas rien, d'exiger d'une obscure employée même pas rémunérée qu'elle espionne l'ennemi et, pourtant, Valland n'hésita pas une seconde. Elle comptait de toute façon demeurer au musée et faisait d'ailleurs partie des rares Français à s'y présenter encore chaque jour. La confiance de Jaujard donnerait à sa mission une importance cruciale en lui offrant l'occasion de se rendre utile à son pays.

Peu après, Jaujard soumit à Valland un autre projet. Grâce au soutien du « bon » Nazi Wolff-Metternich, le butin entreposé à l'ambassade allemande avait été transféré dans trois salles du Louvre à présent pleines à craquer. Le colonel von Behr et Hermann Bunjes, l'érudit corrompu au service de la Kunstschutz (un paravent idéal pour ce scélérat dont personne ne soupçonnait encore les noirs desseins), avaient réclamé à Jaujard plus de place pour stocker les œuvres confisquées. En ce début de l'Occupation où chaque organisation nazie tirait la couverture à elle, le chaos régnait à Paris. Jaujard, estimant préférable de regrouper les œuvres en un seul lieu, mit le Jeu de Paume à la disposition des Nazis mais à une condition : que les Français reçoivent l'autorisation de dresser l'inventaire de ce qui y parviendrait — une tâche qu'il comptait confier à Rose Valland.

Parfois, se dit Rose Valland alors que des flocons de neige saupoudraient son manteau en ce mois de décembre 1944, notre destin s'impose à nous, que nous le voulions ou pas.

L'inventaire ne se déroula pas comme prévu. Dès le début, Valland dut admettre que quelque chose clochait. Le matin où les Nazis investirent le Jeu de Paume, le 1er novembre 1940, elle arriva à son poste en s'attendant à traiter avec des bureaucrates. Eh bien non : elle eut affaire à une armée parfaitement organisée[1]. Sans attendre, des soldats en uniforme aux ordres du colonel von Behr se mirent à décharger des camions d'œuvres arrivant au Jeu de Paume les uns après les autres. Valland n'en revint pas d'entendre, dans le musée jusque-là d'un calme absolu, les aboiements des Allemands à l'accent guttural, ni de voir des caisses s'accumuler jusqu'à l'entrée où stationnait une longue file de camions chargés à bloc.

Les soldats revinrent le lendemain matin. Ils ouvrirent les caisses au pied-de-biche avant de se passer les tableaux de main en main jusqu'aux arrière-salles où ils les empilèrent contre les murs. Certaines toiles tombèrent par terre en se déchirant ; ce qui n'a rien d'étonnant lors d'un déploiement d'activité aussi

fébrile. Pendant ce temps-là, les officiers se contentaient d'aboyer : « *Schneller, schneller !* » Plus vite !
Dépêchez-vous ! Quand il ne restait plus de place dans
une salle, les Allemands entassaient leur butin dans
la suivante. Rose Valland arpenta les couloirs sans
en croire ses yeux. Les soldats piétinaient des chefs-
d'œuvre, pour la plupart sans cadre, ou endommagés
par suite de leur transport dans de mauvaises conditions. À la fin de la journée s'entassait au musée le
contenu de plus de quatre cents caisses, dont beaucoup provenaient de grandes collections privées
— celles des Rothschild, Wildenstein, David-Weill et
consorts.

Le lendemain, Valland, avec l'aide de quelques assistants, installa un bureau dans le hall d'entrée. Elle y
consignerait en hâte le titre, le nom de l'auteur et la
provenance des œuvres à mesure qu'elles défileraient
sous ses yeux. Vermeer. Rembrandt. Teniers. Renoir.
Boucher. La célébrité d'un grand nombre de tableaux
lui permit de les identifier sur-le-champ mais ils disparaissaient à une telle vitesse qu'il était impossible de
tout noter. Valland était en plein travail quand elle
remarqua un homme en uniforme qui examinait ses
notes dans son dos : Hermann Bunjes, l'officier corrompu de la Kunstschutz ayant comploté la réquisition
du musée avec von Behr. Sec, antipathique et mépri-
sant, il se tenait déjà voûté malgré son jeune âge. Jadis
étudiant sans le sou, à l'instar de Rose Valland, il avait
renoncé à tout ce en quoi il croyait pour suivre les
Nazis. Sous l'Occupation, avec la complicité de Lohse
et d'autres officiers de l'ERR, il s'approprierait des collections particulières à force de menaces. Ce jour-là, il
se contenta de regarder ce que notait Valland — la liste

des œuvres confisquées, que von Behr et lui-même avaient donné à Jaujard la permission de dresser deux jours plus tôt. Il referma d'un coup sec le carnet de Valland.

« Ça suffit ! » lui asséna-t-il en mettant ainsi un terme brutal à l'inventaire réclamé par Jaujard.

Les Nazis ne réussirent quand même pas à se débarrasser de Valland. Le colonel von Behr, témoignant de la magnanimité des vainqueurs que rien ne saurait atteindre, lui permit de s'occuper des collections permanentes du musée — des œuvres modernes, telles que le portrait de la mère de Whistler, que les Nazis exécraient. Le cours d'une vie ne change pas du jour au lendemain, songea Rose Valland alors qu'elle attendait de traverser une rue paisible, un soir de grand froid à Paris, des années plus tard. Le destin se compose de milliers d'instants anodins en apparence qui finissent par orienter l'existence comme un aimant ordonne en un motif régulier la limaille de fer.

Valland ne dut pas attendre longtemps que sa destinée s'impose à elle — trois jours à peine. Le lendemain de la requête de Jaujard, le musée resta vide. Le surlendemain, des œuvres s'y entassèrent dans tous les coins. Le jour suivant, le Jeu de Paume accueillit une exposition digne d'un roi : des tableaux et des tapisseries d'un goût exquis s'étalèrent sur les murs entre des statues. Des sofas à la disposition des visiteurs meublèrent les salles au sol couvert de coûteux tapis. Des bouteilles de champagne furent placées dans des seaux à glace auprès des portes. Des brassards rouges ornés de croix gammées complétèrent la tenue marron des gardiens. Le colonel von Behr, Hermann Bunjes et d'autres responsables du musée arborèrent leurs uniformes. Certains même portaient leur casque, comme s'ils s'apprêtaient à livrer bataille. Chaussés de leurs bottes vernies et au garde-à-vous, ils formaient un spectacle impressionnant, en attendant leur roi.

Pas Hitler, non ; ni même Alfred Rosenberg, qui ne servait que de prétexte aux Nazis pour se livrer à leurs pillages. Ce raciste pur et dur ne cherchait qu'à rassembler de prétendues preuves de la dégénérescence de la race juive sans s'intéresser le moins du monde à l'art. Il ne se rendait même pas compte du pouvoir dont Hitler l'avait investi en lui laissant carte blanche pour acheminer en Allemagne tout ce qui pourrait faciliter ses recherches. Valland se rappellerait plus tard l'une des rares visites de Rosenberg au Jeu de Paume, à la fin de l'année 1942. Sans doute venait-il alors de s'avouer qu'il ne contrôlait plus rien. Il s'était rendu d'une salle à l'autre en traînant les pieds, accompagné de quelques-uns de ses associés. En prévision de sa venue, des pots de chrysanthèmes avaient été disposés un peu partout de sorte qu'il flottait au musée une odeur de cimetière.

Rien à voir avec les visites du véritable potentat qui, lui, profiterait largement de l'aubaine offerte par l'ERR. Des expositions furent organisées rien que pour lui au Jeu de Paume. Quant aux bouteilles de champagne, en sa présence, on ne les ouvrait pas mais on les sabrait, en faisant sauter le muselet d'un coup de sabre, sans toucher au bouchon. Les flatteurs de l'ERR, collés à ses basques, portaient des toasts à ses succès en guettant le moindre compliment de sa part et en n'hésitant pas à rire de ses plaisanteries idiotes, pour son plus grand plaisir. La vanité de Hermann Göring, le bras droit de Hitler, n'avait d'égale que sa cupidité.

Rose Valland se rappellerait toute sa vie ses excentricités. Il possédait des douzaines d'uniformes confectionnés sur mesure, la plupart cousus de fil d'or et plus chargés d'épaulettes et de médailles les uns que les autres. Il jouait avec les émeraudes au fond de ses poches comme d'autres avec de la menue monnaie. Il ne buvait que du champagne — le meilleur qui soit. En mars 1941, il fit main basse sur la collection de bijoux des Rothschild en fourrant dans sa poche les deux plus belles pièces, comme s'il volait de la réglisse à l'étalage. Quand il s'appropriait des œuvres de grandes dimensions, il ajoutait une voiture à son train particulier, tel César emportant ses prises de guerre à la suite de son char impérial[2]. Lorsqu'il se rendait à Berlin, il effectuait le trajet vêtu d'un kimono de soie rouge alourdi par des fanfreluches en or[3]. Chaque matin, il se prélassait dans sa baignoire en marbre rouge aux proportions d'autant plus généreuses qu'elle devait accueillir sa massive silhouette. Comme il n'aimait pas se retrouver éclaboussé, le Reichsmarschall Göring donnait l'ordre d'immobiliser son train pendant qu'il se baignait ; ce qui contraignait les convois suivants à patienter sur les rails, derrière lui. Une fois le Reichsmarschall lavé de frais, les armes et les soldats du Reich pouvaient enfin rejoindre leur destination.

Mais n'anticipons pas. Le jour de sa première visite au Jeu de Paume, splendidement aménagé pour l'occasion par l'ERR, le corpulent Reichsmarschall se traîna d'une salle à l'autre, un feutre usé enfoncé sur le crâne, vêtu d'un long pardessus marron et d'un costume de dandy, un foulard de couleur vive au cou — une tenue tape-à-l'œil que Valland jugea d'un goût assez peu raffiné[4].

Tout s'expliquerait un peu plus tard. Göring, à la tête de la Luftwaffe, l'armée de l'air allemande, avait misé sa réputation sur la victoire de celle-ci contre les Britanniques. Quand il se présenta au Jeu de Paume, le 3 novembre 1940, l'aviation allemande livrait bataille en Angleterre depuis quatre mois en bombardant Londres sans en retirer le moindre avantage tactique. Pour la première fois du conflit, les Allemands essuyaient une déconvenue, dont Göring s'estimait à juste titre responsable.

À la même époque, le combat personnel de Göring en vue du pillage de l'Europe de l'Ouest s'enlisa, lui aussi ; ce qui désola l'avide Reichsmarschall plus encore que les revers essuyés par les Allemands de l'autre côté de la Manche. Dès le lendemain de l'invasion éclair de la Hollande et de la France, un nouveau marché de l'art s'y installa, grouillant de collaborateurs, d'opportunistes et d'intermédiaires opérant dans l'ombre qui n'éprouvaient aucun scrupule à voler ou mettre en gage des tableaux en échange d'un visa pour l'Amérique. Des centaines d'Allemands tentèrent de profiter de la confusion qui régnait alors. En dépit de son immense pouvoir, Göring se laissait aisément berner. Il consacra beaucoup de temps et d'énergie à des négociations avec des marchands d'art sans pour autant obtenir la moitié de ce qu'il désirait. Ce fut dans ces conditions qu'il se rendit à Paris, en espérant que de nouvelles acquisitions lui remonteraient le moral.

Par une froide journée d'hiver — le 3 novembre 1940 —, les émissaires de Göring exposèrent à son intention au Jeu de Paume le genre d'œuvres qu'il convoitait en lui donnant un aperçu des richesses de la France, dont il n'aurait, à les en croire, aucun mal s'emparer. À quoi bon acheter ? Pourquoi marchander en s'efforçant de damer le pion aux autres Nazis quand Rosenberg pouvait lui fournir une occasion inespérée de s'approprier des œuvres ? Avec le recul, Rose Valland comprit que l'exposition relevait d'une mise en scène conçue par le colonel von Behr, Hermann Bunjes et le conservateur attitré de Göring, Walter Andreas Hofer. Ils savaient ce que voulait le Reichsmarschall, or ils étaient en mesure de le lui donner. À leur manière, ces crapules de Nazis avaient eux aussi saisi la balle au bond en orientant comme des aimants la limaille de fer de leur destin. En un sens, ils firent comprendre à Göring qu'ils restaient à sa disposition : il lui suffisait de demander pour voir ses désirs exaucés.

Quand Göring revint au Jeu de Paume deux jours plus tard, le 5 novembre 1940, ce n'était plus le même homme. Valland surprit une lueur de convoitise dans son regard triomphant. Il discuta haut et fort des œuvres avec ses experts et tenta de se faire mousser en soulignant les mérites de ses tableaux favoris. Il en décrocha même certains, le temps de les examiner de plus près. Il lui suffit ensuite de deux jours à peine pour tout combiner : par ordre du Reichsmarschall approuvé par le Führer, Hitler disposerait dorénavant des biens de son choix parmi ceux confisqués par l'ERR. Göring puiserait à sa guise dans ce dont Hitler ne voudrait pas puis, à son tour, Rosenberg se servirait. Bien entendu, ce dernier s'estima lésé mais le Führer soutint Göring. Même parmi les Nazis, personne ne respectait Rosenberg, unanimement exécré. Hitler n'eut qu'à se féliciter des mesures prises par Göring, qui réussit à s'attirer ses bonnes grâces alors qu'il faisait main basse sur le patrimoine de la France.

À partir de ce moment-là, l'ERR devint un outil de pillage à grande échelle au service de Göring. Celui-ci se rendit vingt et une fois au Jeu de Paume, où le colonel von Behr, Hermann Bunjes et, plus tard, le marchand d'art retors Bruno Lohse, le représentant personnel de Göring à l'ERR, le reçurent toujours avec les honneurs. Ces hommes gravitaient autour du Reichsmarschall, fascinés par le pouvoir que celui-ci détenait de se bâtir une fortune, de faucher des vies humaines et d'infléchir le cours de l'histoire. Les hommes du Jeu de Paume rampaient devant Göring en s'imaginant servir un roi. Le cupide Lohse ne pensait qu'à s'enrichir. Von Behr, obsédé par son ascension sociale, se mêla sous l'Occupation à la meilleure société parisienne. Quant à l'ambitieux Bunjes, lui aussi obtint ce qu'il voulait : à savoir, un poste officiel.

Quand Wolff-Metternich se rendit compte que Bunjes trahissait les principes de la Kunstschutz, il le mit à la porte. Göring le nomma aussitôt officier de la Luftwaffe et directeur du SS Kunsthistorisches Institut de Paris alors qu'il n'occupait jusque-là qu'une place subalterne dans l'administration. Voilà qui donne une idée du pouvoir que détenait le Reichsmarschall, idolâtré par les jeunes responsables vénaux du Jeu de Paume — en particulier Bunjes et Lohse.

Un vent glacial balayait les rues de Paris. Rose Valland frissonna sous son épais manteau. Un instant, elle s'abrita dans l'embrasure d'une porte. Seuls quelques pâtés de maisons la séparaient encore du domicile de James Rorimer. Elle s'attendait ce soir-là à vivre un moment décisif. Elle alluma une cigarette. Elle menait une existence austère dans un petit appartement meublé sans ostentation. Elle ne fréquentait que peu de

monde et ne s'accordait aucun luxe — une manière
pour elle de se protéger. En somme, les Nazis n'avaient
aucune prise sur elle. On ne lui connaissait pas d'amant
susceptible de percer ses secrets. La personne dont elle
se sentait la plus proche était encore son supérieur, Jacques Jaujard, qu'elle admirait énormément. L'opportunité qu'il lui avait offerte lui vaudrait sa reconnaissance
éternelle.

Mais Jaujard ne l'incitait-il pas à s'en remettre à
Rorimer ? La question la tourmentait depuis une
semaine. Le Monuments man bénéficiait de la confiance
et de l'estime de Jaujard, qui les avait incités à travailler
main dans la main à plusieurs reprises. Ils avaient ainsi
récupéré de nombreux biens confisqués aux Parisiens
tout en se liant d'amitié.

Dans quelle mesure Valland pouvait-elle toutefois
se fier à Rorimer ? Elle venait de passer quatre années
à réunir des informations. Quatre années de privations.
Les premiers mois, la peur l'avait subjuguée. Puis elle
s'était accoutumée à la situation. En juillet 1941, le
responsable français du Jeu de Paume tomba malade.
Jaujard confia le musée à Valland en lui attribuant un
poste, enfin rémunéré, d'attachée. Elle deviendrait plus
tard « assistante au Jeu de Paume », dont elle dirigerait
le personnel pour le compte des Nazis, en se rendant
ainsi indispensable auprès d'eux et en conservant toute
liberté de mouvement à l'intérieur du musée. Elle
transmettait régulièrement des informations à Jaujard,
souvent par l'intermédiaire de sa fidèle secrétaire
Jacqueline Bouchot-Saupique. Il arrivait à Valland de
rédiger ses rapports sur du papier à en-tête du Louvre
mais, la plupart du temps, elle utilisait ce qui lui tombait sous la main. Elle s'adressait aussi parfois de vive

voix à Jaujard, à l'occasion d'une visite éclair à son bureau. En tant qu'attachée au Jeu de Paume, Valland avait le droit d'aller et venir au Louvre. Son allure passe-partout, qu'elle cultivait avec soin depuis tant d'années, lui permettait de franchir les postes de sécurité en échappant aux fouilles.

Au fil des mois, elle dompta sa peur et s'enhardit. Les bons d'expédition, les numéros des voitures de chemin de fer et les adresses se révélant trop difficiles à mémoriser, elle se mit à prendre des notes puis à emporter des documents le soir chez elle afin de les copier. Elle les remettait toujours en place avant l'arrivée des Nazis le lendemain matin. Elle allait à la pêche aux renseignements auprès des emballeurs, des secrétaires et même des officiers nazis. Elle enregistrait mentalement les conversations qu'elle surprenait ; les Nazis ne se doutant pas qu'elle comprenait l'allemand. Elle subtilisait les négatifs des Nazis, qui prenaient un soin maniaque à tout photographier, et les développait la nuit. Elle détenait ainsi des clichés de Hofer, von Behr, Lohse et Göring en train d'examiner des œuvres confisquées. Elle possédait une copie du journal de bord du concierge et des informations sur tous ceux qui allaient et venaient dans les salles du Jeu de Paume ; sans compter ses listes — d'œuvres, de voitures de chemin de fer, de destinations…

Il lui en avait tant coûté ! Des années de veille jusqu'à une heure avancée de la nuit. Des semaines de terreur. La crainte de ne pas survivre à l'Occupation. Fallait-il vraiment qu'elle communique ses découvertes à un officier de l'armée américaine ?

Son regard s'arrêta sur une porte d'entrée d'immeuble que rien ne distinguait des autres, sur le trottoir d'en face. Une femme emmitouflée dans son manteau la dépassa. Ce qui vint à l'esprit de Rose Valland ne fut pas la réponse à sa question mais une bouffée d'allégresse à l'idée de pouvoir enfin prendre une décision en tant que femme libre en France. Elle se rappela l'espoir qui avait germé au moment des premiers tirs de la Résistance le 19 août 1944. Qui pourrait oublier ce jour[5] ? Les conducteurs du métro s'étaient mis en grève, bientôt imités par les policiers et les postiers. Tout le monde s'attendait à un soulèvement. Quand les premiers coups de feu retentirent, le ciel de Paris s'éclaircit comme par magie. La ville se mit à bruire d'enthousiasme. Valland se trouvait alors au Louvre auprès d'autres conservateurs qui voulurent hisser le drapeau français au musée. Jaujard refusa. Ils se devaient de songer avant tout aux collections : pas question de courir le risque d'une réaction des Allemands.

Valland s'était alors rendue au Jeu de Paume, décidée à veiller jusqu'au bout sur les œuvres. À un coin du bâtiment se dressait une tour d'observation allemande. Le canon des mitrailleuses installées sur les marches était encore brûlant. Toute la soirée, des unités allemandes vinrent préparer leur défense au jardin des Tuileries. Non loin de là, des résistants abattaient des arbres en édifiant des barricades à l'aide de pavés. D'une fenêtre à l'étage du musée, Valland aperçut des Citroën aux couleurs des Forces Françaises de l'intérieur. Malgré tout, rien ne se passa ; pendant plusieurs jours encore, la pression continua de monter.

Elle ne se relâcherait pas avant la nuit du 24 août. Des éclairs zébrèrent alors le ciel. La police prit les armes. Des obus s'abattirent en sifflant de part et d'autre de la Seine. Les canons des fusils allemands rougeoyèrent sous l'orage. Le lendemain, des soldats de la Wehrmacht s'accroupirent derrière des statues aux alentours du musée, entourés de sacs de sable. Valland les vit tomber l'un après l'autre, victimes des tirs français. Un jeune combattant terrifié perdit de vue son unité. Il mourut d'une balle sur les marches du Jeu de Paume. Les autres se rendirent. En moins de deux heures, les chars du général Leclerc arrivèrent rue de Rivoli. Ses hommes entreposèrent au musée les munitions et les casques allemands dont ils venaient de s'emparer, sous les acclamations des Parisiens massés à l'entrée.

Retentirent alors des coups de feu et des cris. Une foule déchaînée força l'entrée du Jeu de Paume en accusant un employé du musée, qui venait étourdiment de grimper sur le toit pour assister à l'arrivée de Leclerc, de faire le guet pour le compte des Allemands. Valland dut parlementer avec plusieurs officiers avant de convaincre l'un d'eux d'intervenir. Son refus de laisser la foule envahir le sous-sol qui abritait les collections permanentes du Jeu de Paume valut à Valland l'accusation d'y cacher des Allemands. Collabo ! Collabo ! Un soldat français pressa le canon de son arme au creux de ses reins. En descendant les marches du sous-sol, elle songea au jeune soldat allemand qu'elle avait surpris à son poste de sentinelle, un peu plus tôt. Et s'ils en découvraient un autre ? Elle se demanda ce qui l'attendait, après tout ce qu'elle avait déjà enduré. La conscience de ce qu'elle devait aux beaux-arts vint heureusement lui remonter le moral.

Le convoi d'œuvres avait échappé de peu à la catastrophe : des toiles d'une valeur inestimable étaient restées deux mois sur une voie de garage à cause d'un imbroglio bureaucratique. Valland craignait de se voir accusée de rétention d'information ou, pire encore, traitée d'affabulatrice ne sachant rien d'utile mais cherchant à gonfler son importance en se faisant un nom.

Il y avait une part de vérité là-dedans. Valland n'avait-elle pas lancé feu et flammes à la lecture d'un article du *Figaro* du 25 octobre sur le convoi d'œuvres d'art ? L'auteur attribuait aux chemins de fer français l'honneur de la récupération du butin. Valland se plaignit par courrier à Jaujard que le journaliste privait les Musées nationaux du mérite qui leur revenait. Sa frustration éclata dans un autre paragraphe de sa lettre : « Personnellement, je serais heureuse que cette mise au point rétablisse les faits dans leur exactitude, car sans les renseignements que j'ai pu fournir, il eût été impossible de signaler et de repérer cette expédition de tableaux volés, parmi les nombreux convois se dirigeant vers l'Allemagne[6]. »

Valland écrasa sa cigarette en observant la rue enneigée. Il est vrai qu'elle aspirait à de la reconnaissance. Le hasard l'avait placée au bon endroit au bon moment. Elle n'en avait pas moins saisi sa chance là où d'autres auraient pris la fuite ou le parti des Nazis. Elle avait risqué sa vie au nom de ses principes et de son pays. La gloire ne l'intéressait pas. Elle se contentait de mettre en pratique ses convictions. Mieux vaudrait sans doute qu'elle court-circuite l'administration française — théâtre de luttes d'influence — en s'adressant directement à Rorimer. Le temps pressait. Les soldats américains arriveraient les premiers aux entrepôts d'Allemagne et d'Autriche. Elle ne connaissait personne d'autre à qui se fier. En plus, Jaujard avait toute confiance en Rorimer. Même s'il ne le lui avait jamais dit mot pour mot, elle pressentait qu'il souhaitait les voir collaborer.

Elle se remit en marche. Quelques minutes plus tard, elle parvint au domicile de Rorimer, éclairé à la bougie en raison du couvre-feu encore en vigueur à Paris. Le feu qui brûlait dans l'âtre réchauffait la pièce. Rorimer la débarrassa de son manteau et lui offrit un siège. La dure réalité des combats, si éloignés en apparence de son petit appartement, n'en troublait pas moins l'atmosphère. Parfois, les détails pratiques d'une mission se décident dans un salon, devant une coupe de champagne.

Des années plus tard, James Rorimer écrirait que ce rendez-vous avec Valland pendant les fêtes de fin d'année avait marqué un tournant dans sa vie. Pour la première fois, ce soir-là, Rose Valland lui donna une idée de l'étendue des renseignements qu'elle détenait — et qui devaient à eux seuls permettre de retrouver les biens confisqués à des particuliers en France.

Ce soir-là, James Rorimer apparut à Valland comme l'homme de la situation. Sa fiabilité, sa clairvoyance, sa vivacité d'esprit et sa ténacité transparaissaient dans ses moindres propos. Valland dut hélas admettre qu'il ne mesurait pas l'étendue du sacrifice auquel elle avait consenti. Tant pis ! Comme elle, Rorimer tenait à se rendre utile, or son destin dépendait à présent des informations en possession de Valland.

« Je vous en prie, dites-moi ce que vous savez », la supplia Rorimer.

Elle se doutait bien qu'elle finirait un jour ou l'autre par céder. Bien entendu, elle avait dû remettre à Jacques Jaujard ses rapports et une partie de ses notes, mais elle se méfiait de la bureaucratie : il suffisait d'un employé négligent à n'importe quel échelon pour que l'on aboutisse à une impasse. Ce fut d'ailleurs ce qui se produisit. Quelques mois plus tard, bien après la fin de la guerre, on retrouva des photographies fournies par Valland au QG des forces expéditionnaires alliées dans un classeur au fond d'un bureau où elles n'avaient rien à faire, à côté d'un paquet d'autres documents « sans importance ».

Heureusement, Valland établissait une copie de ses rapports à l'intention de Rorimer. Elle ne les lui remit cependant pas ; du moins, pas tout de suite : il fallait au préalable qu'il consente à ne divulguer ses renseignements à personne. Même si Valland avait su que des Monuments men compétents et honnêtes se battaient en première ligne — ce qu'elle ne soupçonnait pas du tout —, elle ne serait pas revenue sur sa décision. Elle ne voulait pas que Rorimer partage ses informations mais qu'il les utilise — et donc qu'il se rende sur le théâtre des combats sans tarder.

Depuis des semaines, elle lui répétait : « Vous gaspillez vos talents, ici, James. Nous avons besoin d'hommes de votre calibre en Allemagne, pas à Paris.

— Dites-moi ce que vous savez », insista-t-il.

Bientôt, il se retrouverait en première ligne. Il ne résisterait pas à la tentation de relever le défi. Ce n'était qu'une question de temps. Cela dit, le temps représentait un luxe au-dessus de leurs moyens. Valland ne disposait plus que d'un seul atout : ses informations. Un vertige la saisit. Tant qu'elle les garderait pour elle, il lui resterait un moyen de pression sur son entourage ; mieux valait donc s'assurer d'abord que Rorimer allait partir en Allemagne. À moins que le respect et l'atten-

tion que lui valaient ses connaissances ne lui eussent
tourné la tête ?

« Rose ! » insista Rorimer en lui prenant la main.

Elle se détourna. « Je suis désolée, James, soupira-
t-elle. Je ne peux pas. »

III

ALLEMAGNE

7 février 1945

Mer du Nord

ANGLETERRE

LONDRES

AMSTERDAM

Carinhall

NETHERLANDS

BERLIN

Cleves

Bruges

Essen

BELGIQUE

Cologne

BRUXELLES

Aachen

Siegen

Merkers

Bonn

Weimar

Givet

La Gleize

Bad Godesburg

Ohdruf

Frankfurt

PARIS

Trier

Verdun

Metz

TCHÉCOSLOVAQUIE

ALLEMAGNE

Strasbourg

Danube R.

FRANCE

Veldenstein

Linz

MUNICH

Neuschwanstein

Salzburg

Berchtesgaden

Altaussee

SUISSE

AUTRICHE

ITALIE

Mer Adriatique

Zones occupées
Zones alliées
Zones neutres

Bologne

Pise

0   50   100 miles

100 km

Mer Méditerranée

24. Un Juif allemand
dans l'armée américaine

Givet, Belgique, janvier 1945

Chaque matin, Harry Ettlinger, le dernier garçon qui eût fêté sa bar-mitsvah à Karlsruhe, montait à bord d'un bus qui le conduisait du quartier périphérique de Newark, dans le New Jersey, où il habitait, à son lycée en centre-ville. Son père venait enfin de décrocher un emploi au bout de trois années en Amérique : celui de gardien de nuit dans une usine de bagages. La famille Ettlinger vivait dans une telle gêne que Harry s'aperçut à peine de l'instauration du rationnement pendant la guerre. De nombreux changements s'observaient pourtant depuis le début des hostilités. À l'exemple d'Eleanor Roosevelt à la Maison-Blanche, les Américains cultivaient à présent des carottes et des choux dans les carrés de pelouse devant chez eux — les « jardins de la victoire », comme ils les surnommaient. Les écoliers avaient débroussaillé des terrains vagues pour y planter des haricots. Comme leurs parents, ils circulaient sur les « vélos de la victoire » fabriqués en caoutchouc régénéré et en matériaux non nécessaires à l'effort de guerre. Le bus passa devant une affiche — « Quand vous roulez seul, vous roulez pour Hitler » — incitant à utiliser les transports en commun ou, du moins, à pratiquer le covoiturage. Harry se félicita que ses parents ne possèdent pas de voiture. Plus personne n'en conduisait ; à croire que c'était devenu un péché ! Des rumeurs prétendaient qu'on risquait une amende si on se faisait pincer en train de circuler pour le plaisir, sans but précis.

Harry traversa la zone industrielle de Newark où les usines tournaient même la nuit. Les bus étaient à présent toujours bondés alors que personne ne les empruntait avant la guerre. Sur le trottoir, des ouvriers de l'équipe de nuit — des hommes et des femmes d'un certain âge, épuisés mais fiers de leur travail — attendaient patiemment le prochain. Par souci de ne pas gaspiller le tissu indispensable à la confection de tentes militaires et d'uniformes, les dames portaient des robes courtes découvrant leurs mollets. Pour la même raison, les hommes avaient renoncé aux revers de leurs pantalons. Cela dit, la nouvelle mode masculine attirait moins l'œil de Harry.

Ce qui le marquait le plus, c'étaient les drapeaux. Chaque usine et presque chaque maison arboraient une bannière étoilée. Dans les quartiers résidentiels, on voyait à la plupart des fenêtres un drapeau blanc orné d'une étoile bleue et d'une bande rouge signifiant que l'un des occupants servait dans l'armée. Une étoile dorée et une bande jaune indiquaient un mort au combat.

Harry savait que, lorsqu'il quitterait le lycée, ses parents en afficheraient un bleu et rouge à leur fenêtre et sans doute même deux puisque son frère Klaus comptait s'engager dans la marine dès son dix-septième anniversaire. Déjà, certains de ses camarades avaient abandonné leurs études, dont un brillant élève, Casimir Cwiakala, qui ne reviendrait pas vivant du Pacifique. Seuls un tiers des condisciples de Harry comptaient assister à la remise des diplômes. Les autres s'entraînaient déjà dans l'armée de l'air ou de terre à conduire des avions ou des chars.

Harry ne tenterait pas de passer entre les mailles du filet mais il n'avait pas hâte de s'enrôler pour autant. La guerre n'allait pas finir de sitôt ! Au fond de lui, il ne se sentait pas très rassuré et, pourtant, jamais il n'aurait contesté la nécessité de se battre. Comme n'importe quel jeune homme au printemps 1944, Harry Ettlinger s'attendait en dépit de ses craintes à devenir un fier soldat rompu à la discipline militaire, loin du continent américain. Il ne concevait pas son avenir autrement. En attendant, certaines responsabilités lui incombaient. Le matin, il se rendait au lycée. Après la sortie des classes, il travaillait à l'usine afin de venir en aide à sa famille. Avant la guerre, la manufacture Shiman fabriquait des bijoux. Depuis peu en sortaient des ciseaux jetables destinés aux chirurgiens militaires.

Sans surprise, Harry fut appelé sous les drapeaux peu après la remise des diplômes. Le 11 août 1944, il arriva dans un camp d'entraînement de nouvelles recrues. Les Alliés venaient de réussir une percée en Normandie. Sans doute sa mère suivait-elle leur progression sur les cartes que publiaient les journaux à mesure que le front se déplaçait vers le nord-est. Ce n'était le cas ni de Harry ni de ses condisciples. Peu leur importait l'avancée des Alliés ! Ils allaient se battre en Europe, or certains d'entre eux n'en reviendraient pas vivants. Ils ne tenaient pas plus que cela à savoir où au juste ils laisseraient la vie.

Harry se retrouva d'abord à Macon, en Géorgie : là, il se levait tôt, se lavait puis s'habillait en vitesse, faisait son lit, prenait son petit déjeuner, avançait au pas, démontait puis remontait son fusil, passait à table, obéissait aux instructions de son supérieur, se lavait, allait se coucher et se levait de bonne heure pour recommencer le lendemain. Pas une minute, il ne perdait de vue les neuf autres membres de son unité, à laquelle se bornait désormais son horizon.

À la mi-novembre, alors que sa formation touchait à sa fin, l'un de ses supérieurs convoqua Harry Ettlinger. « Êtes-vous citoyen des États-Unis ? lui demanda-t-il.

— Non.

— Vous êtes allemand, non ?

— Allemand et juif.

— Depuis combien de temps habitez-vous ce pays ?

— Cinq ans.

— Suivez-moi. »

Quelques heures plus tard, face à un juge de Géorgie, Harry Ettlinger obtint la nationalité américaine. Six semaines après, à Givet en Belgique, à quelques kilomètres à peine de son pays natal, il attendait son ordre de départ pour le front.

À Givet — un dépôt de remplacement — affluaient des soldats sur le point de se substituer aux trop nombreux morts au combat de certaines unités. Harry Ettlinger et un millier de jeunes recrues y séjournèrent dans une énorme grange meublée de couchettes superposées sur trois niveaux. De mémoire d'homme, on n'avait jamais connu de mois de janvier aussi froid. La chaleur que dégageaient les poêles à charbon montait droit vers le plafond tandis qu'un vent glacial s'engouffrait par les interstices de la vieille façade en bois du bâtiment. La neige formait une couche tellement épaisse que Harry ne vit pas un seul brin d'herbe en Belgique. Le ciel ne s'éclaircit que deux semaines plus tard et, à ce moment-là, Harry n'y distingua que des avions d'un horizon à l'autre — son premier aperçu de l'imposante machine de guerre alliée. La bataille des Ardennes venait de tourner à l'avantage des armées occidentales, qui progressaient de nouveau après la défaite des Allemands à Bastogne. Ceci dit, plus personne ne nourrissait d'illusions. Les Allemands ne se rendraient pas tant que la totalité de leurs villes n'aurait pas été rasée. Des milliers de soldats et de civils allaient mourir en luttant pour le moindre mètre carré de territoire. Par temps clair, il fallait s'attendre à des bombardements mortels et, pire encore du point de vue des hommes groupés à Givet, à des températures au-dessous de zéro. Harry vécut là l'une des nuits les plus glaciales de sa vie.

Quelques jours plus tard, leurs ordres d'affectation parvinrent aux nouvelles recrues. Une centaine de camions se rangèrent dans la neige devant la grange. Les officiers appelèrent les unités par leur numéro et les hommes du rang embarquèrent avec leur équipement. Ils ignoraient où ils allaient ; ils savaient seulement qu'ils devaient rejoindre la 99ᵉ division d'infanterie au front. Harry monta dans le cinquième camion avec les huit autres soldats de son unité (le dixième s'était mystérieusement volatilisé) dont il partageait le quotidien depuis plus de cinq mois. Ils n'échangèrent que peu de mots en attendant que les camions s'ébranlent les uns après les autres. Les voilà enfin partis tous ensemble, enthousiastes quoique pas très rassurés.

Soudain, un sergent remonta le convoi au pas de course en demandant au conducteur du camion en tête de s'arrêter. D'une voix de stentor, il annonça : « Les trois hommes dont les noms suivent, venez avec moi. » Harry reçut un tel choc en entendant son patronyme qu'il ne réagit pas tout de suite.

« Hé ! C'est toi », lui fit remarquer l'un de ses camarades en lui donnant un coup de coude.

Harry bondit à terre et posa son sac à ses pieds. Deux autres hommes — sur plus de deux mille cinq cents — en firent de même. Harry se retourna une dernière fois sur les huit soldats de son unité. Au cours des semaines suivantes, trois mourraient et quatre seraient gravement blessés. Un seul de ses frères d'arme sortirait indemne de la guerre.

Harry déclina son identité devant le sergent qui hocha la tête, vérifia son nom sur sa liste puis fit signe au conducteur du premier camion de se remettre en route. Harry hissa son sac sur son épaule et retourna à la grange sans trop savoir ce qui l'attendait mais en se doutant bien qu'il ne se battrait pas en première ligne. Cela se passait le 28 janvier 1945, le jour de son dix-neuvième anniversaire et, à en croire Harry, le plus heureux de sa vie.

25. Survivre aux combats

La Gleize, Belgique, 1er février 1945

Walker Hancock parvint à La Gleize, en Belgique, par une journée de février redoutablement froide. Avant la bataille des Ardennes, il avait passé là un excellent après-midi auprès d'une charmante jeune femme et d'une magnifique sculpture méconnue de la Vierge Marie. Pendant les combats, il suivit avec inquiétude le recul du front au-delà d'Aix-la-Chapelle et même de la ligne Siegfried jusqu'à la vallée de l'Amblève, en Belgique. Au-dessous de l'épingle qui marquait sur la carte la position des Allemands, dont ils ne parvenaient d'ailleurs plus à se dépêtrer, se trouvait le village de La Gleize. Chaque fois que le regard de Hancock s'y posait, il songeait à sa jeune hôtesse et à l'extraordinaire Madone ; l'une et l'autre encore à l'abri des combats, quelques semaines plus tôt. Rien n'échappe à la guerre, se lamentait-il, préoccupé par leur sort.

À présent qu'au lendemain de la bataille des Ardennes, les Alliés repoussaient à nouveau les Allemands, Walker Hancock voulut se rendre compte de ce qu'était devenu le paisible bourg de La Gleize. Bill Lesley, le premier Monuments man à y être passé à l'issue des combats, prétendait qu'il n'en restait plus rien. Le spectacle d'horreur que découvrit Hancock ne l'en stupéfia pas moins. Des maisons en ruines. Des commerces incendiés ou à l'abandon. Des cartouches de fusils jonchant les rues. L'église se réduisait à un squelette vide sur le point de s'effondrer en emportant dans sa chute les derniers vestiges du village. Hancock en trouva la porte close ; il y entra par un trou béant dans un mur. Les poutres du toit soufflé oscillaient sous les bourrasques qui apportaient de la neige. Une pile de bancs formait une barricade dans la nef. Hancock aperçut un peu partout des munitions, des pansements, des rations en conserve et des lambeaux d'uniformes. Les Allemands s'étaient servis de l'édifice comme d'une forteresse puis d'un hôpital de campagne. Sans doute des soldats des deux camps reposaient-ils sous la neige. Décidément, rien n'échappe à la guerre, songea une fois de plus Hancock.

Excepté la Madone : Hancock la retrouva telle qu'elle lui était apparue deux mois plus tôt, au centre de la nef, une main sur le cœur et l'autre levée en signe de bénédiction. Animée par un souffle divin, elle semblait ignorer le décor de ruines qui l'entourait et qui la rendait par un contraste paradoxal plus que jamais à même d'insuffler de l'espoir. Sa beauté n'avait-elle pas triomphé des destructions ?

Le bourg de La Gleize ne semblait pas complètement abandonné. En longeant la rue principale verglacée, Hancock vit errer parmi les ruines quelques silhouettes hagardes encore sous le choc des bombardements. Pour ne pas changer, le curé demeura introuvable mais un certain M. George — le type même de l'homme qui a survécu aux combats, un bandage ensanglanté autour du crâne — proposa son aide à Hancock.

« Je suis venu pour la Madone », expliqua Hancock à M. George et son épouse à la table de leur humble cuisine. Il leur montra une lettre de l'évêque de Liège, dont dépendait la paroisse. « L'évêque propose qu'on la mette à l'abri au séminaire de Liège jusqu'à la fin de la guerre. L'état des routes laisse à désirer, j'en suis conscient, mais il n'y a pas de temps à perdre. Je dispose d'un camion et d'un excellent chauffeur. Nous pouvons l'emporter aujourd'hui même. »

M. George fronça les sourcils. Son épouse aussi. « La Madone ne quittera pas La Gleize. Ni aujourd'hui ni jamais. » M. George ne voulait même pas consentir à laisser la statue sortir de l'église.

Et la neige ? le froid ? le vent ? la charpente du toit qui menaçait de s'effondrer ? Hancock argumenta du mieux qu'il put, sans résultat.

« Je vais demander leur avis aux autres », décréta M. George en mettant un terme à la discussion. Une heure plus tard, une douzaine de personnes au front barré d'un pli soucieux — Hancock se demanda si le village comptait d'autres survivants — se réunirent chez lui afin d'écouter l'Américain défendre son point de vue.

« Il y a une cave, ici, déclara M. George. Le curé lui-même s'y est réfugié pendant les combats. Des balles ont blessé certains villageois à travers le soupirail mais le danger est passé, à présent. Je propose qu'on y mette la Vierge à l'abri[1]. »

Hancock n'en fut pas enchanté. Cela dit, il ne voyait pas d'autre compromis possible. Au moins, la maison de M. George ne semblait pas à deux doigts de s'écrouler. « On n'arrivera jamais à déplacer la Madone, s'interposa quelqu'un. Impossible de briser les fers qui l'attachent au socle en pierre. Je le sais : c'est moi qui les ai cimentés.

— Justement ! rétorqua Hancock. S'il y a bien quelqu'un en mesure de détacher la Madone de son socle, ce doit être vous ! »

Le maçon secoua la tête. « Oh non ; je vous dis qu'il n'y a pas moyen.

— Et si on la déplaçait avec son socle ? »

Le maçon y réfléchit un moment. « Pourquoi pas !

— Pas question qu'on la bouge ! » protesta une autre voix. En se retournant, Hancock vit se lever un petit homme à la mâchoire carrée.

« Soyez raisonnable, enfin ! » s'interposa M. George. L'autre refusa cependant de céder : la Madone avait survécu aux combats. Elle représentait tout ce qui restait de leurs vies d'avant, de leur communauté ; elle incarnait la grâce de Dieu, leur salut. À quel titre cet étranger, cet… Américain, se permettait-il de leur dicter leur conduite ? La Madone n'avait qu'à demeurer dans l'église, tant pis s'il n'en restait plus grand-chose.

« Je suis d'accord avec le notaire », renchérit le maçon.

Un ou deux autres remuèrent sur leur siège, mal à l'aise. Hancock examina leurs traits tirés et leurs pansements. Les habitants de La Gleize ne considéraient pas la Madone comme une œuvre d'art mais comme l'âme de leur communauté. Pourquoi la cacher dans une cave alors qu'ils en avaient plus besoin que jamais ? Ne venait-elle pas de triompher de l'ennemi ? Ils n'admettaient pas, après tout ce qu'ils venaient d'endurer, que des dangers la menacent encore.

Et cependant, il n'y avait qu'à regarder les poutres du toit et les murs en ruines pour s'en convaincre ! « Allons à l'église, proposa Hancock. On y trouvera peut-être une solution. »

Ils traversèrent la bourgade déserte en procession, en contournant les amas de neige, les plaques de verglas et les pièces d'artillerie éparses entre les décombres. Quelqu'un qui possédait la clé de l'église leur en ouvrit la porte, bien qu'à quelques pas de là, il n'y eût plus de mur. De gros flocons de neige saupoudraient la Madone. Les habitants se massèrent à ses pieds comme s'ils cherchaient un peu de chaleur auprès d'elle. Hancock étudia le visage de la Vierge. Il y lut de la tristesse, une certaine sérénité et peut-être aussi de l'étonnement.

Hancock s'apprêtait à prendre la parole quand le toit céda tout à coup. Une grosse poutre en bois se fracassa contre le sol en déchirant le silence. De la neige rejaillit aux alentours sous une pluie de cristaux de glace. Lorsque la poussière retomba enfin, le notaire pâlit. Il se tenait à deux pas de la poutre qui ne l'avait évité que d'un cheveu.

« Ma foi… », commença Hancock.

À ces mots, un bloc de glace se détacha du toit et atterrit à quelques centimètres du pied du notaire.

« Je suis d'avis qu'on emmène la statue dans la cave de M. George », déclara celui-ci[2].

Le maçon n'avait pas menti ; impossible de séparer la statue de son socle. On attacha deux poutres tombées du toit au piédestal qu'une poignée d'hommes fit basculer. Il avait beau ne pas dépasser un mètre vingt de hauteur, il fallut huit hommes pour sortir la Vierge de l'église et la conduire au centre de la ville au bas d'une pente glissante. Courbés sous le poids de la charge, ils prirent bien garde à là où ils mettaient les pieds.

Hancock portait alors sa tenue de combat et son casque. Les plus âgés des habitants de La Gleize, coiffés de feutres et de bérets, avaient revêtu leurs costumes et leurs longs manteaux. Une jeune femme ouvrait la marche, une cape sur les épaules. La Madone à la sérénité inébranlable les dépassait d'une bonne tête. Jamais on n'avait vu plus curieuse parade à La Gleize.

Une fois la Madone à l'abri dans la cave, un jeune homme invita Hancock et son chauffeur à dîner. Hancock eut la surprise de partager une fois de plus le couvert de M. Geneen, le fermier aubergiste dont la fille l'avait jadis emmené visiter le village. Hancock, qui ne comptait qu'avaler ses rations de l'armée, réclama un peu d'eau chaude pour dissoudre son café en poudre mais la famille insista pour lui servir un repas chaud — alors que la moitié des pièces manquait à la maison, en laissant le froid s'engouffrer dans le séjour. Par un trou dans un des murs, Hancock aperçut un tas de grenades, de Panzerfausts (des lance-roquettes antichar) et d'autres munitions rassemblées par la famille au moment de déblayer la cour. Par un autre, il ne distingua que les ténèbres au-dehors. La scène lui parut irréelle. Et pourtant, ses hôtes — l'air vieilli, épuisé, mais encore vivants et en bonne santé — le conviaient à un festin, ni plus ni moins. De la viande et des légumes frais au milieu des décombres ; en voilà, une vision aussi enchanteresse qu'inattendue !

Ils discutèrent de l'échec de la percée allemande, de la candeur des soldats américains et de leur éventuel avenir à tous. Hancock fit honneur au plat. Il regardait autour de lui quand, soudain, un détail le frappa.

« Ce n'est pas ici que vous m'avez reçu, la dernière fois[3] ! »

M. Geneen posa sa fourchette avant de croiser les mains. « Une nuit, commença-t-il, je me suis réveillé en sursaut et j'ai vu le ciel par un trou d'obus dans le mur. Quand je me suis enfin rappelé où j'étais et pourquoi, je me suis dit : "C'est une rude épreuve qui m'arrive à mon âge, après une vie entière à trimer d'arrache-pied ! Il ne me reste même plus quatre murs entre lesquels m'abriter." Puis je me suis souvenu que la maison où je dormais n'était pas la mienne ; elle appartenait à l'un de mes amis qui venait de mourir. De celle que j'ai bâtie de mes mains, il ne reste plus rien. Hélas ! Puis je me suis dit que nous, au moins, avions survécu à la bataille. Pendant tout le temps qu'ont duré les combats, nous avons trouvé de quoi manger. Nous sommes tous en bonne santé ; rien ne nous empêche de retrousser nos manches. » Il embrassa du regard sa famille et les deux soldats assis à leur table. « Nous avons eu de la chance », conclut-il.

Les combats étaient terminés à La Gleize. En revanche, à l'est, en Allemagne, la guerre faisait encore rage.

26. Le nouveau Monuments man

*Luxembourg et ouest de l'Allemagne,
5 décembre 1944-24 février 1945*

Au début du mois de décembre 1944, George Stout apprit que plusieurs hommes — des engagés volontaires employés dans le civil par des institutions culturelles — allaient rejoindre les rangs de la MFAA au sein du 12ᵉ groupe d'armées des États-Unis afin de prêter main-forte aux Monuments men sur le terrain. Bien entendu, leur affectation ne prendrait pas effet avant plusieurs semaines. Tout de même, les renforts n'allaient plus tarder.

Sheldon Keck, un conservateur du patrimoine nommé par Stout assistant du nouvel officier des monuments de la 9ᵉ armée américaine, Walter, dit « Hutch », Huchthausen, servait sous les drapeaux depuis 1943. Il venait cependant à peine de rejoindre la MFAA. Marié et père d'un jeune garçon — « Keckie » n'avait que trois semaines lors du départ de son père pour l'armée — Keck correspondait tout à fait au profil que souhaitait Stout.

Lamont Moore et John Skilton, tous deux conservateurs de la Galerie nationale d'Art (ils avaient contribué à l'évacuation de ses collections au domaine Biltmore en 1941), remplaceraient George Stout au bureau de la MFAA du 12ᵉ groupe d'armées chaque fois que celui-ci se rendrait au front — c'est-à-dire souvent.

Walker Hancock attendait lui aussi un assistant, le caporal Lehman, dont la bureaucratie militaire retardait le transfert. Pour l'heure, Hancock se débrouillait donc seul, en s'appuyant sur les conseils de George Stout.

C'était encore la dernière recrue qui possédait le CV le plus impressionnant : Lincoln Kirstein, à trente-sept ans, faisait profession d'organiser des événements culturels. Célèbre touche-à-tout, il pouvait se targuer de relations haut placées. Fils d'un homme d'affaires autodidacte aux origines obscures gravitant depuis peu dans le cercle du président Roosevelt, Kirstein semblait promis dès son plus jeune âge à un brillant avenir. Dans les années vingt, alors qu'il étudiait encore à Harvard, il fonda la société pour l'art contemporain, par la suite à l'origine du musée d'art moderne de New York. Il prit aussi part à la création d'une revue littéraire réputée, *Hound and Horn*, publiant des œuvres inédites d'auteurs reconnus dans le monde entier tels que le romancier Alan Tate ou le poète E.E. Cummings. Alfred Barr, le premier directeur du musée d'art moderne, y attira sous couvert d'un pseudonyme l'attention des lecteurs sur l'attitude de Hitler envers le monde de l'art.

Une fois son diplôme en poche, Kirstein se lança dans une carrière de romancier et d'artiste. Ce fut toutefois en tant que mécène qu'il se fit un nom. Critique estimé, il occupait à trente ans et quelques une place de choix sur la scène culturelle new-yorkaise et comptait parmi ses amis intimes le poète Archibald MacLeish et l'écrivain Christopher Isherwood, dont la chronique sur le Berlin gouverné par les Nazis lui assurerait la gloire (avant d'inspirer la comédie musicale et le film *Cabaret*).

La principale contribution de Kirstein à la vie artistique new-yorkaise ne connaissait toutefois qu'un succès relatif, au moment où éclata la guerre. En 1934, il avait convaincu le grand chorégraphe russe George Balanchine d'émigrer aux États-Unis. Ensemble, les deux hommes fondèrent l'école américaine de ballet ainsi que plusieurs compagnies de ballet itinérantes sans oublier, bien sûr, celle de New York.

Comme tout le monde, Kirstein mit ses projets au placard en 1942. En manque chronique de fonds, ne sachant pas ce que lui réservait l'avenir et résolu à ne pas se retrouver simple conscrit dans l'armée, il tenta d'entrer dans la marine en tant que réserviste — en vain : à l'instar de beaucoup de Juifs (et de Noirs ou d'Asiatiques), il ne satisfaisait pas à un critère d'admission douteux exigeant des recrues qu'elles fussent issues d'une famille possédant la nationalité américaine depuis trois générations au moins[1]. Les gardes-côtes ne voulurent pas de lui non plus à cause de sa mauvaise vue. Il rejoignit donc l'armée en tant que simple soldat en février 1943. « À trente-six ans, j'ai difficilement accepté ce qui m'aurait paru moins pénible à vingt-six et franchement amusant à seize », écrivit-il à son excellent ami Archibald MacLeish, alors bibliothécaire du Congrès, à propos de son entraînement[2]. À un autre ami, il confia : « Je suis un vieil homme et je trouve les conditions de vie au camp très dures [...] Je suis tellement épuisé que je n'arrive plus à trouver le sommeil [...] j'ai appris (à peu près) à démonter puis à remonter un fusil, à m'écarter de la route d'un char et à venir à bout d'un parcours d'obstacles, même s'il me faut du temps. Je ne trouve pas ça drôle — contrairement à la plupart[3]. » Au moins, conclut-il sur le ton de la plaisanterie, il avait perdu plus de vingt kilos.

À la sortie du camp d'entraînement, Kirstein se vit refuser l'entrée à la division du contre-espionnage du département de la Guerre, puis aux services secrets de l'armée et, enfin, au corps des transmissions. Il se rabattit sur une formation d'ingénieur de combat à Fort Belvoir, en Virginie, où il rédigerait des manuels d'instructions. Las du rythme trop mou à son goût de la vie dans l'armée, Kirstein s'intéressa aux œuvres d'art réalisées par des soldats, à commencer par ses collègues du génie militaire. Soutenu par ses nombreux amis et correspondants, l'infatigable Kirstein mit sur pied ce qui recevrait bientôt le nom de War Art Project. À l'automne 1943, le magazine *Life* consacra un article à neuf tableaux et sculptures de soldats, sélectionnés par Lincoln Kirstein qui les exposerait par la suite à la Galerie nationale d'Art et à la bibliothèque du Congrès de Washington.

Bien que Kirstein ne fût pas officier, la commission Roberts, qui voyait en lui un candidat idéal pour la MFAA, lui proposa un poste. Tiraillé entre son attachement au War Art Project et son respect pour la mission des Monuments men, il opta finalement pour la conservation du patrimoine. Il arriva en Angleterre en juin 1944 avec trois autres Monuments men en attente d'une affectation, impatient de participer à une opération militaire efficace.

Il dut vite déchanter. Les quinze hommes qui composaient la première fournée de la MFAA se trouvaient à ce moment-là en Normandie, quand ils n'attendaient pas encore de franchir la Manche. À la base de Shrivenham, envahie de préposés aux Affaires civiles, rien ne semblait prévu pour la MFAA, qui ne possédait pour ainsi dire aucune existence concrète. Arrivés à Londres, Kirstein et ses camarades s'aperçurent que personne ne les attendait. Ceux à qui ils s'adressèrent, n'ayant jamais entendu parler de la section des Monuments, des Beaux-Arts et des Archives, leur conseillèrent de patienter, le temps de régler quelques formalités administratives. Préoccupée par la bataille de Normandie, la hiérarchie militaire eut tôt fait de les oublier.

Kirstein parvint à contacter James Rorimer, qui, en tant que conservateur du Metropolitan, évoluait dans la même société que lui à New York. Rorimer écrivit à sa femme[4] :

« Je trouve ça curieux qu'un homme du calibre de Lincoln, auteur de six livres et de nombreux articles, qui a étudié six ans à Harvard, créé la revue *Hound and Horn*, et dirigé l'école de ballet américaine, etc., trime encore en tant que simple soldat. N'importe quoi ! Cela dit, Saroyan non plus ne détient aucun grade dans l'armée. Ce qui ne l'empêche pas d'écrire des pièces de théâtre. Il ne fallait pas s'attendre à ce que plus de dix millions d'hommes obtiennent une affectation à la mesure de leurs talents. Je me demande ce qui importe le plus de ce point de vue — la chance, les relations, etc. Sans doute que la valeur en tant que telle n'est pas toujours récompensée. »

Malheureusement pour Kirstein, le long combat de Rorimer en vue de sa propre affectation à la MFAA s'apprêtait alors à aboutir. Il ne put venir en aide à son brillant camarade. Kirstein, qui avait le bras long, obtint son transfert en France et même à Paris… où personne ne lui confia la moindre mission. Faute d'occupation, il s'aménagea un bureau de fortune sur un tas de caisses dans un entrepôt vide et prit l'habitude de se lever de bonne heure pour écrire des lettres, des poèmes et des articles.

L'inanité de ses efforts lui sapait toutefois le moral. De par son tempérament, il alternait les périodes d'activité frénétique et de profond désespoir. Quand il se démenait sans compter, il finissait par obtenir d'impressionnants succès qui préludaient le plus souvent à une prostration mélancolique doublée d'un sentiment de gâchis. Dans ces moments-là, Kirstein peinait à se concentrer ou à s'en tenir à la moindre activité. Large de carrure, le regard pénétrant et le nez aquilin, il savait se montrer aussi intimidant que charmant. Sous ses dehors imposants, Lincoln Kirstein manquait en réalité de confiance en lui et cherchait sans cesse un exutoire à sa créativité débordante.

Pris au piège de l'administration militaire, Kirstein broyait du noir lorsqu'au début de l'automne 1944, les Alliés avancèrent à toute vitesse en Europe. En octobre, au plus fort de son abattement, il se résolut à bombarder de courriers les membres de la commission Roberts. Il leur expliqua qu'il avait refusé un grade de sergent-chef dans l'armée de l'air pour travailler à la MFFA et se plaignit que « la commission nous considère comme une gêne, Skilton, Moore, Keck et moi, à moins qu'elle ne nous ait oubliés […] Personnellement, je qualifierais le comportement de la commission, pour rester poli, d'insultant et d'ingrat[5] ». Puisqu'on ne lui confiait aucune mission, ajouta-t-il, il ne souhaitait « pas rester sur la liste des membres de la MFAA ».

Son zèle postal ne rencontra qu'un succès relatif. La commission Roberts voulait elle aussi envoyer Kirstein en première ligne mais, à sa consternation, elle découvrit que le règlement de l'armée n'autorisait pas de simples soldats à servir dans la MFAA. Il fallut donc imposer de nouvelles procédures à la hiérarchie militaire. En attendant, les officiers sur le terrain se surmenaient de plus belle tandis que leurs assistants se demandaient à quoi occuper leur temps. Les ordres de Kirstein lui parvinrent enfin en décembre 1944, plus de six mois après son arrivée en Angleterre ; un délai d'autant plus frustrant que les Monuments men du 12e groupe d'armées manquaient cruellement de moyens.

George Stout, en tant qu'ancien professeur de Kirstein à Harvard, était tout à fait conscient des qualités de sa nouvelle recrue et sans doute aussi de ses défauts : son manque de patience, ses brusques changements d'humeur et son aversion pour la vie militaire. Par hasard ou non — vu le tempérament de Stout, la seconde hypothèse semble de loin la plus probable — Kirstein assisterait le Monuments man Robert Posey de la 3e armée sous le commandement de Patton : les deux soldats se complétaient à merveille.

Posey et Kirstein formaient un drôle de tandem : un architecte de l'Alabama taciturne, issu d'un milieu modeste, et un Juif new-yorkais fin gourmet maniaco-dépressif, marié mais homosexuel. Si Posey ne perdait jamais son sang-froid, Kirstein, lui, se laissait sans cesse déborder par ses émotions. Posey procédait avec ordre et méthode alors que Kirstein obéissait à ses impulsions. Posey se montrait discipliné tandis que Kirstein n'hésitait pas à livrer son opinion. Posey prenait le temps de la réflexion là où Kirstein se fiait à son instinct, qui ne le trompait d'ailleurs que rarement. Posey ne réclamait à sa famille que des barres de chocolat Hershey. Kirstein, lui, recevait de ses proches des fromages affinés, des artichauts, du saumon et des exemplaires du *New Yorker*. Surtout, Posey se considérait comme un soldat alors que Kirstein rongeait son frein à l'armée en se plaignant de la bureaucratie et des officiers qui lui cherchaient des noises. Posey comprenait l'intérêt de la hiérarchie militaire dont il respectait les règles. Il portait l'armée dans son cœur. Blessé lors de la bataille des Ardennes, il avait aussitôt repris du service par loyauté envers sa mission mais aussi envers ses camarades de la 3e armée. Ensemble, Posey et Kirstein accompliraient bien plus qu'en œuvrant chacun de leur côté.

D'autres raisons plus terre à terre expliquent aussi leur association. Posey possédait une grande expérience du terrain : en tant qu'expert en bâtiments, il se trompait rarement sur la marche à suivre. En revanche, il manquait d'une certaine culture et ne parlait aucune langue étrangère. Incollable en histoire de l'art, Kirstein, qui se débrouillait assez bien en français, apportait à son équipier les connaissances qui lui faisaient défaut. Il restait toutefois un talon d'Achille à leur tandem : ni Kirstein ni Posey ne maîtrisaient l'allemand. Kirstein en possédait quelques rudiments mais ils ne leur suffiraient pas.

En dépit de ses remarquables aptitudes, qui surpassaient sans conteste celles de son supérieur hiérarchique, le capitaine Posey, Kirstein dut se charger de corvées réservées aux simples soldats : pomper l'eau d'une cave inondée, dénicher une muselière pour le chien d'un colonel, livrer des planches en contreplaqué, servir à table, creuser des latrines, rédiger des rapports

et — le pire, et de loin ! — remplir de la paperasse.
Kirstein devait taper chaque document en huit exemplaires et, quand une faute de frappe s'y glissait, il lui
fallait recommencer depuis le début. Il ne se laissa toutefois pas décourager. Après sept mois d'inaction, il
avait hâte de se rendre enfin utile.

À Metz, Kirstein prit conscience des exigences de sa
mission. Avec Posey, il passa les dernières semaines de
janvier à emprunter la route verglacée qui reliait le QG
nancéien de la 3e armée à la ville fortifiée de Metz,
prise par cette même armée à l'automne à l'issue d'une
lutte féroce. Pendant la bataille des Ardennes, raconta
Posey à Kirstein, les Allemands avaient parachuté derrière les lignes de défense des Alliés des soldats vêtus
d'uniformes américains. Il n'existait qu'un moyen de
les démasquer : les interroger sur des sujets typique-
ment américains comme le base-ball, dont les Allemands ignoraient tout.

Peu après, alors qu'ils suivaient une route de campagne menant à un domaine à l'écart de la ville, Kirstein
entendit des coups de feu dans les arbres. Comme une
bonne distance les séparait encore du front, il crut que
les Alliés s'entraînaient à proximité. Le lendemain
seulement, il découvrit que des Allemands leur avaient
tiré dessus. Posey ne parut pas s'en émouvoir : ça faisait
partie des risques du métier. Kirstein ne partagea pas
son impavidité. Il ne finit par se calmer qu'en se persua-
dant du bien-fondé de la rumeur accusant les Allemands
de ne pas savoir viser. À compter de ce jour, il se méfia
tout de même des chemins de campagne et ne s'écarta
que le moins possible des grand-routes.

Depuis la fin de la bataille des Ardennes, Robert
Posey, désireux de remettre la main sur les trésors de

Metz, interrogeait des responsables culturels dans la ville elle-même ou dans le camp de prisonniers voisin, les Nazis ayant pris la fuite en Allemagne. Il n'en tirait malheureusement pas grand-chose. Posey avait beau les presser de questions, il ne leur arrachait le plus souvent rien de mieux qu'un nom ou une adresse ; ceux de quelqu'un qui, éventuellement, pourrait le renseigner.

Lincoln Kirstein découvrit la pénible routine des Monuments men sur le terrain : il leur fallait questionner des responsables ne répondant qu'à contrecœur, en attendant de mettre la main sur la personne qu'ils cherchaient. Un peu comme lors d'une partie de ping-pong. La plupart du temps, Posey soutirait à un détenu le nom d'un homme avec lequel il s'entretenait ensuite en tirant de ce dernier des renseignements et d'autres noms, puis il renouvelait ses questions jusqu'à ce qu'il se représente enfin la situation. L'éclaircissement lui venait rarement d'une seule source. Il n'obtenait une vue d'ensemble du problème qu'à l'issue d'entretiens ne menant a priori qu'à une impasse.

Lorsqu'il avait affaire à des informateurs de première importance, comme le Dr Edward Ewing, un archiviste dont le nom revenait sans arrêt dans les interrogatoires, Posey faisait appel à George Stout. Les Monuments men se reposaient en dernier ressort sur le conservateur tiré à quatre épingles à l'initative de la réunion de 1941 au Metropolitan en vue d'une action concertée pour la sauvegarde du patrimoine. S'il y avait quelqu'un qui savait comment réagir, c'était forcément Stout.

Le 17 janvier, celui-ci interrogea le Dr Ewing pendant que Kirstein prenait des notes. Au début, il n'eut pas à écrire grand-chose. La propagande allemande prétendait que les Alliés, et en particulier les Américains,

voulaient s'approprier les œuvres d'art en Europe afin
de les revendre au plus offrant, leur inculture crasse ne
leur permettant pas de les apprécier eux-mêmes. L'une
des décisions les plus avisées de la MFAA consista, dès
le départ, à exclure de ses rangs des marchands de
tableaux pour ne recruter que des fonctionnaires ou des
universitaires. Les responsables culturels nazis ne se
livreraient qu'à des employés du gouvernement qu'ils
estimeraient dignes de leur confiance, or personne ne
semblait plus fiable que George Stout dont le professionnalisme et le respect pour le patrimoine culturel ne
faisaient aucun doute.

Ewing finit par vendre la mèche : les Nazis considéraient Metz comme une ville allemande, perdue à
l'issue de la Première Guerre mondiale. Bien sûr, son
histoire était plus complexe mais les Nazis n'hésitaient
jamais à simplifier. Il cita Hitler : « Les masses ne réus-
siront à se souvenir que des concepts les plus simples,
répétés un millier de fois[6]. »

En une vingtaine de minutes, les propos d'Ewing permirent à Kirstein de mesurer le défi qui s'imposait aux
Monuments men. Parmi les Nazis, laisser entendre que
les Alliés risquaient de parvenir en Allemagne était pas-
sible d'une condamnation à mort ou, pire encore, d'une
affectation sur le front est. Se préparer en vue d'une
telle éventualité relevait carrément de la trahison. Les
experts en art à Metz avaient dressé l'inventaire des
trésors de la ville sans pour autant planifier leur évacuation, qui n'eut lieu qu'à la dernière minute avant l'arrivée des Alliés. Comme de juste, Ewing n'employa pas
le terme d'évacuation mais de mise en sûreté temporaire ; les objets concernés devant en théorie retourner à
Metz dès la victoire de l'Allemagne.

« Les dénégations des Nazis sont monnaie courante, expliqua Stout à Kirstein après coup. Ils emploient la troisième personne du pluriel au lieu de la première. À les entendre, c'est toujours quelqu'un d'autre qui a commis leurs crimes. Peu importe. Nous ne sommes pas là pour juger mais protéger le patrimoine. »

Certains trésors de Metz se trouvaient à l'abri dans un hôtel, d'autres dans la crypte d'une cathédrale et d'autres encore au fond d'une mine, prétendit Ewing en désignant les lieux sur une carte que lui présentait Stout. Kirstein vit Stout se raidir, sur le qui-vive, lorsque le doigt d'Ewing se posa près de Siegen.

Et le retable de Gand ?

À en croire Ewing, celui-ci se trouvait encore en Allemagne, peut-être dans un bunker près de Coblence. Ou à la résidence de Göring, Carinhall. Ou au Berghof de Hitler à Berchtesgaden. « À moins que le polyptyque de *L'Agneau mystique* n'ait été emmené en Suisse, en Suède ou en Espagne. Honnêtement, je n'en sais rien. »

Kirstein prit conscience, un peu plus tard — quand ou comment, il n'aurait su le dire au juste —, que tous les Allemands n'étaient pas coulés dans le même moule. Beaucoup n'adhéraient pas aux valeurs des Nazis ; seulement, ils gardaient le silence par peur. Quant aux Nazis, on en rencontrait de toute sorte — les ambitieux qui espéraient une promotion sociale, les moutons de Panurge qui suivaient le mouvement. Et, bien sûr, les purs et durs. Ça ne m'étonnerait pas qu'on ne trouve ce qu'on cherche que lorsque les derniers fidèles auront rendu l'âme, se dit Kirstein.

27. George Stout et ses cartes

Verdun, 6 mars 1945

George Stout tournait et retournait entre ses mains un colis estampillé « reçu en mauvais état » par le postier de l'armée. Un cliquetis qui n'annonçait rien de bon se fit entendre. Il devait y avoir eu de la casse pendant le transport ! Stout reconnut sur le bordereau d'expédition l'écriture de son épouse Margie. Le cachet de la poste indiquait une date à la fin de l'année 1944, or la scène se passait le 6 mars 1945. George Stout en conclut qu'il venait enfin de recevoir son cadeau de Noël, ce qui lui rappela, par association d'idées, les nombreux changements survenus au cours des trois derniers mois.

À propos de la bataille des Ardennes, notamment. Et de l'avancée des Alliés. Sans parler du froid mordant de l'hiver. Ni de son transfert au 12e groupe d'armées. Stout avait dû quitter la zone des combats pour se rendre en France où il disposait d'un lit pas si douillet qu'on pourrait le croire. Tout l'hiver, il maudit sa « conscience tyrannique » qui l'avait poussé à renoncer à un sac de couchage matelassé abandonné par les Allemands à l'automne précédent[1]. Enfin ! Ça valait toujours mieux que les tranchées où se réfugiaient les hommes du rang à mesure de leur progression en Allemagne. En France, Stout obtenait parfois des œufs au petit déjeuner et même un peu de vin au dîner. Au 12e groupe d'armées — qui regroupait un million trois cent mille hommes, dont neuf à peine œuvraient sur le terrain au nom de la MFAA — Stout bénéficiait en outre d'un bureau et d'une autorité indiscutée.

Sa nouvelle promotion ressemblait à un cauchemar : voilà qu'il devait à présent s'occuper de gestion du personnel ! En France, il s'était contenté de remplir de la paperasse, d'assister à des réunions et de transmettre des messages du QG des forces expéditionnaires alliées aux soldats en première ligne. « Tâches administratives à la MFAA », indique son journal au début de 1945. « Inspections, recrutement, paye, rapport aux autorités ; problème de centralisation de l'administration ; enregistrement sur microfilms des documents relatifs à la mission de la MFAA sur le terrain ; renseignements sur le personnel ; informations sur les entrepôts en Allemagne[2]. »

Sa situation lui pesait toutefois moins depuis son retour au QG de Verdun, près de la frontière allemande et de la zone de combat. En tant que plus haut responsable de la MFAA, Stout ne se cantonnait plus à une seule région. Le voilà libre de se déplacer sur l'ensemble du territoire que contrôlait le 12e groupe d'armées — pourvu qu'il obtienne, bien entendu, une autorisation en bonne et due forme, qu'il sollicitait parfois en vain pendant plusieurs jours. Les officiers de la MFAA n'hésitaient pas à faire appel à lui. Il venait ainsi d'évaluer avec Walker Hancock les conséquences de la bataille des Ardennes dans la vallée de l'Amblève puis d'interroger des prisonniers à Metz sous le contrôle de la 3e armée des États-Unis avant de mesurer l'ampleur des dégâts provoqués à Aix-la-Chapelle par la 1re armée américaine en octobre 1944. Stout assurait la cohésion des efforts des hommes sur le terrain qui, grâce à lui, prenaient enfin conscience qu'ils dépendaient d'une structure organisée et ne se battaient pas seuls pour la défense du patrimoine culturel de l'Europe. Du fait de sa fâcheuse promotion — et donc, en un sens, par accident — Stout s'était rendu indispensable auprès des Monuments men affectés dans le nord de l'Europe.

À moins que cela n'eût rien d'accidentel ! Depuis la réunion à New York en décembre 1941 jusqu'à la course à la frontière allemande en passant par Shrivenham et la Normandie, Stout avait toujours été indispensable. Le voilà désormais investi d'une autorité officielle.

Au mois de mars 1945, il lui restait encore à mener à bien la partie la plus délicate de sa mission. Stout repoussa son colis sur le côté — il l'ouvrirait plus tard, quand il trouverait le temps — et déplia une carte.

La 2e armée britannique avançait en Hollande. Son ancien camarade de chambrée, l'érudit britannique Ronald Balfour, maîtrisait à coup sûr la situation, bien qu'il n'eût pas encore retrouvé la Madone de Bruges.

Il manquait encore un Monuments man à la 7e armée des États-Unis dans la partie sud du front. Stout se consola en songeant qu'elle ne rencontrerait que peu de vestiges du passé dans le sud-ouest de l'Allemagne, une région essentiellement industrielle. Il n'en espérait pas moins que le QG des forces expéditionnaires alliées lui enverrait sous peu un officier de la MFAA et pas n'importe lequel.

Entre ces deux armées stationnaient la 1re, la 3e, la 9e et la 15e des États-Unis, sur lesquelles Stout exerçait son autorité.

Everett (surnommé « Bill ») Lesley se trouvait affecté à la 15ᵉ depuis son transfert de la 1ʳᵉ.

Au sud, dans la vallée de la Moselle, se déployait la 3ᵉ armée du général Patton qui, le 29 janvier 1945, franchit enfin la ligne Siegfried aux environs de Metz vers le cœur de l'Allemagne. À en juger par les récents événements, Posey et Kirstein viendraient sans peine à bout de leur mission.

La 9ᵉ armée contrôlait la ville d'Aix-la-Chapelle. Le Monuments man en poste là-bas n'était autre que le capitaine Walter Huchthausen, professeur de dessin à l'université du Minnesota. Stout ne l'avait jamais rencontré avant son affectation au front. Il ne savait d'ailleurs pas au juste quand ni comment Hutch avait rejoint la MFAA. La blessure qu'il avait reçue lors d'un bombardement à Londres en 1944 l'avait sans doute empêché de passer par Shrivenham avant le débarquement en Normandie. D'après les renseignements de Stout, Hutch devait normalement faire partie de la première fournée d'officiers de la MFAA.

Il semblait en tout cas qualifié pour son poste : cultivé et surtout motivé, il avait étudié l'architecture et le dessin et connaissait bien l'Europe. Il venait de franchir le cap de la quarantaine, comme beaucoup de ses collègues, et pourtant, Stout le considérait comme un homme encore jeune — et pas seulement par paternalisme, en raison de leur différence de grade. Hutch avait gardé de son enfance dans la petite ville de Perry, dans l'Oklahoma, l'allure et la blondeur du jeune Américain type.

Mais plus encore que son charme, son aspect juvénile ou son affabilité, c'était la volonté de Hutch de mener sa tâche à bien qui impressionnait Stout. Il venait de mettre

sur pied à Aix-la-Chapelle un *Bauamt* — une autorité
d'urbanisme — en charge des réparations pressantes et
de rassembler au musée Suermondt (où à l'automne
1944, un inventaire avait mis Walker Hancock sur la
piste de plusieurs dépôts en Allemagne) des œuvres d'art
à mesure qu'elles reparaissaient sur le territoire contrôlé
par la 9e armée. Des Allemands y avaient en effet dissimulé certains de leurs biens afin de les soustraire à la
rapacité du gouvernement nazi. Peu auparavant, Stout
avait vu au musée plus de retables qu'il ne devait selon
lui en exister dans toute la vallée du Rhin. Ils ne tarderaient pas à retrouver leur propriétaire légitime à condition que la MFAA ait les coudées franches.

Pour l'heure, Stout se préoccupait surtout de la
1re armée où son collègue Hancock le remplaçait depuis
le mois de décembre. Celle-ci avançait à grand-peine
dans les forêts de l'ouest de l'Allemagne et dans la vallée densément peuplée du Rhin au patrimoine culturel
des plus riches. Stout replia sa carte pour en étaler
devant lui une autre, plus détaillée, des environs du
Rhin. Plusieurs fois par semaine, il mettait à jour un
calque qu'il y superposait, où des symboles indiquaient
l'emplacement probable des dépôts allemands encore
sous le contrôle de la Wehrmacht. Beaucoup se situaient
le long du fleuve, si près du front qu'il semblait tentant
d'aller les inspecter. Stout savait que les Allemands risquaient d'emporter leur butin plus à l'est à l'approche
des Alliés, comme ils l'avaient déjà fait avant la chute
de Metz et d'Aix-la-Chapelle. Emballer et transporter
une quantité de sculptures et de toiles nécessitait toutefois des camions, de l'essence et des hommes — qui, les
uns comme les autres, manquaient cruellement aux

Allemands. Stout espérait de tout cœur que ce qu'il cherchait l'attendait encore de l'autre côté du fleuve.

Il suivit du doigt le Rhin depuis Cologne, le prochain objectif de la 1re armée, jusqu'à Bonn, où le comte Franz von Wolff-Metternich avait été vu pour la dernière fois. L'ancien directeur de la Kunstschutz à Paris occupait à présent le poste de *Konservator* de la province du Rhin. Wolff-Metternich comptait au nombre des responsables du patrimoine en fuite les mieux informés d'Allemagne et, s'il fallait en croire les rapports en provenance de Paris, les plus susceptibles aussi de coopérer avec les Alliés.

Stout ne garda pas longtemps son index posé sur Bonn : il anticipait sans cesse la prochaine étape, puis la suivante, et ainsi de suite. Au-delà du Rhin, à quelques centimètres à l'est, apparaissait sur la carte le nom de Siegen, qui revenait encore et toujours lors des interrogatoires.

Stout aurait parié qu'un dépôt d'œuvres d'art s'y trouvait. Sur tous les territoires libérés, depuis la Bretagne jusqu'en Allemagne, des chefs-d'œuvre avaient disparu, dont ceux d'artistes à la gloire immortelle comme Michel-Ange, Raphaël, Rembrandt ou encore Vermeer. Ils étaient forcément passés quelque part !

Sans parler des reliques, des autels, des rouleaux de la Torah, des cloches d'église, des vitraux, des bijoux, des archives, des tapisseries, des livres... et même des tramways d'Amsterdam ! En un sens, cinq années représentaient une éternité pour des milliers de pilleurs — experts, gardiens de musée, emballeurs ou encore ingénieurs. Les Nazis auraient-ils réussi à s'emparer d'un million de pièces de collection ? Stout commençait à se dire que oui, aussi impossible que cela paraisse à première vue. La rapacité des Nazis — des modèles d'efficacité mais aussi de brutalité — ne connaissait pas de bornes.

En dépit de leur prétendu attachement aux beaux-arts, les Nazis ne se montraient pas très sourcilleux en matière de conservation ; du moins, si Stout en jugeait par ce que lui avaient confié les responsables nazis interrogés à Metz. À les entendre, les Allemands ne s'étaient préoccupés de leurs dépôts qu'en 1944 alors que les Britanniques avaient mis une année complète à réaménager les carrières de Manod, au pays de Galles. Les gouvernements des pays de l'ouest de l'Europe n'avaient eu recours qu'à des entrepôts propres et bien éclairés. La plupart des œuvres volées par les Nazis s'entassèrent au contraire dans des sous-sols humides où certaines jaunirent tandis que d'autres se couvrirent de moisissures. De nombreuses toiles se déchirèrent pendant leur transport. Il manquait à d'autres un emballage adéquat. En somme, le stockage des œuvres fut planifié à la va-vite, dans l'urgence.

Walker Hancock répétait toujours à Stout, du temps où ils sillonnaient ensemble les routes de Belgique… quoi donc ? Ah oui ! que les Allemands *se montraient très disciplinés et corrects tant qu'ils avaient le dessus mais qu'un vent de folie s'était emparé d'eux quand ils avaient compris qu'ils allaient devoir plier bagage.*

Et si les Allemands se mettaient en tête d'endommager des œuvres par esprit de vengeance ? Ou par souci d'effacer la preuve de leurs crimes ? Et si de simples malfaiteurs se décidaient à voler à leur tour ? Après tout, depuis la montée au pouvoir des Nazis, une toile de maître permettait de monnayer un repas ou le passage d'une frontière.

Et si les Nazis emmenaient leur butin dans leur fuite ? Des pilotes alliés risquaient de détruire des chefs-d'œuvre en bombardant un convoi allemand en croyant de bonne foi s'attaquer à des soldats et non à une sculpture de Michel-Ange. Et si les camions allemands roulaient sur une mine ? Sans compter que les Soviétiques venaient de déployer deux millions d'hommes sur le front est. Qu'est-ce qui garantissait qu'ils ne parviendraient pas aux dépôts les premiers ?

Stout se rappela ce que son ancien équipier, le chef d'escadre Dixon-Spain, lui répétait souvent : « Même à la guerre, il n'y a aucune raison de précipiter les choses[3]. » Depuis leur arrivée à Cologne, les Monuments men menaient une course contre Hitler, contre les membres du parti nazi assoiffés de vengeance et contre l'Armée rouge. La tentation leur viendrait à coup sûr d'accélérer le mouvement. Pourtant, ils auraient tort d'y céder. Autant mener une tâche à bien à son rythme plutôt que de tout bâcler, quitte à devoir recommencer. C'était du moins ce que son expérience avait appris à George Stout.

Il rangea ses cartes et revint à sa paperasse. Deux jours plus tôt, il avait envoyé son rapport mensuel à l'armée, plus un autre à la marine. Il venait de signer puis de classer le compte rendu de sa tournée d'inspection avant de prendre connaissance des rapports de Lesley, Posey, Hancock et Hutch : la zone occupée par les Alliés comprenait 366 monuments protégés par la MFAA dont 253 seulement avaient été examinés.

Près de quatre cents sites en tout, et encore ! à l'ouest du Rhin seulement. Dès que le 12e groupe d'armées l'aurait franchi, le front s'étendrait sur plus de deux mille cinq cents kilomètres carrés, que seuls neuf officiers des monuments étaient censés surveiller. Sans doute que le QG des forces expéditionnaires alliées, qui venait de leur envoyer à peine quatre hommes en renfort, partageait l'avis de Dixon-Spain : inutile de se presser !

Stout se déplaçait à bord de sa vieille Volkswagen confisquée mais la plupart des officiers de la MFAA ne disposaient d'aucun véhicule et se contentaient d'appareils photo de seconde main remis par le QG des forces expéditionnaires alliées — heureusement fournis avec des pellicules !

Maudits Allemands ! Pourquoi ne déposaient-ils pas les armes ? L'issue de la guerre s'était décidée lors de la bataille des Ardennes. Tout le monde le savait. On ne se demandait plus si les Alliés remporteraient la victoire mais quand — et à quel prix ! Combien de soldats, de civils, d'innocents, d'enfants, de vieillards, et aussi de monuments historiques et d'œuvres d'art allaient encore pâtir des combats ? Un succès sur le champ de bataille n'impliquait pas nécessairement un succès du point de vue de la conservation du patrimoine culturel de l'humanité. Parfois, il semblait à Stout qu'il livrait sa propre guerre, à contre-courant du conflit. Et s'il fallait, pour l'emporter sur les Allemands, renoncer aux vestiges des cinq derniers siècles du passé de l'Europe ?

« Tu me demandes pourquoi les Allemands ne renoncent pas et ne mettent pas un terme au massacre ? écrivit Stout à sa femme. Tu sais que je n'ai jamais mis leur nation sur un piédestal et que le peu d'estime que j'ai pour eux diminue encore à mesure que le temps

passe. Leurs dirigeants me font l'effet d'intrigants irres-
ponsables et cyniques et surtout d'une bêtise inconce-
vable. De leur point de vue idiot, ils n'ont rien à gagner
en capitulant alors qu'en se battant jusqu'au bout, ils
entretiennent l'illusion de leur gloire militaire[4]. » Malgré tout, George Stout ne ménagerait pas sa peine pour
préserver la culture allemande.

Il consulta sa montre. L'heure du dîner venait de
passer et le mess de fermer, pour ne pas changer. Son
estomac gargouilla ; non parce que la faim le tiraillait
mais à cause de la grippe dont il souffrait depuis
quelques jours. Il roula sur elle-même sa carte d'Allemagne qu'il rangea sur une étagère puis il couva d'un
regard attendri le colis sur son bureau — l'un de ses
derniers liens avec sa vie d'avant. Il l'ouvrit et, à l'intérieur, découvrit parmi les paquets cadeaux un gâteau
aux fruits confits. Il se rappela sa cuisine, son épouse
aux fourneaux et ses fils — l'un, qui s'accrochait
encore au tablier de sa mère et l'autre qui venait de
s'engager dans la marine. Ni le devoir ni l'honneur
n'étaient de vains mots pour lui et, cependant, sa
famille lui manquait. L'envie lui vint de croquer dans
le gâteau à belles dents mais il estima plus convenable
d'en couper une tranche. Quel délice ! C'est fou ce que
le monde peut changer pendant la durée de vie d'un
gâteau, songea-t-il.

Ce soir-là, comme souvent à la fin d'une longue journée, il prit la plume[5] :

Chère Margie,
Il est huit heures et demie. Je viens de terminer mon
travail, bien que j'attende encore un coup de fil aujour-
d'hui. J'en profite pour t'annoncer que j'ai enfin reçu

avec grand plaisir tes deux colis de Noël cet après-midi. Ils ont un peu souffert mais, au moins, ils m'ont redonné le sourire. Il ne reste déjà plus grand-chose de ton gâteau aux fruits confits, qui m'est parvenu intact. Que de jolies choses tu m'as envoyées ! J'avais bien besoin des chaussettes et j'ai beaucoup apprécié le reste aussi ! Le mouchoir de Bertha a failli m'arracher un cri de joie ; et je ne parle pas des rubans ni du papier d'emballage. La bougie de Noël ne servira pas qu'à faire joli ; il n'est pas facile ici de s'en procurer [...].

Il y a fort à faire, en ce moment ; nous sommes tous sous pression mais, bientôt, ça ira mieux. Quand on procède avec ordre et méthode, les problèmes finissent toujours par trouver une solution. Puis je me console en me disant que c'est la situation qui veut ça et pas les caprices de je ne sais quel imbécile, comme au musée Fogg, ce qui me sapait le moral à tous les coups. Je me demande ce que l'avenir nous réserve.

Merci ma chérie
Avec tout mon amour,

George

28. Œuvres d'art en transit

Carinhall, résidence du Reichsmarschall Göring,
13 mars 1945

Une fois la Pologne délivrée du joug nazi, l'Armée rouge pénétra en Allemagne en franchissant l'Oder le 8 février 1945. Quelques jours plus tôt avait commencé l'évacuation de Carinhall, le pavillon de chasse, le musée personnel et le palais impérial de Hermann Göring dans la forêt de Schorfheide au nord-est de Berlin. Les biens du Reichsmarschall — principalement des œuvres d'art — partiraient en chemin de fer de la gare la plus proche : ils rempliraient les deux trains personnels de Göring rallongés de onze voitures supplémentaires.

Le 13 mars 1945, Walter Andreas Hofer, l'homme chargé de veiller sur les collections privées de Göring, remplit un autre train d'œuvres en possession du Reichsmarschall. Göring, qui s'inquiétait plus du sort de ses biens que de celui de l'est de l'Allemagne, s'était rendu lui-même à Carinhall pour y désigner les pièces à mettre en sûreté. Il ne comptait pas emporter avec lui les œuvres acquises par l'intermédiaire de l'ERR à Paris : il se targuait de son honnêteté, or, en un sens, la légitimité de leur acquisition prêtait à controverse. Une vive

discussion opposa Hofer au Reichsmarschall, qui finit
par fléchir. La plupart des œuvres en provenance du Jeu
de Paume partirent pour les résidences de Göring au
sud, loin des troupes soviétiques.

Le Reichsmarschall se munirait lui-même de plusieurs magnifiques peintures de petit format — dont six
de Hans Memling et une de Rogier Van der Weyden
qui devaient assurer ses arrières. Mme Göring glissa
dans ses bagages le *Christ et la femme adultère*, suppo-
sément de Vermeer, auquel son mari tenait comme à la
prunelle de ses yeux et qu'il avait acquis en échange de
pas moins de cent cinquante tableaux de valeur. Hitler
lui avait soufflé deux toiles du maître hollandais. Pas
question de le laisser faire main basse sur celle-là aussi !

D'autres œuvres restèrent sur place. À l'issue de plusieurs années d'« acquisitions » — Hofer refusait d'utiliser le mot « pillage » — le Reichsmarschall en avait
accumulé des milliers. Les murs de sa résidence de
Carinhall disparaissaient sous les tableaux. Il n'était
d'ailleurs pas rare d'en voir deux ou trois accrochés les
uns au-dessus des autres par manque de place et au
mépris de leur style. Le Reichsmarschall, incapable de
distinguer un authentique génie d'un peintre de talent,
privilégiait la quantité au détriment de la qualité. La
plupart des marchands de tableaux en Europe, sachant
qu'il ne résistait pas à une signature célèbre, lui ven-
daient des œuvres de second ordre, bien que de grands
maîtres. Il acheta ainsi trente toiles de Jacob Van
Ruisdael, presque autant de François Boucher, plus de
quarante du Hollandais Jan Van Goyen et pas moins
d'une soixantaine de Lucas Cranach l'Ancien, son
peintre favori[1]. Hofer aida Göring à mettre en valeur sa
collection en reléguant les œuvres de moindre qualité

dans ses résidences secondaires de Veldenstein et Mauterndorf. Il entreposa en outre les plus belles pièces dans un abri antiaérien à Kurfürst mais, même ainsi, deux trains ne suffiraient jamais à contenir les trésors de Carinhall. Vu que l'Armée rouge ne se trouvait plus qu'à quatre-vingts kilomètres de là, Hofer se dit que le second convoi pourrait bien être le dernier. La perspective d'abandonner tant d'œuvres le rendait toutefois malade.

Un ultime convoi partirait en avril mais il ne suffirait pas à vider les lieux. La statuaire et les objets d'art de grande dimension furent enterrés dans le jardin. Quelques toiles exceptionnellement grandes et plusieurs meubles acquis par le biais de l'ERR demeurèrent à l'intérieur de la résidence elle-même. Carin, la première femme de Göring, dont le domaine portait le nom, reposait dans la forêt toute proche[2]. Des centaines d'explosifs y furent disséminés. Sur les ordres de Göring, des experts de la Luftwaffe piégèrent l'ensemble de la propriété. Le Reichsmarschall voulait à tout prix empêcher ses biens les plus précieux de tomber aux mains des Soviétiques, quitte à faire exploser sa résidence et tout ce qu'elle contenait encore.

29. Deux tournants

Clèves, 10 mars 1945
Paris, 14 mars 1945

À Clèves, en Allemagne, Ronald Balfour, le Monuments man britannique attaché à la 1ʳᵉ armée canadienne sur le flanc nord du front ouest, veilla personnellement à la mise en caisse des trésors de l'église du Christ-Roi qui, pilonnée par l'artillerie, menaçait de s'effondrer. L'armée manquait alors cruellement de moyens, pour ne pas changer. Balfour évacua les richesses de Clèves à l'aide d'une charrette à bras chargée à bloc que quatre Allemands poussèrent jusqu'à la gare.

Un camion nous faciliterait tout de même la tâche ! songea Balfour. Depuis qu'un accident de la circulation l'avait retenu à l'hôpital de novembre 1944 au mois de janvier suivant, la situation s'était compliquée. Aux deux officiers avec lesquels il traitait autrefois au QG de la 1ʳᵉ armée canadienne avaient succédé de nouveaux venus qui trouvaient toujours une excuse pour ne pas lui donner ce qu'il réclamait. À les entendre, il ne restait plus un seul véhicule à la disposition de l'armée. Puis hors de question de lui confier un camion : il en avait déjà perdu un ! Balfour finit par le retrouver mais ça ne suffit pas : il lui fallait un certificat de type BLR. Dieu seul savait ce que c'était ! Bien entendu, ses supérieurs refusèrent de lui en signer un. Même quand il leur présenta le document voulu, il n'obtint pas de camion : il n'était pas prévu d'en attribuer aux hommes de la MFAA.

Balfour n'avait pas encore retrouvé la *Madone de Bruges* ; ce qui ne doit pas étonner quand on songe au chaos qui régnait alors en Belgique. Les incertitudes qui pesaient sur le sort de la statue ajoutaient encore au mystère qui l'entourait depuis sa création. Le jeune Michel-Ange en début de carrière avait posé comme condition à sa vente l'impossibilité de la contempler sans autorisation préalable ; autrement dit, il refusait de l'exposer en public, ce que certains érudits déplorèrent au vu de la qualité de l'œuvre. À l'origine promise au pape, celle-ci revint pour finir à une famille de commerçants flamands, les Mouscron, qui soumirent à l'artiste une offre trop alléchante pour que celui-ci la refuse[1].

Les Mouscron firent sortir l'œuvre d'Italie clandestinement et l'amenèrent en 1506 à Bruges, un important centre d'échanges où, au siècle précédent, avaient vécu trois des artistes les plus appréciés en Flandre — les frères Van Eyck, les auteurs du retable de Gand, convoité par Hitler, et Hans Memling, qu'affectionnait particulièrement Göring. En 1506, la ville avait cependant déjà entamé son déclin : son port, indispensable au commerce, s'ensablait de plus en plus, au point de devenir impraticable. La *Madone* ne tarda pas à sombrer dans l'oubli. Au milieu du XVIe siècle, le célèbre artiste et biographe Giorgio Vasari en savait si peu sur la *Madone* — la seule œuvre du maître qui eût quitté l'Italie de son vivant — qu'il la croyait en bronze et non en marbre blanc.

Il suffisait cependant de regarder le magnifique visage de la Vierge, dont les plis de la robe rappelaient une autre sculpture contemporaine de Michel-Ange, la *Pietà*, pour y reconnaître une œuvre de premier plan. Au début du XVIIe siècle, à l'époque où la réputation de Michel-Ange atteignit son apogée, les Flamands chérissaient la *Madone* comme un trésor. Cent ans plus tard, elle excita la convoitise des Français, qui l'emportèrent à Paris en 1794, après la conquête du territoire de l'actuelle Belgique. Elle ne revint à Bruges qu'au lendemain de Waterloo, vingt ans plus tard. Aurait-elle encore autant de chance, cette fois-ci ?

La réponse, à en croire Ronald Balfour, se trouvait à Flessingue, en Hollande, un port à l'embouchure du Rhin. À supposer que les Allemands évacuent l'œuvre par voie de mer — or ils n'avaient pas trop le choix vu que les Alliés bloquaient les routes et les voies ferrées et que le poids du marbre empêchait son transport par avion —, elle transiterait forcément par Flessingue. Balfour mena son enquête le long du Rhin, sans résultat. Il ne parvint à Flessingue qu'à la fin du mois de février. Les Hollandais n'étaient au courant de rien. Les Nazis suffisamment haut placés pour détenir des informations avaient pris la fuite depuis belle lurette. Une fois de plus, la *Madone* lui avait filé entre les doigts.

Le séjour de Balfour à Clèves compensa quelque peu sa déception à Flessingue. En dépit du froid en ce début du mois de mars, la neige rendait la cité natale de la quatrième épouse de Henry VIII, Anne de Clèves, plus belle que jamais. Balfour, qui, en tant qu'érudit, attachait beaucoup de valeur aux documents historiques — à l'éventuelle exception des inventaires de collections numismatiques —, considérait comme un honneur de sauvegarder les archives et les trésors de Clèves. Il jeta un coup d'œil au trottoir d'en face où quatre Allemands poussaient la charrette remplie de calices en or, d'habits sacerdotaux en soie et de reliquaires d'argent. Le reste du monde pouvait bien s'émerveiller devant tant de splendeur, Balfour, lui, aurait volontiers troqué l'ensemble contre un antique vélin.

À peine un pâté de maisons le séparait de la gare quand il cria « Attendez ! » à Hachmann, le bedeau de l'église du Christ-Roi, qui suivait le convoi de l'autre côté de la rue. « J'arrive », ajouta Balfour. Par habitude, il regarda de chaque côté avant de s'engager sur la chaussée, bien qu'aucun véhicule ne circulât dans la ville déserte. À cet instant précis, une explosion se produisit.

Le bedeau vacilla sous le souffle de la déflagration. Un nuage de fumée l'enveloppa et ses oreilles se mirent à siffler. Au bout d'un moment, la fumée finit par se dissiper. Les mêmes bâtiments se dressaient toujours aux alentours mais le bedeau se trouvait à présent seul. Les quatre Allemands avaient couru s'abriter. À quelques mètres de là, l'officier de la MFAA Ronald Balfour, adossé à une palissade, saignait abondamment.

Le 14 mars 1944, quatre jours après l'explosion à Clèves et le lendemain de la deuxième évacuation partielle de Carinhall, James Rorimer, promu depuis peu lieutenant, se rendit à bicyclette chez Rose Valland, qui habitait dans le Ve arrondissement ; une partie de la capitale plus connue sous le nom de quartier Latin et qui grouillait de touristes avant la guerre. Bien peu avaient cependant dû s'aventurer dans le secteur résidentiel où logeait Valland, victime d'un incendie provoqué par un bombardement allemand en août 1944. En allumant sa lampe torche pour se repérer dans la pénombre de la cage d'escalier — sept mois après la libération, l'électricité ne fonctionnait toujours pas dans l'ensemble de la capitale — Rorimer se dit que les Nazis n'auraient eu aucun mal à faire disparaître Rose Valland.

Bientôt, Rorimer partirait au front. Enfin ! Il avait évoqué pour la première fois son transfert avec ses supérieurs le 28 décembre 1944, à l'issue de sa conversation avec Valland autour d'une bouteille de champagne. Il ne s'étonna pas d'apprendre que les Français en avaient déjà touché un mot aux Américains, d'autant que le bruit courait qu'à la réunion du personnel du Louvre organisée par Jaujard le 26 août 1944, des larmes avaient coulé à l'évocation de l'arrivée de Rorimer à Paris[2]. Son transfert résultait à n'en pas douter des manœuvres en coulisses de Jacques Jaujard et de Rose Valland. Celle-ci lui avait affirmé qu'on avait besoin de lui au front, or il la connaissait assez pour se douter qu'elle avait réclamé son transfert à sa propre hiérarchie. Son ordre d'affectation à la 7e armée des États-Unis ne lui parvint toutefois que deux mois plus tard, le 1er mars 1945.

Valland lui téléphona aussitôt pour l'inviter chez elle. Depuis quelques mois, elle ne lui communiquait plus que des bribes de renseignements, en dépit du désir manifeste de Rorimer d'en savoir plus. Celui-ci finit par se résigner à ne recevoir ses informations qu'au compte-gouttes. Plus il en apprenait, plus il piaffait d'impatience. Il avait visité l'appartement de Lohse à Paris avec Valland : le colonel français qui y logeait depuis peu ne connaissait pas le précédent occupant des lieux.

Sans se laisser démonter, Rorimer revint le lendemain : il resta une heure à l'entrée de l'immeuble à « réparer » le pneu de sa bicyclette, qu'il venait de dégonfler. Pas une seule personne propre à éveiller les soupçons ne passa dans le quartier ce jour-là.

Sitôt franchi le seuil de l'appartement de Valland, Rorimer perçut un changement dans l'attitude de cette dernière : l'affectation de Rorimer à la 7e armée des États-Unis l'enthousiasmait au plus haut point, or elle disposait de tous les renseignements susceptibles de lui être utiles.

« Voici Rosenberg, commença-t-elle en lui montrant une photo, la première d'une pile, l'homme auquel Hitler a confié la formation philosophique des Nazis. Le plus raciste de tous, en somme. »

Rorimer venait de prendre place au salon, qu'éclairaient une ampoule au plafond et un feu de cheminée. Un vase de fleurs trônait sur un guéridon et, sur un meuble d'appoint, une bouteille de cognac. Valland lui montra des photos de Göring, Lohse, von Behr ainsi que des autres responsables de l'ERR. Pendant ce temps-là, Rorimer feignit de s'intéresser aux gâteaux préparés à son intention. La banalité du décor ne diminuait en rien la nature extraordinaire des révélations de Valland.

Elle lui montra d'autres photos de Göring en train d'examiner des œuvres en compagnie de Walter Andreas Hofer, de Bruno Lohse et du colonel von Behr. Sur l'une d'elles, il étudiait un paysage de petit format, un foulard en soie autour du cou et un cigare à la main. Sur une autre, Lohse remettait un tableau au Reichsmarschall. Une troisième montrait von Behr en uniforme à son bureau, entouré de ses sbires. Rorimer reconnut la plupart des Nazis avant même que Valland les nomme : elle lui en avait déjà si souvent parlé !

Elle me prépare à ma mission, songea-t-il. *Et ce, depuis le début*[3] !

Valland disparut un instant avant de lui apporter des reçus et des copies de bons d'expédition — tout ce qu'il faudrait aux Alliés pour prouver que certaines œuvres confisquées avaient transité par le Jeu de Paume avant leur départ pour l'Allemagne. Valland lui montra une photo de toiles privées de cadre afin de faciliter leur transport et une autre de tableaux occupant le moindre emplacement disponible sur un mur du musée, derrière un rideau.

« *L'Astronome* de Vermeer, lui annonça Valland en pointant de l'index la fameuse peinture. L'ERR l'a décroché du salon d'Édouard de Rothschild. Göring faisait une fixation sur Vermeer. »

Rorimer, qui en avait pourtant vu d'autres, en resta sous le choc. *L'Astronome* comptait au nombre des rares tableaux dont aucun expert ne discutait le statut de chef-d'œuvre.

« Göring se l'est approprié ?

— Non. C'est Hitler qui le détient pour l'instant. Il paraît qu'il lorgnait dessus plus que sur n'importe quelle autre toile en France. Göring l'a expédié au Führer en novembre 1940, suite à sa décision de prendre le contrôle de l'ERR à la place de Rosenberg. Göring voulait prouver à Hitler que ses agissements contribueraient à la gloire de l'Allemagne et qu'il réserverait les plus belles œuvres au Führer. Beaucoup ont cependant atterri dans la collection de Göring.

— Et les autres ?

— Les Nazis ont brûlé certains tableaux. À l'été 1943. Des œuvres modernes, pour la plupart ; ce que les Nazis qualifient d'art dégénéré. Ils en ont gardé plusieurs qu'ils pensaient revendre mais les toiles "sans valeur" — cinq ou six cents d'après mes estimations — ont été lacérées puis emmenées en camion au Jeu de Paume avant de finir dans un bûcher aux Tuileries. Des œuvres de Klee, Miro, Max Ernst, Picasso. Le feu a d'abord pris aux châssis puis la toile elle-même est partie en flammes. À la fin, il ne restait plus que des cendres. Impossible d'en récupérer quoi que ce soit[4].

— Comme à Berlin en 1938 », commenta Rorimer en se rappelant un autodafé d'œuvres modernes qui, à cette époque de relative innocence, avait choqué le monde entier. Il fallait à présent se rendre à l'évidence : les Nazis ne reculeraient devant rien.

« Et le reste ? » insista Rorimer.

En guise de réponse, Valland disparut dans sa chambre à coucher, dont elle ramena d'autres documents incriminants. « Le reste se trouve en Allemagne », lui indiqua-t-elle avant de lui transmettre des informations sur les dépôts de Heilbronn, Buxheim et Hohenschwangau, dont elle avait déjà souvent parlé à Rorimer. Les remarques de Valland sur leur localisation et leur importance lui rappelèrent que tous se trouvaient dans le sud de l'Allemagne et donc dans le territoire conquis par la 7e armée, celle dont il dépendait. Le voilà investi d'une immense responsabilité ! Pendant plus de quatre ans, Rose Valland avait veillé seule à la sauvegarde des trésors volés par les Nazis. À présent, elle se déchargeait sur lui de son fardeau — ou peut-être lui accordait-elle un privilège ?

Elle lui tendit une photo. Pas la peine de connaître l'histoire de l'art sur le bout des doigts pour identifier les hautes tours dignes d'un conte de fées de l'énorme château de Neuschwanstein !

« Les Nazis, reprit Valland, y ont rassemblé des milliers d'œuvres d'art confisquées en France. S'y trouvent aussi les archives de l'ERR. » Elle s'interrompit un instant. « J'espère que les Nazis ne se vengeront pas de leur défaite sur les trésors de notre patrimoine. »

Rorimer étudia le cliché. Comme tout le monde, il connaissait Neuschwanstein en tant que résidence romantique du roi fou du XIXe siècle, Louis II de Bavière. Valland lui affirma qu'il y avait là plus de chefs-d'œuvre que nulle part ailleurs. Seulement, Neuschwanstein se dressait au sommet d'un éperon rocheux dans les Alpes, à l'écart de tout. Même des véhicules modernes n'y accédaient pas sans peine. L'acheminement de centaines de lourdes caisses d'œuvres — dont les vingt mille toiles identifiées par Valland au Jeu de Paume — avait dû nécessiter un effort considérable.

« Qu'est-ce qui vous permet de vous montrer aussi catégorique ? demanda enfin Rorimer à Valland.

— Faites-moi confiance, lui répondit celle-ci. Je ne m'appuie pas que sur mon intuition féminine[5] ! »

30. Le décret néronien de Hitler

Berlin, 18 et 19 mars 1945

Albert Speer, l'architecte attitré de Hitler et le ministre nazi de l'Armement, ne savait plus à quel saint se vouer. Speer n'avait pas adhéré au parti nazi de bonne heure — il ne détenait que la carte de membre n° 474 481 — mais il se considérait comme un proche de Hitler depuis le milieu des années trente. Le Führer, qui se prenait pour un architecte, certes amateur, réservait une tendresse particulière aux « artistes ». Depuis une dizaine d'années qu'ils œuvraient main dans la main, Speer ne lui avait pas une seule fois désobéi. Hitler venait de planifier la destruction des infrastructures de l'Allemagne — ses ponts, ses voies ferrées, ses usines et ses entrepôts ; tout ce qui, en venant à manquer, entraverait la progression de l'ennemi. Pendant des semaines, Speer avait pourtant réussi à imposer prudence et modération.

Le 18 mars 1945, il eut vent de l'exécution de quatre officiers sur ordre de Hitler parce que leur refus de démolir le pont de Remagen avait permis aux Alliés de franchir le Rhin. De crainte qu'un tel épisode fournît au Führer le prétexte qu'il attendait pour imposer sa politique de la « terre brûlée », Speer se hâta de rédiger un mémoire de vingt-deux pages sur les conséquences apocalyptiques des destructions envisagées. « Si les nombreux ponts de chemin de fer sur les canaux et les vallées ou même si les viaducs sautent, écrivit-il au Führer, la Ruhr sera incapable de produire le matériel nécessaire à leur remise en état[1]. » Il se montra encore plus pessimiste à propos des villes allemandes. « La démolition des ponts de Berlin compliquera son approvisionnement en nourriture, au point qu'il deviendra bientôt impossible d'y produire quoi que ce soit et même d'y vivre. Autant dire qu'elle signerait l'arrêt de mort de la ville. »

Le 19 mars — le lendemain, donc —, la réponse du Führer parvint à Speer sous forme d'un ordre à tous les officiers de l'armée[2].

> La lutte pour l'existence même de notre peuple nous contraint à ne négliger aucun moyen d'affaiblir l'ennemi en entravant sa progression. Nous ne devons laisser passer aucune occasion d'endommager le plus durablement possible la force de frappe de l'ennemi. Ce serait une erreur de croire que, lorsque nous reprendrons le contrôle des territoires perdus, nous pourrons à nouveau nous servir des moyens de transport et de communication que nous n'aurons pas détruits ou mis hors d'état de fonctionner ; quand l'ennemi se retirera, il ne nous laissera que de la terre brûlée sans témoigner la moindre considération pour le bien-être de la population.
>
> Voilà pourquoi j'ordonne :
>
> 1. De détruire toutes les installations militaires, les voies de communication, de transport et les industries, notamment alimentaires, du Reich que l'ennemi pour-

rait utiliser dans l'immédiat ou dans un avenir proche
en vue de continuer la guerre.

2. Devront appliquer ces mesures : les commandants
militaires responsables des infrastructures de transport
et de communication ainsi que les gauleiters et les préposés à la défense des industries. En cas de nécessité,
les hommes du rang aideront les gauleiters et les préposés à la défense à remplir leur mission.

3. Ces ordres seront transmis sur-le-champ aux commandants qui ne tiendront aucun compte d'éventuelles
instructions contraires.

Adolf Hitler

31. La 1re armée franchit le Rhin

Cologne et Bonn, 10-20 mars 1945

Walker Hancock, le Monuments man de la 1re armée des États-Unis, pressa l'accélérateur de sa jeep dans les environs de Bonn. Depuis quelques jours, il se déplaçait en Allemagne avec son nouveau supérieur et ancien collègue George Stout dont il appréciait la compagnie autant que l'étendue des connaissances. À Aix-la-Chapelle, Hancock avait croisé quelques passants — dont une femme, un sac de courses sur la hanche — et aperçu au détour d'une rue, alors qu'il déambulait dans le centre, un restaurant accueillant des clients. Un peu plus loin, la cité historique présentait en revanche l'aspect d'une ville morte, d'un cimetière de câbles sectionnés, de bouts de métal rouillé et de gravats souillés par les excréments des chiens. Hancock se dit en voyant certains pâtés de maisons que personne ne reviendrait jamais s'y installer, d'autant que leurs occupants n'avaient sans doute pas survécu aux combats. Le sort d'Aix-la-Chapelle lui parut alors le plus terrible qui se pût concevoir. Puis il découvrit Cologne.

La politique des Alliés consistait à pilonner l'Allemagne jusqu'à ce qu'elle capitule. Hancock le savait, il l'avait entendu répéter à maintes reprises et, pourtant, il ne comprit qu'une fois à Cologne ce qu'impliquaient des « bombardements aériens à grande échelle ». La ville venait d'en essuyer deux cent soixante-deux en tout. Il ne restait plus rien du centre abattu, rasé, broyé, pulvérisé. « L'imagination n'est pas en mesure de se figurer l'ampleur des destructions[1] », écrivit Hancock à Saima. Selon les estimations de Stout, soixante-quinze pour cent des monuments avaient été détruits ; un chiffre qui ne suffisait cependant pas à donner une juste idée de la situation. Les rares bâtiments épargnés par les tirs alliés se trouvaient aux limites de la ville. Au centre, il ne restait plus aucune construction à inspecter. Seule tenait encore debout la cathédrale, intacte au milieu d'un immense terrain vague. Elle aurait pu insuffler de l'espoir à Hancock en tant que preuve de la commisération des Alliés mais il ne vit pas les choses sous cet angle. L'ampleur des dégâts — la virulence de la campagne menée par les Alliés pour mater la volonté des Allemands — faisait peine à voir. Comme si les puissances occidentales cherchaient à faire passer un message : *Nous aurions pu épargner n'importe quel bâtiment ; il n'y en a cependant qu'un seul que nous souhaitions préserver.*

« Tout ça m'a incité à me réfugier de plus en plus souvent dans mes pensées, dans notre monde à nous, nos projets et nos espoirs, confia Hancock à Saima. En un sens, ils me semblent plus réels que ce que j'ai vu de mes propres yeux[2]. »

Les Alliés écumaient de rage. Il n'y avait pas d'autre explication possible à leur attitude. Ils en voulaient à l'Allemagne et à tout ce qui avait le malheur de se trouver sur son territoire. La rudesse de l'hiver accrut encore leur ressentiment, qui s'accumulait depuis des mois — depuis la bataille de Normandie, probablement. Avant la guerre, Cologne comptait près de huit cent mille habitants ; selon Hancock, il ne devait pas en rester plus de quarante mille à présent, plus méfiants et aigris les uns que les autres. « J'ai perçu leur amertume, leur hostilité, comme on sent se lever un vent violent, glacé, écrirait Stout. Par curiosité, j'ai scruté leurs visages. J'y ai lu chaque fois la même espèce de haine et un sentiment proche du désespoir — ou alors, rien du tout[3]. »

En étudiant les traits décomposés des Allemands au regard vide, Walker Hancock songea pour sa part à Saima et à leur projet de construire une maison grâce au montant de sa solde, qu'il économisait dans l'espoir de fonder un jour une famille. Une question lui vint à l'esprit : s'il avait dîné chez des habitants de Cologne, ceux-ci lui auraient-ils inspiré les mêmes sentiments que M. Geneen et ses proches à La Gleize ? Sa sympathie ne provenait-elle pas de la nationalité de Geneen — un Belge et donc une victime, pas un agresseur ?

Hancock dut admettre, et pas pour la première fois, que s'il allait de soi de préserver la culture de ses alliés, en revanche, personne n'avait encore eu l'idée de risquer sa peau afin de restituer à ses ennemis leur patrimoine dès la fin des combats. Voilà pourtant la mission qui incombait aux Monuments men.

Les trésors d'Aix-la-Chapelle se trouvaient forcément quelque part. Il revenait à Walker Hancock de mettre la main dessus. Il ne se donnait pas tant de mal uniquement par sens du devoir. Pour obtenir un résultat tangible, il faut croire à ce que l'on fait ; ne pas agir par obligation mais par passion. Hancock s'attachait de plus en plus à sauvegarder le patrimoine culturel de l'Allemagne à mesure qu'il constatait l'ampleur des destructions.

À Cologne, il ne découvrit pas la moindre piste sérieuse. Tableaux et sculptures avaient été évacués avant le gros des bombardements. Stout et Hancock, à l'issue d'entretiens dans d'autres villes meurtries, avaient obtenu des noms de responsables officiels mais impossible de les retrouver. Les monuments de Cologne se réduisaient à un tas de gravats. Le lendemain de son arrivée, Stout partit inspecter d'autres villes de moindre importance aux alentours. Hancock se rendit à Bonn où avait été vu pour la dernière fois l'ancien directeur de la Kunstschutz parisienne, le comte Wolff-Metternich. À Paris, une rumeur prétendait qu'il avait pris fait et cause pour les Français en incitant ainsi ses supérieurs nazis à le limoger. Si quelqu'un savait quelque chose, ce devait être lui. Et au cas où il aurait disparu, il restait au moins la paperasse ; les Nazis se montraient très à cheval là-dessus. Le pressentiment vint à Hancock que ses longs mois d'ignorance touchaient à leur terme.

Aux abords de Bonn, un soleil radieux éclairait des constructions intactes mais, comme dans bien d'autres villes, plus Hancock s'approcha du centre, plus il constata de dégâts. Les bombardements alliés avaient quasiment détruit le cœur de la cité et, pourtant, il y vit des cerisiers en fleur parmi les ruines. Il s'arrêta devant une maison du XVIIIᵉ siècle, en recul de quelques mètres par rapport à la rue. La porte, en partie masquée par une grille en fer à demi relevée, n'était pas fermée. Hancock en franchit le seuil. Il se retrouva dans une entrée sombre, gravit un petit escalier en bois et, l'instant d'après, découvrit avec stupeur la minuscule pièce où Ludwig van Beethoven avait vu le jour. Dans la campagne à l'extérieur de la

ville, il avait croisé des paysans transportant leur vie
entière sur des charrettes tandis que la fumée noire des
mines de charbon en feu envahissait les alentours. Malgré
tout, ce sanctuaire de l'art tenait encore debout. Hancock
pensa aux cerisiers parmi les ruines. Même en Allemagne
subsistait un peu d'espoir et de beauté.

Le bureau du *Konservator* se trouvait dans un quartier épargné par les pilotes alliés. La visite de Hancock
à la maison natale de Beethoven venait de lui redon-
ner confiance en l'avenir. À un coin de rue, il aperçut
un vide parmi une rangée de maisons. Inutile de vérifier l'adresse ; il comprit tout de suite ce qu'il s'était
passé. Seul un bâtiment du pâté était rasé : le nº 9 de
la Bachstrasse, le bureau du *Konservator*. Évidemment, les Nazis avaient préféré le détruire plutôt que
de le laisser tomber aux mains de l'ennemi. Hancock
demeura un instant prostré au volant de sa jeep. Puis
il attacha son casque et entreprit de frapper aux portes.

« *Nein, nein.* » Personne ne voulait avoir affaire à lui.
« *Wir wissen nichts.* » Personne ne savait rien.

Il trouva enfin un homme prêt à lui parler mais il ne
lui apprit pas grand-chose.

Et la paperasse ? insista Hancock. Les dossiers ? Les
inventaires ? L'homme haussa les épaules. Les Nazis
les avaient sans doute emmenés ailleurs. « Il y a des
semaines que les dirigeants sont partis en Westphalie
sans rien laisser derrière eux. »

Hancock fronça les sourcils. La Westphalie se trouvait encore au-delà des lignes ennemies. Quand les
Alliés y parviendraient, nul doute que Wolff-Metternich
et ses dossiers auraient une fois de plus disparu.

« Je ne connais qu'un homme qui ne soit pas parti,
poursuivit l'interlocuteur de Hancock. Un architecte,

l'assistant du *Konservator*. Il habite à présent Bad Godesberg et se nomme Weyres.

— Merci », conclut Hancock, soulagé. Pas d'impasse ! Du moins, pas encore. Il s'apprêtait à tourner les talons quand l'autre l'interpella :

« Vous voulez son adresse ? »

Walker Hancock prit contact avec son supérieur, George Stout, à Bonn. Stout venait d'apprendre la mort de son ancien camarade de chambrée, le Britannique Ronald Balfour, fauché en mission par un shrapnel dans la ville allemande de Clèves.

Walker Hancock ne connaissait pas bien Balfour mais il éprouva un choc à la nouvelle du décès d'un de ses collègues de la MFAA. Il se rappela le sourire en coin de Balfour, à l'époque de Shrivenham, ses lunettes d'intellectuel, la force étonnante qui animait sa frêle carrure, ses manières distinguées et son habitude de ne jamais refuser une pinte en compagnie de ses camarades. Cela dit, Hancock ne le connaissait pas vraiment. Il se demanda s'il laissait derrière lui une veuve ou un orphelin, s'il nourrissait des rêves qu'il espérait encore réaliser un jour.

À cet instant, Walker Hancock pensa sans doute à sa bien-aimée Saima, son épouse depuis plus d'un an, auprès de laquelle il n'avait encore passé que de trop courtes semaines. La mort de Balfour lui rappela le danger inhérent à sa mission ; le temps qu'il passait loin de sa femme pourrait bien s'avérer plus qu'une simple parenthèse dans une longue vie de bonheur à deux.

La disparition de Balfour fit en outre prendre conscience aux Monuments men de leur isolement les uns par rapport aux autres. La nouvelle de son décès ne leur parvint en effet qu'au bout de dix jours.

Hancock se déplaçait toujours seul. Depuis le temps qu'ils travaillaient chacun de leur côté, il se demanda s'il reconnaîtrait encore Robert Posey ou Walter Huchthausen. En temps de guerre, les événements s'accéléraient, au point qu'il se passait parfois autant de choses en neuf mois qu'en neuf ans. Cela dit, chaque fois que Hancock avait besoin de lui, George Stout répondait présent à l'appel.

Lorsqu'il le retrouva, Hancock transmit d'excellentes nouvelles à son supérieur. Il venait de mettre la main sur Weyres, l'assistant de Wolff-Metternich, à Bad Godesberg ; une mine d'informations ! Hancock ne savait pas trop comment s'y prendre avec lui. Stout, sans doute préoccupé par le décès de Balfour, se contenta de lui répondre : « Je n'ai pas besoin de t'indiquer ce que tu dois faire, Walker. »

Le lendemain matin, Hancock livra des renseignements détaillés sur les dépôts d'œuvres d'art aux unités avancées de la 1re armée. En moins de quelques jours, il indiquerait aux troupes en première ligne l'emplacement de cent neuf entrepôts à l'est du Rhin, en multipliant ainsi par deux le nombre de ceux dont les Alliés connaissaient l'existence en Allemagne.

Une semaine plus tard, le 29 mars 1945, un commandant américain se fraya un chemin à travers la zone des combats pour frapper à la porte du Bürgermeister de Siegen. Quand celui-ci lui ouvrit, stupéfait, le commandant lui demanda de but en blanc : « Où sont les tableaux ? »

32. La carte au trésor

Trèves, 20-29 mars 1945

À la fin du mois de mars 1945, Lincoln Kirstein et le capitaine Robert Posey, Monuments men aussi opposés que complémentaires, rattachés à la 3ᵉ armée des États-Unis sous le commandement de Patton, traversèrent la vallée de la Sarre, le long de la frontière franco-allemande. Ils y virent les séquelles de l'occupation nazie : des champs à l'abandon et des usines détruites. Il devenait si difficile de s'y procurer de la viande que les gens se nourrissaient principalement de rutabaga. Les habitants des environs, favorables, pour la plupart, aux Alliés, leur proposaient leurs services en échange d'une cigarette ; un tel luxe en ce temps de guerre que beaucoup se contentaient, depuis plusieurs années, des mégots jetés par les prisonniers en route pour les camps au cœur du territoire allemand. La beauté de la région, appauvrie par le conflit, où la 3ᵉ armée comptait tout de même se ravitailler, frappa Kirstein — les collines moutonnantes qui commençaient à verdir à mesure que la neige fondait, les vallées de fleuves au cours paresseux, les sombres forêts évocatrices des contes des frères Grimm. Les petites fermes semblaient dater du fond des âges et les antiques portes et tours de la ville rappelèrent à Kirstein les paysages fantastiques à l'arrière-plan des gravures d'Albrecht Dürer.

« Voilà que l'occasion nous est enfin donnée d'observer l'attitude de la population allemande envers nous[1] », écrivit Robert Posey à sa femme, Alice, une fois franchie la Moselle.

« Notre progression a été si rapide que la plupart des villes n'ont pas trop souffert. Même dans les bourgades éprouvées par les combats, la population se masse le long des trottoirs pour regarder passer nos convois, comme en Normandie. Bien entendu, les Allemands n'ont pas l'air de se réjouir outre mesure de notre présence mais on en viendrait presque à croire que c'est parce qu'ils sont moins démonstratifs que les Français. Une vive curiosité les anime. Les hommes les plus âgés ne se lassent pas d'admirer notre magnifique équipement et nos soldats en parfaite santé, pleins d'allant. Les enfants nous crient bonjour, les petites filles nous sourient en nous adressant un signe de la main. Nous sommes censés les ignorer mais j'ai le cœur trop sensible pour ne pas les saluer. Une foule s'est rassemblée pour regarder nos ingénieurs construire un nouveau pont en bois à côté d'un autre que les soldats allemands ont détruit quelques jours plus tôt afin de repousser l'inévitable écrasement de leur armée. Chaque foyer accroche un drapeau à sa porte, non pas tricolore comme en France mais blanc, en signe de reddition inconditionnelle [...] Du coin de son tablier, une vieille femme a écrasé une larme sur sa joue mais la pauvre, voûtée, les cheveux blanchis, pensait sans doute à l'un de ses fils sacrifié au nom de Hitler [...] Quand nos bulldozers ont fini de détruire une barricade, les habitants du quartier en récupèrent les planches qu'ils débitent en bois de chauffage. Quelques adolescentes essayent de flirter avec nous quand elles sont sûres que personne ne les voit. Dans l'ensemble, la situation n'est pas si terrible. Pourquoi s'entêtent-ils à se battre ? »

Le 20 mars 1945, les Monuments men parvinrent au campement de la 3e armée, à Trèves, l'une des villes les plus anciennes du nord de l'Europe. « Trèves existait déjà mille trois cents ans avant Rome ; puisse-t-elle continuer à prospérer et jouir d'une paix éternelle », indiquait une célèbre inscription sur une maison de la place du marché. En dépit du côté quelque peu fantaisiste d'une telle affirmation, Trèves était déjà une ville de garnison avant l'arrivée des légionnaires romains du temps d'Auguste. Malheureusement, le sort ne l'épargna pas pendant la Seconde Guerre mondiale, dans la vallée de la Sarre « hospitalière et depuis peu conquise[2] ».

Posey, relatant la progression de la 3e armée, décrit Trèves comme une cité « réduite en miettes[3] ». Selon Kirstein, la ville n'avait plus été aussi ravagée depuis le Moyen Âge. « Les dégâts semblent figés dans l'éternité, écrit-il, à croire que le temps s'est arrêté au moment de l'incendie, que les atomes se sont spontanément désagrégés et que différents centres de gravité se battent comme des chiens pour attirer à eux la matière. Pour une raison inexpliquée, un pont est demeuré intact [...] Il ne reste plus de place aux véhicules que pour circuler dans un seul sens vu que des gravats encombrent les rues. À notre arrivée, la ville était déserte, pour ainsi dire. Des quatre-vingt-dix mille habitants, il n'en restait plus que deux mille, logés dans des caves mais, apparemment, en excellente forme ; les femmes, en pantalons et les hommes en costumes. Il

vaut mieux ne pas les observer avec trop d'insistance.
À certaines maisons flotte une taie d'oreiller ou un drap
blancs. C'est à peine s'il reste quoi que ce soit d'intact.
Des fragments de gouttières du xve siècle, de parements
baroques et de tours gothiques forment un magnifique
chaos auquel se mêlent des hachoirs à viande modernes,
des bouteilles de champagne, des affiches publicitaires,
des crocus pourpres et jaunes, de l'essence et des détri-
tus, des enseignes en émail et des candélabres en
argent ; le tout sur des terrains vagues d'aspect lamentable, lamentable, dévastés, creusés par les bombes. À
Saint-Lô, c'était assurément pire sauf qu'il n'y avait
rien de valeur là-bas. Ici, tout datait des premiers temps
de la chrétienté, de l'époque romaine ou romane ou
encore baroque[4]. »

Les Nazis avaient financé la restauration de Trèves
et, en particulier, de la place du marché, à présent en
ruines, ainsi que de la Simeonstrasse. Le quartier de la
cathédrale, sa façade et le cloître adjacent avaient subi
de nombreux dégâts. Le palais baroque des comtes de
Kessel était quant à lui détruit. Les Nazis avaient installé la rédaction d'un journal dans la maison de Karl
Marx (né à Trèves en 1818), démolie depuis par un
bombardement allié.

Restait tout de même un ensemble de constructions
de premier ordre. « L'intérieur de la cathédrale est
intact, précise Kirstein, si ce n'est que la cloche est
tombée du clocher ; la Liebfrau[en]kirche, endommagée par un incendie, a tenu le coup, St. Paulinus, une
débauche de splendeurs rococo roses et bleues n'a été
touchée que parce que ces imbéciles de Nazis ont
parqué des chars devant la façade, la Porta Nigra [une
antique porte romaine] n'a rien, excepté à l'endroit où

ces imbéciles ont installé des mitrailleuses, l'abbaye Saint-Matthias non plus, du moins si l'on ne tient pas compte de la sacristie mise à sac[5]. » Les trésors de la cathédrale, dont la « tunique sans couture », prétendument volée au Christ mourant par des soldats romains, furent retrouvés dans des bunkers à l'intérieur des antiques fondations de la ville.

Kirstein et Posey entreprirent tout de suite de sensibiliser les soldats à la richesse patrimoniale de la ville. Compte tenu du franc succès rencontré par les indications de Posey sur l'histoire de Nancy et de Metz, il rédigea avec Kirstein, sitôt la 3e armée parvenue à Trèves, une brochure sur le passé de la cité et la valeur de ses monuments, de crainte que les hommes du rang, à présent en territoire ennemi, n'hésitent plus à se livrer au pillage. Les officiers de la MFAA espéraient éveiller l'intérêt des soldats pour la culture allemande antérieure à l'ère nazie — intérêt qui devait selon eux se traduire par un respect pour les vestiges du passé.

Les Monuments men eux-mêmes se permirent toutefois d'emporter quelques souvenirs. Posey envoyait souvent des babioles à Woogie ; surtout des cartes postales et des pièces de monnaie allemandes. À Trèves, il joignit à l'une de ses lettres un ornement en aluminium, en expliquant à Woogie que le drapeau nazi que celui-ci surmontait avait brûlé mais que la hampe à laquelle il flottait « a traversé le conflit. Les Allemands n'avaient plus assez d'aluminium pour construire des avions, ces trois ou quatre dernières années[6] ».

Kirstein et Posey connaissaient l'identité de la plupart des responsables allemands du patrimoine depuis les interrogatoires à Metz et ailleurs. Ils composèrent un comité de cinq experts sous la direction du gouvernement militaire allié, chargés de « récupérer des fragments, de consolider les bâtiments endommagés, d'effectuer des réparations provisoires, de réunir des documents, d'ouvrir des passages secrets […] et d'indiquer les mesures à prendre d'urgence[7] ». Deux jours après la prise de Trèves par la 3e armée, le comité se mit au travail. Ses membres (l'appartenance de l'un d'eux au parti nazi lui valut un limogeage immédiat) livrèrent de précieuses indications sur les responsables allemands réfugiés à l'est du pays. Jusqu'à la fin de la campagne militaire, les Monuments men reproduiraient le modèle mis en place à Trèves en sensibilisant les troupes à la protection du patrimoine et en y impliquant des autochtones.

Le 29 mars 1945, Robert Posey se fichait pas mal de savoir où sa mission allait le conduire : seul le préoccupait un terrible mal de dents. À l'instar de nombreux soldats, il se plaignait de douleurs physiques depuis son incorporation ou presque. Il s'était fait mal au dos en Normandie en tombant sur la tourelle d'un char d'assaut à cause d'un sergent qui s'apprêtait à lui marcher sur la main alors que les troupes montaient à bord du bateau de débarquement. Il s'était ensuite cassé le pied pendant la bataille des Ardennes. Un officier de la 3e armée voulut le décorer d'une médaille militaire américaine, la Purple Heart, mais Posey refusa : elle devait en effet honorer des soldats blessés par l'ennemi et non par une malencontreuse chute.

Rien ne ferait cependant souffrir Posey autant que sa rage de dents. Par malchance, le dentiste de l'armée le plus proche se trouvait à plus de cent cinquante kilomètres de là, en France. Posey s'efforça de prendre son mal en patience mais la douleur eut bientôt raison de

lui. Ni lui ni Kirstein ne parlaient couramment allemand. Kirstein arrêta donc un petit garçon blond dans
la rue (les enfants se révélaient être en général les informateurs les plus fiables) et mima devant lui une rage de
dents. En échange de trois chewing-gums à la menthe,
le gamin conduisit Kirstein quelques pâtés de maisons
plus loin, à une porte de style gothique surmontée d'une
enseigne figurant une molaire.

Le dentiste, un homme d'un certain âge « plus bavard
encore qu'un coiffeur[8] », parlait un excellent anglais,
quoique empreint d'un fort accent allemand. Il semblait
connaître tout le monde à Trèves et s'intéressa autant à
la mission des Monuments men qu'aux dents de sagesse
de Posey.

« Vous devriez vous adresser à mon beau-fils, leur
conseilla-t-il en nettoyant ses mains éclaboussées de
sang, au moment de ranger ses instruments. C'est un
spécialiste de l'histoire de l'art qui connaît très bien la
France. Il y vivait d'ailleurs sous l'Occupation. Le hic,
c'est qu'il habite à présent à des kilomètres d'ici. Je ne
pourrai vous conduire à son domicile que si vous dispo-
sez d'un véhicule. »

Les trois hommes montèrent en voiture et prirent la
route de l'est. Des munitions et des pièces d'artillerie
jonchaient la chaussée. De la fumée s'élevait encore de
quelques fermes. Les arbres retrouvaient peu à peu leur
feuillage mais seuls des champs en friche s'étendaient
entre les vignes à l'abandon. Ils passèrent devant un
enfant qui les dévisagea d'un air morose, immobile le
long du chemin. Le dentiste semblait d'excellente
humeur. « Magnifique ! s'écriait-il à la moindre bourgade qu'ils traversaient. Magnifique ! J'ai l'impression
d'être parti de Trèves il y a des siècles. » Il s'excusait

sans cesse de leur réclamer un arrêt devant une ferme, le temps de saluer des amis, ou en face d'une épicerie afin d'acheter des provisions. « Magnifique ! s'exclamait-il à son retour. Nous n'avions plus bu de lait frais depuis des mois. »

« Tu ne crois pas que nous avons eu tort de le suivre ? » demanda Kirstein à Posey alors qu'ils attendaient le dentiste devant l'auberge d'un village en ruines, à une vingtaine de kilomètres de Trèves. Leur malaise grandit à mesure qu'ils s'éloignaient de la ville. Les taies d'oreiller blanches de la capitulation ne flottaient plus aux fenêtres des bourgs désertés. Ici, personne n'a envie d'être vu, songea Kirstein.

« Ça se pourrait bien », lui répondit Posey, qui n'ajouta rien de plus et se contenta d'observer les hauteurs qui bouchaient la vallée. Il lui semblait qu'on venait de lui pilonner les gencives au marteau-piqueur mais il n'était pas là pour se plaindre. Il réfléchissait à la subtile limite entre son devoir de Monuments man et ses responsabilités de père de famille. Que deviendrait un Woogie orphelin ?

Le dentiste les rejoignit en souriant, des légumes frais plein les bras. « Magnifique, commenta-t-il, tout bonnement magnifique. »

« On ne s'arrête plus, à partir de maintenant », l'avertit Posey en passant sa langue sur ses gencives enflées. Il soupçonnait le dentiste de n'être qu'un imposteur. Il ne leur voulait sans doute aucun mal mais, plus il leur réclamait de haltes, plus leur petite expédition lui faisait l'effet d'un piège.

Arrivé au fond de la vallée, le dentiste les pria enfin de se garer sur le bas-côté. Une grande bâtisse crépie en blanc se dressait au pied d'une colline, à l'orée d'une forêt. « Par ici », leur indiqua le dentiste en la contournant. À mi-hauteur de la colline, ils aperçurent une petite maison de vacances isolée ; l'endroit rêvé pour tendre une embuscade à deux experts du patrimoine imprudents. Kirstein et Posey s'échangèrent un regard. Était-ce bien raisonnable ? Même en admettant que le beau-fils du dentiste soit un spécialiste de l'histoire de l'art, que pourrait-il bien leur apprendre ? À contrecœur, Posey rejoignit la petite maison.

L'intérieur, propre et bien éclairé, rendait un hommage à la France, à la beauté et à la culture. Sur les murs s'alignaient des photos de la tour Eiffel, de Notre-Dame, de Versailles et d'autres monuments célèbres de la région parisienne. Quelques vases contenaient des fleurs, sans doute cueillies sur les collines avoisinantes. Une rangée d'étagères croulait sous les livres d'art et d'histoire. D'après le témoignage de Kirstein, il régnait là une atmosphère « paisible, propice à l'étude et aux occupations domestiques, loin de la guerre[9] ». C'était la première fois en Allemagne qu'il entrait dans une maison encore habitée. Il s'y sentit tout de suite chez lui.

Le spécialiste de l'histoire de l'art, un bel homme étonnamment jeune (la trentaine bien entamée, à en juger par les apparences), loin de manifester l'enthousiasme d'un professeur en début de carrière, semblait usé, courbé par le poids d'on ne savait quoi. La guerre n'a décidément épargné personne, songea Kirstein. Le jeune homme réserva un chaleureux accueil aux experts de la MFAA. « *Entrez !* leur proposa-t-il en français. Je n'ai parlé à personne depuis que j'ai quitté la capitale française vingt-quatre heures avant l'arrivée de votre armée. Paris n'a pas cessé de me manquer depuis. »

Il les invita à s'asseoir avant de leur présenter les autres occupants de la maison. « Voici ma mère, mon épouse, Hildegard… » À ces mots, il lança un coup d'œil inquiet au dentiste. « Ma fille Eva, et mon fils, Dietrich », conclut-il fièrement en désignant le nourrisson dans les bras de sa femme.

Posey tendit son index au petit en l'invitant à l'attraper mais l'enfant eut un mouvement de recul. Il ne ressemblait pas du tout à Woogie et, pourtant, il lui rappela son fils resté en Amérique, comme d'ailleurs chaque garçon qu'il lui arrivait de croiser.

« Mon beau-père me dit que vous êtes des spécialistes en histoire de l'art au service de l'armée américaine ? commença leur hôte en s'asseyant à son tour. Trèves doit vous paraître splendide. D'après ce que j'ai compris, la Paulinerkirche n'a pas été endommagée, Dieu merci ! Son plafond est unique en son genre, un vrai chef-d'œuvre, bien qu'il ne date que de deux siècles à peine. Personnellement, je m'intéresse surtout au Moyen Âge — la fin d'un monde et la naissance d'un autre, le nôtre. Je me suis spécialisé dans l'étude de la sculpture française médiévale. Je travaille en ce moment à un ouvrage sur la statuaire du XIIᵉ siècle en Île-de-France en collaboration avec Arthur Kingsley Porter, un Anglais dont vous avez peut-être entendu parler ?

— Oh oui, l'assura Kirstein, qui se souvint aussitôt de lui. Je l'ai eu comme professeur à Harvard.

— Moi aussi, renchérit l'Allemand. Je garde un excellent souvenir de sa femme. Une vraie lunatique ; la plus brillante que j'aie jamais rencontrée, cela dit[10]. »

Il se tourna soudain vers sa femme. « *Kognak* », lui indiqua-t-il. Dès qu'elle eut quitté la pièce avec les enfants et le dentiste, l'intonation du spécialiste de la sculpture médiévale changea. Il se pencha vers ses invités et entreprit de leur raconter une partie de son histoire personnelle.

« Je ne vous mentirai pas, leur promit-il. J'ai connu Göring à Paris. Et Rosenberg, aussi. Je travaillais pour eux. En tant qu'historien d'art, vous comprenez ; je ne jouais pas un rôle très important mais j'ai eu l'occasion de bien les observer. J'étais là quand Göring a ordonné le départ de son premier convoi d'œuvres d'art. Je lui ai fait remarquer que son appropriation des biens confisqués aux Juifs s'opposait à la convention de La Haye ainsi qu'aux ordres de Hitler. Il m'a répondu : "Ce sont avant tout mes ordres que vous devez suivre. Vous ne devez obéir qu'à moi et moi seul[11]."

» Je lui ai rétorqué que le commandement militaire en France et les *Juristen* [c'est-à-dire les représentants légaux du Reich] ne partageraient sans doute pas son avis. Il m'a dit : "Ce n'est pas à vous de vous en inquiéter, mon cher Bunjes. Après tout, c'est moi le juriste le plus haut placé de l'État."

» Voilà ce qu'il m'a textuellement répondu, messieurs, le 5 février 1941. Qu'est-ce qu'un simple historien comme moi pouvait bien faire ? En plus, les œuvres me semblaient plus en sûreté entre les mains de Göring qu'entre celles des milliers d'officiers nazis qui cherchaient à s'en emparer. Au fond, je me suis efforcé de mon mieux de protéger le patrimoine français. »

Son épouse reparut alors avec le cognac. « *Ich danke dir darling* », la remercia-t-il avant de verser un verre à Kirstein. Posey préféra allumer une cigarette. Les deux Monuments men éprouvaient le besoin de se donner une contenance : ils n'en revenaient pas des révélations de leur hôte. Celui-ci avait vécu à Paris. Sans doute serait-il en mesure de leur apporter la réponse aux questions qui les tourmentaient depuis des mois.

« Je pourrais vous livrer bien des informations, poursuivit le spécialiste du Moyen Âge après quelques gorgées d'alcool, mais en échange, j'exige de pouvoir quitter l'Allemagne avec ma famille. Je ne souhaite rien tant que de terminer mon livre et de vivre en paix. Si vous acceptez, je vous dirai quelles œuvres ont été saisies et où elles se trouvent.

— Pourquoi tenez-vous à quitter l'Allemagne ? demanda Kirstein.

— J'ai été capitaine des SS. Pendant cinq ans. Je ne le nierai pas ! Mais uniquement dans l'intérêt de ma profession, vous comprenez ; au service de l'art. Seulement, si les habitants de la vallée venaient à l'apprendre… Ils s'imagineraient je ne sais quoi et n'hésiteraient pas à me fusiller. Ils nous reprochent… tout ce qu'il s'est passé. »

Kirstein et Posey échangèrent un regard. Ils avaient interrogé de nombreux responsables du patrimoine mais jamais encore un officier SS. À quel genre d'homme avaient-ils donc affaire ?

« Je n'ai pas assez d'autorité pour vous garantir quoi que ce soit », lui avoua Posey. L'Allemand soupira. Il but un peu de cognac, réfléchit un instant puis se leva brusquement et disparut. Quelques minutes plus tard, il apporta aux Monuments men un catalogue des œuvres volées en France précisant leur titre, leurs dimensions, leur valeur et le nom de leur propriétaire. Le beau-fils du dentiste traduisit une partie du texte puis il demanda aux officiers de la MFAA d'étaler leurs cartes sur la table. Il leur indiqua de mémoire où se trouvaient les trésors perdus. « La collection de Göring n'est plus à Carinhall, leur confia-t-il, mais à Veldenstein. Là ! Seulement, je ne sais pas si elle y restera encore long-temps. »

Il leur expliqua le fonctionnement interne du monde de l'art en Allemagne : les trésors de Pologne et de Russie avaient été répartis entre différents musées allemands. Il leur nomma les marchands d'art berlinois qui revendaient les œuvres confisquées et leur dressa la liste des tableaux français pour l'heure en Suisse ou en Allemagne.

« Et le retable de Gand ? s'enquit Posey.

— Le polyptyque de l'*Agneau mystique*, de Van Eyck ? releva le spécialiste du Moyen Âge. Les différents panneaux ont rejoint la collection personnelle de Hitler, là », précisa-t-il en pointant son index sur les mines de sel d'Altaussee, dans les Alpes autrichiennes, non loin de la ville de Linz, où Hitler avait grandi.

La collection personnelle de Hitler ? Ni Kirstein ni Posey ne cillèrent. Ils ne s'échangèrent même pas un coup d'œil. Après des heures passées sur les routes, des dizaines d'entretiens ne menant à rien, des mois à tenter de recouper tant bien que mal des informations, voilà qu'ils obtenaient enfin les renseignements qu'ils souhaitaient et plus encore ! Leur hôte venait de leur indiquer sur une carte le trésor de Hitler alors que les Alliés ignoraient jusque-là que Hitler possédait un trésor.

« Les Nazis ne sont que des rustres, se plaignit le beau-fils du dentiste. Des imposteurs. Ils ne comprennent rien à l'art, si ce n'est qu'il a une valeur marchande. Ils ont volé l'argenterie des Rothschild pour s'en servir comme de la vaisselle ordinaire à l'Aéroclub

de Berlin. Ça m'a rendu malade de les voir se goinfrer
à l'aide de fourchettes hors de prix. »

Le spécialiste du Moyen Âge se leva pour se verser
un autre verre de cognac. Puis il parla de son propre
travail, de Paris, des cathédrales, des remarquables
gisants du xiie siècle et de tout ce qui s'était perdu par la
faute du temps et des guerres. « Non loin de la Moselle,
écrirait Kirstein, dans une atmosphère printanière, à
l'écart des villes meurtries, travaillait un érudit allemand, amoureux de la France, qui éprouvait pour ce
pays une passion sans espoir, fatalement frustrée[12] »,
typique des Allemands. Kirstein ne put s'empêcher de
trouver son hôte sympathique.

« Je me mets à votre disposition, messieurs, conclut
le spécialiste du Moyen Âge. Demandez-moi ce que
vous voudrez. Je ne réclame que le droit de retourner à
Paris avec ma famille. » Comme s'ils attendaient le
moment propice, son épouse et leur dernier-né parurent
à cet instant sur le seuil.

« Je verrai ce que je peux faire », lui répondit Posey
en se levant. En dépit de leur calme apparent, Kirstein
et lui bouillonnaient. Ils venaient d'en apprendre plus
en vingt minutes qu'au cours des vingt semaines précédentes. À présent, une nouvelle mission leur incombait : retrouver les chefs-d'œuvre en possession de
Hitler.

L'Allemand leur sourit en leur tendant la main. S'il
fut déçu de ne pas obtenir sur-le-champ un visa pour la
France, il ne le montra pas. « Ce fut un plaisir, messieurs, les salua-t-il d'un ton affable. Merci d'être
venus.

— Merci à vous, docteur Bunjes. Vous nous avez
été d'un grand secours. »

Ils ne se doutaient pas qu'ils venaient de passer l'après-midi avec un officier corrompu de la Kunstschutz au service de Göring, ayant joué un rôle déterminant dans le pillage organisé au Jeu de Paume.

33. Frustration

Théâtre des opérations en Europe du Nord,
30 et 31 mars 1945

Le soldat Richard Courtney se sentait frustré. Comme la plupart de ses camarades de la 1re armée des États-Unis, il se battait en première ligne depuis le débarquement en Normandie. Il avait franchi « l'anneau d'acier » établi par les Allemands autour des plages et survécu au passage de la ligne Siegfried. Il avait pris part aux combats visant à s'emparer d'Aix-la-Chapelle en septembre et à la reprendre après la bataille des Ardennes. Pour l'heure, il se livrait à une fouille systématique d'un domaine sur la rive gauche du Rhin, près de la petite ville de Breidenbach. Même après neuf mois de combats, il n'en crut pas ses yeux. La maison, d'après ce qu'en savaient les soldats, appartenait à un dirigeant du parti nazi. À mesure qu'ils en inspectaient les différentes pièces, ils découvrirent une extraordinaire collection de tableaux, de cristallerie, d'argenterie et de statues. Il était de bon ton parmi l'élite des Nazis de collectionner des œuvres d'art, sans doute dans l'espoir de gagner les faveurs du Führer et du Reichsmarschall. Le Nazi dont Courtney explorait le domicile avait réuni des objets en provenance de toute l'Europe.

En descendant à la cave, Courtney devint comme fou : il découvrit, entassés du sol jusqu'au plafond, des colis de la Croix-Rouge destinés aux prisonniers de guerre américains. Que faisaient-ils là ? En quoi des biscuits secs et des pansements pouvaient-ils être utiles à un dirigeant nazi ? La moutarde monta au nez de Courtney : il s'empara d'un pied-de-biche et se mit à tout casser : des caisses, des miroirs, de la porcelaine, des objets d'art, des chandeliers. Une telle rage le tenaillait qu'il arracha même les interrupteurs des murs. Personne ne tenta de le contenir.

« Qu'est-ce qui t'a pris ? » lui demanda l'un de ses camarades lorsqu'il se fut enfin calmé.

Le soldat Courtney jeta par terre son pied-de-biche en observant autour de lui les dégâts. « Ça, c'était pour nos gars, dans les camps », se justifia-t-il.

Pendant ce temps-là, au dépôt de remplacement de Liège, en Belgique, le soldat Harry Ettlinger jouait aux dés. Il avait résisté un mois à la tentation mais à quoi bon ? Il n'y avait rien d'autre à faire. Il avait commencé par remporter mille cinq cents dollars en une semaine en misant une partie de sa solde mensuelle de soixante dollars, mais il perdit ses gains en une soirée. Il sortit observer le ciel nocturne. Tout lui parut soudain infiniment lointain. Il venait de gâcher deux mois de sa vie. Il ne brûlait pas d'impatience de se retrouver au front et, pourtant, la compagnie des soldats qui logeaient au dépôt depuis plus longtemps encore que lui le déprimait. L'un d'eux avait acheté à Paris du parfum qu'il revendait à présent à prix d'or. L'odeur en imprégnait le camp entier. Malgré tout, l'homme n'avait plus qu'une idée en tête : retourner à Paris se réapprovisionner. Harry Ettlinger ne voulait pas finir comme lui. Quelque part à l'est, la guerre faisait rage. Il était certain d'avoir un rôle à y jouer, même s'il ignorait encore pourquoi on lui avait demandé de sauter à bas du camion qui l'emmenait se battre, le jour de son dix-neuvième anniversaire.

À Paris, James Rorimer venait de recevoir son ordre d'affectation à la 7e armée des États-Unis, qui se passait jusque-là des services de la MFAA. La 7e armée contrôlait en Allemagne un territoire de quatre cent cinquante kilomètres de long sur une largeur moyenne de cent trente. Rorimer serait ainsi le seul Monuments man à veiller sur une étendue de plus de cinquante-huit mille kilomètres carrés. Il disposait heureusement d'un atout : les informations communiquées par Rose Valland. Grâce à elle, il savait précisément où aller : au château féerique de Neuschwanstein, dont le nom revenait sans cesse dans ses rêves. Ce qu'il découvrirait au juste là-bas et par quel moyen il y parviendrait... c'était une autre histoire.

« Mon dernier soir à Paris, le général Rogers m'a félicité de mon excellent travail, écrivit Rorimer à sa femme. Mon supérieur, le lieutenant colonel Hamilton, a offert des cocktails à notre groupe et a failli verser une larme en apprenant mon transfert en Allemagne. Eh oui, j'avais réussi à faire mon trou et je dois à présent recommencer ailleurs, dans des conditions très différentes[1]. »

Finis, les doutes. Voilà enfin qu'était confiée à Rorimer la mission qu'il appelait de ses vœux. Au moment de préparer son paquetage, des souvenirs nostalgiques de son séjour dans la ville lumière lui revinrent en mémoire, alors même qu'il lui tardait de se lancer dans de nouvelles aventures à la rescousse du patrimoine de la France. En dépit de son impatience (ou peut-être à cause d'elle ?) Rorimer s'interrogea sur le sort de Rose Valland. Jacques Jaujard avait raison de la considérer comme une héroïne. Qu'allait-elle devenir à présent ? Elle venait de confier à son protégé la mission pour laquelle elle avait risqué sa vie. Où s'en va le maître après le départ de son disciple ?

Rorimer y réfléchit et crut deviner la réponse. Rose Valland, souvent sous-estimée mais jamais prise en défaut, briguait alors une commission dans l'armée française. Elle avait beau voir en James Rorimer l'homme de la situation, elle estimait la préservation du patrimoine français trop cruciale pour reposer sur une seule personne. Rose Valland n'était ni une fonctionnaire timorée ni une fleur fanée mais une battante. Elle comptait se rendre sur le front afin de remettre la main sur les œuvres les plus précieuses de France.

À Berlin, pilonnée par l'artillerie russe et les bombes alliées, le Führer convoqua une fois de plus Albert Speer. Adolf Hitler, réfugié dans son vaste bunker imprenable sous la chancellerie du Reich, s'était retranché du monde et même désintéressé des catalogues d'œuvres destinées à son musée de Linz qui, en des jours meilleurs, lui mettaient pourtant du baume au cœur. Il ne contemplait plus la reproduction de *L'Astronome* de Vermeer, son tableau préféré, où l'on voit un érudit, le dos à moitié tourné au spectateur, tendre une main vers sa mappemonde comme pour s'emparer de la terre alors qu'une douce lumière naturelle entre par une fenêtre. Hitler avait toutefois emporté avec lui, dans son bunker, les plans de son futur musée. (La maquette de

Linz se trouvait non loin de là, dans une cave de la nouvelle chancellerie.) Hitler caressait encore des projets de grande envergure. Épuisé, le teint blafard, il n'en conservait pas moins une volonté de fer. Conscient de sa situation critique, il refusait d'admettre que son empire courait à sa ruine.

Son secrétaire personnel, Martin Bormann, venait de l'avertir que Speer s'était rendu dans la Ruhr afin de convaincre les gauleiters de ne pas tenir compte de son décret néronien et de laisser intactes les infrastructures allemandes.

Speer ne le nia pas. Hitler, dont les colères pouvaient s'avérer fatales mais qui n'avait pas encore sombré dans la paranoïa, suggéra à son ami et néanmoins ministre de l'Armement de prendre un peu de repos. « Speer, lui dit-il, si vous êtes convaincu que la guerre n'est pas encore perdue, poursuivez votre travail.

— Impossible, rétorqua Speer. Même avec la meilleure volonté du monde. Je ne tiens pas à faire partie de ces porcs de votre entourage qui prétendent croire à la victoire alors que ce n'est pas le cas.

— Je vous laisse vingt-quatre heures pour réfléchir, conclut Hitler en tournant les talons. Demain, vous me direz si vous pensez que nous pouvons encore gagner la guerre[2]. »

Dès le départ de Speer, Hitler donna l'ordre à son chef des transports de diffuser par téléscripteur son décret néronien. « La liste des équipements à détruire, précisa Speer, comprenait une fois de plus les ponts, les voies ferrées, les dépôts de locomotives et leurs installations techniques, les écluses et les barrages. Il fallait en outre rendre inutilisables les locomotives, les voitures de passagers, les wagons de marchandises et les cargos, et bloquer les canaux et les rivières en y coulant des bateaux[3]. » En somme, Hitler n'exigeait rien de moins que la destruction du Reich.

Le soir même, Speer écrivit à Hitler : « Je ne peux plus croire encore que notre juste cause vaincra si, pendant ces mois décisifs, nous détruisons systématiquement ce sur quoi repose notre existence en tant que nation. Nous nous rendrions coupables d'une injustice si criante envers notre peuple que le destin ne saurait nous épargner plus longtemps […] Je vous supplie par conséquent de ne pas imposer une mesure désastreuse pour la population. Je retrouverai la foi et le courage nécessaires pour continuer mon travail en redoublant d'énergie pour peu que vous reconsidériez votre décision. Il n'est plus en notre pouvoir de régler notre sort. Seule la providence peut encore infléchir le cours des événements. Il ne nous reste plus qu'à tenir bon en conservant une confiance inébranlable dans l'avenir éternel de notre nation […] Que Dieu protège l'Allemagne[4]. »

Hitler ne voulut même pas prendre connaissance de la lettre de Speer : il exigeait une réponse orale. Le 30 mars 1945, face au Führer qu'il avait tant aimé et si bien servi, Albert Speer fléchit. « *Mein Führer*, affirmat-il, je vous assure de mon soutien sans réserve[5]. »

Trois jours plus tard, à plus de cinq cent cinquante kilomètres à l'ouest de Berlin, Walker Hancock et George Stout arrivaient aux abords de la ville dont le nom les hantait depuis des mois à proportion des espoirs qu'ils y attachaient : Siegen.

Lettre de Walker Hancock à son épouse Saima
4 avril 1945

Ma très chère Saima,

Je viens de vivre les journées les plus incroyables de toute ma vie. Il n'y a pas très longtemps, je me suis rendu avec George Stout et le vicaire d'Aix-la-Chapelle à l'endroit où sont cachés les principaux trésors artistiques de l'ouest de l'Allemagne. Nous sommes entrés dans la ville le jour même de sa prise. Il n'était possible d'emprunter qu'une seule route car il restait des « poches de résistance » dans les collines des alentours. Nous entendions par intermittence des tirs de mitrailleuses et des obus qui explosaient ; ce qui ajoutait encore à notre fébrilité, même si nous ne courions pas de véritable danger. La ville a été bombardée sans répit pendant trois mois et, ces deux dernières semaines, la bataille a fait rage jusque dans les rues. Tu imagines (ou plutôt : tu n'imagines probablement pas) à quoi elle ressemble aujourd'hui. De temps à autre, un civil sortait d'une cachette mais, sinon, tout semblait désert. Une flaque de sang à côté d'un casque américain en disait long sur le drame qui venait de se jouer. Partout l'on voyait ce décor de ruines qui nous est devenu familier.

Le prêtre qui nous tenait lieu de guide nous a conduits à l'entrée des tunnels où étaient cachées les œuvres d'art et qui, contrairement à la ville déserte, grouillaient d'une misérable humanité. Nous sommes passés par un étroit couloir débouchant sur un ancien boyau de mine mal éclairé où l'on suffoquait. Des hommes et des femmes s'y entassaient en si grand nombre que leur survie m'a paru tenir du miracle. Aucun d'eux n'avait respiré à l'air libre depuis quinze jours. Nous nous sommes enfoncés sous les collines et, quand nos yeux se sont enfin accoutumés à la pénombre et nos oreilles aux chuchotements, nous avons pris conscience de la tragédie qui se déroulait sous nos yeux. (Nos nez, eux, ne se sont pas habitués à la puanteur.) Nous étions les premiers Américains que ces gens apercevaient. «*Amerikaner! Amerikaner!* se sont étranglés certains. *Sie kommen!*» Des mères, pas très rassurées, ont rappelé près d'elles leurs enfants.

D'autres, au contraire, ne semblaient pas effrayés du tout. Un petit garçon a tenu la main de George pendant une bonne partie du chemin. Certains ont essayé de nous parler anglais. Les plus âgés, les plus jeunes et les plus mal en point s'entassaient sur des couchettes de fortune ou se blottissaient les uns contre les autres. Au total, nous avons parcouru pas loin de cinq cents mètres sous les collines.

Walker

Chère Margie,

Voilà quatre jours que je n'ai plus pris la plume
— en mission sur le terrain, je n'ai pas eu une minute
à moi [...] il s'est passé avant-hier un événement qui
mérite mieux que le pauvre compte rendu lacunaire
que je puis à présent t'en fournir. Je ne suis pas auto-
risé à te donner le nom de la ville — située bien à l'est
du Rhin — vu que, pour l'instant, il est interdit de
divulguer ce qu'on y a découvert. Nous savions qu'il
y avait là un dépôt, d'après les informations obtenues en novembre dernier [à Aix-la-Chapelle].
Depuis, d'autres renseignements nous sont parvenus. Nous savions qu'il fallait chercher une mine de
fer aux abords de la ville. Nous avons rencontré un
prêtre allemand, un type qui n'a pas froid aux yeux :
il s'y était déjà rendu et a bien voulu nous servir de
guide.

Une division blindée venait de passer par là, suivie
par un détachement d'infanterie. Des combats ont eu
lieu pendant la journée mais le gros des troupes allemandes avait déjà évacué les lieux. Nous sommes
arrivés à quatre heures et demie [de l'après-midi],
Walker Hancock, deux conscrits, le prêtre et moi-
même. Ce n'était pas très sûr de circuler dans les
rues à cause des gravats et des câbles de tramway
tombés au sol. Cela dit, il n'y a eu que peu d'obus
lancés, et seulement par intermittence. Les soldats
allemands se sont laissé appréhender sans opposer
de résistance. Nous avons aperçu trois civils : deux
infirmières allemandes et un homme, jeune encore,
qui boitait. Il nous a dit qu'il cherchait sa sœur de
l'autre côté de la ville et nous a demandé si c'était

dangereux de se risquer là-bas. Rien que de très banal, en somme.

L'un des conscrits est resté surveiller notre véhicule. Avec l'autre, nous avons parcouru huit cents mètres à pied dans la ville en ruines avant d'arriver à la mine. Notre intrépide prêtre ne se souvenait plus bien de l'entrée. Ce qui a suivi n'était plus banal du tout :

Aux abords d'une cavité sur le versant d'une colline se tenaient une vingtaine de personnes, qui se sont écartées pour nous livrer passage. Le tunnel, un ancien boyau de mine, mesurait à peu près un mètre quatre-vingts de large et deux mètres quarante de haut. De la vapeur l'a envahi dès que la lumière du jour y a décliné. Nos torches trouaient à peine les ténèbres. Nous avons croisé quelques personnes à l'intérieur. J'ai cru qu'il ne s'agissait que de vagabonds en quête d'un abri et que nous aurions tôt fait de les dépasser mais non.

Ce n'est pas facile d'estimer les distances dans un endroit pareil. Nous avons longé le tunnel pendant cinq ou six cents mètres. D'autres galeries s'y raccordaient. Par endroits, il atteignait une demi-douzaine de mètres de large.

À la fin, nous nous sommes engagés dans un étroit passage de moins d'un mètre. Les habitants de la ville qui n'avaient pas pu fuir s'entassaient là, debout ou assis sur des bûches ou des pierres, allongés sur des civières ou des lits de fortune. À un moment donné, le prêtre a dû s'arrêter pour s'adresser à une malade. Elle n'était sans doute pas la seule à souffrir. L'air humide empestait. Des nourrissons s'agitaient en pleurant.

Nous étions les premiers Américains qu'ils rencontraient. Sans doute nous prenaient-ils pour des sauvages d'après ce qu'ils entendaient dire sur notre compte. Les visages blêmes et sales éclairés par le faisceau de notre lampe exprimaient de la peur et de la haine. Certains ont écarté leurs enfants de notre chemin. Un mot terrible vola de lèvres en lèvres : « *Amerikaner.* » Ce fut encore ce qui me parut le plus étrange : la crainte et la haine que nous suscitions chez ces centaines de personnes massées autour de nous.

Nous avons aussi rencontré de l'indifférence : un garçon d'une dizaine d'années ne nous a prêté aucune attention, trop occupé à souffler sur une tasse brûlante. Malgré l'humidité et la puanteur, il avait trouvé quelque chose de chaud à boire, qu'il s'efforçait d'amener à une température raisonnable. J'ai pu observer autre chose aussi que de la peur ou du détachement. À un moment, j'ai senti qu'on m'effleurait la main. Je me suis retourné et j'ai vu un petit garçon d'environ sept ans. Il m'a souri et a glissé sa main au creux de la mienne avant de poursuivre son chemin à mon côté. Je n'aurais pas dû le laisser faire mais, ma foi, je ne l'ai pas regretté. Je me demande pourquoi il a réagi ainsi. Qu'est-ce qui a bien pu le convaincre que je n'étais pas un monstre ? Avec un autre garçon, il nous a suivis dehors.

Nous avons fini par trouver notre dépôt ; une autre entrée y donnait accès. Ce n'est quand même pas plus mal qu'on se soit trompés, une première fois.

Mon long récit a dû te paraître un peu décousu mais j'ai pensé que tu aimerais que je te raconte tout ça.

Avec tout mon amour,

George

34. Sous la montagne

Siegen, Allemagne, 2 avril 1945

George Stout frappa à une porte dissimulée à plus de huit cents mètres sous une colline. Il venait d'effectuer une longue marche dans une ville en ruines avant de se tromper de tunnel et d'aboutir enfin à une galerie secondaire mais, depuis des mois qu'il s'y préparait en pensée, cela en valait bien la peine. Lorsque la porte s'ouvrit enfin, Stout s'attendait presque à découvrir un amas de trésors. Il n'aperçut qu'un petit homme à l'air sévère.

Après ce que les officiers de la MFAA venaient de vivre, rien ne pouvait plus les étonner. En revanche, on n'aurait su en dire autant du garde. Il posa un regard surpris sur le soldat des États-Unis, le vicaire d'Aix-la-Chapelle et les deux Américains qui les accompagnaient.

« Bonjour, Etzkorn », le salua le vicaire. Ce matin-là, les Monuments men avaient perdu de précieuses heures à revenir sur leurs pas à la demande de leur QG afin de se procurer un guide. Ils ne le regretteraient pourtant pas : le vicaire qui leur indiqua le chemin n'était autre que l'homme qui avait prié Hancock, dans la cathédrale d'Aix-la-Chapelle, de relâcher les membres de la brigade d'incendie. Il parut surpris en reconnaissant Hancock et surtout gêné d'admettre qu'il connaissait depuis le début l'existence du dépôt de Siegen, alors qu'il avait prétendu ne pas savoir où se trouvaient les trésors de la cathédrale.

« Ça fait plaisir de vous revoir », lança d'un ton bourru le petit homme en ne livrant passage aux soldats qu'à contrecœur. Un groupe d'Allemands en uniforme — des gardes, visiblement — se dressait au garde-à-vous devant une autre porte voûtée. Ils laissèrent passer les Monuments men, que Herr Etzkorn rejoignit avec une clé avant même qu'ils ne la réclament.

Il leur donna l'accès à une galerie voûtée en brique à l'atmosphère chaude et humide. Des bombes alliées avaient causé des dommages irréversibles au système de ventilation. Depuis, de l'eau ruisselait du plafond. George Stout entra le premier. Le faisceau de sa torche éclaira une sorte de présentoir composé d'énormes cadres en bois d'une hauteur telle qu'ils atteignaient le haut du boyau de mine. Des statues, des tableaux, des retables, aussi tassés les uns sur les autres que les habitants de la ville dans leur galerie, encombraient le moindre recoin de la salle. Hancock reconnut à la lumière de sa lampe de poche des œuvres de Rembrandt, Van Dyck, Van Gogh, Gauguin, Cranach, Renoir et surtout Pierre Paul Rubens, le grand peintre flamand du XVIIe siècle né à Siegen. Sur certaines toiles, il aperçut de la moisissure alors que, sur quelques panneaux de bois, la peinture s'écaillait par endroits.

« Tout est encore là ! » s'écria le vicaire dans un recoin de la salle.

Stout et Hancock coururent le rejoindre. Il venait de

découvrir six énormes caisses étiquetées « cathédrale d'Aix-la-Chapelle ».

« Les sceaux n'ont pas été rompus, remarqua Stout.

— Il y a deux semaines, l'*Oberbürgermeister* d'Aix-la-Chapelle…, commença Etzkorn.

— L'ancien maire », le corrigea le vicaire.

Etzkorn ne parut pas remarquer l'hostilité du vicaire envers les fonctionnaires du parti nazi. « L'ancien *Oberbürgermeister* d'Aix-la-Chapelle, reprit-il, a voulu emporter les trésors de la cathédrale, sachant que les Américains n'allaient plus tarder, mais le poids des caisses l'en a finalement dissuadé. »

Celles-ci contenaient le buste en argent de Charlemagne, renfermant un morceau de son crâne, la robe de la Vierge Marie, la croix processionnelle de Lothaire II incrustée du camée d'Auguste ainsi que divers reliquaires en métal ouvragé. Avec précaution, Hancock souleva le couvercle d'une caisse non étiquetée où il découvrit le reliquaire du XIIe siècle de saint Héribert de Deutz.

« C'est de l'or ? » chuchota une voix émerveillée dans son dos.

Hancock avait oublié les conscrits qui les escortaient. Les Monuments men, informés depuis des mois que la mine servait de dépôt, savaient à quoi s'attendre. Et pourtant, même eux s'émerveillèrent de la présence dans un environnement aussi peu engageant d'un tel nombre de vestiges du passé.

« De l'or et de l'émail, précisa Hancock en priant d'un geste le soldat de l'aider à ôter le couvercle de la caisse.

— Combien ça vaut ?

— Plus que ce qu'on pourrait croire. »

Etzkorn leur fit visiter le dépôt qui abritait les collections des principaux musées de l'ouest de l'Allemagne (dont ceux de Bonn, Cologne, Essen et Münster) ainsi que les trésors de plusieurs églises de la vallée du Rhin. À leur grande déception, les Monuments men ne découvrirent à Siegen aucune œuvre en provenance de l'étranger, hormis quelques objets précieux venus de Metz, qu'ils s'attendaient de toute façon à trouver là. Le patrimoine du reste de l'Europe occidentale se cachait ailleurs. Dans une autre mine, qui sait ?

Etzkorn leur désigna une quarantaine de caisses dans un coin. « Ça vient de la maison natale de Beethoven à Bonn. Il doit y avoir là-dedans le manuscrit de la sixième symphonie.

— J'y suis entré, je m'en souviens », murmura Hancock en se rappelant les cerisiers en fleur parmi les ruines.

Près de l'entrée se dressaient deux énormes portes en chêne. Hancock en reconnut les panneaux en bas-relief figurant divers épisodes de la vie du Christ. L'envie le prit d'y promener sa main de sculpteur afin de sentir sous sa paume les marques de ciseau. En dépit de leur facture quelque peu rudimentaire, ils appartenaient à l'histoire. Les hommes et les femmes du Moyen Âge qui les avaient contemplés pour la première fois y avaient sans doute vu une forme de magie.

« Les portes de Sainte-Marie-du-Capitole, à Cologne, leur indiqua Etzkorn, sincèrement ému. Une paroisse que je connais bien. »

Hancock hocha la tête mais ne dit mot. Sainte-Marie-du-Capitole avait été détruite. Il n'en restait probablement rien d'autre que ces panneaux de bois.

« Je sais ce que tu penses, déclara Stout à Hancock à

l'issue d'un rapide examen des caisses. Ça ne semble pas très avisé de les laisser ici — la moisissure, l'atmosphère chargée d'humidité, les gardes pas forcément fiables. Le hic, c'est que nous n'avons sous la main pas de camions ni d'emballeurs ou de déménageurs. Nous ne saurions même pas où les entreposer. Nous allons demander à un soldat d'infanterie de monter la garde et nous reviendrons demain étudier plus en détail nos trouvailles. Les œuvres ne sortiront pas d'ici tant que nous n'aurons pas pris les dispositions nécessaires. Ne t'inquiète pas, Walker. Au moins, les trésors de l'Allemagne n'ont pas tous disparu. »

Ils sortirent par un tunnel encore plus étroit que les précédents : l'entrée principale du dépôt. Lui aussi grouillait de réfugiés venus s'y abriter des bombardements alliés. La plupart d'entre eux portaient des uniformes de différentes couleurs, que Walker Hancock ne parvint pas à identifier. Au passage des Américains, quelques hommes se mirent au garde-à-vous.

« Quand pourrons-nous rentrer en France ? » cria quelqu'un[1].

En se retournant, Hancock aperçut un groupe de prisonniers français qui le regardaient, dans l'expectative. Les Alliés venaient-ils enfin les délivrer ? Hancock n'en savait rien. Il les informa qu'au cours des dernières semaines, il avait vu des camions d'anciens prisonniers se diriger vers l'ouest. À la sortie du dépôt, un vieil homme s'agrippa à la manche de Hancock en se plaignant de la cruauté des Nazis. Il se troubla tellement à l'évocation du sort de sa famille qu'il se mit à postillonner. Il voulut emboîter le pas aux Monuments men mais, trop faible, il dut y renoncer. Hancock l'abandonna auprès des autres, au pied de la colline. En jetant un coup d'œil par-dessus son épaule, il s'aperçut que le vieil homme les suivait des yeux. Hancock s'en voulut soudain terriblement mais, à bout de forces, il ne pouvait plus rien y changer. L'après-midi qu'il venait de passer sous terre lui avait paru une éternité.

Il se retourna une dernière fois. À la lumière oblique du couchant, la colline ressemblait à n'importe quelle autre en Allemagne ; nue, désolée, jonchée de débris. Rien ne laissait deviner les trésors qu'elle renfermait ni les tragédies qui s'y jouaient.

35. Perdu

Est d'Aix-la-Chapelle, 4 avril 1945

Au nord d'Essen et à l'est d'Aix-la-Chapelle, dans la région de la Ruhr, le capitaine Walter, dit « Hutch » Huchthausen et son assistant le sergent Sheldon Keck, affectés à la 9ᵉ armée des États-Unis, roulaient en direction du front à la recherche d'un retable. Hutch, un célibataire des plus sociables, venait enfin de se remettre de ses blessures reçues pendant le bombardement de Londres (si ce n'est de son coup de cœur pour une jeune Londonienne) et, à quarante ans, de trouver la voie qui lui convenait. Keck, conservateur du patrimoine dans le civil, avait pris du service en 1942 alors que son fils « Keckie » n'était encore âgé que de trois semaines. Il ne l'avait plus revu depuis. Son épouse, Caroline, qui exerçait le même métier que lui, ne se plaignait pas pour autant. Elle avait étudié à Berlin dans les années trente, à une époque où il était rare de manger à sa faim et plus encore de trouver un travail et où la corruption gangrenait la société entière. À son université, quinze étudiants en moyenne se suicidaient chaque mois. À deux reprises, elle entendit Hitler prononcer un discours et le souvenir de ses paroles la faisait encore frémir. Elle aurait voulu que Sheldon revienne mais elle comprenait l'importance de sa mission. En plus, se disait-elle, le petit Keckie ne prendrait pas conscience de l'absence de son père avant plusieurs années.

« Il n'y a pas beaucoup de circulation, par ici », remarqua Keck au bout d'une vingtaine ou d'une trentaine de minutes. Leurs cartes ne leur avaient servi à rien, comme d'habitude, vu que des soldats allemands ou des tas de gravats rendaient beaucoup de routes impraticables. Les Monuments men étaient accoutumés à s'égarer en pleine nature mais aussi à croiser des jeeps, des chars d'assaut et des camions aux abords du front ; ce qui n'avait pas été le cas ce jour-là.

« Si on demandait notre route à quelqu'un ? » proposa Keck.

Aucun poste militaire n'apparaissait à l'horizon. Quelques kilomètres plus loin, Hutch reconnut des soldats américains en train de scruter l'horizon, au sommet d'un talus.

« Enfin ! » soupira-t-il, soulagé, en ralentissant.

Il n'eut pas plus tôt freiné que des coups de feu retentirent, suivis d'une détonation. Sheldon Keck se sentit aussitôt projeté en arrière. Il vit des soldats se hisser au sommet du talus, décharger leur arme puis, sous l'effet d'un pic d'adrénaline, sa vue se brouilla. Lorsqu'il reprit conscience, des mains amies le conduisaient à un abri creusé dans le sol. Il ne restait plus grand-chose de la jeep criblée de balles. Les soldats lui apprirent qu'une ambulance venait d'évacuer Hutch, qui « saignait à l'oreille, le visage blanc comme neige[1] ».

Pendant deux jours, Sheldon Keck courut d'un hôpital de campagne à un autre à la recherche de son supérieur. Il n'obtint aucune nouvelle de lui et ne retrouva son nom que sur la liste des tués. Une balle l'avait fauché le long de la route à l'est d'Aix-la-Chapelle. C'était le poids de son cadavre qui, en projetant Keck sur le plancher de leur véhicule, l'avait protégé des tirs ennemis en lui sauvant la vie. Ni Sheldon Keck ni son fils Keckie — qui n'eut la chance de connaître son père que grâce à Hutch — ne l'oublieraient jamais.

La nouvelle de la mort de Hutch, comme celle de la disparition de Balfour, se répandit peu à peu parmi les rangs de la MFAA qui venait de perdre le deuxième de ses neuf officiers sur le terrain. Les Monuments men ne bronchèrent pas, adoptant à leur insu la même attitude résignée de soumission au destin que l'officier qui vint frapper à la porte d'une petite maison de Perry, dans l'Oklahoma, pour annoncer à la vieille mère de Walter Huchthausen le décès de son fils unique.

« C'était un type formidable », écrivit Walker Hancock à sa jeune épouse Saima, quelques mois plus tard, alors qu'il craignait de voir sombrer dans l'oubli la contribution de Hutch à la mission des Monuments men. « Il croyait sincèrement à la bonté foncière des hommes. Bill [Lesley] le connaissait mieux que moi — c'étaient d'anciens camarades. L'attitude de Hutch envers la tâche qui lui incombait reste l'un de mes meilleurs souvenirs de la guerre [...] Les bâtiments qu'il espérait édifier en tant qu'architecte ne verront jamais le jour [...] il aura réussi à donner aux quelques personnes qui l'ont vu à son poste — amis comme ennemis — une meilleure opinion de la race humaine[2]. »

36. Une semaine mémorable

Merkers, Allemagne, 8-15 avril 1945

Le 6 avril 1945, deux jours après la mort de Walter Huchthausen, une jeep américaine parvint à la hauteur de deux silhouettes en train de marcher sur le bas-côté d'une route poussiéreuse. « Bonjour, mesdames, lança l'un des policiers militaires à bord du véhicule, l'index posé sur la détente de son pistolet. Vous savez qu'il faut respecter le couvre-feu, non ? Ordre du général Patton ! » Il s'aperçut alors que l'une des deux femmes était enceinte.

Il s'agissait de Françaises déplacées, souhaitant consulter la sage-femme de Kieselbach. Dès que le bureau du grand prévôt du XIIe corps américain eut confirmé aux policiers militaires qu'il y avait bien une sage-femme à Kieselbach, ceux-ci leur proposèrent de les reconduire en ville. Aux abords de Merkers, le conducteur, remarquant des ouvertures pratiquées sur le flanc d'une colline, se renseigna sur le type de mine auxquelles elles menaient. L'une des femmes lui désigna une petite porte en précisant : « *Or.* »

À ces mots, les policiers militaires freinèrent. « De l'or ? Vous en êtes sûres ? »

La femme opina du chef. « *Des lingots d'or.* »

Robert Posey et Lincoln Kirstein, les Monuments men attachés à la 3ᵉ armée des États-Unis, arrivèrent à la mine deux jours plus tard, l'après-midi du 8 avril 1945. Impossible de passer devant l'entrée sans la voir : tous les deux ou trois pas, un groupe de soldats montait la garde. Des canons antiaériens se dressaient le long de la route. Posey supposa d'abord qu'une compagnie entière se trouvait postée là (soit plus d'une centaine d'hommes). Il dut bientôt réviser ses estimations à la hausse : deux bataillons entiers d'infanterie surveillaient Merkers avec l'appui de soldats de deux autres bataillons de chars.

L'ascenseur, rempli d'officiers venus du QG de Francfort évaluer le montant de l'or et des devises, sentait le soufre et craquait comme les marches d'un vieil escalier en bois. Les oreilles de Kirstein se bouchèrent à cause du changement de pression. « On descend à quelle profondeur ? demanda-t-il au liftier.

— À plus de six cents mètres, lui répondit un officier. Le liftier, un Schleu, ne comprend pas un mot d'anglais.

— J'espère que ce n'est pas un agent secret des SS[1] !

— Ne vous inquiétez pas, soldat. Ça grouille de galonnés, par ici. Ce type s'en fiche pas mal de vous. »

La porte de l'ascenseur s'ouvrit sur une scène digne de l'*Enfer* de Dante : des ténèbres peuplées d'ombres, des hommes courant en tous sens, de la vapeur, des câbles tentaculaires et des officiers aboyant leurs directives. Les parois de pierre renvoyaient à n'en plus finir l'écho du moindre bruit. Les lumières, du moins les rares qui fonctionnaient, projetaient des silhouettes déformées sur les murs en dévoilant une couche de poussière blanche granuleuse sur les cols et les manches de la plupart des hommes. Certains nettoyaient leur équipement à l'aide de tuyaux d'arrosage qui formaient des flaques par terre. Au bout de quelques secondes à peine, Kirstein se retrouva trempé, tant l'air était saturé d'humidité. Il s'essuya le front avant de masser sa gorge endolorie.

« C'est à cause des sels minéraux, lui expliqua quelqu'un en lui tendant un chiffon. Couvrez-vous le nez. Et nettoyez vos bottes à la sortie. Il suffit d'une journée dans l'eau salée pour corroder le cuir. »

Ils passèrent devant d'autres soldats montant la garde. Un groupe d'hommes chargeait dans l'ascenseur un tas de billets de banque. Les Nazis avaient voulu les emmener avec eux la semaine précédente mais, le dimanche de Pâques, personne ne travaillait à la gare. Non loin de là, les Monuments men aperçurent deux GI à un poste d'artillerie protégé par des sacs de sable. Derrière eux se dressait une grande porte en acier dont personne ne devait détenir la clé vu qu'un trou avait été creusé à la dynamite dans le mur de brique de près d'un mètre d'épaisseur qui l'encadrait. Kirstein et Posey s'y faufilèrent. La première chose qu'ils aperçurent fut un officier américain posant pour une photo. Il tenait entre ses mains un casque débordant de pièces d'or. Dans son dos se trouvait la salle n° 8 : celle du trésor des Nazis.

Lincoln Kirstein leva les yeux. Des centaines de lumières se reflétaient sur une voûte en pierre de quarante-cinq mètres de long et de plus d'une vingtaine de large qu'aucun pilier n'étayait. Il estima sa hauteur à une demi-douzaine de mètres. Une série de lampes au

plafond éclairait une voie ferrée au milieu. À une extrémité de la salle stationnaient quelques wagons remplis
de caisses. Posey, victime d'une illusion d'optique, mit
un certain temps à se rendre compte qu'elles formaient
des piles plus hautes que les soldats en train de les charger. Des milliers de sacs, tous identiques, s'entassaient
à même le sol, dont ils couvraient d'ailleurs la majeure
partie. Bruns, de la taille d'une miche de pain et fermés
par une ficelle, ils formaient des blocs de quatre par
cinq par vingt, séparés par un espace permettant tout
juste à un homme de circuler. Kirstein tenta de les
dénombrer, en vain. Il y en avait tant qu'il ne les distinguait plus les uns des autres. Chacun d'eux contenait de
l'or.

Une autre salle de la mine abritait principalement
des tableaux — certains en caisses, d'autres dans des
conteneurs munis de couvercles à charnières et de
cadenas ; d'autres encore, simplement emballés dans
du papier kraft. Un grand nombre de toiles s'entassaient les unes sur les autres dans des espèces de cages
en bois, comme des affiches dans un Prisunic. Kirstein
les passa en revue. Une déchirure zébrait le ciel d'une
magnifique œuvre de Caspar David Friedrich représentant un schooner dans le lointain mais les autres semblaient intactes.

« Il n'y en a pas tant que ça, commenta Posey.

— Oh, tout n'est pas là, le détrompa un officier qui
passait en coup de vent. Il y a des kilomètres de tunnels, ici. »

Les autres galeries offraient un spectacle moins sai-
sissant que la salle n° 8. Un plus petit nombre de soldats
s'y affairaient. Les Monuments men, coincés à l'intérieur d'un étroit boyau à huit cents mètres sous terre,

furent pris de leur premier accès de claustrophobie. Kirstein s'imagina des détonateurs cachés, des Boches les guettant pour déclencher l'explosion du tunnel qui allait devenir leur tombeau. L'ennemi les avait attirés sous terre en se servant d'œuvres d'art comme de la barrique d'amontillado dans la nouvelle d'Edgar Allan Poe.

« Je me demande combien de tonnes de terre s'entassent au-dessus de nos têtes », lança Kirstein en se faufilant dans un étroit passage et en songeant encore au petit schooner peint par Caspar David Friedrich sous un ciel immense.

« Je n'imagine rien de pire que de monter la garde dans ces tunnels, lâcha Posey, hormis les creuser, bien sûr. » Il ne se doutait pas que les quantités d'or et d'œuvres d'art entreposées dans la mine y avaient été amenées par des condamnés aux travaux forcés — des Juifs d'Europe de l'Est et des prisonniers de guerre pour la plupart.

Peu à peu, les Monuments men prirent conscience de l'ampleur de ce que recelaient les mines de Merkers — des sculptures emballées à la va-vite dans des caisses, dont une photo découpée dans le catalogue d'un musée indiquait le contenu ; d'antiques papyrus égyptiens à l'intérieur de boîtes en métal, auxquels le sel de la mine avait donné la consistance du carton humide. Les Monuments men n'eurent pas le temps d'examiner les antiquités d'une valeur inestimable qui s'entassaient là. D'autres salles encore renfermaient des frises grecques et romaines, des mosaïques byzantines et des tapis islamiques. Ils découvrirent, cachées dans une discrète arrière-salle, les gravures originales de l'*Apocalypse* d'Albrecht Dürer, datant de 1498, ainsi que d'autres caisses encore de tableaux — un Rubens, un Goya et un Cranach auprès d'œuvres mineures.

« Il n'y a aucun ordre là-dedans ! s'exclama Kirstein. Les styles et les époques ont été mélangés. Certains chefs-d'œuvre du passé côtoient des créations récentes. Qu'est-ce que ça veut dire ?

— Les tableaux ont été rangés par ordre de taille », expliqua Posey en indiquant à son collègue une caisse de toiles de même format.

Le soir venu, ils retournèrent à Francfort faire part de leurs découvertes à leur supérieur. Ils effectuèrent le trajet en voiture avec le commandant Perera, un officier chargé par la 3e armée d'examiner l'or et les billets. Perera dénombra dans les mines de Merkers huit mille cent quatre-vingt-dix-huit lingots d'or, sept cent onze sacs de pièces d'or de vingt dollars, plus de mille trois cents sacs de pièces d'or de différentes valeurs, des centaines de sacs de pièces de monnaie étrangères, deux milliards sept cent soixante millions de marks allemands ainsi que de l'argent, du platine et les planches à billets du gouvernement allemand[2]. Un responsable bancaire qui se trouvait dans la mine, Herr Veick, confirma que l'ensemble représentait l'essentiel des réserves du trésor national de l'Allemagne.

À l'issue d'un premier examen, Posey conclut que les œuvres d'art emballées dans l'urgence venaient de Berlin. Sans doute les Nazis avaient-ils réuni tout ce qu'ils pouvaient à la dernière minute. Aucun des milliers de tableaux entreposés là ne semblait provenir de l'étranger.

Le lendemain matin, Robert Posey contacta George Stout. Geoffrey Webb, l'érudit britannique à la tête de la MFAA, se trouvait justement auprès de lui à Verdun.

Posey leur conseilla de se rendre tous les deux à Merkers sur-le-champ. Avec Kirstein, il partit pour la ville de Hungen dont venait de s'emparer la 3e armée. Quelques heures plus tard, au château de Braunfels, une forteresse érigée en 1246, ils découvrirent des incunables, des manuscrits antiques et des textes sacrés du judaïsme en quantité suffisante pour remplir un musée. Ceux-ci devaient revenir aux instituts raciaux d'Alfred Rosenberg, le cerveau de l'ERR, afin de l'aider à prouver scientifiquement l'infériorité de la race juive.

« Je suppose qu'il vaut mieux t'envoyer une courte lettre bâclée que pas de lettre du tout, écrivit Posey à sa femme Alice, le soir même. J'ai tellement de travail en ce moment que, quand je m'arrête enfin, le soir, je n'ai plus la force de coucher deux phrases d'affilée sur le papier. Trimer seize heures par jour, sept jours par semaine, ne laisse pas beaucoup de loisir[3]. »

Plus la fin de la guerre approchait, plus la charge de travail des Monuments men augmentait et moins il leur restait de temps pour en parler à leurs proches aux États-Unis.

George Stout arriva le 11 avril 1945 à Merkers. Il s'attendait à trouver la mine à l'abandon, comme le dépôt de Siegen, encore présent à sa mémoire et qu'il n'était parvenu à placer sous surveillance qu'une fois surmontées les réticences de la 8e division d'infanterie. Eh bien, pas du tout : Merkers grouillait d'officiers alliés, de guides allemands et d'experts de tous les secteurs des Affaires civiles. Près de quatre bataillons, dont un d'infanterie, rappelé du front (soit plus de deux mille hommes en tout) y montaient la garde et, pourtant, les correspondants de guerre semblaient plus nombreux encore. Comme l'écrivit Kirstein : « Vu que les œuvres d'art […] ont été découvertes en même temps que les réserves d'or du Reich, la presse accorde un traitement inhabituel à cet épisode de la guerre[4]. » En d'autres mots, les journalistes se fichaient pas mal des chefs-d'œuvre allemands (ils n'arrêtaient pas d'imprimer des bêtises, en qualifiant par exemple de « momie » le fameux buste de Néfertiti) mais la mine remplie de l'or des Nazis faisait la une des quotidiens. En apprenant que la presse avait eu vent de l'affaire, Patton entra dans une colère noire et limogea le censeur responsable de la fuite, alors qu'il ne disposait en théorie d'aucune auto-rité sur lui. Malheureusement, le mal était fait. *Stars and stripes*, un quotidien publié par les forces armées des États-Unis à l'étranger, consacra sept articles d'affilée à Merkers. Les journaux du monde entier s'en firent l'écho. Trois jours plus tard, de nouvelles manchettes signalèrent une découverte encore plus spectaculaire, jusqu'à ce que quelqu'un se rende compte que la mine récemment découverte de « Mercedes » n'était autre que celle de Merkers, mal orthographiée.

Stout reçut l'ordre de s'y présenter à 15 heures en l'absence de son supérieur Geoffrey Webb ; la branche financière des Affaires civiles n'autorisant aucun Bri-tannique à entrer dans la mine. À 14 h 45, Stout arriva dans une jeep prêtée par la 3e armée. Un lieutenant colonel lui remit aussitôt un billet de logement en lui interdisant de lever le camp jusqu'à nouvel ordre. Il dormirait sous le même toit que des membres de la brigade financière. À 21 h 15, le colonel Bernstein, le conseiller financier d'Ike Eisenhower pour les Affaires civiles et le gouvernement militaire, chargea Stout de l'opération au nom de la MFAA. Stout se plaignit de la

mise à l'écart de son supérieur, Geoffrey Webb.
Bernstein lui montra une lettre de Patton lui confiant la
surveillance de la mine : il n'y avait pas à s'y
méprendre (ni, d'ailleurs, à discuter). Aucun Britannique ne participerait à l'opération, purement américaine (tant pis pour Webb !) et surtout financière. Les
œuvres d'art passeraient au second plan. Stout, le
moral en berne, laissa le soin à Kirstein d'annoncer à
Webb que Patton ne voulait « pas de foutus rosbifs[5] »
dans la mine et passa le reste de la soirée à interroger
le Dr Schawe, un bibliothécaire allemand qu'il jugea
« empoté et inutilement agressif[6] ».

Le lendemain matin, Stout s'entretint avec le Dr Paul
Ortwin Rave, un expert allemand qui habitait à l'intérieur de la mine depuis le 3 avril avec sa famille, sa
bibliothèque personnelle et son inestimable collection
de tapis. La presse avait beau présenter Rave comme le
directeur adjoint des musées d'État prussiens, il n'était
en réalité que l'assistant personnel du directeur ; un
poste où il n'espérait plus de promotion depuis son
refus d'adhérer au parti nazi mais où il ne se contentait
pas de jouer les utilités, loin de là.

Au début de la guerre, expliqua Rave, les trésors des
musées d'État allemands avaient été mis à l'abri dans
certains sous-sols de banques et des tours antiaériennes
de Berlin et des environs. En 1943, Rave préconisa leur
évacuation, vu que les Alliés n'allaient plus tarder à
bombarder la capitale. On lui reprocha son défaitisme
en le mettant en garde contre les conséquences fatales
de ce genre d'attitude. Il n'en persista pas moins l'année
suivante. Personne ne suivit ses recommandations et il
ne récolta une fois de plus que des menaces. Il dut
attendre que l'artillerie russe à longue portée pilonne la

ville pour obtenir l'autorisation d'entreposer des œuvres à Merkers. Quatre cents toiles de grand format (dont certaines du Caravage et de Rubens), de nombreuses sculptures et quelques antiquités resteraient malgré tout dans des tours à Berlin. D'après les estimations de Rave, il faudrait huit semaines pour déplacer le reste ; on lui en accorda deux. Le dernier chargement parvint à destination le 31 mars 1945. Cinq jours plus tard, la 3ᵉ armée contrôlait déjà la zone.

« Deux semaines pour déplacer une telle quantité d'œuvres, commenta Stout à la fin du récit de Rave. Quel luxe ! On ne nous a laissé que six jours. »

Dans la matinée du 12 avril, les généraux Dwight Eisenhower (qui exerçait le commandement suprême en Europe), Omar Bradley (qui dirigeait le 12ᵉ groupe d'armées des États-Unis), Manton Eddy (à la tête du XIIᵉ corps) et George Patton (l'invincible Titan de la 3ᵉ armée) se rendirent à Merkers par avion. Ils y retrouvèrent le général de brigade Otto Weyland, responsable du XIXᵉ commandement tactique aérien de la 9ᵉ armée. Avec quelques membres de leurs états-majors et le liftier allemand, ils s'entassèrent dans la cage de l'antique ascenseur qui devait les conduire à six cent trente mètres sous terre dans la mine de Merkers. La descente dans l'obscurité complète dura plusieurs minutes. À mi-chemin, alors qu'on n'entendait plus que le grincement d'un unique câble, Patton plaisanta : « Si jamais cette corde à linge se rompt, il y aura une flopée de nouvelles promotions dans l'armée américaine[7].

— Ça suffit, George, s'impatienta Eisenhower. Garde tes plaisanteries pour toi tant qu'on ne sera pas ressortis à l'air libre. »

À l'époque, s'aventurer dans une mine — de potassium, de cuivre, de sel ou de n'importe quoi d'autre — n'avait rien d'une partie de plaisir. Les galeries, aménagées à l'intention des ouvriers et non d'éventuels visiteurs, étaient très étroites et l'équipement, qui commençait à dater, s'était délabré à mesure que les ingénieurs en mesure de l'entretenir étaient partis se battre. Par souci de sécurité, les Allemands avaient installé leurs entrepôts dans des mines particulièrement profondes. Les soldats devaient souvent y descendre à plus de quatre cents mètres sous terre avant de longer un demi-kilomètre de tunnels. Les déplacements dans l'obscurité, en l'absence de carte et sans la moindre garantie que le prochain boyau ne serait pas piégé, mettaient les nerfs à rude épreuve. Pour ne rien arranger, la plupart des mines allemandes, où l'on respirait un air froid et humide, se situaient dans des zones bombardées et donc privées d'électricité.

Les généraux — on les comprend — ne s'attardèrent pas dans la mine. Dans la salle n° 8, où ne s'affairait plus que le strict minimum de soldats, ils aperçurent des tas de lingots d'or et de billets de banque d'une valeur de plusieurs centaines de millions de dollars. Dans la suivante, ils jetèrent un bref coup d'œil aux peintures, que Patton jugea « tout juste bonnes à décorer un bar ». À l'entendre, elles ne devaient pas valoir « plus de deux dollars cinquante chacune[8] ». Elles appartenaient cependant à la collection du célébrissime musée de l'empereur Frédéric de Berlin. De la vaisselle en or et en argent aplatie à coups de marteau pour en faciliter le stockage s'entassait dans d'autres salles, réservées aux SS. Des coffres entiers y débordaient de bijoux, de montres, d'argenterie, de vêtements, de lunettes et d'étuis à cigarettes en or ; tout ce qui restait d'un immense trésor que les SS n'avaient pas encore eu le temps de fondre et qui comprenait aussi huit sacs de bagues en or, pour la plupart des alliances. Un soldat sortit d'un neuvième une pleine poignée de plombages en or, récupérés sur les victimes de l'Holocauste.

« Que comptez-vous faire d'un tel butin ? » s'interrogea Eisenhower au déjeuner, en songeant à l'or allemand et aux billets de banque.

Patton lui répondit, avec sa brusquerie coutumière, qu'il distribuerait volontiers des armes ou des médailles en or « à tous les fils de pute de la 3e armée[9] ». Les généraux éclatèrent de rire. La question méritait toutefois d'être posée. À la consternation de Stout et de ses collègues de la MFAA, Bernstein estima dans un premier temps que le contenu de la mine — les œuvres d'art y compris — formait un butin de guerre. Il n'en démordrait pas avant de nombreux mois.

Les plaisanteries cessèrent pour de bon l'après-midi, quand les généraux visitèrent Ohrdruf, le premier camp de travail nazi libéré par les Américains — non pas un camp d'extermination où l'on envoyait à la mort des « indésirables » comme à Auschwitz mais un centre où les Nazis exploitaient des êtres humains jusqu'à ce qu'ils n'en puissent plus. En silence, les généraux et leur état-major parcoururent les lieux. « L'odeur de la mort nous a pris à la gorge, raconte le général Bradley, bien avant les abords de l'enclos des prisonniers. Plus de trois mille deux cents corps émaciés avaient été jetés nus dans des fosses. D'autres gisaient encore là où ils étaient tombés. Des poux grouillaient sur la peau jaunie de leurs carcasses. Un garde [allié] nous a montré les croûtes de sang noires, quand les prisonniers affamés avaient arraché aux cadavres leurs entrailles pour s'en nourrir […] J'en suis resté muet de révulsion. La profanation des morts nous a causé un choc dont nous ne nous sommes pas remis[10]. »

Plusieurs survivants, réduits à l'état de squelettes, se redressèrent sur leurs jambes décharnées pour saluer les généraux à leur passage. Ceux-ci avançaient en serrant les lèvres, dans un silence hébété. Plusieurs membres de leur état-major, pourtant aguerris, pleurèrent sans s'en cacher. Patton, malgré ses airs de dur à cuire, disparut derrière un bâtiment, le temps de vomir.

Tous les soldats américains, insista Eisenhower, la totalité des hommes et des femmes qui se battaient sur le front, devraient visiter le camp. « Il paraît que les soldats américains ignorent contre quoi ils luttent. Maintenant, au moins, ils le sauront[11]. »

Patton formula plus rudement la même idée : « Vous ne croirez jamais à quel point ces Schleus sont des salauds tant que vous n'aurez pas vu de vos propres yeux ce trou puant[12]. »

Épuisé par la visite des deux sites dont la découverte ferait résolument date dans l'histoire du conflit, Patton ne se coucha qu'à minuit passé. Avant d'éteindre la lumière, il s'aperçut que sa montre ne fonctionnait plus. En réglant sa radio sur la fréquence de la BBC pour connaître l'heure exacte, il apprit la mort du président Franklin Delano Roosevelt.

Pendant que les généraux se rendaient à Merkers, Stout explora les mines des alentours. Merkers comptait en effet plus de cinquante-cinq kilomètres de galeries auxquelles menaient une douzaine d'entrées[13]. Il n'existait pas d'inventaire des œuvres entreposées dans les souterrains mais le Dr Rave disposait d'une liste des musées et des collections dont provenaient la plupart. Les trésors de Berlin avaient d'abord échoué au fond de la mine de Ransbach, dont Rave estima peu après qu'elle ne convenait pas à un tel usage. Les convois suivants parvinrent donc à Merkers. La nouvelle alarma Stout : une mine de sel humide ne lui semblait pas vraiment l'endroit idéal pour abriter des œuvres. L'ascenseur de Ransbach ne fonctionnant plus, il ne put de toute façon pas s'y aventurer.

Il restait à Stout beaucoup de pain sur la planche. Au fond de la mine de Philippstal, il découvrit des ouvrages de référence et des cartes. Lincoln Kirstein se rendit à Menzengraben, où une coupure d'électricité le retint prisonnier des ténèbres dans un silence de plomb à plusieurs centaines de mètres sous terre. « Plutôt que de gravir des escaliers deux fois aussi hauts que l'Empire State Building, écrivit-il aux siens, je me suis aventuré dans un immense dépôt d'uniformes de la Luftwaffe dont j'ai emporté un couteau de parachutiste en souvenir[14]. »

Le matin du 13 avril, George Stout établit une liste du matériel nécessaire à l'emballage des œuvres en vue de leur transport : des boîtes, des caisses, de la ficelle, du ruban adhésif, etc. Sa conclusion : « Il n'y a aucune chance pour qu'on obtienne tout ce qu'il nous faut[15]. »

Sitôt l'ascenseur réparé, il descendit à la mine de Ransbach, près de deux fois plus profonde que celle de Merkers, en compagnie de l'acariâtre Dr Schawe. Rien que les livres y prenaient une place folle. Stout les estima au nombre d'un, voire deux millions. Les quarante-cinq caisses de tableaux en provenance de

Berlin gisaient encore là où Rave les avait abandonnées. Sept d'entre elles avaient été ouvertes mais les œuvres de Dürer et de Holbein semblaient intactes. La collection de costumes de l'Opéra d'État avait été pillée « par les travailleurs russes et polonais », à en croire l'un des guides allemands qui accompagnaient Stout. Celui-ci, comprenant que l'autre parlait de prisonniers condamnés aux travaux forcés, eut du mal à leur en vouloir de leurs larcins.

De retour à Merkers, Bernstein lui annonça un changement de programme. Au lieu d'évacuer le 17 avril, ils partiraient le 15. « Une mesure précipitée, nota Stout dans son journal, en raison des impératifs militaires[16]. »

Ou plutôt par souci de faciliter le travail de l'armée, au mépris des mises en garde d'Eisenhower dans ses ordres concernant la sauvegarde du patrimoine. Le général Patton fonçait de l'avant, tête baissée. Il ne voulait pas se priver de quatre bataillons postés à l'entrée d'une mine d'or. Bernstein avait lui aussi de sérieux motifs de se dépêcher. À la conférence de Yalta, à la fin du mois de février, Roosevelt, Churchill et Staline avaient divisé l'Allemagne en zones que contrôleraient leurs pays respectifs. Merkers se trouvait en zone soviétique. Si jamais l'Armée rouge arrivait avant son évacuation (des rumeurs prétendaient que des soldats américains en patrouille dans le « no man's land » du centre de l'Allemagne y avaient déjà rencontré leurs homologues soviétiques), elle n'hésiterait pas à s'emparer de ses trésors. Les Soviétiques ne semblaient pas enclins à la clémence ; ce qui d'ailleurs pouvait se comprendre. Ils avaient péri par centaines de milliers lors de la brutale invasion de leur pays par les

Nazis. 1,5 million de Russes étaient morts rien que pendant le siège de Stalingrad. Aux troupes soviétiques qui, pour l'heure, avançaient péniblement en territoire allemand, se joignaient des officiers des brigades financières dont la mission consistait à s'emparer des richesses de l'ennemi, quelle que fût leur provenance. Staline comptait sur l'or, l'argent, le marbre et les chefs-d'œuvre raflés par son armée pour racheter les souffrances de son peuple.

George Stout ne termina d'organiser l'évacuation de Merkers que le 15 avril, à minuit et demi. Faute de matériaux d'emballage, il réquisitionna un millier de manteaux en cuir du dépôt d'uniformes de la Luftwaffe découvert par Kirstein à Menzengraben. Ceux-ci, du genre de ceux que les officiers allemands portaient sur le front russe, protégeraient la majeure partie des quarante tonnes d'œuvres, groupées dans des caisses en fonction de leur style avant leur réorganisation en collections. Stout s'entretint avec le colonel Bernstein : impossible, en raison du poids de l'or, d'en charger des camions entiers. On ajouterait donc aux lingots des caisses de tableaux afin de remplir au maximum les conteneurs. Le chargement commencerait à 2 heures du matin — trente-six heures plus tôt que prévu. À 4 h 30, des soldats remontèrent à l'air libre les œuvres déjà en caisses avant de les entasser dans les camions. « Pas le temps de dormir[17] », nota dans son journal Stout, contraint de remplir des bons de transport et de donner ses instructions en vue du déballage et du stockage des œuvres à Francfort.

À 8 heures, une heure avant le départ du premier convoi, Stout s'attaqua aux toiles non emballées. Il

comptait les entreposer provisoirement dans un bâtiment à l'extérieur de la mine mais même les vingt-cinq
hommes venus l'aider ne suffirent pas à les déplacer.
À midi, Stout, épaulé par une cinquantaine de soldats,
décida de les laisser à l'intérieur d'une galerie souter-
raine. Les caisses de grandes dimensions se révélèrent
d'autant plus difficiles à manier qu'un indescriptible
chaos régnait dans la mine. Des jeeps chargées d'or
bloquaient le passage. Leurs gaz d'échappement
empuantissaient l'atmosphère. Le sinistre écho des
moteurs pétaradant se répercutait d'un boyau à l'autre.
Des soldats débarrassaient au jet d'eau les lingots d'or
du sel corrosif de la mine. Leurs collègues patau-
geaient jusqu'aux chevilles dans le principal couloir
menant à l'ascenseur. Des hommes couraient en tous
sens, transportant des sacs de pièces et des caisses
d'antiquités. Stout eut toutes les peines du monde à
dissuader ses assistants de filer en douce parmi la
confusion ambiante.

À minuit cinq, le 16 avril, Stout nota : « Peintures
remontées à l'air libre, groupées en 3 endroits différents.
Estampes aussi, en deux tas seulement. Œuvres en
caisses en sous-sol réorganisées et prêtes à prendre
l'ascenseur[18]. » Le chargement des camions par
soixante-quinze soldats que dirigeaient cinq officiers
commença à 8 h 30 à Ransbach et une demi-heure plus
tard à Merkers. À 13 heures, des prisonniers de guerre
vinrent leur prêter main-forte. À 21 heures, tous les
tableaux étaient prêts à partir. Stout se rendit à la mine
de Dietlas, reliée à celle de Merkers par un passage
souterrain. Il y trouva du matériel photographique, des
toiles modernes et des archives. Un ensemble de caisses
en provenance de Weimar portant l'inscription « 933-

1931 » renfermait un millénaire d'histoire de la ville. « Inspection terminée à 23 heures », nota encore Stout. « Retour à Merkers, dîner, rapport[19]. »

Le convoi (trente-deux camions de dix tonnes escortés par des soldats d'infanterie et des avions) partit à 8 h 30 pour Francfort et y parvint à 14 heures. Stout écrivit : « Déchargement compliqué. L. Kirstein d'une grande aide. Caisses maniées par 105 prisonniers de guerre en mauvaise condition physique. Stockage temporaire dans 8 salles en rez-de-chaussée plus une en sous-sol. » Au final, l'inventaire de Stout ferait état de trois cent quatre-vingt-treize tableaux (non emballés), deux mille quatre-vingt-onze cartons de gravures, mille deux cent quatorze caisses et cent quarante pièces en tissu ; le tout représentant l'essentiel des collections de l'État prussien. « Mission terminée et zone sécurisée à 23 h 30[20]. »

« La dernière fois que je les ai vus, écrivit Lincoln Kirstein dans son compte rendu de l'opération, le lieutenant Stout promenait d'un geste empreint de gravité un hygromètre dans les moindres recoins de leur nouvel abri[21]. » Il n'avait pas fermé l'œil depuis près de quatre jours. Fidèle à lui-même, il venait d'accomplir brillamment sa mission.

« Je m'en suis voulu de ne pas avoir pu t'écrire pendant ces cinq jours : j'ai été très occupé », confia Stout à Margie le 19 avril avec son art consommé de la litote. « Un drôle de boulot ; dans des mines de sel, de 360 jusqu'à 750 mètres sous terre. Tu en as sans doute entendu parler dans les journaux. La presse n'aurait pourtant pas dû en avoir vent. Ce fut une grave erreur de laisser filtrer ces informations. Bien entendu, on nous interdit à présent d'en parler, de sorte que je ne peux pas t'en dire plus.

» Il a fait très chaud ici, aujourd'hui ; j'ai fait une promenade d'une heure et demie. Le soleil brille et, maintenant que je ne suis plus obligé de courir, je commence à me rappeler que je suis un être humain et pas seulement une machine à obéir aux ordres. Parfois, c'est bon aussi de n'être qu'un rouage parmi tant d'autres, parce que alors on ne rêve plus de rentrer chez soi ou de satisfaire des désirs inassouvissables. Ne t'imagine pas pour autant que je broie du noir. Mon travail me plaît. Puis il faut bien que quelqu'un le fasse. Je me porte à merveille[22]. » Il conclut en avouant à son épouse qu'il avait gardé en souvenir de Merkers, en plus d'un couteau de parachutiste, deux manteaux de fourrure destinés aux Nazis sur le front russe, dont il se servait comme de couvertures.

Robert Posey, qui avait épaulé Stout à Merkers, livrerait un récit encore plus terre à terre de l'opération : « À la mine d'or, ils ont rempli mon casque de pièces de vingt dollars en m'affirmant que je pouvais les garder, raconta-t-il à Alice le 20 avril, quelques jours après l'évacuation de la mine. Je n'ai pas réussi à le soulever de terre — il contenait quelque chose comme 35 000 dollars. Du coup, on a remis les pièces dans l'un des sacs qu'on a laissé là. Sans doute que je ne suis pas sensible à l'appât du gain : ça ne m'a fait ni chaud ni froid de voir tant d'or. Tes poèmes comptent beaucoup plus pour moi[23]. »

Quelques semaines remarquables à plus d'un titre venaient de s'écouler. Pourtant, les Monuments men ne voulaient pas se réjouir trop vite. La découverte de Merkers invitait à penser que d'autres surprises attendaient encore les Alliés ; ce qui ne tarderait d'ailleurs pas à se vérifier. Les Nazis détenaient toujours la crème du patrimoine artistique français, entreposé selon Rose Valland au château de Neuschwanstein ; sans parler du trésor de Hitler à Altaussee, dans les Alpes autrichiennes, qui renfermait quelques-uns des plus magnifiques chefs-d'œuvre au monde.

IV

LE VIDE

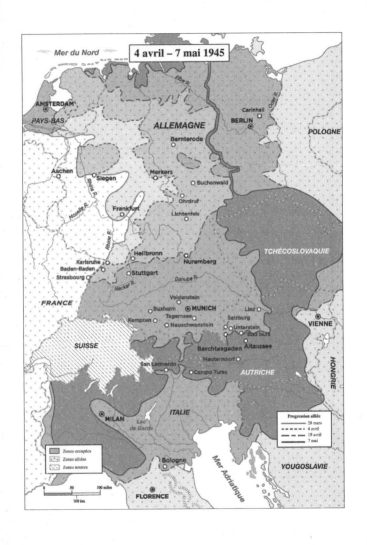

37. Sel

Altaussee, Autriche, 1100-1945

Les Alpes, la chaîne montagneuse la plus haute et la plus découpée d'Europe, s'élèvent à mille cinq cents mètres au-dessus du niveau de la mer le long de la frontière austro-allemande. Elles offrent un paysage de pics escarpés et de sommets rocheux couronnés de neige, parsemés de pittoresques chalets. La route de Salzbourg, le principal point d'entrée au nord, présente une succession de virages en épingle à cheveux avant de s'enfoncer dans une enfilade de vallées boisées verdoyantes. Pendant des kilomètres, la forêt touffue empêche de distinguer quoi que ce soit d'autre que des arbres. Puis, soudain, apparaît un lac sur la rive duquel se blottit contre le versant d'une montagne une bourgade aux toits pentus digne d'un conte de fées. Soixante-dix kilomètres séparent Salzbourg du col de Pötschen. La route qui le franchit est si pentue et si traître que c'est à peine si un véhicule motorisé peut l'emprunter. Elle débouche sur une haute vallée alpine à l'extrémité de laquelle se situe le minuscule village de Bad Aussee. Quelques kilomètres plus loin, la rive d'un autre lac de toute beauté accueille le village encore plus petit d'Altaussee.

La route au long de laquelle coule un ruisseau lim-
pide grimpe ensuite abruptement, au point que, par
comparaison, le col de Pötschen se réduit à une simple
colline. Au-delà s'élèvent d'immenses montagnes cal-
caires d'une beauté à couper le souffle, gris pâle sous
leur couronne de neige, même les jours de grand soleil.
Une construction en pierre d'aspect rébarbatif sur-
plombe un précipice de plusieurs centaines de mètres.
On n'aperçoit plus ensuite qu'un bâtiment bas au plan
irrégulier et une paroi rocheuse : le versant en pente
raide de la montagne de Sandling. Un petit tunnel y
donne accès à une ancienne mine de sel. Une légende
locale prétend que les habitants de la région l'exploitaient déjà trois mille ans plus tôt, avant la fondation de
Rome, à l'apogée de l'empire égyptien. Dans les environs n'a pourtant été retrouvé aucun document écrit
antérieur au XIIᵉ siècle.

Au tournant du premier millénaire de l'ère chré-
tienne, la civilisation reposait entre autres sur le sel.
Sans lui, impossible de conserver la nourriture ou de
la transporter. Du sel dépendait la survie de sociétés
entières. Les légionnaires romains recevaient parfois
leur solde sous forme de ration de sel (ce qui explique
l'étymologie du mot « salaire »). De nombreux marchands et leurs caravanes parcouraient les routes du sel
qui reliaient l'ouest de l'Europe à l'Asie et à l'Arabie.
Marco Polo prétendit qu'au Tibet on utilisait comme
monnaie de minces feuilles rondes de sel où l'on impri-
mait l'image du grand Khan. La civilisation disparue de
Tombouctou accordait au sel autant de valeur qu'à l'or.
L'économie des premiers Allemands, dont les ancêtres
wisigoths avaient mis Rome à sac en précipitant l'Occident dans les ténèbres, dépendait des mines de sel et

surtout des taxes prélevées sur les routes du sel. La fondation de la ville de Munich, où le parti nazi accéda très tôt au pouvoir, remonte à 1158 : sa création devait faciliter la collecte d'une taxe sur le sel en provenance de Salzbourg (dont le nom signifie en allemand « forteresse du sel »).

Depuis des siècles, la montagne de Sandling en Autriche produisait du sel, non loin du village et du lac d'Altaussee. Celui-ci n'était extrait ni à la pioche ni à la pelle mais dissous par la circulation, dans des canalisations, d'eau qui coulait de la montagne, en particulier pendant la fonte des neiges au printemps, et que la force de gravité attirait au fond de la mine. Là, l'eau se chargeait de sel gemme avant d'arriver, une trentaine de kilomètres plus loin, à Bad Ischl, où elle s'évaporait jusqu'à l'obtention de cristaux de sel. Il ne fallait pas moins de cent vingt-cinq mineurs pour étayer les galeries soumises au poids de la montagne et maintenir en état les canalisations.

Depuis le XIVᵉ siècle, un petit nombre de familles établies dans les collines des alentours se chargeait de ce travail. Au fil du temps, la taille moyenne des hommes avait augmenté mais pas celle des mineurs qui finirent par ne plus être à la hauteur de leur tâche (sans doute à cause de leur régime alimentaire et de leur consanguinité). À l'aube du XXᵉ siècle, leur communauté isolée s'éclairait encore avec des torches à l'acétylène et parlait un dialecte que l'on n'employait plus ailleurs depuis la Renaissance. Quant aux mineurs, ils revêtaient pour travailler les tenues en lin blanc et les casques pointus de leurs confrères du Moyen Âge.

À l'hiver 1943, le monde moderne fit irruption à la mine de sel d'Altaussee. Arrivèrent d'abord des

véhicules munis des chenilles indispensables à la circulation dans les Alpes l'hiver quand la neige s'entasse
presque aussi haut que la cime des arbres, puis des
jeeps et une succession à n'en plus finir de camions
allant et venant d'un col à l'autre. Des officiers nazis
vinrent monter la garde à la mine. Des ouvriers creu-
sèrent de nouvelles galeries équipées de planchers, de
murs et de plafonds en bois. D'autres assemblèrent
de gigantesques chevalets au plus profond de la montagne. Des experts et des bureaucrates affluèrent. Au
cœur de la mine fut aménagé un atelier où les travailleurs pouvaient même dormir. Et tout cela, par
amour de l'art.

Les musées viennois furent les premiers à entreposer
leurs trésors à Altaussee mais Hitler ne tarda pas à réquisitionner la mine pour son usage personnel. Inquiété par
la multiplication des raids alliés, le Führer donna l'ordre
de réunir en lieu sûr l'ensemble des œuvres de son futur
musée de Linz. Son choix se porta sur Altaussee : un
site idéal car malaisé à localiser parmi la chaîne de
Sandling et difficile d'accès mais distant de Linz d'à
peine cent soixante kilomètres et surtout à l'abri des
bombardements aériens puisque creusé dans le flanc
d'une énorme montagne. Le sel des parois absorbait
l'humidité en évitant au taux d'hygrométrie de varier de
sorte qu'il se maintenait en permanence à soixante-cinq
pour cent. La température oscillait entre 4 °C (en été,
quand l'intérieur de la mine était le plus frais) et 8 °C
(en hiver). Il suffisait d'enduire les objets en métal tels
que les armures d'une fine couche de graisse ou de
gélatine pour les protéger des effets corrosifs du sel.
Personne, pas même Hitler, n'aurait pu concevoir une
cachette mieux adaptée au fruit de ses pillages..

Les mineurs n'en continuèrent pas moins de veiller comme depuis mille ans à ce que l'eau coulant dans les galeries vides emporte le sel gemme au pied de la montagne, à Bad Ischl. Ils n'interrompirent pas leur travail à l'arrivée de nouvelles œuvres en 1944 et 1945. À l'occasion, ils devaient pourtant aider à décharger des caisses estampillées « A.H., Linz ». De mai 1944 à avril 1945, le Führerbau, le bureau de Hitler à Munich, envoya plus de mille six cent quatre-vingt-sept toiles à Altaussee. À l'automne 1944, le retable de Gand y fut transféré de Neuschwanstein. La *Madone de Bruges*, de Michel-Ange, évacuée de Belgique par voie de mer en octobre 1944, le rejoignit peu après.

Le 10 avril 1945, puis de nouveau le 13, huit caisses supplémentaires étiquetées « *Vorsicht — Marmor — nicht stürtzen*[1] » (Attention — marbre — manier avec précaution) arrivèrent à la mine ; non pas expédiées par les dirigeants nazis de Berlin mais par August Eigruber, le gauleiter des environs. Elles ne contenaient pas de sculptures, comme le supposèrent pourtant les mineurs qui les déchargèrent : uniquement des bombes de cinq cents kilos chacune, sur lesquelles six hommes auraient aisément pu prendre place. Eigruber, un Nazi fanatique soucieux d'appliquer jusqu'au bout le décret néronien de Hitler, comptait bien détruire la mine… et son inestimable contenu, par la même occasion.

Le commandant suprême des forces alliées, le général Dwight Eisenhower, n'étudiait plus la carte de l'Allemagne sans appréhension. Le franchissement du Rhin par les Alliés et l'avancée de l'Armée rouge jusqu'à l'Oder venaient de sceller le sort de l'ennemi. Churchill — et il n'était pas le seul — incitait les puissances occidentales à anticiper dès à présent l'après-guerre ; ce qui supposait, à court terme, d'arriver avant les Soviétiques à Berlin. Lors d'une conférence de presse le 27 mars, un journaliste demanda au général Eisenhower s'il comptait s'emparer de Berlin. Plus de trois cents kilomètres séparaient encore les troupes alliées de la capitale allemande contre une cinquantaine pour les Soviétiques. « Ma foi, admit Eisenhower, ça ne m'étonnerait pas que les Soviétiques y arrivent avant nous[2]. »

Ce n'était pourtant pas l'Armée rouge qui l'inquiétait le plus. Les Allemands ne voulaient toujours pas s'avouer vaincus. La Wehrmacht se battait sur tous les fronts, or elle disposait d'une forteresse de taille où se retrancher : les Alpes.

Depuis des mois, de nombreux stratèges situaient l'ultime bastion du nazisme le long de la frontière austro-allemande — dans une zone allant de Salzbourg au nord et Linz à l'est jusqu'au col de Brenner, près de la frontière italienne à l'ouest. Hitler y avait grandi et une rumeur persistante y localisait des stocks d'armes et de nourriture — sans parler des fortifications qui la hérissaient. Pour citer un rapport du QG des forces expéditionnaires alliées : « La configuration du terrain rend la région imprenable[3]. »

Eisenhower et ses principaux conseillers — le général Bradley, notamment — craignaient que Hitler se réfugie au cœur des Alpes. Depuis plusieurs mois, des agents des services secrets signalaient le départ de divisions SS d'élite de Berlin, du front russe et du théâtre des opérations en Italie pour le sud, l'ouest et le nord. Selon toute vraisemblance, elles convergeaient vers Berchtesgaden, la petite ville de montagne où

Hitler et ses proches se rendaient souvent en villégiature, sans d'ailleurs cesser de s'occuper des affaires de l'État. Eisenhower craignait qu'avec Hitler à leur tête (ou même sans lui) un petit nombre d'hommes bien entraînés et prêts à tout terrés dans les montagnes se montrât capable de repousser les Alliés pendant des années encore.

Eisenhower n'avait que mépris pour les Allemands, qu'il estimait responsables de la guerre et de son cortège de destructions. Le souvenir du camp de travail d'Ohrdruf, visité le même jour que Merkers, le révulsait encore. « Ce que j'ai vu là-bas défie toute description, écrivit-il à son supérieur, le général Marshall. En faisant le tour du camp, j'ai rencontré trois hommes qui y avaient été prisonniers et qui, par Dieu sait quelle ruse, s'en étaient échappés. Je les ai interrogés, par le truchement d'un interprète. Ce qu'ils m'ont raconté de la faim qui les tenaillait, de la cruauté et de la bestialité de leurs tortionnaires, dont ils fournissaient d'ailleurs la preuve à leur corps défendant, m'a rendu malade. Patton n'a pas voulu entrer dans une salle où l'on avait entassé vingt ou trente hommes morts de faim : il allait se trouver mal. J'ai décidé de m'y rendre en connaissance de cause, afin d'en témoigner à l'avenir, au cas où certaines rumeurs attribueraient ces atrocités à la propagande[4]. » Il confia plus simplement à son épouse, Mamie : « Je n'aurais jamais cru qu'une telle cruauté, une telle bestialité, une telle sauvagerie pouvaient exister ! C'était horrible[5] ! » Eisenhower ne comptait laisser aux Nazis aucune échappatoire ni le moindre espoir de s'en sortir.

Le 12 avril 1945, le jour même de sa visite à Merkers et Ohrdruf, le commandant suprême des forces alliées déclara au général Patton que la 3ᵉ armée des États-Unis allait se diriger vers Nuremberg et Munich. Sa mission consistait avant tout à s'emparer du sud de l'Allemagne et à débusquer les Nazis des Alpes.

Patton s'y opposa vivement. « Nous ferions mieux de prendre Berlin, et vite, objecta-t-il, avant de pousser jusqu'à l'Oder[6] [la frontière orientale de l'Allemagne]. » Désireux de voir les Américains décrocher le gros lot, Patton prétendit même la 3ᵉ armée des États-Unis capable de rejoindre Berlin en moins de quarante-huit heures.

Eisenhower rétorqua que les Alliés n'atteindraient probablement pas Berlin les premiers. Et quand bien même, qu'y feraient-ils ? D'après le général Bradley, la prise de la ville coûterait la vie à 100 000 hommes — un prix trop élevé pour un simple « objectif de prestige[7] ».

En avril 1945, la 3ᵉ et la 7ᵉ armées des États-Unis firent donc route non pas vers l'est, mais le sud et l'ultime retranchement des Nazis en Autriche — leur « redoute alpine », en jargon militaire. Seuls les Monuments men et en particulier Robert Posey, Lincoln Kirstein et James Rorimer, prirent conscience que la décision d'Eisenhower leur donnerait accès aux deux plus importants dépôts d'œuvres d'art sur le territoire allemand : Neuschwanstein et Altaussee. Cela dit, même eux ignoraient les intentions du gauleiter August Eigruber ou des SS qui battaient alors en retraite.

38. Horreur

Centre et sud de l'Allemagne,
deuxième semaine d'avril 1945

Une fois encore, Walker Hancock crut basculer dans un autre monde. La 1re armée des États-Unis progressait vers l'est dans le centre de l'Allemagne — une région boisée peu densément peuplée. Les Alliés y essuyaient quelques tirs au mortier à l'occasion mais, sinon, la Wehrmacht s'était pour ainsi dire évaporée. La plupart des villages semblaient intacts. Des tas de gravats en encombraient certains mais, à côté de ce que Hancock avait vu près de la frontière allemande, il n'y avait pas lieu de se plaindre. « Nous sommes sortis de la zone où tout a été détruit, écrivit-il à Saima. Du coup, j'ai perdu mon pari de ne jamais voir une ville allemande qui ne fût pas en ruines[1]. »

Hancock se sentait détaché de tout, le cœur atrophié ; ce qu'il déplorait d'ailleurs. « L'armée avance à une telle vitesse que nos haltes s'apparentent à celles d'une compagnie de théâtre itinérante, confia-t-il à son épouse dans une autre lettre. C'est bizarre de se retrouver dans un endroit pareil sans l'autorisation de partager le quotidien des habitants. Comme si l'on observait le monde extérieur du fond d'un bocal sous vide[2]. »

Il ne soupçonnait pas que son insensibilité s'expliquait par l'inévitable endurcissement de tout combattant et, surtout, par une tentative inconsciente de sa part de se distancier des événements en Allemagne. La 3e armée des États-Unis libéra le camp de concentration de Buchenwald le 12 avril 1945. Walker Hancock se trouvait à Weimar quand il eut vent des abominations ayant eu lieu à quelques kilomètres à peine de la ville. La découverte des camps de la mort et des chambres à gaz, et les récits des survivants émaciés blottis sous les cadavres de leurs proches lui donnèrent la nausée. Voilà qui était inhumain. Incompréhensible. Hancock pressentit qu'une telle vision d'horreur le bouleverserait à jamais, lui qui se rappelait encore les cerisiers en fleur parmi les ruines de Bonn. Il décida de ne pas visiter Buchenwald.

« Un certain nombre d'officiers se sont rendus au camp, écrivit-il. Je ne les ai pas accompagnés pour la bonne raison qu'une part essentielle de mon travail repose sur mes relations amicales avec la population allemande, or je crains que le spectacle d'horreur qui m'attend là-bas altère mes sentiments envers ces innocents. (Une partie des officiers qui y sont allés n'ont rien pu avaler pendant plusieurs jours ; certains n'ont bu que du whisky le reste de la semaine[3].) »

Quelques jours plus tard, il croisa par hasard l'un de ses amis : l'aumônier juif de l'armée qui venait d'organiser une célébration à Buchenwald à l'intention des survivants — la première à laquelle ceux-ci assistaient depuis leur arrivée au camp. Le récit de l'aumônier émut Hancock, surtout lorsqu'il lui confia sa crainte de ne pouvoir se procurer une torah.

« Je ne sais absolument pas où en trouver, se lamenta-t-il. Elles ont toutes été détruites.

— Pas toutes, non », l'informa Hancock. Il y en avait une dans son bureau, amenée le jour même du QG local des SS.

« Un miracle ! » s'exclama l'aumônier avant de filer à Buchenwald avec le précieux rouleau de parchemin.

« Peu après, écrivit Hancock, il est venu dans mon bureau me parler de l'accueil qu'il avait reçu : les anciens détenus du camp ont pleuré en tendant la main vers la torah qu'ils ont embrassée, délirant de joie à la vue du symbole de leur foi[4]. » Walker Hancock venait de découvrir une nouvelle rose parmi les décombres mais à quel prix ?

Heureusement, son travail ne lui laissa pas le loisir de se poser la question. Les Alliés n'allaient plus tarder à rejoindre Dresde où les attendait l'Armée rouge. Sans personne pour lui prêter main-forte, Hancock peinait à s'acquitter de sa mission. Il confia à Saima qu'il passait la moitié de ses journées de travail de seize heures à « souffrir de voir tant de beauté inutilement détruite par ceux que nous aurions pu croire les plus civilisés » et l'autre à savourer l'arrivée du printemps dans la campagne allemande[5]. Le soir, il cherchait le sommeil en pensant à sa jeune épouse, à la maison qu'ils comptaient acquérir ensemble, aux monuments qu'il ne trouvait pas le temps de visiter et aux litres de café qui, seuls, lui permettaient de tenir le coup.

« Comment décrire les curieuses découvertes qui accompagnent chaque jour nouveau dans cette magnifique région ! écrivit-il à Saima. Les yeux sont sans cesse à la fête. Le printemps est déjà bien avancé. Partout, les arbres fleurissent ; ce qui ajoute encore au charme des petites bourgades romantiques et des châteaux de contes de fées qui parsèment les campagnes.

Parmi ce décor errent en groupes pathétiques des milliers d'étrangers sans domicile et des Allemands en uniformes auxquels il manque pour la plupart un bras ou
une jambe ou pire encore. Certains enfants se montrent
amicaux. D'autres, plus âgés, nous détestent. Et, pendant ce temps-là, ne cessent de se commettre des crimes.
Partout éclatent des récriminations. Une vision presque
caricaturale s'offre à nous de ce que l'homme a fait de
la création divine. Si ce n'est pas la preuve que le para-
dis doit exister, je ne comprends pas ce que ça signifie.
Ce qu'on devine de ravissant sous les décombres est à
mon avis là pour nous donner un avant-goût des joies
auxquelles nous sommes destinés[6]. »

Un peu plus au sud, Lincoln Kirstein broyait une fois
encore du noir. L'entrain qui l'animait à la veille de la
découverte de Merkers venait de fondre comme neige
au soleil. À l'instar de Hancock, il choisit de ne pas
visiter Buchenwald alors que Posey s'y rendit le lendemain même de la libération du camp. Impossible, toutefois, d'échapper à l'horreur : elle imprégnait jusqu'à
l'air que respirait Kirstein et le sol qu'il foulait. Il se
représentait sans peine les ornières laissées par les survivants traînés à l'écart. Posey, lui, vit de ses propres
yeux des hommes mourir des séquelles de mauvais trai-
tements infligés par les Nazis. Une telle faim les
tenaillait qu'ils ne parvenaient plus à digérer la viande
que leur proposaient les soldats américains. Ils s'effondraient en se tenant le ventre de douleur. Il suffisait à
un soldat pourtant aguerri d'y songer pour que la douleur lui torde à son tour les entrailles.

Pour ne rien arranger, Kirstein venait d'entrer dans
« le vide » — un univers sans rime ni raison en proie à

l'anarchie. Le gouvernement nazi courait à sa perte. Des factions divisaient l'armée allemande. Aucune autorité ne parvenait à assurer la cohésion de la société. Kirstein savait que cela ne durerait pas, qu'un nouveau monde remplacerait bientôt l'ancien. Les Allemands parlaient de *Götterdämmerung* : le point au-delà duquel le conflit entre les dieux entraîne le monde à sa perte. Des villages prenaient feu. Leurs habitants sortaient dans la rue en espérant que quelqu'un leur dirait quoi faire. De nombreux soldats allemands se mêlaient aux civils en attendant que l'ennemi les capture. La guerre continuait de faire rage mais sans ligne de front ni moyen de distinguer les amis des ennemis. Plusieurs jours s'écoulaient sans incident puis la Wehrmacht surgie de nulle part tendait une embuscade à l'extrémité d'un pont, à moins que des mitrailleuses se missent à tirer le long de la route. Partout, il y avait des dégâts à déplorer.

« C'est toujours pareil : le centre de la moindre ville qui présente un tant soit peu d'intérêt est complètement détruit, nota Lincoln Kirstein. La plupart des monuments commémoratifs sous la protection de la Kunstschutz tiendront le coup mais les palais baroques et les églises qui faisaient la gloire du sud de l'Allemagne sont dans un triste état ; leurs ruines n'ont d'ailleurs rien de romantique. Je me demande ce qu'on décidera au moment de reconstruire ces villes où les gravats s'accumulent à six mètres de hauteur, où l'on ne dispose d'aucune machine ni de main-d'œuvre et où il est impossible de s'installer dans les faubourgs vu qu'eux non plus n'ont pas été épargnés[7]. »

Les Allemands n'inspiraient pas beaucoup de pitié à Kirstein. Ne voulant rien avoir à faire avec eux, il avait renoncé à apprendre leur langue. Il leur en voulait du moindre instant qu'il passait dans leur pays. Il savait bien que « le vide » ne s'éterniserait pas mais la situation ne lui semblait pas encore près de s'arranger.

« Le pire, confia-t-il à sa sœur, c'est qu'une paix durable ne s'établira pas avant cinq ans au moins. À mon avis, l'Allemagne ne rendra pas les armes de sitôt. Malgré l'effondrement de la Wehrmacht et les cris de triomphe des journalistes, jusqu'à présent, nous n'avons remporté aucune bataille sans avoir à déplorer de nombreuses pertes humaines [...] J'espère te revoir avant de toucher ma retraite[8]. »

La destruction du patrimoine de l'Allemagne consterna Lincoln Kirstein en dépit du dégoût que lui inspirait le peuple allemand. La vue des monuments incendiés — et surtout des rares édifices dont un ou deux pans de murs tenaient encore debout, Dieu sait par quel miracle — le rendit malade. « Je suppose, écrivit-il, que le spectacle de désolation qu'offrent les villes allemandes doit nous rendre fiers de nous[9]. »

« Si jamais la vengeance que préconise la loi mosaïque a été appliquée, eh bien ma foi, c'est ici ! Œil pour œil, dent pour dent — et des dents qui, en l'occurrence, grincent face à l'ampleur de la catastrophe. Les bâtisseurs du Kürfürstliches Palais, du Zwinger, des grandes demeures conçues par Schinkel et des places du marché de tant de villes allemandes ne sont pas les bourreaux de Buchenwald ni de Dachau. Aucune époque de l'histoire n'a produit une telle quantité de ruines. Certes, il leur manque l'aspect massif et la solidité des vestiges antiques mais elles compensent cela par l'étendue qu'elles couvrent [...]

» Je ne vois pas encore l'utilité de réfléchir à une éventuelle reconstruction des villes autour des cathé-

drales encore debout — dans le cas où l'Église trouverait les moyens de les restaurer, bien sûr. Avant même
de songer à rebâtir, il faudra déblayer les ruines. Où se
procurera-t-on les moyens de transport, l'essence et la
main-d'œuvre nécessaires ? […]

» En résumé : ni les collections de l'État ni celles des
particuliers n'ont apparemment subi de dommages irré-
parables. Seuls la volonté tenace des Nazis de remporter la guerre et leur refus de tabler sur des représailles
expliquent qu'aient été défigurées les villes d'Allemagne, moins imposantes que celles d'Italie et moins
nobles que celles de France. Pour ma part, je compare-
rais leur destruction à celle des églises construites par
Wren à Londres. Nul ne saurait se résigner à ce que tant
d'élégance disparaisse de la surface de la terre. »

39. Le gauleiter

Altaussee, Autriche, 14-17 avril 1945

Le bureau d'August Eigruber à Linz grouillait de solliciteurs. En se frayant un passage à travers la cohue, le Dr Emmerich Pöchmüller, le directeur général des mines d'Altaussee, reconnut l'un de ses vieux amis parmi les hommes d'affaires, les commandants de l'armée et les officiers SS qui réclamaient une audience en gesticulant et en braillant. Le directeur de la centrale électrique de l'Oberdonau (le canton du Haut-Danube) suait à grosses gouttes, le visage blême.

« Il compte faire sauter la centrale, expliqua-t-il à Pöchmüller, dont le cœur cessa de battre un instant.

— Vous croyez qu'il reviendra sur sa décision ?

— Je ferai tout ce qu'il faudra pour l'en convaincre. Et vous ? Qu'est-ce qui vous amène ici ?

— Je voudrais le dissuader de dynamiter la mine de sel[1]. »

Le 14 avril 1945, Pöchmüller avait découvert que les caisses d'Eigruber ne contenaient pas du marbre mais des bombes. Il voulut en toucher un mot au gauleiter mais celui-ci ne répondit pas à son coup de fil. Deux jours plus tard, l'adjudant d'Eigruber lui annonça que le gauleiter ne reviendrait pas sur sa décision. C'en serait bientôt fini des mines.

Le 17 avril, Pöchmüller décida d'aller à Linz. Albert Speer préconisait de rendre les infrastructures de l'Allemagne inutilisables par l'ennemi plutôt que de les détruire purement et simplement. Martin Bormann, l'assistant personnel de Hitler, confirma par radio — après que Pöchmüller en eut appelé à son bras droit, le Dr Helmut von Hummel — la volonté du Führer de ne pas voir « les œuvres d'art tomber aux mains de l'ennemi. Pour autant, il ne faudrait en aucun cas les détruire[2] ». Sans doute cela suffirait-il à fléchir Eigruber. Une fois dans l'antichambre du gauleiter, Pöchmüller dut néanmoins s'avouer que tout le monde dans le canton de l'Oberdonau avait une bonne raison de préserver telle ou telle installation. Ce qui signifiait à coup sûr qu'aucune ne sortirait indemne du conflit.

Pöchmüller finit par obtenir une entrevue de cinq minutes avec Eigruber, qui ne lui proposa même pas de s'asseoir. Le gauleiter, un Nazi pur et dur, ouvrier métallurgiste de formation, comptait au nombre des membres fondateurs des Jeunesses hitlériennes en Haute-Autriche, dont il dirigeait déjà le canton à vingt-neuf ans. D'une fidélité inébranlable envers le Führer — ou, du moins, envers l'impitoyable démolisseur qu'il voyait en lui — Eigruber considérait d'un œil méfiant les ordres de Speer et de ceux qui cherchaient à édulcorer le décret néronien de Hitler. Il ne pouvait concevoir, lui qui avait travaillé le fer dans les usines de l'Autriche rurale, que le Führer réserve un traitement à part aux œuvres d'art. À partir du moment où des ordres confus ou contradictoires lui parvenaient de Berlin, Eigruber se devait de les interpréter. Il savait ce que voulait le

Führer. N'avait-il pas prêché toute sa vie l'extermination des Juifs, des Slaves, des Tziganes et des infirmes ?
N'avait-il pas courageusement donné l'ordre de les sup-
primer ? Un ordre qu'Eigruber avait d'ailleurs appliqué
avec enthousiasme à Mauthausen, comme tant d'autres
dans les camps de concentration de l'est de l'Europe.
Hitler ne condamnait-il pas la dégénérescence de l'art
moderne ? N'avait-il pas brûlé certaines œuvres dans le
centre de Berlin ? N'avait-il pas rasé Rotterdam et
Varsovie plutôt que de les livrer à l'ennemi ? N'avait-il
pas défiguré Florence ? Sans cet imbécile sentimental
de général von Choltitz, il ne resterait plus que des
ruines de Paris. Eigruber ne comptait surtout pas mollir.
Rien de valeur, il était prêt à en jurer, ne tomberait entre
les mains de l'ennemi et il ne doutait pas que son Führer
approuverait sa résolution.

« Faites ce que vous estimez nécessaire, conclut
Eigruber alors que Pöchmüller lui touchait un mot des
bombes. Il faut tout détruire. Nous n'en démordrons
pas[3]. »

40. La mine bombardée

James Rorimer parvint à la ville allemande de Heilbronn, son premier objectif de Monuments man rattaché à la 7ᵉ armée, le 16 avril 1945, à l'issue d'un trajet qui ne tarda pas à tourner à la catastrophe. La 7ᵉ armée, qui venait de franchir le Rhin, avançait si rapidement que personne ne connaissait l'emplacement exact de ses QG successifs. Le bureau des transports ferroviaires envoya d'abord Rorimer à Lunéville où un officier lui conseilla de se rendre à Sarrebourg, le terminus de la ligne. De là, un GI l'emmena à Worms à bord de son deux tonnes et demie. Rorimer rejoignit ensuite en stop le QG du gouvernement militaire, qui l'informa que la 7ᵉ armée se trouvait à présent au sud de Darmstadt, de l'autre côté du Rhin. « Voilà des mois que je vous attends, lui asséna le lieutenant colonel Canby quand Rorimer parvint enfin à destination. J'ai contresigné votre ordre d'affectation en janvier.

» Il ne reste plus de monuments à sauvegarder ici, poursuivit Canby. L'armée de l'air a détruit l'ensemble des villes du sud de l'Allemagne et l'infanterie s'est occupée du reste. Votre mission, telle que je la conçois, consiste à retrouver les œuvres d'art pillées dans l'ouest de l'Europe. La 3ᵉ armée a obtenu plus que sa part de gloire, ajouta-t-il en faisant allusion à Merkers, dont les journaux continuaient de parler, partout dans le monde. Il est temps que la 7ᵉ armée découvre à son tour une ou deux mines de sel[1]. »

En arrivant aux abords de Heilbronn, Rorimer comprit ce que Canby entendait par « détruit ». Des soldats du VIᵉ corps d'armée étaient entrés dans la ville le 2 avril, alors que George Stout et Walker Hancock s'aventuraient au fond de la mine de Siegen. Le VIᵉ corps, qui progressait à vive allure d'une cité industrielle à l'autre dans le centre de l'Allemagne en direction de Stuttgart, ne s'attendait pas à rencontrer de résistance à Heilbronn, ravagée par les raids britanniques. En décembre 1944, l'un d'eux avait en effet détruit plus de la moitié des équipements de la ville en causant la mort de sept mille civils, dont un millier d'enfants de moins de dix ans.

Dans « le vide » de l'Allemagne du Sud, il ne fallait toutefois pas se fier aux apparences. Quand la 7ᵉ armée tenta de franchir le Neckar, large d'une centaine de mètres, le matin du 3 avril, la ville en ruines s'anima soudain. La Wehrmacht, embusquée dans les collines à l'est de Heilbronn, y disposait d'une vue imprenable sur les bateaux d'assaut des Alliés qui, à plusieurs reprises, durent battre en retraite. Les Allemands tirèrent au mortier sur le pont mobile établi par les ingénieurs militaires en coulant deux chars d'assaut ainsi que sur les rares soldats parvenus sur la rive opposée du fleuve. Les mortiers allemands faisaient feu toutes les trois minutes, et plus souvent encore quand des cibles se découvraient. Lorsque les Alliés se faufilèrent dans les rues de la ville, ils se heurtèrent à des barricades élevées à partir de gravats par les habitants en colère que défendaient des soldats d'élite allemands. Pendant neuf jours, l'une des batailles les plus rudes de la guerre fit rage. La 7e armée dut lutter pied à pied pour s'emparer d'un pâté de maisons après l'autre.

James Rorimer, longtemps retenu à Paris, n'avait rien vu de tel depuis Saint-Lô, en Normandie. « Les journaux n'exagèrent pas, confia-t-il à son épouse. Les villes fantômes présentent un aspect terrible, surtout au lendemain de leur capitulation[2]. »

Les soldats finirent par ménager une voie de circulation d'un bout à l'autre de la ville aux rues en grande partie impraticables. Heilbronn semblait déserte à l'exception des bulldozers occupés à déblayer les gravats. On n'y rencontrait plus que les cadavres des Allemands dont l'odeur empuantissait l'atmosphère.

D'après les espions capturés par les Alliés, des œuvres d'art se trouvaient dans la mine de sel dont on apercevait à des kilomètres à la ronde la structure en métal abritant la machinerie de l'ascenseur. Rorimer remonta la rue du Sel puis traversa la place du Sel avant d'apercevoir le bâtiment de brique et de béton qui livrait accès à la mine. Les combats avaient été impitoyables : de la fumée s'élevait encore de plusieurs immeubles. Rorimer aperçut quelques personnes dans la rue, l'air mal en point mais encore en vie. Il arrêta deux hommes, qu'il interrogea.

Ils secouèrent la tête. « *Russo* », expliquèrent-ils : il s'agissait de prisonniers russes d'un camp de travail.

« *Deutsch ?* » leur demanda Rorimer. Connaissaient-ils quelqu'un parlant allemand ?

Ils haussèrent les épaules. Qui pouvait encore fournir le moindre renseignement fiable par les temps qui couraient ?

Rorimer finit par débusquer deux Allemandes terri-
fiées dans un baraquement d'ouvriers. Les Nazis voulaient détruire la mine, expliquèrent-elles, mais les
mineurs s'y opposaient : « On peut se passer des Nazis,
pas du sel. » Dans le sous-sol de Heilbronn s'étendait
sur une cinquantaine de kilomètres carrés un gisement
de sel gemme dont l'extraction fournirait du travail à
de nombreuses générations encore. Les Nazis, absorbés
par d'autres soucis, renoncèrent en fin de compte à
détruire la mine.

Restait le problème de l'eau.

Creusée à cent quatre-vingts mètres sous terre en
moyenne, la mine comprenait des douzaines de vastes
salles, réparties sur deux niveaux. La majeure partie
des galeries se situait sous le Neckar. Par des fissures
dans la roche s'infiltrait sans cesse de l'eau qu'il fallait
pomper huit heures par jour pour éviter l'inondation de
la mine. Bien sûr, les pompes (comme l'ascenseur,
d'ailleurs) fonctionnaient à l'électricité, coupée depuis
des semaines. Bien que personne n'eût remis les pieds
à la mine depuis un certain temps, le niveau inférieur, à
en croire les femmes, devait être rempli d'eau.

Rorimer espérait quitter Heilbronn au plus vite.
D'autres dépôts l'attendaient le long de la route de
Neuschwanstein : il ne pouvait pas se permettre de
s'attarder. Pressentant une catastrophe, il estima tout de
même préférable de repousser son départ. Avec le maire
de Heilbronn, il réclama au QG du gouvernement militaire l'appui d'une équipe d'ingénieurs. La hiérarchie
n'accepta que de poster une sentinelle à l'entrée de la
mine. Le lendemain, Rorimer alla au QG de Darmstadt
où un colonel lui avoua franchement : « On ne peut se
passer d'aucun homme. La mine relève de votre respon-

sabilité. Débrouillez-vous seul. » La 7e armée aspirait à
la gloire de mettre la main sur un dépôt d'œuvres mais
elle ne voulait pas confier à plus d'un homme la mission
de veiller dessus.

Rorimer revint à Heilbronn où il en appela au maire.
Celui-ci envoya chercher l'ingénieur en chef de la mine
et son directeur adjoint, le Dr Hans Bauer, qui venaient
de prendre la fuite. Bauer confirma que les Nazis entreposaient des œuvres d'art à la mine mais il ne disposait
d'aucun inventaire. Il se rappelait avoir vu entre autres
une célèbre toile de Rembrandt, *L'Apôtre Paul en prison*, et les vitraux de la cathédrale de Strasbourg. Les
fuites d'eau posaient un sérieux problème (plus de trois
cent cinquante mille litres se déversaient chaque jour
dans la mine) mais il assura à Rorimer que rien n'était
encore perdu : les œuvres se trouvaient au niveau supérieur, que le Neckar n'inonderait pas avant plusieurs
jours ou même plusieurs semaines.

« Vous en êtes sûr ?

— Non mais il existe un moyen d'en avoir le cœur
net. »

Bauer conduisit Rorimer à une ouverture dans le
plancher du bâtiment, qui donnait accès à la mine. « La
sortie de secours », lui expliqua-t-il. En dépassaient les
montants d'une échelle qui, à trois mètres sous terre,
disparaissait dans les ténèbres.

« À quelle profondeur descend-elle ?

— Cent quatre-vingts mètres. »

Le regard de Rorimer se perdit dans l'obscurité. Il
se demanda s'il fallait vraiment qu'il en passe par là.
« Vous n'avez rien entendu ? » demanda-t-il soudain.

Le Dr Bauer jeta un coup d'œil au fond du trou
avant de s'écarter pour en laisser sortir deux hommes

aux habits sales. « Soldat Robert Steare ! se présenta l'un d'eux, encore un gamin, en se mettant au garde-à-vous.

— Qu'est-ce que tu fabriques ici, fiston ?

— J'explorais la mine en tant qu'ingénieur, m'sieur. Avec l'un des mineurs.

— Sur les ordres de qui ?

— De personne, m'sieur. »

Rorimer scruta ses traits tirés en se demandant ce qui pouvait inciter un gamin à descendre à cent quatre-vingts mètres sous terre dans une mine inondée. Le courage insensé de la jeunesse, sans doute !

« Qu'as-tu vu ?

— Pas grand-chose : plus rien ne fonctionne et on a de l'eau jusqu'aux genoux. Je suis tombé sur des entrepôts cadenassés au bout d'une galerie mais je n'ai pas tenté d'en forcer l'entrée.

— As-tu la moindre idée de ce qui s'y trouve ?

— Sur l'une des portes était écrit "Strasbourg" à la craie. Sur les autres : "Mannheim", "Stuttgart" et "Heilbronn". Je n'ai rien aperçu d'autre.

— Ils étaient inondés, à ton avis ?

— Oh sans doute : il y a de l'eau partout. »

Il fallut deux semaines à Bauer pour trouver une solution, d'ailleurs assez habile, compte tenu des circonstances. Il restait assez de charbon pour approvisionner quelques mois les machines à vapeur de secours. Il suffisait de les bricoler un peu pour qu'elles alimentent en énergie l'ascenseur et l'appareil qui ramenait le sel à l'air libre. En y attachant des seaux, on parviendrait à évacuer une partie de l'eau du Neckar. Les infiltrations ne cesseraient pas pour autant mais, au moins, le niveau d'eau se maintiendrait en attendant le rétablissement de l'électricité. Dans la ville morte de Heilbronn, la machine de la mine de sel reprit bientôt vie dans l'intérêt de la préservation du patrimoine.

Quand elle se remit en marche le 30 avril, James Rorimer était déjà parti : la 7e armée approchait de Munich. Il n'y avait plus de temps à perdre.

41. Dernier anniversaire

Berlin, 20 avril 1945

Le 20 avril 1945, le jour du cinquante-sixième et dernier anniversaire du Führer, l'élite du parti nazi organisa, à la dernière minute, une petite fête suivie d'adieux, à la chancellerie du Reich. La plupart des membres haut placés du parti auraient préféré se retrouver n'importe où plutôt qu'à Berlin où l'atmosphère n'était pas à la fête. Le 20 avril, les Alliés s'emparèrent de Nuremberg, la première base d'opérations historique du parti nazi. Ils hissèrent le drapeau américain au stade où les Nazis rassemblaient jadis des foules immenses. La ville natale du légendaire artiste du XVe siècle, Albrecht Dürer, subit de graves dommages. Une partie du bâtiment qui avait un moment hébergé le retable de Veit Stoss s'effondra. Heureusement, l'œuvre volée par Hitler à la Pologne au début de la guerre se trouvait alors dans un abri souterrain.

Les hommes rassemblés dans le bunker du Führer le 20 avril s'en souciaient comme d'une guigne. Leurs jours étaient comptés. La fête d'anniversaire improvisée de Hitler leur fit prendre conscience, mieux que n'importe quel autre événement, du destin qui les attendait. Jusque-là, les dignitaires nazis comblaient leur Führer de cadeaux, en particulier de ces œuvres d'art qu'il affectionnait tant. À présent que l'Armée rouge pilonnait Berlin, on entendait sans cesse exploser des obus, même à plusieurs mètres sous terre. Ceux que leur poste ne retenait pas à Berlin n'avaient qu'une hâte : quitter la ville. Quant aux autres, les fidèles de Hitler, ils espéraient un sursis. Voilà plusieurs jours que personne ne savait plus à quoi s'en tenir dans l'entourage du Führer. Des espoirs insensés s'effondraient soudain comme un château de cartes. Des rumeurs de victoire alternaient avec des récits humiliants de capitulation. Hitler ne se montrait pratiquement plus. Les conversations roulaient sur le suicide : par capsule de cyanure ou par balle ? Le temps se passait à boire.

L'apparition d'Adolf Hitler, en retard à son propre anniversaire, ne contribua pas à remonter le moral de ses proches. Il leur laissa l'impression d'un vieillard au teint terreux, traînant les pieds, dont le bras gauche pendait sans vie. Il se tenait si voûté que son cou disparaissait entre ses épaules. Il se montrait encore agressif envers ses subordonnés, en particulier ses généraux, mais une rage glaciale avait remplacé la flamme qui l'animait jadis[1]. Il se croyait trahi. Il voyait des lâches partout mais ne trouvait même plus la force de les mépriser. Il broyait du noir au point que ses médecins durent lui administrer des cachets avant qu'il se montre à ses plus fidèles partisans, les hommes et les femmes qui joueraient avec lui le dernier acte de la tragédie. Son regard jadis charismatique, qui avait fait basculer une nation entière dans la folie, n'exprimait plus rien.

Hermann Göring serra la main de Hitler en lui expliquant qu'il devait à tout prix rejoindre son état-major et s'en fut en sachant qu'il ne remettrait plus jamais les pieds au bunker du Führer. « J'ai compris que je vivais un moment historique », confierait Albert Speer. « Le gouvernement du Reich tirait sa révérence[2]. » Le lendemain, le 21 avril, Göring parvint à Berchtesgaden, le repaire des Nazis au cœur de leur redoute alpine. L'y attendait Walter Andreas Hofer, qui veillait sur sa collection personnelle d'œuvres d'art. Partie de son domaine de Veldenstein au début du mois, celle-ci rejoignit Berchtesgaden le 16 avant d'être acheminée à Unterstein, plus au nord. À l'arrivée de Göring, il ne restait plus à Berchtesgaden que deux ou trois voitures de chemin de fer remplies de meubles, de disques et de livres. Hofer logeait dans l'une d'elles.

Göring n'ignorait pas la gravité de la situation. Le Führer semblait mal en point. Ceux qui conservaient encore une once de bon sens pressentaient que son bunker lui tiendrait bientôt lieu de tombeau. La guerre était perdue, le butin des Nazis dispersé, le parti éclaté. Le Reichsmarschall, à l'abri dans les Alpes, se croyait le seul capable de remettre sur pied ce qui restait du Reich afin de conclure une paix honorable. Après tout, Hitler l'avait lui-même choisi pour lui succéder.

Le 23 avril, il envoya un message par radio à Hitler. L'encerclement de Berlin ne laissant plus d'espoir, il se disait prêt à prendre la direction du parti nazi. Si le Führer ne lui répondait pas avant dix heures, il s'emparerait du pouvoir le soir même. Hitler ne réagit que le 25 avril mais violemment : il ordonna aux SS d'appréhender son bras droit. Le Troisième Reich courait à sa perte.

Au même moment, à Altaussee, le restaurateur de tableaux Karl Sieber passa la paume de sa main sur l'une de ses plus belles réussites. C'est ici que l'un des panneaux s'était fendu, songea-t-il en caressant le bois. Et là, la peinture s'était écaillée. Avant la guerre, Sieber, un homme paisible, méticuleux, passionné par son travail, se montrait d'une honnêteté telle que ses clients le considéraient comme le dernier artisan intègre d'Allemagne — ou alors comme un simple d'esprit. Sur les conseils d'un ami juif, il adhéra au parti nazi, en assurant ainsi la prospérité de sa petite entreprise. À Berlin affluaient des œuvres d'art en provenance de l'ensemble des territoires conquis. Peu importaient les moyens douteux de leur acquisition, il fallait en prendre soin ; d'autant que les Nazis, plus rapaces qu'esthètes, traitaient parfois un peu rudement le fruit de leurs pillages. Sieber avait travaillé sur plus de chefs-d'œuvre au cours des quatre années précédentes que beaucoup de restaurateurs n'en manipulent durant leur vie et, pourtant, jamais il n'aurait cru s'occuper un jour d'une des merveilles de la civilisation occidentale : le retable de Gand. Jamais non plus il n'aurait imaginé le restaurer à plus d'un kilomètre et demi sous une montagne, dans une mine de sel en Autriche à l'écart du monde.

Il contourna le retable afin d'observer le visage de saint Jean. Que d'humanité exprimait son regard mélancolique ! Quelle admirable précision dans le rendu des détails ! L'on distinguait les moindres cheveux du saint. Sieber crut un instant sentir sous ses doigts l'étoffe du manteau et le vélin de la bible. Il n'y avait qu'une chose qu'il ne distinguait pas : la fissure dans le panneau de bois, apparue au cours du transport de l'œuvre. Pendant des mois, il s'était efforcé de la rendre invisible.

Quel dommage de laisser le retable en un lieu aussi peu sûr ! Compte tenu de son poids et de sa taille, Sieber eût été incapable de l'emporter seul dans l'une des salles au cœur de la montagne où avaient été entreposés la veille les plus beaux chefs-d'œuvre. Il se tourna vers *L'Astronome*, peint par Jan Vermeer en 1668, près d'un quart de millénaire après le retable de Gand. On y discernait la même finesse de touche et un égal souci du détail.

La similitude s'arrêtait toutefois là. Le retable de Gand avait été considéré comme un chef-d'œuvre dès sa création alors que Vermeer, un peintre provincial de Delft, était mort endetté, inconnu des amateurs d'art. Son œuvre ne fut redécouverte qu'à la fin des années 1800, deux siècles après sa mort. Il passait à présent pour l'un des principaux représentants de l'âge d'or de la peinture hollandaise, un grand maître de la lumière, le chroniqueur par excellence de la vie domestique. On surnommait sa *Jeune Fille à la perle* la « Joconde hollandaise[3] ». Son *Astronome* n'avait cependant rien à lui envier : on le voyait étudier un globe devant un livre ouvert dans son cabinet. Quel scientifique, quel restaurateur de tableaux n'a jamais vécu un instant comme celui-là, où les préoccupations intérieures éclipsent le reste du monde ? Qui n'a jamais été dévoré par la soif de connaître ? Qui ne s'est jamais passionné pour de récentes découvertes ?

Qui, d'un autre côté, peut expliquer ce qui vient à l'esprit d'un homme dans de telles circonstances ? Une lumière naturelle, entrant par une fenêtre ouverte, éclairait le globe et la main tendue de l'astronome. Effectuait-il simplement une mesure parmi tant d'autres ou venait-il de trouver ce qu'il cherchait ? Voilà en tout cas un homme qu'absorbait tout entier son travail et qui vivait un moment universel et unique à la fois, crucial mais aussi fugace.

En réalité, il n'existe pourtant pas d'astronome ni d'artisan indifférent au monde qui l'entoure. Le restaurateur de tableaux s'estimait mieux placé que quiconque pour le savoir. On a beau enfermer un homme à plus d'un kilomètre et demi sous une montagne à l'écart de la civilisation en lui confiant le travail de sa vie, les soubresauts de la société continuent à l'atteindre.

Après un ultime coup d'œil à l'érudit, qui lui parut presque effrayé par ses découvertes, Karl Sieber emporta la toile préférée de Hitler le long d'une galerie mal éclairée, au plus profond de la montagne, dans la Schoerckmayerwerk, l'une des rares salles de la mine qu'il croyait capables de résister (du moins, il l'espérait !) au bombardement même le plus cataclysmique.

42. Plans

Centre et sud de l'Allemagne, Altaussee,
Autriche, 27-28 avril 1945

Le 27 avril 1945, un jeune capitaine d'ordonnance entra dans le bureau d'état-major de la section avancée de la 1re armée des États-Unis. En souriant, il posa un petit bâton en métal sous le nez d'un commandant qui l'observa un moment : finement ouvragé et incrusté de pierres précieuses, l'objet ressemblait à un sceptre royal ; ce qu'il était d'ailleurs. Le soldat venait d'apporter à son supérieur le sceptre du couronnement de Frédéric le Grand, roi de Prusse au XVIIIe siècle.

« Où l'avez-vous trouvé ?

— Dans un dépôt de munitions.

— Où exactement ?

— Dans un trou parmi les bois, au milieu de nulle part.

— Qu'avez-vous découvert d'autre ?

— Vous n'en croirez pas vos yeux ! »

Le surlendemain, George Stout reçut un coup de fil du Monuments man affecté à la 1re armée : Walker Hancock. Stout venait de réclamer de toute urgence au QG des forces expéditionnaires alliées en France des camions, des jeeps, du matériel d'emballage et au moins deux cent cinquante hommes pour monter la garde à l'entrée des dépôts d'œuvres d'art. Rien ne lui garantissait toutefois qu'il les obtiendrait.

« Je t'appelle de Bernterode, une bourgade du nord de la Thuringe, lui annonça Hancock en avalant la moitié de ses mots dans sa précipitation. Il y a là-bas une mine où sont entreposées quatre cent mille tonnes d'explosifs[1]. Je ne peux pas te dire par téléphone ce qu'on y a découvert mais, crois-moi, George : Siegen, à côté, ce n'était rien. »

Pendant que Hancock explorait les souterrains de Bernterode, Emmerich Pöchmüller, le directeur de la mine de sel d'Altaussee, relisait dans son bureau un ordre qu'il venait de taper à la machine avant d'y apposer sa signature. Il se crut sur le point de se trouver mal.

Il appréhendait de transmettre cet ordre mais quelle autre solution lui restait-il ? À l'issue de plusieurs semaines de lutte, il avait reçu l'autorisation de trancher le sort de la mine ; non pas en circonvenant Eigruber mais grâce à un fonctionnaire de rang médiocre se fiant à des informations de seconde main en provenance, à l'en croire, de l'assistant de Martin Bormann à Berchtesgaden, Helmut von Hummel, bien qu'il s'agît plus probablement de vagues ouï-dire ou même d'affabulations pures et simples. En tout cas, Eigruber verrait dans l'attitude de Pöchmüller une preuve d'insubordination. Si jamais ses ordres tombaient entre les mains du gauleiter, celui-ci arrêterait Pöchmüller, quitte à ordonner son exécution immédiate. Depuis que ce fou d'Eigruber détenait le pouvoir en Haute-Autriche et que plus aucune nouvelle ne parvenait de Berlin, Altaussee semblait condamnée. Pas question pour autant de rester les bras croisés ! Lorsque Pöchmüller se rendit au bureau de l'ingénieur en chef de la mine, Otto Högler, il crut lui remettre son arrêt de mort.

« Voici mes derniers ordres, lui annonça Pöchmüller. Je m'en vais à Bad Ischl. N'attendez pas mon retour[2]. »

28 avril 1945
À l'attention de l'ingénieur des mines Högler
Mine de sel d'Altaussee
Concernant : dépôt
Je vous ordonne par la présente d'enlever les 8 caisses de marbre entreposées dans la mine en accord avec le Dr Seiberl afin de les stocker dans n'importe quel abri que vous estimerez convenable.

Je vous ordonne en outre de préparer au plus vite la condamnation de certaines galeries dont nous sommes convenus. Je vous indiquerai personnellement quand y procéder.

Le directeur général
Emmerich Pöchmüller

Le même jour, le 28 avril 1945, la revue *Stars and Stripes* annonça l'arrivée de la 7e armée des États-Unis à Kempten, une ville proche de Neuschwanstein. Voilà le moment que James Rorimer attendait depuis son départ de Paris ! Pressé de s'entendre confirmer l'information, il interrogea un commandant, qui le détrompa. « N'empêche ! insista Rorimer. Nos soldats devraient bientôt parvenir à Neuschwanstein. Des œuvres d'art d'une valeur inestimable y sont entreposées. Voilà des mois que je cherche à les retrouver. Il faut que je me rende sur place le plus tôt possible. Vos hommes feraient mieux de se dépêcher[3].

— Nous ferons de notre mieux. »

Il est fort possible qu'une note de désespoir ait percé dans la voix de Rorimer : au cours de la semaine qui venait de s'écouler depuis son départ de Heilbronn, la dure réalité de sa mission l'avait frappé de plein fouet. Il avait découvert un retable de Riemenschneider intact dans un sous-sol humide à Rothenburg, la ville médié-vale fortifiée la plus célèbre d'Allemagne, et convaincu le gouverneur militaire de l'entreposer en un lieu plus sûr. Satisfait, il assura la presse que la ville n'avait pas autant souffert qu'on le disait.

Quelques jours plus tard, en revanche, en route vers un dépôt de l'ERR, il dut renoncer à emprunter un pont sur la Kocher, détruit depuis peu. Il se mit en quête d'un autre moyen de franchir la rivière — tant pis si les Allemands contrôlaient encore en partie les alentours. Par manque de chance, son chauffeur les égara dans les épaisses forêts allemandes. Lorsque le crépuscule s'ins-talla, ils n'avaient toujours pas retrouvé la grand-route. À deux reprises, ils traversèrent le même village en cendres où seuls quelques foyers d'incendie trouaient les ténèbres de la nuit. Peu avant l'aube, ils aperçurent deux soldats alliés au bord de la chaussée.

« Mince alors ! s'écrièrent ceux-ci après avoir indi-qué leur chemin à Rorimer et son chauffeur. Vous avez roulé toute la nuit ? Les bois grouillent d'Allemands ! »

En fin de matinée, après une sieste éclair, Rorimer franchit la rivière à gué dans le sillage d'un camion allié. Un peu plus tard, il parvint enfin à destination : dans un château où, conformément aux promesses de Rose Valland, s'entassaient quelques-uns des trésors entreposés pour un temps au Jeu de Paume.

Rorimer ne songeait ni aux balles allemandes qui l'avaient manqué de peu ni à sa réussite mais à l'homme qui venait de lui échapper : à Darmstadt, Rorimer avait appris la présence du baron Kurt von Behr en son château de Lichtenfels, au cœur d'une zone dont venaient de s'emparer les Américains. Trop occupé pour s'y rendre lui-même, Rorimer adressa un télégramme à sa hiérarchie exigeant l'arrestation immédiate du Nazi qui en savait plus long que n'importe qui sur les pillages de l'ERR en France. Quelques jours plus tard, il retrouva son télégramme à Heidelberg en attente de tri. Lorsque les soldats américains parvinrent à Lichtenfels, le colonel von Behr n'était plus de ce monde. Grand seigneur jusqu'au bout, il s'était suicidé avec sa femme dans sa bibliothèque en buvant une coupe de champagne empoisonné.

43. Le nœud coulant

Berlin et sud de l'Allemagne, 30 avril 1945

Le 30 avril 1945, Adolf Hitler mit fin à ses jours dans son bunker sous la chancellerie du Reich, à Berlin. Le 22 avril, victime d'une crise de nerfs en pleine conférence militaire, il admit en rudoyant ses subordonnés sur un ton hystérique que l'Allemagne était fichue. Il ne restait plus grand-chose du parti nazi. Des bombes et des tirs d'artillerie venaient de réduire en cendres le Berlin qu'il avait bâti. Ses amis et ses généraux l'avaient trahi ; du moins, s'en persuadait-il dans ses accès de paranoïa. Il lui arrivait d'entrer dans une rage folle en songeant, livide, à la défection de ses proches. Il affirmait alors qu'il pourrait encore l'emporter et se jurait de se battre jusqu'au bout. Il broyait de plus en plus souvent du noir. Une haine implacable le tenaillait. Il souhaitait exterminer le plus possible de Juifs ; lancer les hommes de la nation à l'assaut de l'ennemi comme de la simple chair à canon ; anéantir les ponts et les routes d'Allemagne en vue du retour à l'âge de pierre du peuple qui l'avait trahi par sa lâcheté. La déroute de ses troupes l'insensibilisa peu à peu jusqu'à ce que seul subsiste encore en lui, cloîtré dans son

bunker sous la chancellerie du Reich où il entendait les
obus soviétiques exploser, ce qui le rendait humain et
donc d'autant plus effrayant : son amour de l'art.

Au cours des mois précédents, il avait passé des
heures, seul ou avec ses fidèles (dont le gauleiter
August Eigruber) à contempler sa maquette de Linz :
ses arcades, ses ruelles de traverse et son imposante
cathédrale dédiée à l'art. Il lui arrivait alors, d'un geste
énergique, d'indiquer un détail architectural particulièrement harmonieux ou de proférer une vérité essentielle. Parfois, il en approchait ses yeux près de sortir de
leurs orbites sous la casquette de son uniforme, en serrant malgré lui ses gants au creux de sa main gauche
alors qu'il songeait en silence à ce qui venait de se
passer et à ce qui aurait pu se produire.

À présent, la fin approchait. Au cours du souper du
28 avril, quelques heures avant d'épouser celle qui
était depuis longtemps sa maîtresse, Eva Braun, Hitler
se tourna vers sa secrétaire, Traudl Junge, et lui dit :
« Mademoiselle, j'ai besoin de vous ; prenez votre bloc
sténo et votre crayon. Je voudrais vous dicter mes dernières volontés[1]. »

[Adolf Hilter]
Mon testament
Je n'ai pas estimé que je pouvais prendre la respon-
sabilité de me marier pendant les années de lutte. J'ai
décidé, avant que ma carrière sur cette terre touche à
son terme, de prendre pour épouse la jeune femme qui,
après de nombreuses années d'amitié fidèle, est entrée
de son plein gré dans la ville pratiquement assiégée afin
de partager mon destin. Volontairement, elle me suivra
dans la mort en tant qu'épouse. Notre union nous

consolera de ce à quoi nous avons dû renoncer en rai-
son de ma mission au service de mon peuple.

Ce que je possède revient — si tant est que cela ait
de la valeur — au parti. Au cas où celui-ci n'existerait
plus, à l'État et, dans le cas où l'État lui-même serait
anéanti, toute décision de ma part deviendrait inutile.

Mes tableaux, groupés dans des collections que j'ai
constituées au fil des ans, n'ont jamais été réunis dans
mon intérêt personnel mais en vue de l'aménagement
d'un musée dans la ville de Linz sur le Danube, où j'ai
grandi.

Je désire sincèrement que l'on respecte mes volontés.

Je nomme exécuteur de mon testament mon plus
fidèle camarade du parti, Martin Bormann.

Je lui donne toute latitude de prendre les décisions
qui s'imposeront. Je lui permets de récupérer tout ce
qui présente une valeur sentimentale ou qui serait
indispensable à mes frères et sœurs désireux de mener
une vie simple et modeste et surtout, à la mère de mon
épouse et à mes fidèles collègues qu'il connaît bien, en
particulier mes secrétaires Frau Winter, etc., qui m'ont
épaulé pendant de nombreuses années.

Mon épouse et moi-même, afin d'échapper à l'infamie
de la destitution ou de la capitulation, optons pour la
mort. Notre désir est d'être incinérés là où j'ai effectué
la plus grande partie de mon travail quotidien pendant
les douze années passées au service de mon peuple.

Rédigé à Berlin, le 29 avril 1945, à 4 heures.

A. Hitler.

Le parti nazi était condamné, Hitler s'en rendait bien
compte. Il ne considérait encore Eva Braun que comme

une « jeune femme » alors qu'elle s'apprêtait à se donner la mort en même temps que lui. Tout ce à quoi il avait œuvré venait de s'effondrer à jamais. Et pourtant, ce fou parmi les plus dangereux du XXᵉ siècle, à la veille de disparaître, entrevoyait encore une chance de transmettre un legs à la postérité : les collections du futur musée de Linz qui rassemblaient une multitude de chefs-d'œuvre pillés en Europe.

Le lendemain, quelques heures avant la mort de Hitler, trois coursiers à moto munis d'un exemplaire de ses dernières volontés partirent de son bunker dans des directions différentes[2]. Leur mission : s'assurer que les dernières volontés du Führer survivraient au chaos où il avait précipité par sa faute ses compatriotes, son pays et le monde.

Au même moment, les fidèles de Hitler (au nom d'une loyauté mal comprise, par intérêt personnel, par crainte ou encore par refus de croire que l'homme leur ayant ordonné d'anéantir des villes entières et des millions d'êtres humains leur demanderait un jour de sauver quelque chose d'aussi décadent et insignifiant que des œuvres d'art) s'opposaient à sa volonté en cherchant à détruire la collection à laquelle il tenait tant — en particulier dans les Alpes autrichiennes où le gauleiter August Eigruber s'entêtait à préparer l'explosion de la mine de sel d'Altaussee.

Eigruber venait d'éventer la tentative de Pöchmüller de le contrecarrer. Son adjudant, l'inspecteur Glinz, avait entendu Högler (l'ingénieur auquel Pöchmüller avait transmis ses ordres) prendre des dispositions en vue du déplacement des bombes du gauleiter. « Les caisses resteront où elles sont, asséna Glinz à Högler en pointant sur lui son arme. Je vois bien ce qui se trame ici. Si jamais vous osez toucher à ces caisses, je vous tue[3]. »

Högler supplia Glinz de s'adresser à Pöchmüller, alors à Bad Ischl. Lors d'un entretien téléphonique tendu avec Glinz, Pöchmüller déclara que l'ordre du Führer daté du 22 avril (stipulant qu'il ne fallait pas laisser les œuvres d'art tomber aux mains de l'ennemi mais ne pas les détruire pour autant) lui semblait parfaitement clair : il était de leur devoir de sauver les tableaux au fond de la mine.

« Le gauleiter ne se fie plus à l'ordre du 22 avril qu'il estime dépassé, rétorqua Glinz. Il ne tient pas compte non plus des ordres promulgués depuis, vu qu'ils n'émanent pas du Führer lui-même[4]. »

Hitler n'étant plus de ce monde, il ne semblait exister aucun moyen de fléchir le gauleiter. Le directeur de la mine fit une dernière fois appel à Helmut von Hummel. Le 1er mai, celui-ci écrivit à Karl Sieber, le restaurateur de tableaux d'Altaussee, qu'en vertu de nouveaux ordres du Führer datés de la semaine précédente, « il faut empêcher les œuvres d'art dans la région du haut Danube de tomber aux mains de l'ennemi sans pour autant les détruire[5] ».

Le télégramme ne servit à rien. Lorsque Pöchmüller parvint à la mine, le gauleiter avait posté à l'entrée six gardes supplémentaires armés jusqu'aux dents. Les bombes se trouvaient encore à l'intérieur. Ne manquaient plus que les détonateurs, en route pour Altaussee.

Robert Posey ne parvenait pas à imaginer pire que l'anarchie qui régnait alors dans le sud de l'Allemagne. Les villes et les villages couraient à leur perte. Ils s'effondraient les uns à la suite des autres, victimes des attaques alliées, des gauleiters résolus à appliquer le décret néronien de Hitler ou des Nazis décidés à lutter jusqu'au bout. Au fond des rivières, des bateaux sombraient. Des usines brûlaient. Des ponts s'affaissaient. Des civils erraient un peu partout à la recherche de nourriture ou d'un abri. Il n'était pas rare de croiser une centaine de réfugiés en haillons ayant fui l'est du pays afin d'échapper aux représailles de l'armée soviétique mais ne sachant où aller.

Posey ne se rendait même plus compte quand il franchissait ou non la ligne de front. Souvent, les soldats allemands formaient des convois en attendant de se rendre aux Américains. Posey apercevait des prisonniers derrière des barbelés le long des routes. La plupart souriaient à présent que la guerre touchait à son terme, ce qui n'en dissuadait cependant pas d'autres de se battre jusqu'à la mort un peu plus loin. Les tirs d'un soldat en embuscade déchiraient parfois le silence d'un village à l'abandon. Des mitrailleuses habilement dissimulées faisaient alors feu sur la chaussée. Certaines unités américaines ne rencontrèrent aucune résistance ou presque ; d'autres perdirent plus d'hommes dans le « vide » qu'au cours des six mois précédents. La violence se déchaînait au hasard. Les cartes ne servaient plus à rien. Il arrivait à Posey de se demander si sa boussole indiquait le nord et si le magnétisme terrestre s'exerçait en Allemagne où rien n'assurait plus la cohésion de quoi que ce soit. Il lui semblait que les lois de la nature n'avaient désormais pas plus cours que les autres. Le meilleur conseil à donner aux soldats consistait à les dissuader de s'éloigner de leurs unités. Bien entendu, Posey ne dépendait d'aucune en particulier. Sa mission le contraignait à se déplacer seul.

Il songeait souvent à Buchenwald. Dans un bureau du camp à l'abandon, il avait trouvé la photo d'un officier allemand au garde-à-vous, un large sourire aux lèvres, en train de brandir le nœud coulant à l'aide duquel il étranglait les prisonniers. Posey avait conservé l'image à laquelle il jetait souvent un coup d'œil avant de s'endormir. En général, le sourire de l'officier le mettait en rage — quand il ne le plongeait pas dans des abîmes de tristesse. Depuis peu, les traits de cet homme se confondaient dans l'esprit de Posey avec ceux des Allemands qu'il rencontrait, y compris des enfants qui, pendant longtemps, lui avaient pourtant rappelé son propre fils. Le spectacle de désolation qui s'offrait à sa vue ne le touchait plus. Un jour, il avait croisé avec Kirstein une compagnie de fantassins résolus à tuer et à manger un lapin en cage dans le jardin d'une maison en pleine campagne. Ils n'eurent pas plus tôt pénétré dans la cour qu'une femme les interpella.

« Je vous en prie ! les supplia-t-elle dans un anglais approximatif. C'est le lapin de mon fils ! »

Les soldats ne se laissèrent pas fléchir.

« S'il vous plaît ! insista-t-elle. Mon mari était un officier SS. Terrible, je sais, mais il est mort. Il a donné ce lapin à notre fils avant de partir se battre. Mon fils a huit ans. Ce lapin, c'est tout ce qu'il lui reste de son père. »

Robert Posey observa la femme un long moment. Puis il sortit de sa besace l'un des écriteaux « Interdiction d'aller plus loin » qu'il avait souvent placés sur des monuments à protéger. Il y griffonna « Sur ordre du Capitaine Robert Posey, de la 3ᵉ armée des États-Unis », avant de le suspendre à la cage.

« Personne ne touchera au lapin de votre fils », l'assura-t-il puis il s'éloigna en compagnie des fantassins[6].

« L'histoire du petit garçon de couleur de deux ans que tu m'as racontée dans ta dernière lettre, écrivit-il à Alice quelques jours plus tard, m'a rappelé les pires horreurs dont j'ai été le témoin. J'ai visité le camp de concentration des environs de Weimar le lendemain de la capitulation de la ville. Je n'en crois toujours pas mes yeux. Plus rien de ce que j'ai lu à propos de la cruauté sadique des Nazis ne me semble exagéré. C'est tout à l'honneur de Roosevelt de leur avoir tenu tête presque seul alors que le reste du monde était vaincu. Les habitants de Weimar, qui vivaient à six kilomètres à peine du camp, prétendent qu'ils ignoraient ce qu'il s'y passait alors que lui le savait, à plus de six mille kilomètres de là. Je me demande tout de même si notre société n'a rien à se reprocher vis-à-vis d'un petit garçon noir abandonné par sa famille. Peut-être suis-je trop sentimental. Quand on me donne un billet de logement, même pour une seule nuit, je m'empresse à chaque fois de nourrir les poulets et les lapins des anciens occupants de la maison, qui n'ont pas eu le temps de s'en charger tant ils avaient hâte de s'enfuir. Je me dis qu'il faut une bonne dose de cruauté pour gouverner le monde. Pour ma part, j'aime autant vivre en paix avec ma conscience et laisser la gloire à ceux qui sont prêts à en payer le prix[7]. »

44. Découvertes

Thuringe et Buxheim, 1er mai 1945

George Stout parvint à Bernterode le 1er mai 1945. Conformément aux indications téléphoniques de Walker Hancock, la mine se situait au beau milieu d'une forêt. Les Nazis, ne voulant pas de témoins de l'activité fébrile déployée à la mine, avaient procédé à l'évacuation du petit village le plus proche. Aux alentours ne subsistait qu'une seule trace de civilisation — et encore… si l'on pouvait dire ! —, un camp de travailleurs français, italiens et russes contraints de charger des camions de munitions, produites en quantité dans la mine. D'après les Américains qui en avaient exploré les vingt-cinq kilomètres de galeries à cinq cent quarante mètres sous terre, celle-ci contenait encore quatre cent mille tonnes d'explosifs. « On recevait des coups de fouet ou pire encore quand on avait le malheur d'emporter une allumette à l'intérieur », raconterait l'un des travailleurs français à Hancock.

« Les civils ont été renvoyés il y a six semaines », expliqua Hancock à Stout alors que l'ascenseur les conduisait lentement au fond de la mine. « Le lendemain, des soldats allemands sont arrivés en catimini.

Deux semaines après, le 2 avril, le jour de notre arrivée à Siegen, ils ont fermé la mine. »

L'ascenseur s'immobilisa au fond d'un boyau. Les deux hommes allumèrent leurs lampes torches. Les ampoules au plafond éclairaient mal et, de toute façon, l'électricité ne fonctionnait que par intermittence. « Par ici ! » s'écria Hancock en indiquant le principal tunnel, à plus de cinq cents mètres sous terre. Seul le bruit de leurs pas troubla le silence. De chaque côté, des galeries creusées à même la roche s'enfonçaient dans l'obscurité. Quand Stout braquait le faisceau de sa torche sur l'intérieur d'une salle, il y découvrait à chaque fois des tas d'obus et d'explosifs. Quatre cents mètres plus loin se dressait un mur en ciment élevé depuis peu, sans la moindre porte ; les Nazis n'ayant prévu de laisser entrer personne au dépôt. Une ouverture encore plus récente au centre donnait vue sur une impressionnante quantité de dynamite.

« Après toi ! » s'exclama Hancock.

George Stout parvint à une salle dont il n'aurait jamais soupçonné qu'il puisse en exister de telles — même après son exploration de Siegen et Merkers. De part et d'autre d'un passage inondé de lumière s'alignaient des étagères où pendaient deux cent vingt-cinq drapeaux et bannières de régiments allemands datant des guerres prussiennes ou encore de la Première Guerre mondiale. Près de l'entrée s'entassaient des caisses et des tableaux, des tapisseries et d'autres objets encore. Stout aperçut dans un renfoncement du mur quatre cercueils[1]. Sur l'un d'eux, une couronne mortuaire ornée de rubans rouges indiquait « Adolf Hitler ».

« Ce n'est pas le sien, précisa Hancock à Stout. Les

officiers d'ordonnance l'ont cru au départ mais, en fait, non. »

Stout s'approcha. Au-dessus du cercueil à la couronne de fleurs pendaient des drapeaux, dont certains (les plus anciens) protégés par des filets. Par terre traînait une caisse de munitions. Sur les rubans, il distingua des croix gammées. Hancock ne mentait pas : ce n'était pas Hitler qui reposait là-dessous. Une étiquette libellée à l'encre rouge indiquait « *Friedrich Wilhelm Ier, der Soldaten König* ». Frédéric Guillaume Ier, le roi soldat, mort en 1740. La couronne, comprit soudain Hancock, n'était autre que l'hommage de Hitler au fondateur de l'État allemand moderne.

Il se pencha sur les autres cercueils, munis eux aussi d'une étiquette fixée à l'aide de ruban adhésif. Ils abritaient les restes du Feldmarschall von Hindenburg, le héros allemand de la Première Guerre mondiale, de son épouse et de « *Friedrich der Grosse* », Frédéric le Grand, le fils du roi soldat.

Où Hitler était-il allé les chercher ? se demanda Stout. Aurait-il pillé des tombes ?

« C'est ici, expliqua Hancock, que Hitler comptait se faire couronner empereur d'Europe.

— Ou du monde », suggéra Stout en examinant des photos à l'intérieur d'une petite boîte en métal : des portraits des chefs militaires de la Prusse depuis le roi soldat jusqu'à Hitler. Trois autres boîtes contenaient les trésors de la monarchie prussienne : l'épée du prince Albrecht, forgée en 1540, ainsi que la couronne, l'orbe et le sceptre du couronnement du roi soldat en 1713. Une étiquette précisait que les joyaux de la couronne en avaient été enlevés « en vue de leur revente à prix honorable[2] ».

Stout examina le reste de la salle. Des boîtes de munitions en acier accueillaient des livres et des clichés de la bibliothèque de Frédéric le Grand. Deux cent soixante et onze tableaux provenaient de ses palais de Berlin et de Potsdam.

« À mon avis, nous sommes en présence d'un reliquaire renfermant les plus précieux trésors militaires de l'Allemagne, commenta Stout. Cette salle n'a pas été aménagée pour Hitler mais en vue du prochain Reich, afin de bâtir sur sa gloire. »

Hancock partit d'un petit rire. « Et dire que nous l'avons découverte avant même la fin du présent Reich ! »

À cinq cent soixante kilomètres plus au sud, la nouvelle que James Rorimer attendait avec impatience lui parvint enfin : la 7e armée des États-Unis s'apprêtait à rejoindre Neuschwanstein. Il courut aussitôt réclamer un véhicule au dépôt. Il essuya un refus : l'unité de commandement sur le point de partir pour Augsbourg ou Munich venait de réquisitionner les camions et les voitures disponibles.

Résolu à ne pas baisser les bras si près du but, Rorimer, jamais en mal de ressources, emprunta une jeep à l'un de ses amis de la Croix-Rouge. Neuschwanstein n'étant pas encore libéré, il fit un détour par Buxheim où, d'après Rose Valland, les Nazis entreposaient depuis 1943 tout ce qui ne trouvait plus de place au château. Un policier allemand lui indiqua le chemin du monastère qu'il cherchait aux abords de la ville. Tous les habitants savaient que les Nazis y conservaient des tableaux. Les soldats américains en faction qui veillaient à ce que la population ne s'empare pas de biens de consommation courante en provenance de France ne semblaient pourtant pas au courant. Au fond d'une salle, Rorimer aperçut des caisses de statues étiquetées « D-W », le monogramme de Pierre David-Weill, l'un des plus grands collectionneurs au monde. Les couloirs du monastère regorgeaient de céramiques, de tableaux et de meubles Renaissance confisqués par les Nazis. Y vivaient pour l'heure un prêtre, treize religieuses et vingt-deux enfants. Sur le sol de la chapelle s'entassaient jusqu'à une hauteur de trente centimètres des tapis et des tapisseries, volés pour la plupart dans les résidences des Rothschild.

Les Allemands qui gardaient le monastère refusèrent d'aider Rorimer, qui eut toutefois plus de chance avec Martha Klein, une restauratrice de tableaux originaire de Cologne, responsable du dépôt. Elle apprit à Rorimer que la plupart des œuvres restaurées parmi celles que l'ERR s'était appropriées en France l'avaient été au monastère. Rorimer aperçut autour d'elle ses outils : des pinceaux, des grattoirs, des pigments, des instruments de mesure et même du lait. Il remarqua sur une table une toile de petit format : un Rembrandt découvert par les Nazis dans le sous-sol d'une banque de Munich. Klein lui remit à sa demande une liste des toiles retouchées par elle ou ses collègues au cours des deux années précédentes.

« Peu de musées au monde peuvent se vanter de posséder une collection telle que celle que nous avons découverte à Buxheim, écrivit plus tard Rorimer. Difficile de se figurer les quantités d'œuvres qui s'entassaient là-bas : des conteneurs, des châteaux entiers[3]. »

Et encore… il ne s'agissait que du surplus impossible à stocker à Neuschwanstein, faute de place suffisante au château.

45. Le nœud coulant se resserre

Allemagne et Autriche, 2-3 mai 1945

Bien entendu, les puissances occidentales n'étaient pas les seules en guerre. En Italie, les troupes allemandes se rendirent officiellement le 2 mai. Sur le front est, l'Armée rouge, forte de plus de deux millions d'hommes, venait d'envahir la Pologne et s'enfonçait à présent en Allemagne où les civils désireux de sauver leur peau fuyaient à l'ouest. Le 4 mai, les Américains appréhendèrent Hans Frank, le célèbre gouverneur général de la Pologne occupée, dans sa résidence de Neuhaus, sur les rives du lac Schliersee, à une quinzaine de kilomètres de la frontière autrichienne.

Le règne de Frank en Pologne avait été brutal et sanglant. « Nous n'allons pas nous laisser impressionner par le simple fait que dix-sept mille personnes ont été tuées [en Pologne], déclara-t-il lors d'un discours aux fidèles du parti en 1943. Il est à présent de notre devoir de nous serrer les coudes. Nous tous qui sommes rassemblés ici aujourd'hui figurons sur la liste des criminels de guerre de M. Roosevelt. J'ai d'ailleurs l'honneur d'y occuper la première place[1]. » Un jour qu'il visitait un territoire occupé, il aperçut un écriteau indiquant que sept Résistants avaient été tués ; il aurait fallu abattre une forêt entière, se vanta-t-il, si l'on apposait une pancarte chaque fois que lui-même tuait sept Polonais.

En dépit de sa promptitude à condamner autrui, Frank ne trouva pas le courage d'assumer ses crimes. Déchu de son pouvoir, il dut remettre à contrecœur les quarante-trois tomes de son journal à ses geôliers. La première nuit qu'il passa en captivité, il tenta de se suicider en s'entaillant les poignets et la gorge mais il n'y parvint même pas. Les soldats qui fouillèrent son domicile y trouvèrent neuf tableaux célèbres, dont deux des trois chefs-d'œuvre disparus de la collection Czartotyski de Cracovie : *Le Paysage au bon samaritain* de Rembrandt et *La Dame à l'hermine* de Léonard de Vinci. Le portrait d'un jeune homme par Raphaël s'était quant à lui officiellement volatilisé.

Dans une prison des environs de Trèves, Hermann Bunjes s'abandonnait au désespoir en revenant en pensée sur sa carrière. Ni Robert Posey ni Lincoln Kirstein n'avaient voulu de son aide. À la requête de Posey, un militaire soumit Bunjes à un interrogatoire dans sa retraite aux abords de Trèves. Peu après, les Alliés l'appréhendèrent[2]. Il avait aidé Göring à piller la France, intimidé Rose Valland au Jeu de Paume et renoncé à ses principes par goût du pouvoir et, cependant, il espérait encore s'en sortir. Peut-être croyait-il qu'il pourrait filer entre les doigts des Alliés à la faveur de la confusion provoquée par leur arrivée ou obtenir sa libération en indiquant à Kirstein et Posey l'emplacement exact du trésor de Hitler à Altaussee. Hélas, il avait déjà vendu ce que nul ne peut racheter : son âme.

Hermann Bunjes aspirait à la richesse et au prestige. Il ne comprit que trop tard qu'il s'était laissé berner par de cruelles illusions.

En Bavière, Hermann Göring, muni de tous les insignes de son rang (dont l'avait officiellement destitué Hitler, quelques jours plus tôt), roulait en décapotable, sous l'œil vigilant de SS qui avaient estimé préférable de ne pas appliquer l'ordre reçu un peu auparavant de le tuer, lui et sa famille. De toute façon, plus personne ne détenait d'autorité en Allemagne. Göring se dirigeait vers Mauterndorf, l'un de ses nombreux domaines où il comptait attendre qu'Eisenhower lui accorde une audience. Il ne doutait pas qu'ensemble ils parviendraient à s'entendre, entre militaires.

Sa collection d'œuvres d'art faisait alors route vers Unterstein, à une dizaine de kilomètres de Berchtesgaden, après deux semaines d'errance sur les voies ferrées bombardées d'Allemagne. Elle était d'abord partie pour Berchtesgaden où il avait fallu séparer trois voitures du reste du convoi ; les seuls abris disponibles ne pouvant toutes les accueillir. Les autres wagons arrivèrent à Unterstein où le Reichsmarschall décida de les renvoyer à Berchtesgaden. Les tapisseries y servirent à protéger les tableaux. Un mur de ciment de trente centimètres d'épaisseur fut élevé devant les portes des abris. Bien entendu, le gros de la collection n'y trouva pas de place. Alors que des bombes pleuvaient sur l'Allemagne, que les Alliés surgissaient parmi les décombres des plus grandes villes du pays et que les fanatiques du parti nazi tentaient de faire sauter la moindre usine et le moindre pont, le Reichsmarschall renvoya sa collection de tableaux, de statues et de tapisseries volées à Unterstein. Il ne garda

auprès de lui que les dix chefs-d'œuvre qui ne le quit-
taient plus depuis son départ de Carinhall, et qui suffiraient, compte tenu de leur valeur marchande, à lui
assurer, à lui et son épouse, une vie de roi jusqu'à la fin
de leurs jours.

De l'autre côté de la frontière autrichienne, les défenseurs d'Altaussee ne savaient plus à quel saint se vouer.
Eigruber venait d'envoyer une équipe de démolisseurs
amorcer les bombes. Le mari de l'amie d'un mineur
rallié aux Américains les avait aperçus à quelques kilomètres de la mine, alors qu'ils attendaient une escorte
de la Gestapo. Pöchmüller et Högler songèrent à en
avertir les Alliés à Salzbourg mais, au final, il leur parut
trop risqué d'envoyer un messager là-bas. Se rebeller
contre les gardes armés ne mènerait à rien, surtout si la
Gestapo accompagnait les démolisseurs. Il était en outre
trop tard pour sortir les bombes de la mine.

À cet instant crucial, une idée vint à un mineur du
nom d'Alois Raudaschl. Le Dr Ernst Kaltenbrunner, le
chef de la police de sécurité de Hitler, le deuxième
membre le plus haut placé des SS, venait de quitter le
bunker de Hitler à Berlin pour rendre visite à sa maîtresse, dans les environs d'Altaussee. En tant que
membre du parti nazi, Raudaschl pourrait facilement
entrer en contact avec lui.

Kaltenbrunner détenait une autorité supérieure à celle
d'Eigruber. Il venait de rendre visite au Führer dans son
bunker ; il n'ignorait donc pas son état d'esprit. En plus,
c'était le genre d'homme sans cœur et sans scrupules
qu'admirait et respectait le gauleiter. Natif d'Autriche,
il adhérait sans réserve à la politique de Hitler, y compris à ses mesures les plus répugnantes : l'instauration

de camps de concentration, l'exécution des prisonniers de guerre et l'expulsion de milliers d'indésirables des territoires occupés par les Allemands.

Une question se posait tout de même : accepterait-il de se mettre en quatre pour sauver de simples tableaux ?

46. La course

La 3ᵉ division d'infanterie de la 7ᵉ armée des États-Unis, surnommée le «Rocher de la Marne», s'était battue en Afrique du Nord, en Sicile, à Anzio, en France, dans le sud de l'Allemagne et, enfin, dans les Alpes bavaroises. À la fin du mois d'avril 1945, elle participa à la prise de Munich et visita le camp de Dachau. Le 2 mai, son 7ᵉ régiment d'infanterie marcha sur Salzbourg — le point d'accès à la redoute alpine des Nazis. Les Alliés s'attendaient à devoir se battre. Pas du tout : au bout de quelques jours, ils ne rencontrèrent déjà plus la moindre résistance. Ils prirent la ville sans tirer un seul coup de feu. Les voilà désormais prêts à se rendre maîtres du dernier bastion des Nazis : Berchtesgaden.

Le matin du 4 mai, le commandant John O'Daniel, de la 3ᵉ division d'infanterie, s'entretint avec le colonel John A. Heintges, à la tête du 7ᵉ régiment. «Pensez-vous que nous atteindrons Berchtesgaden ? lui demanda-t-il.

— Oh oui : j'ai conçu un plan», lui affirma Heintges : il avait demandé à ses ingénieurs de consolider un pont la veille au soir au cas où sa division recevrait l'ordre d'avancer.

Moins d'une heure plus tard, les 1er et 3e bataillons se dirigèrent vers Berchtesgaden. Alors que le 1er gagnait un col après l'autre en rampant avec appréhension, le 3e bataillon suivit l'autoroute sans la moindre perte à déplorer. Le 1er parvint à Berchtesgaden à 15 h 58 le 3 mai 1945. Le 3e le rejoignit deux minutes plus tard. Des officiers allemands en longs manteaux gris se tenaient au garde-à-vous le long de la chaussée. L'un d'eux, Fritz Göring, le neveu du Reichsmarschall, s'avança pour présenter son pistolet et son poignard au colonel Heintges, qui l'invita à partager avec lui une bouteille de vin dans une *Gasthaus*. Le Reichsmarschall venait de partir en laissant le soin à Fritz de remettre aux Alliés les archives de la Luftwaffe.

Pendant que Heintges bavardait avec Fritz Göring, une partie du 7e régiment d'infanterie escaladait la montagne où se dressait le Berghof de Hitler, bombardé par la RAF et incendié par les SS mais encore rempli de provisions. Des bouteilles de liqueurs s'alignaient sur des étagères le long des murs. Isadore Valentini, un médecin ancien mineur, s'installa dans le salon de Hitler afin d'y déguster le vin du Führer en compagnie de ses camarades. Le drapeau nazi qui flottait au Berghof fut coupé en morceaux puis réparti entre les officiers de la 3e division d'infanterie. Dans une maison non loin, un soldat ôta un Luger de la main du lieutenant général Gustav Kastner-Kirkdorf qui venait de mettre fin à ses jours. Peu après, les hommes du 7e régiment d'infanterie lancèrent des roues de fromage dans les rues avant de faire main basse sur les seize mille bouteilles de la cave de Göring. À l'évidence, il n'y avait rien à craindre de la fameuse redoute alpine dont se méfiaient tant Eisenhower et ses conseillers. L'ultime bastion des Nazis fut capturé sans le moindre combat ou presque.

Au cœur des Alpes le long de la frontière austro-allemande se dressait le château de Neuschwanstein. Y menait une longue route dont les virages en épingle à cheveux reflétaient aux yeux de James Rorimer le cours tortueux qu'avait pris sa mission depuis sa rencontre avec Rose Valland à Paris. Il était parti pour la Ville lumière dans l'intention de sauver ses principaux monuments. Voilà qu'à présent, il traversait la campagne allemande au volant d'un véhicule de la Croix-Rouge en espérant découvrir, dans un château isolé, l'une des plus imposantes collections de chefs-d'œuvre jamais réunies — à condition qu'elle n'eût été ni déplacée ni détruite. Trouverait-il sur place les archives de l'ERR indispensables à l'identification des propriétaires spoliés ? Surtout : ne se trompait-il pas d'objectif ?

« Oui, il y a des œuvres d'art à Neuschwanstein, lui avait assuré Martha Klein, la restauratrice de tableaux de Buxheim, mais l'essentiel se trouve à la mine de sel d'Altaussee. »

À ces mots, un doute s'était immiscé dans l'esprit de Rorimer mais, comme, à ce moment-là, les Alliés ne maîtrisaient pas encore la région d'Altaussee, une vallée de haute altitude à l'écart de tout objectif militaire, il n'eut de toute façon pas le choix. Il rêvait de Neuschwanstein depuis des mois. Impossible de faire machine arrière à présent qu'il touchait presque au but ; surtout après ses promesses à Rose Valland. Avec un peu de chance, il aurait le temps de se rendre à la mine de sel aussi.

La vue de l'ancienne résidence de Louis de Bavière balaya ses dernières hésitations. « Le château féerique de Neuschwanstein, près de Füssen, écrivit Rorimer, a été construit en style plus ou moins gothique par un roi fou. Il nous est apparu, à l'extrémité d'une vallée qui y conduit au nord, comme le prototype de tous les châteaux dont on peut lire la description dans la littérature fantastique. Un château en Espagne édifié pierre par pierre au bénéfice d'un égocentrique assoiffé de pouvoir. Un décor pittoresque, romantique, à l'écart du monde où une bande de malfaiteurs s'est livrée au pillage d'œuvres d'art[1]. »

Les Allemands avaient pris la fuite en laissant le château sans défense à l'exception de deux canons montés sur des véhicules blindés devant les imposantes portes en fer. L'unité américaine qui s'en empara ne rencontra aucune résistance et ne confisqua aux Allemands qui l'occupaient encore que deux pistolets en tout et pour tout. Grâce aux informations de Rose Valland et aux efforts de Rorimer, les Alliés interdirent l'entrée du château dès leur arrivée sur les lieux. Personne n'avait donc encore mis les pieds dans le dépôt proprement dit.

Guidés par un gardien depuis longtemps en poste à Neuschwanstein (les Nazis avaient conservé le personnel d'avant la guerre : il leur inspirait plus confiance que leurs propres hommes), James Rorimer et son nouvel assistant, le Monuments man John Skilton, visitèrent le château. Ils y découvrirent un dédale d'escaliers conçus non par un architecte mais par un metteur en scène admiré du roi fou. Ceux-ci menaient à des portes qu'un Allemand — muni d'un trousseau garni de tellement de clés qu'on aurait pu croire à une farce — leur ouvrit avant de les refermer derrière eux. Certaines s'ouvraient sur des pièces aux murs d'une trentaine de centimètres d'épaisseur percés de fenêtres minuscules. D'autres conduisaient à de magnifiques salles ou parfois à un balcon offrant une vue imprenable sur la montagne. Le château s'élançait à n'en plus finir en une succession de pièces plus biscornues les unes que les autres. Dans chacune, Rorimer aperçut des caisses chargées d'une partie du patrimoine français et venues directement de Paris. Certaines salles du château ne contenaient que des ornements en or ; d'autres, des tableaux entassés sur des étagères ou des empilements de caisses où les initiales de l'ERR couvraient celles de collectionneurs parisiens. La plupart semblaient encore intactes.

Dans d'autres parties de l'édifice s'entassaient des meubles, des tapisseries, de la vaisselle, des chandeliers ou Dieu sait quoi d'autre encore. Par endroits se mêlaient à des livres quelques estampes tombées par inadvertance derrière des étagères. Une porte en métal, équipée de deux serrures, donnait accès à la célèbre collection de bijoux des Rothschild ainsi qu'à l'argenterie de Pierre David-Weill. « J'y suis entré comme en transe, raconte Rorimer, en espérant que les Allemands avaient été à la hauteur de leur réputation de méticulosité et que l'on retrouverait des photos, des catalogues et des inventaires de toutes les pièces. Sinon, il faudrait au moins vingt ans pour identifier la provenance d'un tel butin[2]. »

Dans la Kemenate, une partie du château pourvue d'une cheminée, les Nazis avaient brûlé des uniformes et des papiers. Rorimer, en apercevant la signature de Hitler au coin d'une feuille en cendres, craignit un instant que les archives eussent été détruites. Il découvrit heureusement dans une salle contiguë des armoires remplies de photos et de catalogues ainsi qu'un fichier de plus de vingt et un mille bristols : un pour chaque œuvre confisquée par l'ERR en France, y compris celles qui se trouvaient pour l'heure dans d'autres dépôts. Comme l'avait bien compris Rose Valland, de ces documents dépendrait la restitution des pièces à leurs propriétaires légitimes.

« Personne ne doit entrer ici, annonça Rorimer au sergent qui l'escortait. Pas même les soldats qui gardent le châtcau. »

Une trappe s'ouvrait dans le plancher. Rorimer la ferma en y plantant des clous avant de placer un coffre en acier dessus. Les lourdes portes de la Kemenate se refermèrent. Doté d'un sens très sûr de la mise en scène, Rorimer s'empara d'un sceau des Rothschild qu'il venait de découvrir parmi les trésors pillés — « Semper Fidelis », toujours fidèle, indiquait celui-ci. L'Américain l'imprima dans de la cire qu'il fit couler sur les deux battants de la porte.

47. Les derniers jours

Berlin et sud de l'Allemagne, 5-6 mai 1945

Le 2 mai, l'Armée rouge parvint à l'île aux Musées dans le centre de Berlin, depuis peu abandonné par les Allemands convaincus à grand-peine par les conservateurs chargés de veiller sur le grand Autel de Pergame de ne pas le démanteler pour édifier une barricade.

Une fois les musées de Berlin à l'abri du danger, les experts de l'Armée rouge s'occupèrent des énormes tours antiaériennes où se trouvaient la plupart des tableaux de grand format et des œuvres qu'il n'avait pas été possible de transporter à Merkers ou dans d'autres dépôts allemands. La tour du Zoo, la plus grande des trois, s'élevait à une hauteur de quarante mètres et s'enfonçait sur plus de six niveaux dans le sol. Ses murs de béton mesuraient près de deux mètres cinquante d'épaisseur et des volets en métal protégeaient ses fenêtres. En plus d'un hôpital, de baraquements militaires, d'un émetteur radio et d'un dépôt de munitions, elle pouvait accueillir trente mille personnes[1].

Le 1er mai, les Soviétiques occupèrent la tour du Zoo où ils espéraient trouver de l'or ainsi que les cadavres de Hitler et d'autres dignitaires nazis. Ils n'y découvrirent que des soldats et des civils blessés gisant sur les caisses qui contenaient les bas-reliefs du grand autel de Pergame, les trésors de Troie (« l'or de Priam ») et des chefs-d'œuvre en quantité. Les blessés furent évacués le 4 mai. La brigade des trophées, chargée de transporter en Union soviétique, en tant que compensation en nature des dommages causés par les Nazis, tout ce qui présentait la moindre valeur (depuis des tableaux jusqu'à de la nourriture), prit le contrôle de la tour, dont elle entreprit d'acheminer le contenu en Russie. Un mois plus tard, il n'y restait pratiquement plus rien.

La tour Friedrichshain, qui abritait quatre cent trente-quatre toiles de grand format, des centaines de sculptures, des porcelaines et des antiquités (que Rave n'avait pas pu entreposer à Merkers), connut un sort différent. Entre le 3 et le 5 mai, des soldats russes chargés de l'inspecter y remarquèrent des traces d'effraction. Huit cent mille Européens de l'Est détenus, jusqu'à il y a peu encore, par les Nazis dans des camps de travail erraient de par la ville, sans parler des nombreux Allemands au désespoir qui tentaient de survivre comme ils pouvaient dans le « vide » ; le plus souvent en pillant. Les provisions au premier étage de la tour y avaient attiré des voleurs qui ne touchèrent heureusement pas aux toiles. Pour autant, rien ne garantissait leur sécurité : le soir du 5 mai, un incendie se déclara dans la tour. Le feu consuma l'ensemble du premier étage.

À cause de quoi ou de qui avait-il pris ? De pillards malintentionnés ? Des torches que tant de personnes emportaient partout depuis que l'électricité ne fonctionnait plus à Berlin ? Ou de fanatiques nazis et d'officiers SS voulant appliquer le décret néronien de Hitler aux œuvres d'art afin de s'assurer que les trésors de l'Allemagne ne tomberaient pas aux mains des Soviétiques ?

L'Armée rouge ne chercha pas à le savoir. Elle refusa de poster des gardes à l'entrée de la tour, alors même que des œuvres de valeur s'y trouvaient encore, intactes, aux deuxième et troisième étages. Les brigades des trophées, occupées à la tour du Zoo, abandonnèrent la tour Friedrichshain aux pillards. Peu après, un second incendie se déclara, plus dévastateur encore que le premier. Les sculptures, les porcelaines, les livres et les quatre cent trente-quatre tableaux (dont un de Botticelli, un autre de Van Dyck, trois de Caravage, dix de Rubens et cinq du peintre préféré de Hermann Göring, Lucas Cranach l'Ancien) furent vraisemblablement détruits, happés par le « vide ».

Les habitants d'Unterstein, affamés, eurent vent d'une rumeur prétendant que certaines voitures du train de Hermann Göring contenaient du schnaps. Sans attendre, ils fondirent dessus. Certains repartirent avec du pain et du vin (le Reichsmarschall, soucieux de ne manquer de rien en exil, s'était muni de quelques conteneurs de provisions). D'autres, comme le Monuments man Bernard Taper le découvrirait par la suite, « arrivés plus tard, durent se contenter d'un tableau de l'atelier de Rogier Van der Weyden, d'un reliquaire du XIIIᵉ siècle, de statues gothiques en bois et d'autres babioles du même genre. La foule se déchaîna. Trois femmes s'emparèrent en même temps d'une tapisserie d'Aubusson. Une vive discussion s'ensuivit jusqu'à ce qu'un notable des environs leur dise : "Soyez charitables : répartissez-vous votre trouvaille." Ce qu'elles firent. Deux d'entre elles utilisèrent leur morceau de tapisserie comme couvre-lit et la troisième recoupa encore le sien pour en faire des rideaux[2]. »

Lincoln Kirstein et Robert Posey, les Monuments men de la 3ᵉ armée, qui se complétaient si bien, étudiaient chaque soir la carte plastifiée punaisée au mur de leur base d'opérations avancée, en y indiquant au crayon rouge la position des Alliés, qui venaient de rejoindre les Soviétiques à Torgau à la fin du mois d'avril. Depuis, l'Italic avait capitulé. Un officier qui venait de se rendre en Bohême prétendait n'y avoir rencontré aucune résistance. La zone sous contrôle allemand se réduisait de jour en jour. Malgré tout, elle comprenait encore la mine de sel d'Altaussee.

Plus les Alliés s'enfonçaient au cœur des Alpes autrichiennes, plus il devenait évident, à la grande déception de Kirstein et de Posey, qu'Altaussee ne tomberait pas sous le contrôle de la 3ᵉ mais de la 7ᵉ armée des États-Unis. James Rorimer allait s'occuper du dépôt d'œuvres dans la mine de sel tandis que Kirstein et Posey visiteraient des villes bombardées et des châteaux de médiocre importance.

Robert Posey le perçut comme une injustice, dont il prit ombrage, non pas à titre personnel (à l'instar de ses collègues, il n'hésitait jamais à partager les renseignements qu'il obtenait), mais par égard pour la 3ᵉ armée. Il estimait aberrant que l'honneur de découvrir la mine d'Altaussee revînt à d'autres, vu qu'au cours des derniers mois la 3ᵉ armée avait anéanti des divisions allemandes entières à l'est de la Moselle, franchi le Rhin et sapé le moral de l'ennemi en s'introduisant au cœur de l'Allemagne. Ne s'était-elle pas en outre lancée la première à l'assaut de la France occupée ? N'avait-elle pas conquis l'imprenable citadelle de Metz ? Dévasté les régions industrielles du sud et du centre de l'Allemagne ? Kirstein et Posey, rattachés à la 3e armée, n'avaient-ils pas découvert l'existence mais aussi l'emplacement exact du trésor de Hitler ?

« Je regrette que ce ne soit pas notre armée qui s'apprête à rejoindre les Russes, d'autant que tu semblais t'en faire une joie », écrivit-il à Alice, en témoignant de la fierté caractéristique des soldats de la 3e armée. « Je peux t'assurer que c'est la nôtre qui jouit du plus grand prestige, du côté allié. On nous confie toujours le rôle le plus délicat, le plus crucial. De grands espoirs reposent sur nous, un peu comme sur une équipe de foot toujours victorieuse. Les autres n'ont pas une aussi bonne réputation et je ne parle même pas des armées à l'écart du théâtre des opérations. Les soldats cantonnés en Angleterre ne valent pas mieux que des civils en uniformes. Ceux qui ne sont pas de cet avis finissent par rejoindre d'autres sortes d'organisations ; le plus souvent, de leur plein gré vu que c'est trop demander à un soldat qui n'en est pas convaincu de rester membre d'un club qui se déclare haut et fort le plus sensationnel de tous les temps[3]. »

Kirstein, que ne motivaient ni la perspective de réparer une prétendue injustice ni la camaraderie entre les soldats de la 3e armée, trouvait déprimant le monde où il évoluait pour l'heure. « Quand on passe trop de temps dans les carcasses de superbes monuments, avoua-t-il, en songeant au soin minutieux qu'a nécessité leur construction, à l'absurdité de leur destruction, à l'énergie qu'il faudra pour les restaurer ne serait-ce qu'à peu près — en admettant que ce soit possible —, la confusion cède la place à l'abattement.

Après les ruines spectaculaires de Mainz, Francfort, Würzburg, Nuremberg et Munich, c'était chaque fois un soulagement pour moi de découvrir une bourgade intacte[4]. »

Quelques jours plus tard, même les petites villes intactes ne parvinrent plus à le consoler. L'attitude des Allemands (en particulier des aristocrates) lui sapait le moral au moins autant que les dégâts qu'il constatait autour de lui. Le 6 mai, il écrivit[5] :

« Ces derniers temps ont été marqués par une recrudescence d'activité frénétique. Lancés sur la trace d'œuvres pillées, nous avons découvert des aristocrates et des marchands d'art invités à se mettre à l'abri de l'armée russo-juive et négro-américaine dans une série de châteaux disséminés d'un bout à l'autre de cette région pittoresque et remplis de caisses bourrées de tableaux appartenant à des musées, d'affaires personnelles et de livres. Une charmante vieille comtesse nous a reçus dans son lit. Elle se sentait mal en point, oh ! tellement mal en point. Sa maison servait d'hôpital à des Allemands (très légèrement) blessés. Elle ne disposait pour son usage personnel que d'une malheureuse petite chambre dans son élégante demeure et, pourtant, elle a sans doute manqué de peu se casser la figure en courant s'aliter lorsque nous avons sonné à sa porte. Cette vieille garce, une Italienne, a épousé un Allemand à particule. Elle a recueilli sous son toit une flopée de marchands d'art, de jeunes comtes "malades" et de barons […] et oh là là ! ce qu'ils ont subi ! Ils ont failli ne pas quitter Paris à temps et comme ils souffrent des poumons […] Elle espérait que ses charmants fils (dont elle m'a montré des photos, et ça, pour être charmants, on peut dire qu'ils l'étaient), deux adorables officiers SS, avaient eu la chance de se rendre aux Américains, tous absolument délicieux (où ai-je donc vécu jusqu'ici ?) plutôt qu'à ces sales polacks russo-juifs antidémocrates que nous devons à tout prix écraser sans tarder. Par ailleurs, elle avait une toute petite faveur de rien du tout à nous demander. Apparemment, des nègres américains ou des polacks juifs s'étaient mis en tête de chasser le cerf dans le parc du château, or ce n'était pas la saison et le garde forestier en faisait des cauchemars […] Elle a claqué de ses fausses dents. Sa sœur, une princesse encore à marier à 58 ans, n'a même pas cherché, elle, à dissimuler sa mesquinerie. Elle m'a dit qu'elle m'aurait volontiers serré la main si cela lui avait été permis. Comme j'ai ri ! tu sais qu'en temps de guerre, je me fiche pas mal de savoir à qui je serre la main. Quoi qu'il en soit, la vieille comtesse a su se rendre utile et nous avons trouvé ce que nous espérions trouver. Elle nous a remis des lettres pour ses cousins réfugiés dans d'autres châteaux qui sont autant de nids de vipères […] Les marchands d'art ne semblent pas commodes non plus […] À les entendre, ils se sont tous enrichis, contraints et forcés, et n'ont jamais au grand jamais acheté d'œuvres confisquées à des Juifs ; à moins, bien sûr, que celles-ci ne soient passées entre les mains de deux ou trois intermédiaires ayant chacun prélevé leur part. Les Américains ne les obligeront quand même pas à restituer des biens acquis de bonne foi ! En ce qui concerne le sort des porcelaines, des œuvres de petits maîtres, des timbres, des tabatières, des meubles, etc., je me fiche autant de leurs propriétaires d'origine, sans doute morts à présent, que des actuels, sans doute des amateurs de chiens et de chevaux tout à fait charmants ; qu'ils les récupèrent, les gardent ou les laissent pourrir dans leurs caves, peu m'importe. Je ne me soucie plus que d'une chose : rentrer chez moi. »

Il semblait à Kirstein que ni les pillages des Allemands ni, par conséquent, sa mission n'en finiraient jamais. Son moral chutait de jour en jour, alors même qu'avec Posey il s'approchait de la région des Alpes où se situaient la plupart des dépôts d'œuvres des Nazis. Ainsi qu'il le résuma dans une lettre à l'un de ses proches : « Comme tu peux l'imaginer, mon humeur s'améliore et je perds mes cheveux à mesure que se succèdent les jours tous semblables les uns aux autres. Jamais jusqu'ici je ne m'étais à ce point fichu de tout et pourtant je n'avais encore rien vécu d'aussi romanesque ! […] Je n'en ai rien à faire des vieux meubles à la noix des vieux Allemands à la noix[6]. »

48. Le traducteur

Munich, 7 mai 1945

Pendant que les Monuments men sur le terrain cherchaient à rejoindre au plus vite leur objectif, Harry Ettlinger s'ennuyait ferme dans une énorme *Kaserne* non loin de Munich. Depuis qu'il était descendu du camion censé l'emmener au front, en Belgique, près de quatre mois plus tôt, il passait ses journées à manger et à dormir. Harry revint en pensée sur un après-midi de grand beau temps où il avait escaladé une colline, quelques semaines plus tôt, alors qu'il bivouaquait aux abords de Worms. Une ombre était passée au-dessus de lui. Harry avait levé la tête, s'attendant à voir des avions, mais non : il n'aperçut qu'une nuée d'oiseaux. Sur la route en contrebas, il distingua tout à coup une silhouette isolée — celle d'un homme muni d'une jambe artificielle — qui mit une vingtaine de minutes à gravir la colline. Harry finit par lui tendre la main mais l'infirme — le prêtre qui desservait la chapelle au sommet de la butte — refusa son aide d'un haussement d'épaules. Il avait perdu sa jambe plus de deux ans auparavant, sur le front russe. Même s'ils ne se dirent pas grand-chose, Harry eut le sentiment d'avoir noué

sa première conversation digne de ce nom avec un être
humain depuis des mois. Jusque-là, il n'avait eu aucun
contact avec l'ennemi.

« J'ai entendu dire que vous parliez allemand. »
Harry s'attendait si peu à ce que quelqu'un l'interpelle
qu'il releva la tête pour s'assurer que l'on s'adressait
bien à lui.

« Effectivement », répondit Harry Ettlinger qui faillit
saluer mais se reprit au dernier moment : il n'avait
affaire qu'à un simple soldat, comme lui.

« Voilà deux jours que je m'occupe de traductions. Ce n'est pas inintéressant mais ça ne me
convient pas. J'aimerais mieux travailler pour les renseignements. Quatre soldats américains ont violé une
Allemande. Je souhaiterais ouvrir une enquête. Ça
vous intéresse ?

— Le viol ?

— Non, les traductions.

— Oui », répondit Harry sans même chercher à en
savoir davantage.

Le soldat le conduisit à un petit bureau encombré
de papiers au second étage du bâtiment qu'occupait
le QG de la 7ᵉ armée des États-Unis, à une extrémité
du terrain de parade de la *Kaserne*. Deux hommes y
travaillaient, chacun à sa table tandis qu'un troisième
leur donnait ses ordres.

« C'est vous, le nouveau traducteur ? lança-t-il.

— Oui, m'sieur. Je m'appelle Harry Ettlinger.

— Ettlinger ? C'est un nom allemand, ça !

— Je suis un Juif américain né en Allemagne, à
Karlsruhe.

— À quelle unité êtes-vous rattaché ?

— Aucune, pour autant que je sache. »

L'homme lui tendit une liasse de documents. « Lisez-moi ça. Vous nous direz de quoi ça parle et si l'on y mentionne des noms de personnes, de lieux ou des titres d'œuvres d'art.

— D'œuvres d'art ? » releva Harry mais l'autre venait déjà de tourner les talons.

Voilà au moins quelqu'un d'efficace ! songea Harry. Sans doute cet homme l'affecterait-il à sa propre division (ce qui n'était pas pour lui déplaire) à condition, bien sûr, que ses traductions lui donnent satisfaction. Harry ne découvrirait que plus tard qu'il devait au départ traduire une partie des procès de Nuremberg ; ce qui expliquait d'ailleurs qu'il eût passé quatre mois les bras croisés.

« Il a l'air de savoir ce qu'il veut, commenta Harry.

— Et encore, vous n'avez rien vu ! lui répondit l'un des deux hommes qui travaillaient dans la pièce. Il s'efforce en ce moment de sauvegarder les deux bâtiments les plus menacés de Munich, le bureau de Hitler et l'ancien QG du parti nazi. Patton veut y établir son propre QG mais, connaissant notre lieutenant, la MFAA ne le laissera pas faire et nous en obtiendrons l'usage exclusif ; nous et les centaines de milliers d'objets dont traitent les documents que vous allez lire. »

Harry y jeta un coup d'œil. « De quoi s'agit-il au juste ? »

L'homme se mit à rire. « Bienvenue à la protection des monuments. Je suis le lieutenant Charles Parkhurst, de Princeton.

— Harry Ettlinger, de Newark. Et je viens de parler à… ?

— Au lieutenant James Rorimer. Votre nouveau chef. »

Son nouveau chef ? Voilà une bonne nouvelle ! « Où va-t-il ?

— À Salzbourg. Il compte organiser une expédition armée à la mine de sel d'Altaussee. »

49. La Mélodie du bonheur

Bernterode, Allemagne, 7 mai 1945

À Bernterode, George Stout prenait son temps. Plus de vingt personnes devaient évacuer les trésors de la mine (dont l'unité d'ordonnance qui avait découvert le sanctuaire, une poignée d'ingénieurs et quatorze anciens détenus français d'un camp de travail qui y trimaient depuis plusieurs années). Ils n'avaient tous qu'une hâte : en finir au plus vite. Ils s'affairaient au-dessus de quatre cent mille tonnes d'explosifs. De l'eau s'infiltrait sans arrêt à l'intérieur des galeries obscures où se succédaient les coupures d'électricité. Même Walker Hancock, pourtant habitué à s'occuper d'œuvres d'art dans des zones dévastées par la guerre, aspirait à en terminer le plus tôt possible.

George Stout ne l'entendait cependant pas de cette oreille. Les rumeurs sur la fin imminente de la guerre ne parvenaient pas à cinq cent quarante mètres sous terre au cœur de la forêt de Thuringe. Selon Stout, il fallait procéder à un examen minutieux de la mine avant d'y déplacer quoi que ce soit. Heureusement, l'unité d'ordonnance venait d'inspecter la majeure partie des vingt-quatre kilomètres de galeries. Elle n'y

trouva pas d'autre trésor mais des surplus militaires
allemands. Stout fit tailler les bottes étanches censées
parer aux attaques au gaz en petits morceaux de caoutchouc qui empêcheraient les œuvres de frotter l'une sur
l'autre. Rien de tel, en outre, qu'un manteau anti-gaz
pour empaqueter une toile, surtout au fond d'une mine
humide. Une fois résolu le problème de l'emballage, un
inventaire du contenu des galeries fut réalisé en vue de
son déplacement. Un après-midi (encore que… comment s'en assurer après deux journées entières dans
l'obscurité la plus complète ?) Walker Hancock surprit
Stout en train de l'observer en fronçant les sourcils.
Hancock, qui pensait alors à Saima et à la maison qu'ils
achèteraient un jour ensemble, enroulait sa corde avec
la brusquerie des pêcheurs du Massachusetts qu'il avait
si souvent vus à l'œuvre tandis que Stout, lui, n'effectuait que des gestes mesurés, précis.

Il n'eut pas plus tôt tourné les talons qu'un lieutenant d'infanterie du nom de Steve Kovalyak chuchota
à l'oreille de Hancock : « Il s'imagine qu'on va enrou-
ler ces cordes sur des longueurs de soixante centimètres, au millimètre près, encore longtemps[1] ? »

Kovalyak avait reçu pour mission de prêter main-
forte à Hancock après l'acheminement à Francfort des
objets du couronnement de Frédéric le Grand. Il fallait
plus qu'une cargaison d'or et de pierres précieuses pour
émouvoir Hancock qui en avait déjà vu d'autres. Les
gars au QG, en revanche, en étaient restés bouche bée.
Hancock commença par emprunter la jeep de Stout
pour conduire le trésor à Weimar où le général Hodges,
ne voulant courir aucun risque, le fit escorter par deux
motos, trois jeeps, deux blindés et quinze soldats, bien
que la route de Francfort eût été plus sûre que celles du

Connecticut. Hancock se demanda ce que le général aurait pensé de la première partie de son trajet en solitaire dans les forêts de Thuringe, sur une route où six convois étaient tombés dans une embuscade la semaine précédente.

« Ne t'inquiète pas : Stout sait ce qu'il fait », affirma Hancock au jeune lieutenant Kovalyak. Il lui parla, à lui et à quelques officiers d'ordonnance non loin d'eux, de Büsbach, où Stout avait pris le temps d'examiner un tableau en détail alors que les Allemands bombardaient les alentours. « Ça fait longtemps que je travaille avec Stout, ajouta-t-il. Je peux vous assurer qu'à côté de lui, nous ne sommes tous que des amateurs. »

Quelques heures plus tard, une coupure d'électrcité — une de plus — plongea la mine dans les ténèbres. Hancock alluma sa lampe torche dont le faisceau éclaira des livres, de l'or, des toiles, des cercueils et, si proche de lui qu'il en sursauta, le visage de Stout.

« Je vais prévenir Kovalyak », déclara Hancock. En cas de panne de courant, Stout envoyait en général le lieutenant Kovalyak persuader le Bürgermeister de mettre en marche ses générateurs ; tant pis s'il était l'un des rares officiers à ne pas connaître un mot d'allemand. La mission de Kovalyak nécessitait plus de finesse que d'autorité, or ses années dans l'infanterie lui avaient appris à louvoyer entre les différents potentats locaux et les sacro-saintes procédures bureaucratiques. Il semblait à Hancock que Kovalyak avait plus d'une fois manqué de peu de passer en cour martiale, par provocation mais surtout parce qu'il tenait à remplir sa mission correctement.

Hancock se retrouva bientôt seul dans l'obscurité. Comme chaque fois qu'il avait le moral en berne, il songea à ses proches. Acheter une nouvelle maison, renouer avec la sculpture, retrouver Saima ; tout cela lui semblait à présent presque à sa portée mais aussi plus éloigné que jamais. Le voilà dans une mine au cœur d'une forêt allemande où la lumière du jour ne pénétrait même pas. Il alluma sa torche électrique — tant pis pour ses piles ! —, traîna une caisse au centre de la salle et, en utilisant comme support un tableau de Cranach vieux de quatre siècles, rédigea une lettre à Saima[2] :

Ma précieuse Saima,

Tu ne devineras jamais dans quelles curieuses circonstances je t'écris en ce moment. Je ne peux pas t'en dire plus pour l'instant mais je tenais à ce que tu reçoives un message de l'un des endroits les plus incroyables au monde [...] Geo. Stout est venu me prêter main-forte — la quantité de travail qu'a occasionnée l'effondrement soudain de l'Allemagne est telle qu'il m'a été impossible de t'écrire [...] Je n'ajouterai donc rien de plus avant un certain temps — si ce n'est que je t'aime plus que je ne saurais le dire — mais ce n'est pas nouveau. Un jour, bientôt, je m'installerai à un bureau, dans une chambre meublée d'un lit digne de ce nom, et je rattraperai mon courrier en retard.

Ton dévoué Walker

Le 4 mai commença l'emballage des œuvres, bien vite interrompu par une coupure d'électricité. Kovalyak partit s'entretenir avec le maire de la ville la plus proche. Le 305e bataillon d'ingénieurs de combat équipa la mine d'un générateur de secours à cinq cent quarante mètres sous terre. La main-d'œuvre française, d'anciens prisonniers d'un camp de travail, s'esquivait de plus en plus souvent en douce dans des galeries secondaires. Hancock écrivit à Saima, cette fois en se servant du cercueil du Feldmarschall von Hindenburg en guise de table, que son travail avait beau l'enthousiasmer, il souffrait « terriblement du mal du pays, ces jours-ci[3] ». Il appréciait tellement la compagnie de gens aimables, qu'il s'agisse de soldats ou de ses amis du Massachusetts, que ses mois de solitude, sans même un assistant à qui parler, l'avaient découragé. « Geo. Stout est là pour me remonter le moral ; ce qui n'est pas du luxe, confia-t-il à Saima. Je le considère comme un véritable ami, toujours là quand on a besoin de lui[4]. »

Le 5 mai, les hommes chargés de l'emballage se répartirent en deux équipes : l'une en service de 8 heures à 16 heures et l'autre de 16 heures à 22 heures. Il valait mieux ne pas souffrir de claustrophobie dans les galeries où s'entassaient pêle-mêle soldats et caisses. Le soir du 6 mai, la plupart des objets se trouvaient à l'abri à l'entrée de la mine à l'issue d'un lent trajet en ascenseur. Steve Kovalyak dut malgré lui reconnaître que la méticulosité de Stout avait du bon.

Encore un nouveau disciple de George ! songea Hancock.

Le lendemain, il fallut s'occuper des cercueils. Frau von Hindenburg, la plus légère, sortit de la mine la première. Deux soldats se signèrent lorsque l'ascenseur l'eut remontée à l'air libre. « Jamais elle ne reposera dans une tombe plus profonde », commenta Stout, en guise de bénédiction.

Vint ensuite le tour du roi soldat puis du Feldmarschall von Hindenburg, accompagné par Walker Hancock qui se jucha sur son cercueil pendant le trajet en ascenseur. Il ne restait plus désormais qu'à sortir de la mine la dépouille de Frédéric le Grand. À en croire les ingénieurs, son imposant cercueil en acier n'entrerait jamais dans la cage d'ascenseur. Stout rétorqua que puisqu'il avait été amené au fond de la mine, rien ne devait logiquement l'empêcher d'en ressortir. Les ingénieurs recommencèrent leurs mesures ; le cercueil devait en effet tenir dans l'ascenseur, à un centimètre près.

Avant d'en arriver là, il fallut glisser des cordes sous le cercueil, qui ne pesait pas loin de six cents kilos, afin de le redresser, de le faire passer par la porte du sanctuaire, et de le traîner dans les boyaux humides et glissants de la mine plongée dans les ténèbres. Les hommes chargés de l'opération avancèrent lentement, en grognant sous le poids de leur fardeau. Il leur fallut près d'une heure pour placer le cercueil dans l'ascenseur. Celui-ci allait enfin s'élever lorsque 23 heures sonnèrent. En fin de compte, le déplacement des quatre cercueils avait nécessité une journée entière de travail.

L'ascenseur parcourut un ou deux mètres avant de s'immobiliser. George Stout et six autres hommes grimpèrent sur les poulies au-dessous de la cage et la machine repartit. Pendant le quart d'heure qu'ils mirent à remonter les cinq cent quarante mètres de galeries, ils ne s'inquiétèrent plus que de savoir si l'ascenseur allait résister ou pas à une charge d'une tonne. À l'approche de l'entrée de la mine, une musique se fit entendre. Une radio diffusait l'hymne américain. *God Save the King* retentit lorsque le cercueil parvint enfin à l'air libre. Les Allemands venaient de se rendre sans condition à Reims et les Alliés de gagner officiellement la guerre, le 7 mai 1945.

50. Le bout du tunnel

Altaussee, 12 mai 1945

La nouvelle tomba comme un couperet : la 3e armée des États-Unis avançait à présent vers le sud des Alpes en s'approchant d'Altaussee. James Rorimer, qui projetait une expédition armée à la mine de sel, dut se rendre à Berchtesgaden. Il y entendit dire que des déplacés pillaient les alentours où se cachaient de fabuleux trésors. Le soin de veiller sur Altaussee allait revenir à Lincoln Kirstein et Robert Posey, qui se trouvaient pour l'heure en mission à plus de trois cents kilomètres de là.

Pour une fois, les Monuments men n'attendirent pas longtemps qu'on leur confie un véhicule ni qu'on leur donne l'ordre de partir, même si personne ne savait grand-chose sur la région où ils devaient se rendre — ni a fortiori sur la mine. Ils traversèrent l'immense terrain vague qu'était devenue l'Allemagne du Sud, où les bombardements avaient endommagé jusqu'aux routes. Faute de drapeaux, les civils accrochaient en signe de reddition des taies d'oreiller blanches à leurs maisons en triste état. Des rumeurs parlaient de soldats abattus dans des villages paisibles en apparence et de membres des Jeunesses hitlériennes qu'une exaltation puérile incitait à faire feu dans d'étroites ruelles de traverse. Aux déplacés se mêlaient de nombreux soldats, la plupart venus du front est, ayant renoncé à leur uniforme pour mieux se confondre avec les civils. Tous ne semblaient pas animés de bonnes intentions. Un jour qu'il se trompa de route, Kirstein tomba nez à nez avec un convoi de soldats allemands. Faute de place pour effectuer un demi-tour, il passa avec Posey quelques minutes tendues à se demander s'il s'agissait de prisonniers des Alliés ou pas. Pour finir, les Allemands poursuivirent leur route et les Monuments men s'en allèrent sans encombre.

Kirstein et Posey respirèrent enfin librement pour la première fois depuis longtemps une fois franchie la frontière autrichienne. Le pire semblait désormais passé. Aux maisons flottaient non pas des taies d'oreillers mais les drapeaux rouge et blanc de la Résistance autrichienne. Les routes serpentaient à l'assaut des montagnes. À l'horizon, le soleil baignait d'une lueur rosée des sommets couronnés de neige et des villages alpins aux maisons qu'on aurait dites en pain d'épices.

Après Bad Ischl, ils rencontrèrent la 6e armée allemande : sur plus d'un kilomètre s'étendaient, « groupés autour de braseros, d'ambulances et de camions hors d'usage tractés par des chevaux, des femmes et des blessés, des unités de panzers hongroises, à pied, sans armes, et des milliers de soldats vaincus ravis de rentrer enfin chez eux[1] ».

Kirstein et Posey marquèrent une brève halte près d'Altaussee, dans l'auberge d'un charmant village non loin d'un lac alpin aux eaux pures et claires. Des officiers SS aux uniformes impeccables y proposèrent leurs services aux Alliés : ceux-ci n'allaient-ils pas bientôt se battre contre les Soviétiques ? Dans le cas contraire, ils ne demandaient pas mieux que de se rendre, tant qu'on les autorisait à conserver leur arme. Ils craignaient en effet que leurs propres hommes ne les abattent.

Pendant que les Américains célébraient leur victoire à l'auberge, quelques montagnards autrichiens aidèrent les Alliés à retrouver la trace d'Ernst Kaltenbrunner, le fameux commandant de la police de sécurité nazie, qu'ils poursuivirent une bonne partie de la nuit avant de l'appréhender enfin à l'aube. Il venait de jeter ses médailles au fond d'un lac dans l'espoir de se faire passer pour un médecin. Il fut démasqué par sa maîtresse qui l'interpella alors qu'il traversait une ville des environs avec des prisonniers allemands.

Kirstein et Posey n'avaient plus de temps à perdre. Une seule route en lacets et en pente raide conduisait encore à la mine. Ils ne s'y sentirent pas très en sécurité, seuls, loin du gros des troupes. À leur grande surprise, le bâtiment à l'entrée de la mine (une espèce de salle des gardes adossée à un bunker réservé à l'administration, au pied de hautes montagnes) bourdonnait d'activité. Deux jeeps et un camion entier de soldats de la 80e division d'infanterie venaient de s'en emparer sans même devoir se battre. La nature exacte de leur prise faisait encore l'objet d'âpres discussions. Les mineurs et les Nazis ne semblaient pas d'accord sur ce qui s'était passé ni, surtout, sur les responsabilités des uns et des autres.

Après un bref entretien avec le commandant Ralph Pearson, qui leur certifia que la galerie principale n'était pas piégée, Kirstein et Posey s'aventurèrent dans la mine, munis de torches à l'acétylène. Par réflexe, ils baissèrent la tête à l'entrée du tunnel qui s'enfonçait dans le flanc de la montagne, en dépit de ses deux mètres de hauteur. Le faisceau de leur torche balaya le sol devant eux tandis qu'ils pressaient le pas. Les ténèbres s'écartaient parfois un bref instant avant d'engloutir aussitôt les deux hommes. En touchant le mur, Kirstein reçut une décharge électrique à cause de câbles de démolition endommagés — ou intentionnellement sectionnés, il n'aurait su le dire. Près de quatre cents mètres plus loin — ou peut-être huit cents : difficile d'en juger dans l'obscurité — gisait par terre un tas de gravats que les deux hommes escaladèrent. Kirstein aperçut dans un mur un trou rempli de ce qu'il identifia tout de suite comme de la dynamite. Heureusement, elle n'avait pas servi ! Il se fraya un chemin entre les débris afin de suivre son capitaine au plus profond de la montagne. Les parois de la mine leur renvoyaient l'écho de leurs pas. Il y faisait froid mais pas assez pour expliquer le frisson qui parcourut Kirstein lorsque Posey s'arrêta tout à coup en brandissant bien haut sa torche. Devant eux se trouvait un mur de pierre éboulé — la preuve qu'une explostion avait eu lieu à l'intérieur de la mine.

V

L'APRÈS-GUERRE

« Nous ne voulons pas détruire inutilement ce que d'autres hommes ont passé tant de temps et ont mis tant de soin à réaliser […] ces témoignages d'habileté manuelle nous en apprennent beaucoup sur nos ancêtres […] S'ils venaient à se perdre ou à être détruits, nous devrions renoncer à une part inestimable de ce que nous ont transmis nos ancêtres. Aucune époque ne vit entièrement détachée des autres ; chaque civilisation se fonde sur ses propres réussites mais aussi sur ce qu'elle a hérité du passé. Si l'on détruit tout cela, ce sera une partie de notre histoire qui disparaîtra et nous en sortirons appauvris. »

Projet de conférence destinée
à des soldats, rédigé par
le Monuments man britannique
Ronald Balfour en 1944.

« Les œuvres d'art dont le sort nous inquiète encore finiront par nous revenir et leur beauté lumineuse continuera d'attirer, comme par le passé, des pèlerins de tous pays en leur inspirant des pensées de paix. »

DR CESARE FASOLA,
bibliothécaire aux Offices
de Florence, The Florence
Galleries and the War.

51. Comprendre Altaussee

Altaussee, 30 mars-5 mai 1945

Les historiens ont longtemps débattu les intentions de Hitler à l'égard des œuvres d'art entreposées à Altaussee. Il semble cependant évident à la lecture de ses dernières volontés et de son testament (l'ultime document qu'il signa de sa main, quelques heures avant son suicide) qu'il ne voulait surtout pas leur destruction.

Les historiens qui se sont penchés sur le testament du Führer ont presque tous méconnu ce qu'impliquait sa volonté clairement établie de léguer à l'État allemand les collections de son futur musée de Linz. Les dernières volontés de Hitler, pour peu qu'on les examine à la lumière des ambitions artistiques qu'il a nourries toute sa vie, auraient dû clore toute controverse à propos du sort qu'il réservait à son trésor. D'un autre côté, les décisions prises alors qu'il gouvernait encore ont rendu pratiquement inévitable la destruction de la mine d'Altaussee. En refusant d'anticiper sa défaite ou de se rendre alors qu'il ne lui restait plus aucun espoir, Hitler a créé un vide du pouvoir où des hommes sans foi ni loi se sont engouffrés en décidant du destin de dizaines de milliers d'êtres humains, de monuments et de chefs-d'œuvre.

Surtout, les ordres promulgués par Hitler au fil des ans (dont la destruction par le feu de livres, de tableaux « dégénérés », le pillage de biens privés, l'arrestation, la détention et le génocide de millions d'êtres humains, sans compter la destruction délibérée, par esprit de vengeance, de grandes villes d'Europe) firent peser des risques considérables sur les œuvres d'art et tout ce qui tomberait aux mains des Nazis partout dans le monde. Le Monuments man S. Lane Faison Jr. déclara un jour que Hitler « a écrit un livre intitulé *Mein Kampf*. Si on l'avait lu attentivement, on se serait aperçu qu'il annonçait tout ce qui s'est passé depuis [...] le sort qu'ont connu les Juifs y figurait déjà, inscrit noir sur blanc[1]. » Le décret néronien du 19 mars 1945 se contentait d'officialiser ce que Hitler préconisait depuis vingt ans, en donnant à ses fidèles toute latitude de déployer la violence caractéristique de son règne. Un homme tel qu'August Eigruber y entendit à coup sûr un appel messianique.

Que s'est-il passé au juste au cœur des montagnes autrichiennes à l'écart du reste du monde dans l'intervalle entre la disparition de Hitler et l'arrivée des Monuments men ? Qui décida en fin de compte du sort de la mine ? À qui reprocher la tournure que prirent les événements ? Ou, au contraire, qui en féliciter ? On sait depuis longtemps ce qu'il s'est passé dans les grandes lignes mais il a fallu des dizaines d'années pour reconstituer l'enchaînement des causes et des effets puis déterminer les rôles respectifs des employés de la mine, des Nazis, des Résistants et des Alliés. Aujourd'hui encore, une lecture attentive des archives allemandes apporte un éclairage nouveau sur l'un des principaux tournants (hélas méconnu) de l'histoire culturelle de l'humanité. Comme il arrive souvent, c'est moins ce qu'il s'est passé que ce qui aurait pu se produire qui mérite une analyse.

Il n'y a pas à discuter de certains faits.

Sans l'héroïsme de plusieurs individus, les bombes placées dans la mine sur les ordres d'August Eigruber auraient détruit le dépôt d'Altaussee. Et pourtant, aucune œuvre d'art n'y subit de dommages irréversibles. Entre le 1er et le 7 mai (des soldats américains sous les ordres du commandant Ralph Pearson parvinrent à Altaussee le 8), les huit bombes furent déplacées et dissimulées le long de la route sous des sapins. En prenant feu, certains explosifs placés dans les galeries provoquèrent leur effondrement en empêchant d'accéder aux œuvres (les conspirateurs parlaient à ce propos de « paralysie » de la mine[2]), désormais à l'abri des pulsions destructrices d'Eigruber. Une question se pose : qui a ordonné la « paralysie » de la mine ?

Lincoln Kirstein admit dans un article publié par le magazine *Town and Country* à l'automne 1945 qu'une « telle quantité de témoins s'est présentée que, plus nous obtenions d'informations, moins elles nous semblaient crédibles[3] ». Selon lui — or la MFAA accorderait foi à sa version des faits — les véritables héros d'Altaussee ne furent autres que les mineurs autrichiens. Découvrant par hasard que les caisses d'Eigruber contenaient des bombes, ils les auraient déplacées à la faveur de la nuit avant de condamner l'accès aux galeries, conscients qu'il ne leur restait pas d'autre moyen de prévenir d'éventuels dégâts à la mine, dont ils tiraient leur subsistance. En un sens, ce serait donc le sel qui sauva les chefs-d'œuvre. Quand Eigruber éventa la trahison, il « ordonna de fusiller tous les Autrichiens.

Trop tard : les Américains venaient d'atteindre l'autre versant de la montagne, le 7 mai[4]. »

Les mineurs confirmèrent le récit de Kirstein en 1948, en adressant au gouvernement autrichien un rapport, signé des «Combattants pour la liberté d'Altaussee», où ils se posaient en sauveteurs de la mine[5]. Le hic, c'est qu'ils ne possédaient pas les connaissances techniques suffisantes pour procéder sans le soutien d'ingénieurs tels que Högler ou Mayerhoffer aux explosions destinées à boucher les galeries. Le gouvernement autrichien ne remit cependant pas en cause leurs affirmations.

À vrai dire, le gouvernement autrichien a lui-même diffusé des informations erronées sur Altaussee. Kirstein, en vertu d'une idée reçue assez répandue et pourtant fausse, considérait les Autrichiens comme d'innocentes victimes des Nazis et non leurs complices. La réalité s'avère plus complexe, ainsi que le montrent de nombreuses images d'époque. Le gouvernement autrichien soucieux de se justifier publia en 1946 le livre «rouge blanc rouge[6]» (également surnommé par dérision la «mascarade viennoise»). La soi-disant résistance autrichienne s'y prétendait au courant de la présence d'œuvres d'art à Altaussee. À l'en croire, elle avait obligé Kaltenbrunner, en le menaçant d'une arme, à renoncer à les détruire sur ordre de Hitler. Absurde ! La résistance autrichienne, certes active dans la région du lac d'Aussee, ignorait que la mine de sel servait de dépôt de tableaux. Elle se contenta, quelques semaines plus tard, de prêter main-forte aux Américains qui gardaient l'entrée des galeries souterraines. Si certains polémistes dépeignirent les mineurs d'Altaussee sous les traits de résistants autrichiens, beaucoup appartenaient en réalité au parti nazi.

Dans ce contexte d'héroïsme frelaté, de nombreux individus se vantèrent à tort d'avoir tenu tête à Eigruber. Sepp Pliesis, un résistant autrichien tout ce qu'il y a de plus authentique (contrairement aux auteurs du livre rouge blanc rouge), prétendit avoir sauvé la mine avec ses hommes[7]. Un Autrichien du nom d'Albrecht Gaiswinkler affirma quant à lui que les Britanniques l'avaient parachuté dans les alentours pour y organiser la résistance[8]. Il soutint — ce qui ne tient d'ailleurs pas debout — qu'il avait contraint Kaltenbrunner à révoquer l'ordre de Hitler, demandé lui-même à ce qu'on entrepose les œuvres d'art en un lieu plus sûr et, en une nuit, supervisé les explosions destinées à boucher certaines galeries (une opération délicate qui prit en réalité plusieurs semaines). En 1946, il raconta carrément qu'Eigruber voulait détruire les œuvres d'art au lance-flammes. Ses mensonges contribuèrent à son élection à l'Assemblée nationale autrichienne mais ses prétentions de plus en plus délirantes finirent par le priver de son soutien populaire ; ce qui le contraignit à quitter le parlement en 1950.

Les tentatives du Dr Hermann Michel, le directeur de la section minéralogique du musée d'histoire naturelle de Vienne, de blanchir sa réputation rencontrèrent plus de succès. Il se présenta (à tort ou à raison ? il n'a pas été possible de l'établir) comme l'auteur du message ayant informé le commandant Pearson, à la tête d'une unité d'infanterie de la 3e armée américaine, de la présence à Altaussee d'un véritable trésor rassemblant les joyaux de la couronne hongroise. (Ils ne se trouvaient pourtant pas dans la mine : on les retrouva dans un tonneau d'huile au fond d'un marécage près du village de Mattsee en Bavière.) En dépit des efforts de Kirstein et Posey pour avertir les troupes américaines en Allemagne de ce qui les attendait à Altaussee, Pearson n'en avait jusque-là jamais entendu parler.

Ce fut Michel qui, le 8 mai, accueillit à Altaussee Pearson, les deux jeeps et le camion de soldats d'infanterie qui l'accompagnaient. Il se présenta au commandant américain en tant qu'expert et lui fit visiter la mine en lui expliquant qu'il y en avait pour un demi-milliard de dollars d'œuvres d'art sous les galeries effondrées. Il laissa en outre entendre qu'il avait contribué au déplacement des bombes d'Eigruber ; ce qu'il réaffirma par la suite en se fondant sur des documents extorqués à des tiers. Pearson se fia à Michel pour la simple raison qu'il était le seul à la mine à parler anglais. En réalité, celui-ci ne joua au mieux qu'un rôle secondaire dans les événements d'Altaussee.

En 1938, en dépit de ses efforts répétés pour se lier avec les Nazis les plus en vue, le Dr Michel avait dû renoncer à ses fonctions de directeur du musée d'histoire naturelle de Vienne[9], qui devint sous la houlette de son successeur un outil de propagande raciste. Michel, dorénavant responsable de la section minéralogique, soutint les expositions consacrées aux différences entre les « races » humaines et à l'homme et à la femme « idéaux » (de type ethnique caucasien, comme il se doit[10]). Prenant souvent fait et cause pour Hitler en public, il rejoignit le Rotary Club « afin de contrer l'influence des Juifs[11] » et ne tarda pas à se charger des relations publiques de la section locale du parti nazi.

Michel était cependant moins un raciste convaincu qu'un opportuniste sans scrupules[12]. Pendant des années, il fréquenta les pires criminels de l'histoire puis il se rendit compte, bien avant la plupart, que le vent allait tourner et le pouvoir revenir aux libérateurs d'Altaussee et autres lieux symboliques. Il profita du « vide » des mois d'avril et mai 1945 pour détruire les preuves de ses méfaits, conscient qu'un mensonge à cette époque-là pourrait bien devenir une vérité le lendemain. Sans doute Michel se dit-il que seuls ceux qui retourneraient leur veste à temps sauveraient leur peau en se rendant indispensables aux Alliés.

En Allemagne et en Autriche, des Nazis purs et durs aussi bien que de courageux résistants tentaient de s'assurer les positions les plus enviables au sein du nouvel ordre qui se mettait en place. George Stout voyait clair dans leur jeu. « Tant de manigances me dégoûtent, écrivit-il. J'en ai assez de ceux qui rampent pour obtenir tel ou tel poste avantageux et ne se soucient que de leur intérêt égoïste ou d'une vaine gloire parmi tant de souffrances[13]. » Méfiant lui aussi, Posey fit arrêter les Nazis d'Altaussee membres du parti de longue date, ce qui ne l'empêcha pas d'accorder foi au récit de Michel. Des journaux américains présentèrent le minéralogiste comme le « héros d'Altaussee ».

La situation finit par se tasser. Auschwitz, la bombe atomique et les relations tendues avec l'Union soviétique qui définiraient le nouvel ordre mondial en posant les bases de la guerre froide reléguèrent au second plan l'épisode d'Altaussee, pourtant crucial dans le domaine de l'art et de la culture. Kirstein s'y attendait déjà lorsqu'il écrivit le 13 mai 1945 : « Quand ceci te parviendra, tu en auras peut-être entendu parler par les journalistes, bien que la plupart célèbrent en ce moment la victoire à Paris ; ça ne m'étonnerait pas qu'ils passent sous silence une découverte aussi inhabituelle, encore qu'à la réflexion[14]… » L'un des épisodes les plus invraisemblables de la guerre allait-il se réduire dans les livres d'histoire à une simple note en bas de page ?

Eh bien oui. Quelques articles ou essais y furent consacrés au fil des ans mais, bien vite, même la communauté muséale oublia les événements dramatiques d'Altaussee. Il fallut attendre les années 1980 pour qu'un historien autrichien, Ernst Kubin, recueille des documents et des témoignages de première main permettant d'établir la vérité. Les sources d'information de Kubin, réexaminées en vue de la rédaction du présent ouvrage, ont contribué à la reconstitution d'une étonnante aventure mettant en scène des héros inattendus et qui donne une parfaite idée de ce qu'il s'est passé pendant le « vide » de la guerre. Bien souvent, l'histoire résulte en effet d'un mélange confus d'intentions, d'actes de bravoure, de préparation et de hasard.

Si, comme j'en suis convaincu, les ordres de Hitler ont créé les circonstances propices à la destruction de certains chefs-d'œuvre, ce fut son fidèle Albert Speer qui conçut les moyens de s'y opposer. Le 30 mars 1945, Speer convainquit Hitler de revenir sur son décret néronien : au lieu de « détruire » les sites non industriels, le Führer préconisa simplement de « les rendre durablement inutilisables ». Speer promulgua ensuite de sa propre initiative des ordres secrets allant à l'encontre de ceux du Führer : ils donnèrent aux responsables de la mine d'Altaussee le courage et l'assurance nécessaires pour contrecarrer le projet d'Eigruber, qui ne parvint pas à leurs oreilles par hasard, comme le croyait pourtant Kirstein.

Le Dr Helmut von Hummel, qui, en tant que secrétaire de Martin Bormann, présent dans le bunker de Hitler, avait connaissance de la plupart des communiqués du Troisième Reich, en informa les responsables de la mine le 13 avril 1945[15]. Von Hummel comptait mettre un frein aux agissements d'Eigruber mais en catimini, conscient des dangers qu'il courait en cette fin du Troisième Reich. Il laissa le directeur de la mine, le Dr Emmerich Pöchmüller, affronter Eigruber sans le moindre soutien du parti. Eigruber refusant de répondre aux coups de fil de Pöchmüller, celui-ci se rendit à Linz le 17 avril dans l'espoir de s'entretenir en personne avec le gauleiter, qu'il comptait circonvenir par la ruse, au cas où il ne parviendrait pas à lui faire entendre raison. Avec l'aide du directeur technique de la mine, Eberhard Mayerhoffer, Pöchmüller avait décidé d'en faire sauter les entrées en y emprisonnant les bombes qu'Eigruber ne pourrait dorénavant plus amorcer. Devant le gauleiter, il prétendrait cependant n'œuvrer qu'à la destruction de la mine.

Eigruber, débordé (son bureau, on s'en souvient, grouillait de solliciteurs), autorisa Pöchmüller à procéder aux explosions. Il ajouta tout de même qu'il « s'entêterait[16] » à détruire la mine entière et qu'il viendrait « en personne y lancer des grenades[17] » au cas où les Nazis perdraient la guerre. Pöchmüller, choqué, mesura dès lors la gravité de la situation. Le 19 avril, il mit un plan au point avec l'aide de son conseiller technique, Otto Högler. Il leur restait à s'assurer — ce qui n'allait pas de soi, loin de là — que les explosions ne provoqueraient pas l'effondrement des salles abritant les œuvres d'art. Le 20 avril, les préparatifs commencèrent. Högler estimait en avoir jusqu'au 2 mai ; soit douze jours de travail.

Le 28 avril 1945, Pöchmüller signa ce qui aurait pu devenir son arrêt de mort : l'ordre adressé à Högler de déplacer les bombes d'Eigruber[18]. Pöchmüller dut craindre pour ses jours lorsque, le surlendemain, l'inspecteur Glinz, l'adjoint d'Eigruber, découvrit le pot aux roses en surprenant par hasard une conversation de Högler. Le soir même, six fidèles armés d'Eigruber vinrent monter la garde devant la mine.

Le 3 mai, la situation semblait désespérée. Les Américains se trouvaient coincés à Innsbruck, à deux cent quarante kilomètres de là ; les hommes d'Eigruber défendaient l'entrée de la mine qui abritait encore les bombes et l'on avait aperçu dans une vallée des environs une équipe de démolisseurs. Tout n'était cependant pas perdu. Karl Sieber, le restaurateur de tableaux qui bénéficiait de la confiance de Pöchmüller, convainquit deux des hommes d'Eigruber de la barbarie des intentions du gauleiter[19]. Pendant ce temps-là, les mineurs entendirent dire que les caisses ne contenaient pas du marbre comme il était écrit dessus mais des bombes. L'un d'eux, Alois Raudaschl, un fervent partisan de Hitler, savait qu'Ernst Kaltenbrunner, un haut gradé du parti nazi natif des environs, devait se rendre non loin de là. Il se proposa d'entrer en contact avec lui.

À deux heures, l'après-midi du 3 mai 1945, Raudaschl s'entretint avec Kaltenbrunner chez l'un de leurs amis communs. Peu après, Kaltenbrunner rencontra Högler et admit qu'il ne servirait à rien de détruire les œuvres d'art volées par Hitler ou les galeries de la mine dont les autochtones tiraient leur subsistance. Högler demanda la permission à Kaltenbrunner de déplacer les bombes. Le SS la lui accorda[20].

Le soir même, les mineurs mirent quatre heures à sortir les bombes de la mine, sous le regard des hommes postés là par Eigruber. Ignorant ce qu'avaient manigancé les responsables, ils crurent de bonne foi agir de leur propre initiative ; ce qui explique que les Américains et les historiens se soient fait une idée fausse de la situation.

Vers minuit parvint à Altaussee un autre fidèle d'Eigruber, le sergent Haider. Si les bombes ne se trouvaient plus à l'intérieur de la mine, mit-il en garde Högler, ce dernier en serait tenu responsable et, par conséquent, on « l'éliminerait[21] ». Les bombes devaient à tout prix rester au fond des galeries. Sinon, le gauleiter « viendrait lui-même à Altaussee le lendemain matin les pendre tous autant qu'ils étaient[22] ». (D'où les rumeurs de menaces reçues par les mineurs alors qu'en réalité seuls les plus hauts responsables de la mine s'exposèrent au danger.) Tout ceci parvint aux oreilles de Kaltenbrunner qui, à 1 h 30, la nuit du 3 au 4 mai, téléphona à Eigruber pour lui passer un savon. Le gauleiter finit par céder[23]. Soucieux de récupérer les bombes, il demanda seulement à ce qu'elles soient déposées le long de la route et non jetées au fond d'un lac comme le préconisait Högler.

Le lendemain, le 5 mai 1945, à l'aube, Emmerich Pöchmüller et Otto Högler, deux des véritables héros d'Altaussee, se postèrent à l'entrée des galeries. Les mineurs venaient de passer une vingtaine d'heures à mettre en place six tonnes d'explosifs, trois cent quatre-vingt-six détonateurs et cinq cent deux chronomètres. Lorsque Pöchmüller l'ordonna, soixante-seize déflagrations retentirent d'une montagne à l'autre en condamnant cent trente-sept tunnels de l'antique mine de sel[24].

52. Évacuation

Altaussee, 1ᵉʳ mai-10 juillet 1945

Lorsque les Monuments men Lincoln Kirstein et Robert Posey rejoignirent Altaussee le 16 mai 1945, ils y trouvèrent une poignée de fantassins américains qui s'étaient rendus maîtres des environs mais aussi des douzaines de mineurs, plusieurs notables autrichiens et allemands et presque autant de versions contradictoires des faits. Selon Kirstein, les « rumeurs les plus folles se donnaient libre cours : la mine avait été soufflée, nous ne verrions rien, ce n'était même pas la peine d'essayer d'y pénétrer[1] ». Et cependant, les Monuments men y pénétrèrent bel et bien, avant de s'arrêter face à un mur de gravats et de roche. L'explosion ordonnée par Pöchmüller devait obstruer l'une des galeries sur douze mètres de profondeur mais nul ne savait si tout avait fonctionné comme prévu ni ce qui attendait les Monuments men au-delà de l'éboulis.

D'après les mineurs, il faudrait au moins deux semaines pour ménager un passage entre les gravats. Posey, architecte de formation, se dit au contraire certain que des ingénieurs militaires y parviendraient en moins de sept jours. Les mineurs équipés de vieilles

pelles et de pioches se mirent à l'ouvrage, sous les
ordres des Américains. Le lendemain matin, ils avaient
déjà déblayé en hauteur un passage juste assez large
pour qu'un homme s'y faufile.

Robert Posey s'y risqua le premier, bientôt suivi par
Lincoln Kirstein. De l'autre côté de l'éboulis les attendait un autre monde — poussiéreux, enténébré, où planait un silence inquiétant. Leurs torches à l'acétylène
leur révélèrent une galerie encombrée de gravats. Sous
le souffle de l'explosion s'était ouverte une porte de
sécurité en métal à double battant. L'humidité de
l'atmosphère laissait présumer que des canalisations
avaient été détruites et certaines salles, inondées. La
première porte que poussèrent les Monuments men donnait sur un magasin de dynamite. Une étroite galerie
secondaire s'enfonçait ensuite dans la montagne. Derrière une autre porte en métal, plus résistante, qu'il ne
fallut pas moins de deux clés pour ouvrir, les attendait la
Vierge Marie de Van Eyck, penchée sur un livre. À côté
d'elle, sur quatre cartons vides, reposaient sept autres
panneaux du retable de Gand. « Les joyaux de la Vierge
Couronnée semblaient attirer à eux la lumière de nos
torches à l'acétylène », écrirait plus tard Kirstein. « Le
retable, magnifique, se trouvait tout bonnement là[2]. »

Les Monuments men revinrent sur leurs pas et, en
empruntant des tunnels encore plus sombres que l'intérieur d'un four, contournèrent la galerie obstruée par
l'explosion. Un guide les conduisit à une vaste salle
voûtée au cœur de la montagne. Leurs torches, balayant
les ténèbres, éclairèrent des rangées entières de boîtes
en pin abritant certains des plus grands chefs-d'œuvre
jamais réalisés puis, enfin, la surface d'un blanc laiteux
de la *Madone* de Bruges, gisant de côté sur un matelas

blanc à rayures marron d'une propreté douteuse ; à coup sûr celui qui avait servi à son transport, quelques jours avant l'arrivée à Bruges du Britannique Ronald Balfour, huit mois plus tôt. Le Monuments man Thomas Carr Howe Jr. écrirait par la suite : « La lumière de nos torches jouait sur le visage de la *Madone* au modelé délicat et sur les plis de sa tunique. Les yeux baissés, elle ne semblait qu'à demi consciente de la présence contre son sein de l'enfant reflétant la santé qui avait glissé une main au creux de la sienne[3]. » Quelques jours plus tard, dans une salle au plus profond dc la mine, les Monuments men découvrirent les quatre panneaux manquants du retable de Gand, *L'Atelier* de Vermeer et son *Astronome*, confisqué aux Rothschild.

Le 18 mai, alors que la valeur de ce que contenait le dépôt devenait de plus en plus évidente, Lincoln Kirstein dut retourner à son QG chercher « un expert en composition chimique des peintures et en hygrométrie, histoire d'évaluer les dommages subis par les œuvres. Celui-ci, précise-t-il, n'est autre, bien sûr, que George Stout, l'homme le plus charmant du monde[4] ».

L'indispensable Stout arriva le 21 mai à Altaussee. Il commença, comme il se devait, par inventorier le contenu des galeries, déjà évoqué par Karl Sieber et Max Eder (l'un et l'autre employés à la mine) dans un rapport transmis à Stout par le fort obligeant Dr Michel[5] :

6 577 peintures
230 dessins ou aquarelles
954 estampes
137 sculptures
129 armes et armures

79 paniers d'objets divers
484 caisses de ce qu'on pense être des archives
78 meubles
122 tapisseries
181 caisses de livres
1 200 à 1 700 caisses de livres vraisemblablement
283 caisses dont on ignore le contenu

Stout entreprit d'interroger le personnel de la mine dont il inspecta les galeries en détail. « C'était fascinant, raconte Kirstein, de l'entendre comparer les méthodes américaines pour déterminer le degré d'humidité de l'air avec les méthodes autrichiennes du professeur de minéralogie de l'université de Vienne [le fameux Dr Michel] qui s'occupait du dépôt depuis le début et qui nous a montré les lettres de référence que lui ont remises les chefs de la Résistance autrichienne[6]. » Au bout de trois jours, Stout déclara que les œuvres pourraient encore rester une année au fond de la mine sans préjudice pour leur conservation. Puis il se rendit aux arrières de la 3e armée afin de réclamer l'ouverture d'une enquête, comme pour un crime de guerre, sur ce qu'il s'était réellement passé dans cette mine de sel du fin fond des Alpes autrichiennes. Sa demande ne reçut aucune suite.

Le 14 juin, George Stout revint à Altaussee (à présent placée sous l'autorité de Posey) en compagnie du lieutenant Steve Kovalyak, son nouveau disciple de Bernterode. Le lendemain, les mineurs terminèrent enfin de déblayer les tunnels dont ils durent extraire au final huit cent soixante-dix-neuf bennes de gravats.

Dix jours plus tard, le 25 juin, une terrible nouvelle parvint à Stout. Le président Harry Truman venait de céder face à Staline. Les Alliés n'allaient plus contrôler longtemps les territoires qu'ils venaient de conquérir : il fallait à présent revenir aux frontières délimitées par Roosevelt, Churchill et Staline à Yalta, en février. Les représentants de l'armée américaine craignaient que de nombreux dépôts atterrissent dans la zone d'occupation soviétique. Tout ce qui se trouvait à Altaussee, se dit Stout, pourrait revenir à Staline. Les Alliés ne disposaient pas, comme le supposait Stout, d'une année encore pour déplacer les trésors d'Altausse mais de quatre jours à peine. Jusqu'au 1er juillet.

Stout fit acte d'autorité : il ordonna à Karl Sieber et à ses nouveaux assistants, les Monuments men Thomas Carr Howe Jr. et Lamont Moore, de sélectionner les œuvres à déplacer en priorité. Stout, toujours en possession des manteaux allemands en peau de mouton ayant servi à protéger les tableaux de Merkers, réutilisa ceux-ci à Altaussee. Sitôt emballées, les œuvres d'art furent placées sur de petits chariots motorisés qui circulaient d'un bout à l'autre des galeries sur des rails. À la sortie de la mine, des hommes les chargèrent à bord de camions que deux véhicules équipés de chenilles escortèrent le long de routes de montagne assez traîtres, jusqu'à un dépôt de la MFAA, le « point de collecte » de Munich, établi par James Rorimer. Là, d'autres soldats les déchargèrent. Les manteaux en peau de mouton (et le reste des caisses disponibles) repartirent pour Altaussee afin de protéger les tableaux et sculptures du prochain convoi.

La situation devint toutefois rapidement critique. En retard par rapport à son objectif, Stout exigea de ses hommes des journées de travail de seize heures — de 4 heures du matin à 8 heures du soir. Une pluie incessante compliquait le chargement des camions en changeant en supplice le court trajet jusqu'aux baraquements. Le système d'éclairage de la mine ne fonctionnait plus depuis les explosions ordonnées par Pöchmüller. Il n'y avait pas assez de place pour loger tous les hommes, qui ne mangeaient pas à leur faim. Impossible ou presque de communiquer avec l'extérieur. Stout contracta une infection en s'égratignant la main aux parois de la mine, couvertes de sel. Le soir, il dut laisser tremper plusieurs heures ses doigts dans de l'eau brûlante pour éviter leur gonflement. « Quelques mains supplémentaires ne seraient pas du luxe », nota-t-il dans son journal, avec son sens typique de la litote[7].

Le 1er juillet arriva sans que les préparatifs touchent encore à leur terme. Heureusement, dans les hautes sphères politiques, personne ne savait si la date butoir s'appliquait à l'Allemagne uniquement ou à l'Autriche aussi. Le travail se poursuivit donc à la mine. Au petit déjeuner le 10 juillet, George Stout estima le temps « idéal pour s'occuper des œuvres les plus fragiles[8] ». Il venait de passer plusieurs jours à emballer avec Steve Kovalyak la *Madone de Bruges* dans des manteaux, du papier et des cordes. Selon l'assistant de Stout, Thomas Carr Howe Jr., elle ressemblait à présent « à un jambon ficelé[9] ». Admettons ! mais alors un jambon d'une tonne qu'abîmerait irrémédiablement le moindre choc. Stout se montra toutefois confiant. À l'aide d'un treuil conçu spécialement pour l'occasion, il hissa la statue sur l'un des chariots de la mine et déclara : « Je crois bien qu'on pourrait la trimballer d'un bout à l'autre des Alpes sans l'endommager[10]. » Il accompagna lui-même la *Madone* jusqu'à l'entrée de la mine.

Vint ensuite le tour du retable de Gand, dont les différents panneaux attendaient l'heure du chargement,

chacun dans leur caisse. Le camion qui le transporterait — à l'instar des douzaines d'autres ayant déjà
emporté à Munich les trésors de la mine — fut tapissé
de papier imperméabilisé, initialement destiné à protéger la Wehrmacht des attaques aux gaz. Par-dessus fut
posée une couche de feutre que recouvrirent des « saucisses » : des coussins fabriqués d'après une idée de
Stout à l'aide de rideaux écrus dénichés dans la mine.
Les panneaux du retable voyageraient à la verticale.
D'autres caisses amortiraient les chocs latéraux. Une
dernière couche de feutre et de papier imperméabilisé
vint enfin protéger les douze caisses maintenues en
place par des cordes sur le côté.

L'emballage de la *Madone de Bruges* et du retable
de Gand — réalisé avec le plus grand soin — nécessita un jour entier. Le lendemain matin, deux des plus
magnifiques chefs-d'œuvre d'Europe en route vers la
Belgique s'engagèrent sur les routes montagneuses en
pente raide qui menaient à Munich. Stout roulait en
tête sous la protection de véhicules à chenilles.

Moins d'un mois plus tard, le 6 août 1945, George
Stout quitta l'Europe pour retourner auprès des siens à
quarante-sept ans. Épuisé par ses récentes aventures, il
ne s'en portait pourtant pas plus mal. En à peine plus de
treize mois, il avait retrouvé, examiné et emballé des
dizaines de milliers d'œuvres d'art (dont pas moins de
huit camions rien qu'à Altaussee). Il avait aussi organisé le travail sur le terrain des hommes de la MFAA en
Normandie, fait pression sur le QG des forces expéditionnaires alliées pour qu'il soutienne leur mission,
épaulé ses collègues en France et en Allemagne, interrogé de nombreux Nazis et inspecté la plupart des
dépôts d'œuvres au sud de Berlin et à l'est du Rhin. Au

final, il dut parcourir pas moins de quatre-vingt mille kilomètres à bord de sa vieille Volkswagen et se rendre à peu près partout où la présence d'un Monuments man était requise dans les limites du territoire contrôlé par le 12e groupe d'armées des États-Unis. Pendant tout le temps que sa mission le retint en Europe, il ne s'accorda en tout et pour tout qu'un jour et demi de congé[11].

Lettre de James Rorimer à son épouse Katherine
17 mai 1945

Tu te plains peut-être de ne pas avoir reçu de nouvelles de ma part ces derniers jours. Sache que, jamais encore, je n'ai travaillé à un rythme aussi soutenu ni obtenu autant de résultats qu'au cours des deux ou trois semaines qui viennent de s'écouler. J'ai parcouru en tous sens la zone que nous contrôlons et suis allé à deux reprises à Salzbourg et Füssen [la ville la plus proche du château de Neuschwanstein], ainsi qu'à Munich en ruines, Worms, Francfort, Darmstadt, Mannheim, Heidelberg et des douzaines d'autres bourgades. Tu auras sans doute deviné qu'il nous est à présent permis de mentionner des noms de lieux alors que c'était interdit depuis mon départ il y a plus d'un an. Je suis cantonné à Augsbourg pour l'instant mais n'ai pas encore eu l'occasion de visiter la ville, vu que je n'ai pas arrêté de courir en tous sens, quand je ne rattrapais pas de la besogne en retard au QG. J'ai déniché les renseignements et les documents les plus incroyables à propos du pillage des œuvres d'art par les Nazis en Europe. J'ai travaillé avec d'anciens pontes du parti, récolté des indices et mis la main sur des trésors que je n'espérais plus retrouver. [Les Monuments men] Kuhn et le lieutenant-colonel McDonnell sont revenus examiner certaines des œuvres que j'ai découvertes. J'ai démasqué certains des principaux coupables et me suis procuré des informations qui, si je ne m'abuse, font actuellement la une des journaux partout dans le monde. Tu n'auras qu'à passer au kiosque t'en assurer. Je compte sur toi pour m'informer de ce que raconte la presse.

Le train personnel de Göring, sa résidence de Berchtesgaden, celle de Hitler, la Braunhaus de

Munich, les châteaux de Füssen [Neuschwanstein] et les monastères qui ont servi de dépôts ; voilà où m'a conduit ma mission. J'ai beaucoup de retard dans mes rapports mais mon journal, lui, est à jour. Que d'aventures palpitantes je relaterai dans le livre que je compte écrire ! À présent, je m'estime en droit d'affirmer que j'ai rempli mon rôle dans l'effort de guerre. J'ai eu une discussion fort agréable avec le général Taylor de la 101e division aéroportée, qui m'avait convoqué, l'autre jour. Je le reverrai dimanche. Harry Anderson, un capitaine de l'institut américain, s'occupe des affaires de Göring sous ma direction, pour ainsi dire. Je m'attends à ce qu'on m'envoie un autre officier pour m'épauler, d'ici quelques jours. [Le Monuments man] Calvin Hathaway m'aide beaucoup. Skilton aussi. Quelques conscrits vont sans doute encore nous prêter main-forte. Quelle vie ! J'ai parfois l'impression que je n'ai reçu la permission de quitter Paris que parce que deux généraux ont renoncé à m'y retenir plus longtemps. En tout cas, je me réjouis d'être ici. On nous signale sans arrêt des convois d'œuvres d'art. En ce moment, je ne sais plus où donner de la tête [...].

Jusqu'à présent, je n'ai pas encore relevé d'échos dans la presse de ma dernière mission qui consistait à mettre la main sur les œuvres d'art de l'Einsatzstab Rosenberg et de ceux qui gravitaient dans son entourage. C'était d'ailleurs là mon ambition au moment de m'engager dans l'armée, quand je suis entré aux Affaires civiles ; c'est aussi ce que j'ai dit aux responsables du centre de Shrivenham et je n'ai d'ailleurs pas cessé d'y penser pendant les huit mois que j'ai passés à Paris à m'occuper de choses et d'autres. J'ai bien failli ne jamais mettre les pieds en Allemagne. Je ne m'explique pas la chance que j'ai

eue, de voir notre armée se rendre maître de la zone
où se situaient les principaux dépôts, à deux exceptions près [...] Je ne désire plus qu'en finir avec la vie
militaire et retourner dans le civil.

Ne t'embête pas à m'envoyer quoi que ce soit [...]
Pour l'instant, il n'y a rien qui puisse m'être utile,
vu que je n'ai la possibilité d'emporter avec moi que
mon barda. Où nous irons prochainement, je n'en
sais rien mais, en tout cas, je ne reste jamais longtemps au même endroit.

Maintenant, il faut que j'y retourne. Je t'aime et
t'en dirai un peu plus long dès que le calme sera
revenu.

                                                      Jim

53. Le chemin du retour

Heilbronn, septembre-novembre 1945

La fin des hostilités ne mit pas un terme à la mission des Monuments men, loin de là. Comme le prouvait l'exemple d'Altaussee, la découverte de trésors pillés par les Nazis ne constituait que la première étape d'un long processus. Il fallait inspecter puis cataloguer les œuvres, les emballer et les sortir des mines, des châteaux, des monastères ou des simples trous dans le sol où elles avaient été entreposées. Presque tous les sites abritaient en outre des archives nazies, qu'il fallut éplucher afin de déterminer la provenance des œuvres et d'identifier leurs propriétaires. Les interrogatoires d'anciens Nazis permirent en outre de localiser d'autres dépôts. Enfin, tous les jours ou presque, des soldats découvraient par hasard des trésors enfouis sous terre, dans des voitures de chemin de fer, des stocks de provisions ou des barriques d'huile.

Le 4 juin, moins d'un mois après la fin des combats, le territoire contrôlé par la 7e armée des États-Unis comprenait cent soixante-quinze dépôts. La MFAA enrôlait des officiers et des conscrits à tour de bras (une écrasante majorité des trois cent cinquante hommes et femmes qu'elle employa la rejoignirent après l'armistice). Il restait encore à évacuer la plupart des mines et des châteaux et, surtout, à entreposer les œuvres en lieu sûr. James Rorimer, jamais en mal de ressources et qui n'avait pas pour habitude de rester les bras croisés, se réserva l'usage du bâtiment le plus convoité de Munich : l'ancien QG du parti nazi, qu'il transforma en « point de collecte ». Des œuvres d'art et d'autres objets volés y affluèrent de tout le sud de l'Allemagne et de l'Autriche. En juillet, il n'y restait déjà presque plus de place. Rorimer fit main basse sur un autre immeuble presque aussi vaste à Wiesbaden. Quelques semaines plus tard, un pavillon de l'université de Marburg fut réquisitionné pour y entreposer des archives sur lesquelles veillerait Walker Hancock, le Monuments man résolument optimiste de la 1re armée des États-Unis.

James Rorimer prit l'habitude d'emmener avec lui dans ses déplacements incessants Harry Ettlinger, le soldat juif de Karlsruhe entré dans son bureau la veille de la capitulation allemande, qui lui servait à présent d'interprète. Harry trouva son nouveau rôle au sein de l'armée aussi palpitant que les quatre mois précédents lui avaient paru monotones et lassants.

À la mi-mai, Rorimer emmena Harry dans une prison munichoise où il interrogea pendant quatre heures l'Allemand Heinrich Hoffmann, photographe attitré et néanmoins proche de Hitler. Rorimer s'efforçait depuis plusieurs jours de s'insinuer dans ses bonnes grâces en lui offrant des cigarettes et en feignant de compatir à son sort. Hoffmann finit par passer à table. Rorimer confia le soin à Harry de noter les informations qu'il fournirait sur sa collection d'œuvres d'art. Que dut ressentir le soldat Ettinger en tant que Juif allemand persécuté face à un homme qui dînait régulièrement avec le Führer et qui l'avait soutenu en recueillant ses confidences pendant plus de vingt ans ? Bien entendu, Hoffmann se présenta en tant que simple documentaliste du régime. À l'entendre, il ne prenait des photos de propagande que parce qu'il percevait des droits d'auteur à chaque réimpression, y compris sur des timbres-poste. Il avait acheté des œuvres d'art de provenance douteuse, certes, mais à des marchands « respectables » et dans le seul but de les photographier. Il s'était enrichi grâce au nazisme, sans adhérer pour autant à l'idéologie du parti. Seul l'argent l'intéressait. Ne pouvait-on en dire autant des Américains ?

Peu après, Harry accompagna Rorimer à Berchtesgaden. Pendant que ce dernier s'occupait des trésors entreposés au village (le Reichsmarschall n'était pas le seul cacique du parti à cacher le fruit de ses pillages à proximité du bastion des Nazis) Harry se rendit au chalet de Hitler, le Berghof, au sommet d'une montagne. Il passa un peu de temps seul dans le salon du Führer à contempler le paysage qu'encadrait l'immense baie (dont la vitre avait depuis longtemps volé en éclats) par laquelle Hitler observait jadis son empire. Que ressentit ce Juif allemand qui comptait parmi ses amis et sa famille des victimes de l'Holocauste en pénétrant en conquérant dans la résidence du dictateur vaincu ? Eh bien, un immense plaisir. D'autres soldats étaient venus fouiller le chalet avant lui mais Harry y dénicha tout de même quelques épaulettes et du papier à lettres à l'entête d'un général SS.

Vers la fin du mois de mai, le capitaine Rorimer emmena le soldat Ettlinger à Neuschwanstein. Neuschwanstein ! Au détour d'une route en lacet, Harry

Ettlinger vit soudain jaillir d'une vallée alpine le château aux tours élancées. Seule la mine d'Altaussee soutenait la comparaison avec Neuschwanstein ; et encore !
elle ne pouvait pas s'enorgueillir d'une aussi riche histoire. De nombreuses descriptions du château et de ses
merveilles avaient bercé l'enfance d'Ettlinger et de
beaucoup d'Allemands. Harry n'en eut pas plus tôt
franchi la grille qu'il crut basculer dans l'un des contes
de fées de son jeune âge. Voilà l'Allemagne légendaire
et la fameuse salle du trône en or ! Dans les moindres
pièces du château s'entassaient des œuvres d'art volées.
À l'entrée, le capitaine Rorimer, en dépit de son grade,
interdit à un général d'aller plus loin : personne ne
devait pénétrer à Neuschwanstein. Il n'en démordrait
pas. Harry Ettlinger — un simple soldat, pourtant —
eut le privilège d'admirer à l'intérieur même du château
des tableaux et de l'or (celui des Rothschild !) dont il
n'aurait jamais osé rêver du temps où il vivait encore à
Karlsruhe. Il venait de passer des semaines à traduire
des listes de noms et de chiffres. Voir de ses propres
yeux des toiles de Rembrandt, c'était tout de même
autre chose ! « Je n'ai vraiment pris conscience de ce
que signifiait l'Holocauste, raconterait par la suite
Harry, qu'en me rendant compte que les Nazis avaient
privé les Juifs non seulement de la vie (au fond, je ne
l'ai saisi que bien plus tard) mais aussi de leurs biens
personnels [...] Neuschwanstein m'a ouvert les yeux
sur cet épisode de l'histoire qu'il ne faut surtout pas
laisser sombrer dans l'oubli[1]. »

En septembre 1945, James Rorimer envoya Harry
Ettlinger à la mine de Heilbronn, sauvée d'une inondation au mois d'avril précédent. Le tumulte de la guerre
avait beau appartenir au passé, son écho n'en demeurait

pas moins perceptible dans la région. Harry logeait avec vingt autres conscrits à l'hôtel du Kronprinz, le seul bâtiment encore debout d'un pâté de maisons qui en comptait jadis des dizaines en pierre. Des gravats s'amoncelaient dans les rues désertes où l'on ne décelait aucun signe de vie. Quand Harry devait se rendre à la mine, il repérait son chemin grâce à la gare de Bockingen en ruines. En face, un gros bloc de béton signalait l'emplacement d'un abri antiaérien à l'entrée condamnée par suite des bombardements alliés du 4 décembre 1944 y ayant provoqué un incendie. À l'intérieur gisaient encore les cadavres des deux mille Allemands qui s'y étaient réfugiés. Au cas où cela n'aurait pas suffi à rappeler à Harry l'horreur de la guerre, son détachement avait « adopté » un survivant d'Auschwitz et de Dachau surnommé Ike, qui ne pesait plus qu'une trentaine de kilos.

La mine de Heilbronn — la seule entreprise en activité dans la région sinistrée — ne fonctionnait à nouveau que depuis peu et grâce à James Rorimer. Les pompes, à présent réparées, évacuaient l'eau du Neckar qui s'infiltrait dans les galeries souterraines. Les chariots ramenaient à l'air libre des quantités de sel gemme porté ensuite à une température de 650 °C afin d'en récupérer les cristaux dans une immense fournaise fonctionnant au charbon. Le combustible en surplus à la mine alimentait une usine des environs qui produisait des milliers de bouteilles de Coca alors même que la plupart des autochtones, n'ayant nulle part où dormir, ne mangeaient pas à leur faim.

À Heilbronn, Harry Ettlinger prit enfin la mesure de la tâche qui incombait à la MFAA. Les deux Monuments men en poste à la mine devaient à eux seuls y

organiser l'évacuation de tonnes d'œuvres d'art. Dans
un petit bureau près de l'ascenseur, le lieutenant Dale
Ford, un décorateur d'intérieur que la commission
Roberts venait de détacher d'une unité de camouflage
en Afrique du Nord, dirigeait l'opération auprès de trois
Allemands (un historien d'art, un fonctionnaire et un
ancien membre de l'ERR en poste à Paris pendant la
guerre ; peut-être au Jeu de Paume, on ne le sut jamais
au juste). Ils passaient leurs journées à éplucher les
archives de l'ERR dans l'espoir de retrouver quelques
chefs-d'œuvre parmi la masse des toiles.

La mission de Harry consistait à ramener ceux-ci à
l'air libre. Chaque matin, il passait devant l'abri antiaérien condamné et l'usine de Coca puis, arrivé à la mine,
se voyait remettre une liste de pièces précisant leur localisation. Il descendait alors à deux cent dix mètres sous
terre dans les ténèbres en compagnie de deux mineurs
allemands. En réalité, deux mines avaient servi de dépôt
aux Nazis (dont celle de Kochendorf, non loin de là),
qui comptaient au total plusieurs kilomètres de galeries
abritant plus de quarante mille caisses. Harry devait en
retrouver quelques douzaines chaque jour. Une tâche
herculéenne ! Heureusement, les archives de l'ERR,
d'une précision irréprochable, indiquaient l'emplacement exact de chaque œuvre. Comme l'ingénieur en
chef de la mine l'avait assuré à Rorimer en avril, les
toiles et les sculptures se trouvaient toutes dans une
série de petites salles au niveau supérieur. Les galeries
les plus profondes, en grande partie inondées pendant
ou aussitôt après la prise de Heilbronn, contenaient surtout du matériel d'usine.

La mine n'en restait pas moins obscure et glaciale.
Les galeries se ramifiaient à n'en plus finir. Le risque

était réel de s'y égarer hors du boyau principal. Une quantité inouïe de salles se succédaient sous terre. Leur nombre n'égalait cependant pas, loin s'en faut, celui des caisses que chacune d'elles abritait, qui se ressemblaient toutes et qui pouvaient contenir des tableaux ou des monnaies aussi bien que des bombes ou encore des photos de famille. Au bout de quelques semaines, un incident fit prendre conscience à Harry qu'il lui était impossible de savoir à quoi s'en tenir : il remarqua une salle fermée par un mur de briques. Comme personne ne savait ce qui se cachait derrière, il ordonna de le démolir. Il découvrit de longues tables où s'alignaient des bouteilles contenant un liquide clair ainsi qu'un dépôt plus épais au fond. Les mineurs y reconnurent de la nitroglycérine particulièrement volatile. Ils sonnèrent l'alarme et tout le monde évacua les galeries. Des experts ramenèrent les bouteilles à l'air libre en redoublant de précautions. Encore un mois et la mine aurait explosé. Sans doute que celui qui avait ordonné la construction du mur tablait sur un « accident » de ce genre.

En dépit du danger, les Monuments men progressaient dans leur mission. Alors que les combats touchaient à leur fin, une discussion porta sur le sort des trésors découverts en Autriche et en Allemagne. Il fut décidé que tous les biens culturels reviendraient à leur pays d'origine, y compris à l'Allemagne. Les Alliés résolurent dès lors de restituer au plus vite à leurs propriétaires légitimes les œuvres volées par les Nazis. L'armée ne disposait toutefois que de peu de main-d'œuvre et n'avait encore jamais procédé à une opération d'une telle ampleur. Des doutes compréhensibles s'élevèrent. Les Alliés venaient de sacrifier leurs

budgets nationaux et la fine fleur de leur jeunesse.
Comptaient-ils vraiment rendre leur butin de guerre ?

À la fin de l'été, le général Eisenhower apporterait à
cette question une réponse retentissante. Soucieux de
ménager les Alliés, Ike ordonna le retour immédiat des
principaux chefs-d'œuvre dans leurs pays respectifs.
Le retable de Gand partirait le premier, suivi de près par
les célèbres vitraux de la cathédrale de Strasbourg, que
les Français considéraient comme un trésor national.
L'ordre d'Eisenhower se transmit du sommet jusqu'à la
base de la hiérarchie où il parvint à deux cent dix mètres
sous terre au soldat Harry Ettlinger. Celui-ci n'eut
aucun mal à retrouver les vitraux, compte tenu de leur
taille, mais les sortir de la mine de sel fut une autre paire
de manches. Il fallut en outre les emballer, ce qui ne
nécessita pas moins de soixante-treize caisses. À la mi-
octobre, les vitraux n'attendaient plus que de rejoindre,
non pas un point de collecte de la MFAA, mais
Strasbourg, directement. Le 4 novembre 1945, une cérémonie en grande pompe célébra leur retour en France.
James Rorimer reçut à cette occasion la Légion d'honneur, en devenant ainsi le premier Monuments man
décoré d'un ordre aussi prestigieux.

À la même époque, une mission d'importance échut
à Harry. Les Nazis ne s'étaient pas contentés de piller le
patrimoine de nations entières ni de confisquer à leur
seul profit les trésors de l'humanité ; ils avaient aussi
privé des familles de leurs moyens de subsistance, de
leur héritage, de leurs souvenirs et des fondements de
leur identité. Harry Ettlinger en prit conscience lorsque
lui parvint en octobre 1945 une lettre de son grand-père,
Opa Oppenheimer. Juste avant de fuir l'Allemagne en
1939, Opa avait laissé dans un entrepôt près de Baden-

Baden sa collection d'ex-libris et d'estampes. Se souvenant encore de l'adresse et de la combinaison du cadenas, il espérait que son trésor lui reviendrait enfin — à condition, bien sûr, qu'il eût survécu à la guerre. Opa Oppenheimer comptait sur son petit-fils cantonné dans le centre de l'Allemagne où il s'efforçait à présent, six ans plus tard, de récupérer des œuvres d'art volées pour lui restituer sa collection.

L'occasion de rendre service à son aïeul ne se présenta qu'en novembre à Harry, lorsque le valet de chambre du gouverneur de la zone sous le contrôle de la France vint séjourner à l'hôtel du Kronprinz. Ce dénommé Jacques, expert en réparations automobiles, devait étudier le fonctionnement des moteurs Mercedes à Stuttgart. Harry lui demanda de le conduire à Baden-Baden, dans la zone qu'occupaient justement les Français ; ce que le valet de chambre accepta.

Par une radieuse journée de novembre 1945, Jacques, Harry Ettlinger et Ike (le survivant de l'Holocauste adopté par son détachement) partirent en jeep à la recherche d'une collection de gravures et d'ex-libris constituée au fil d'une vie simple et pourtant bien remplie. Ils ne mirent qu'une heure à rejoindre Baden-Baden où ils localisèrent le dépôt sans difficulté. Lorsque Harry Ettlinger en poussa la porte, son cœur bondit dans sa poitrine, comme le jour déjà lointain où, en Belgique, un sergent l'avait interpellé alors qu'un convoi s'apprêtait à le conduire au front. Au fond d'une pièce sombre et poussiéreuse, Harry retrouva dans l'état où Opa Oppenheimer les avait laissées les merveilles qu'il connaissait depuis son enfance — des milliers d'ex-libris et des centaines d'estampes d'impressionnistes allemands du tournant du siècle, sans oublier une gravure signée de l'artiste reproduisant le Rembrandt de Karlsruhe.

Gratifiant Harry d'une tape amicale dans le dos, le valet de chambre proposa de fêter l'événement par un copieux dîner. Il emmena ses deux compagnons dans une vallée, en pleine campagne, où ils se régalèrent d'une truite pêchée dans un ruisseau des environs, arrosée de la spécialité locale : du schnaps à la cerise. Harry et Ike déposèrent Jacques à Baden-Baden, gais comme des pinsons. Peut-être même un peu trop : Ike, qui ne crachait pas sur un petit verre, manqua un virage sur la route montagneuse qui menait à Heilbronn en versant dans un fossé. Il ne fallut pas moins de dix hommes pour en sortir la jeep. Manque de chance, le câble de frein avait été sectionné dans l'incident. Ike estima plus prudent de revenir sur leurs pas, à Baden-Baden.

Harry se retrouva ainsi en train de déserter malgré lui au risque d'encourir une peine de prison. Pire encore, du moins pour l'heure, les deux hommes n'avaient nulle part où passer la nuit. Ils s'adressèrent à la seule personne qu'ils connaissaient à Baden-Baden : Jacques, dont la petite amie travaillait par chance au meilleur hôtel de la ville. Elle les y fit entrer par la porte de service et les installa au seul endroit où personne, à la réception, n'aurait l'idée de les débusquer : dans la suite impériale. Ce soir-là, un survivant d'Auschwitz et un simple soldat de l'armée des États-Unis (en réalité, un Juif né en Allemagne, chassé de son pays par les purges nazies) dormirent dans des lits jadis réservés au Kaiser. Même Adolf Hitler et Eva Braun n'avaient jamais bénéficié d'un tel privilège.

Quelques semaines plus tard, alors que des curieux venaient par milliers à Strasbourg admirer les vitraux enfin réinstallés de la cathédrale célèbre dans le monde entier, un autre convoi d'objets précieux arriva en camion à la mine de Heilbronn. Harry Ettlinger et deux mineurs allemands emballèrent ceux-ci aussi soigneusement qu'ils avaient mis en caisse les vitraux de la cathédrale ou les tableaux de maîtres anciens. Ces objets n'appartenaient cependant ni à un État européen, ni à un grand collectionneur : ils devaient parvenir à un appartement au deuxième étage d'une vieille maison, au 410 de l'avenue Clinton, à Newark, dans le New Jersey. Le trésor de la famille Oppenheimer-Ettlinger s'apprêtait enfin à retourner à ses propriétaires légitimes au lendemain de la guerre.

54. Héros

Allemagne, Grande-Bretagne, France,
États-Unis et le reste du monde
Par le passé, maintenant et à jamais

La reconstruction de l'Europe au lendemain de la Seconde Guerre mondiale résulterait d'un effort à l'échelle internationale parmi les plus complexes à coordonner de notre époque. Il fallait reconstruire l'identité des nations d'Europe en plus de leurs infrastructures, or la restitution d'œuvres d'art joua un rôle essentiel de ce point de vue. Affirmer que la guerre a coïncidé avec le plus grand déplacement de biens culturels de toute l'histoire n'est rien encore. Les Alliés ont découvert rien que dans le sud de l'Allemagne plus d'un millier de dépôts contenant des millions de peintures, de sculptures et autres trésors du patrimoine — cloches d'église, vitraux, archives municipales, manuscrits, livres, bouteilles de vin, or, diamants et même des collections d'insectes. La tâche d'emballer, de cataloguer, de photographier puis de renvoyer dans leur pays d'origine le butin des Nazis revint presque exclusivement à la MFAA. (Les gouvernements se chargeraient ensuite de restituer les objets volés à leurs authentiques propriétaires.) Il ne fallut pas moins de six longues années aux Monuments men pour la mener à bien.

En dépit de leurs efforts, des centaines de milliers d'œuvres n'ont pas encore été retrouvées à ce jour. Parmi elles, la plus célèbre reste sans doute le *Portrait d'un jeune homme* par Raphaël, volé à la collection Czartoryski de Cracovie, en Pologne, et vu pour la dernière fois en possession du gouverneur général Hans Frank. Des dizaines de milliers de biens culturels ont sans conteste été détruits ; dont la collection personnelle de Heinrich Himmler, brûlée par des troupes de choc SS sans que les soldats Britanniques puissent intervenir. Les panneaux de la célèbre chambre d'ambre de Pierre le Grand, escamotés par les Nazis au palais de Catherine, dans les environs de Saint-Pétersbourg (à l'époque Leningrad), comptent probablement au nombre des victimes de la guerre. Tout porte à croire qu'ils ont été détruits lors de combats d'artillerie à Königsberg. (L'une des mosaïques a toutefois reparu à Brême en 1997.) Des milliers de tableaux n'ont jamais été restitués ; soit qu'il a été impossible de déterminer leur provenance, soit que leurs propriétaires comptaient au nombre des victimes des croisades militaires et racistes de Hitler. Hélas, les musées qui les conservent pour l'instant ne se sont pas tous montrés aussi déterminés que les Monuments men à identifier leurs propriétaires ou leurs héritiers légitimes.

Aujourd'hui, plus de soixante ans après le suicide d'Adolf Hitler, nous percevons encore la marque qu'il a imprimée sur le monde où nous évoluons. Après sa mort, ses biens personnels dispersés sont revenus pour la plupart à des musées ou à des collections publiques. La majeure partie de sa bibliothèque appartient aujourd'hui au département des livres rares et des collections particulières de la Bibliothèque du Congrès à Washington.

La bibliothèque John Hay de l'université Brown en conserve par ailleurs quatre-vingts volumes. Le Musée national de l'armée des États-Unis possède la majeure partie des peintures de Hitler, dont ses aquarelles. Les exemplaires originaux de son testament et de ses dernières volontés se trouvent aux Archives nationales de College Park, dans le Maryland, ainsi qu'au Musée impérial de la guerre, à Londres. La Maison de l'art allemand si chère à son cœur (la *Haus der Deutschen Kunst*) existe encore à Munich, bien qu'elle accueille à présent des expositions d'art contemporain en tant que « *Haus der Kunst* », tout simplement. L'impact le plus durable du règne de Hitler se mesure toutefois aux cinquante millions d'hommes qui n'ont jamais retrouvé le chemin de leur maison au lendemain de la guerre, aux scientifiques, aux artistes et aux inventeurs que le conflit a empêchés de voir le jour ou emportés trop jeunes et à ces générations sacrifiées parce qu'un homme en a jugé d'autres indignes de vivre.

Les membres les plus haut placés du gouvernement hitlérien furent poursuivis pour crimes contre l'humanité lors des procès de Nuremberg, qui débutèrent en octobre 1945. Le 9 mai 1945, des soldats américains arrêtèrent le successeur autoproclamé de Hitler mais aussi son principal rival en matière de collection de chefs-d'œuvre : le Reichsmarschall Hermann Göring. Vêtu de son plus bel uniforme, son bâton de maréchal à la main, il espérait obtenir une audience du commandant suprême des forces alliées, le général Eisenhower. On l'emprisonna à Augsbourg. À l'instar des autres dirigeants nazis à Nuremberg, il commença par nier son rôle dans l'Holocauste en affirmant : « J'ai un profond respect pour les femmes et je trouve cela indigne de tuer des enfants [...] En ce qui me concerne, je me sens dégagé de toute responsabilité dans les meurtres de masse[1]. » Pour finir, il admit cependant (et il fut l'un des seuls ou presque) avoir personnellement été mêlé aux pires crimes du Troisième Reich.

Göring ne réfuta que les accusations liées à sa collection de tableaux. « De tous les méfaits qui m'ont été imputés, déclara-t-il au cours des interrogatoires de Nuremberg, c'est le "pillage" de trésors artistiques qui m'a le plus outragé[2]. »

Il s'en expliqua par ailleurs : « Certains cherchent à me faire passer pour un pillard. D'abord, il faut savoir qu'en temps de guerre, tout le monde pille plus ou moins. Ce qu'on appelle mes "pillages" n'avaient rien d'illégal [...] J'ai toujours payé les œuvres que j'ai acquises, à moins qu'elles ne m'aient été remises par la division Hermann Göring qui, en plus de la commission Rosenberg, m'a fourni une partie des trésors que je collectionnais. Peut-être l'une de mes faiblesses a-t-elle été mon amour du luxe ou mon tempérament artistique si développé que la présence de chefs-d'œuvre auprès de moi me donnait le sentiment de vivre pleinement et de rayonner intérieurement. Mon intention a toujours été de léguer ces trésors [...] à un musée d'État après ma mort ou même avant, pour la plus grande gloire de la culture allemande. De ce point de vue, je ne pense pas avoir mal agi sur le plan éthique[3]. »

Le Reichsmarschall reçut un coup des plus durs en prison lorsqu'il apprit que l'une des toiles à laquelle il tenait le plus, *Le Christ et la femme adultère*, prétendument de Jan Vermeer et obtenue en échange de cent cinquante tableaux, n'était qu'un faux. (Le faussaire, Han van Meegeren, fut arrêté en Hollande pour collaboration avec les Nazis et pillage du patrimoine hollandais. Quand on découvrit qu'il avait roulé dans la farine le Reichsmarschall honni, certains saluèrent en lui un héros de la nation.) Ce fut le Monuments man Stewart Leonard qui annonça la nouvelle à Göring. À l'en croire, celui-ci « parut soudain se rendre compte, pour la première fois de sa vie, qu'il y avait des gens foncièrement mauvais de par le monde[4] ». Le Reichsmarschall se prenait pour un bel esprit de la Renaissance, or voilà qu'il passait pour un idiot cupide et inculte !

Hermann Göring ne fit pas appel de sa condamnation à mort. Il ne réclama qu'une exécution dans la dignité, c'est-à-dire par fusillade et non par pendaison comme un criminel de droit commun. Il essuya un refus. Le 15 octobre 1946, la veille de son supplice, il mit fin à ses jours en absorbant une capsule de cyanure de potassium. Nul n'a encore établi le moyen par lequel il a réussi à se la procurer en prison.

Alfred Rosenberg, le principal théoricien raciste du règne de Hitler, à la tête de l'ERR, ne se repentit jamais et nia toute participation à un crime ou même un délit quelconque. Jugé coupable, il fut pendu le 16 octobre 1946.

Ernst Kaltenbrunner, le chef de la Gestapo, fut reconnu coupable à Nuremberg de l'assassinat de civils, de l'exécution d'indésirables considérés comme tels selon des critères racistes, de la suppression de ses adversaires politiques et de l'instauration de camps de concentration et de camps de travail (où il ne se fit pas faute de tuer des prisonniers de guerre) et d'autres crimes encore, non moins abominables. Lui aussi fut pendu le 16 octobre 1946. Son intervention en vue de la sauvegarde des trésors d'Altaussee fut le seul acte louable de sa carrière sans cela infâme.

Hans Frank, le gouverneur nazi de la Pologne, surpris en possession de chefs-d'œuvre volés vers la fin de la guerre, réaffirma sa foi dans le catholicisme en exprimant quelques remords quant à son traitement de la Pologne. Il prétendit sa conscience soulagée par la perspective de finir pendu auprès de ses camarades du parti nazi mais n'indiqua jamais où se trouvait le portrait disparu de Raphaël.

Albert Speer, l'architecte et néanmoins ami de Hitler, qui n'avait manqué que de peu de contrer le décret néronien du Führer, fut le seul autre Nazi haut placé dans la hiérarchie du parti à exprimer des remords. Jugé coupable de crimes de guerre et de crimes contre l'humanité, il n'écopa que de vingt ans de prison en raison d'un désaccord entre les jurés. Après sa libération en 1966, il se lança dans l'écriture en rédigeant ses souvenirs du règne de Hitler dont le premier volume, *Au cœur du Troisième Reich*, apporta de précieuses lumières aux historiens. Une attaque l'emporta en 1981.

August Eigruber fut arrêté en mai 1945. À l'issue du procès de Mauthausen en mars 1946, ses juges le déclarèrent coupable de l'exécution de prisonniers de guerre et de crimes de guerre au camp de concentration de Mauthausen. De nombreuses preuves de ses méfaits furent recueillies dans les archives découvertes au fond de la mine de sel d'Altaussee ; ce qui explique sans doute sa volonté tenace de la détruire. Il ne se repentit jamais et, le 28 mai 1947, mourut au bout d'une corde après avoir crié une dernière fois : « *Heil Hitler !* »

Hermann Bunjes, l'érudit qui avait vendu son âme à Paris et tenté de se racheter une conscience en informant les Monuments men Kirstein et Posey de l'existence d'un dépôt d'œuvres à Altaussee, se pendit à la fenêtre de sa cellule le 25 juillet 1945. Lincoln Kirstein affirma par la suite, ce que de nombreux historiens répéteraient d'ailleurs à tort, qu'il donna également la mort d'un coup de fusil à sa femme et ses enfants. En réalité, il laissa les siens sans le sou, affamés et terrorisés mais cependant bien vivants dans une Allemagne en ruines. Son épouse, Hildegard, ne s'éteignit qu'en août 2005. « Mon mari n'était pas un Nazi convaincu mais un idéaliste[5] », affirma-t-elle jusqu'à sa mort.

Le 4 mai 1945, James Rorimer appréhenda Bruno Lohse, le représentant de Göring auprès de l'ERR à Paris. Rorimer aperçut son nom dans le registre de Neuschwanstein puis quelqu'un l'informa que Lohse séjournait dans une clinique des environs. Lohse se défendit en se présentant comme un simple caporal de la Luftwaffe (ce qu'il était en effet officiellement). Rorimer, averti par Valland qu'il fallait se méfier de Lohse, « un escroc qui n'hésitait jamais à trahir », ne fut pas dupe[6]. Le « caporal » se retrouva aussitôt en détention.

Lohse reconnut sa participation aux opérations menées par l'ERR au Jeu de Paume. À l'entendre, elles n'avaient cependant rien de répréhensible. Les écailles lui tombèrent des yeux à mesure qu'on lui dévoila les manigances de Göring, qui ne prit jamais la peine de rembourser ce qu'il devait à l'ERR. Lohse, un fervent admirateur du Reichsmarschall, ne se remettrait jamais d'apprendre que Göring, dans sa pingrerie, n'avait même pas daigné payer le prix ridiculement bas fixé par les marchands parisiens qu'il intimidait pour les tableaux qu'il s'appropriait.

Assuré de la clémence de ses juges en échange d'un témoignage incriminant les autres pilleurs, Bruno Lohse aida les Français à localiser plusieurs dépôts d'œuvres volées. (Sans doute les suicides de ses anciens complices Kurt von Behr et Hermann Bunjes influèrent-ils sur sa décision de coopérer.) Une fois sorti de prison en 1950, il devint un marchand d'art ayant pignon sur rue à Munich. Quelques années plus tard, soucieux de blanchir sa réputation, il nia publiquement avoir commis le moindre crime et intimida en la harcelant sa principale accusatrice, Rose Valland. En 1957, celle-ci avertit Rorimer, devenu entre-temps l'un de ses amis, que «Lohse, qui se présente à vous comme une victime, fait de lui à Munich un tout autre personnage, si j'en juge par les conversations qui m'ont été rapportées et redevient là-bas le Nazi véritablement désireux de se venger et de discréditer les restitutions. Il regrette, par exemple, de n'avoir pas exécuté l'ordre de von Behr et de ne pas m'avoir fait disparaître (déportation et exécution), selon les projets de ce dernier. Il est devenu, en Allemagne, le défenseur de tous ces pauvres gens qui ont dû obéir par contrainte aux ordres des policiers nazis et à qui nous avons fait tant de peine en leur demandant des comptes[7]».

Lohse mourut en mars 2007 à quatre-vingt-quinze ans, après quelques décennies d'un relatif anonymat. En mai 2007, on découvrit dans une banque de Zurich un coffre à son nom contenant une toile de Camille Pissarro volée par la Gestapo en 1938 ainsi que des Monet et des Renoir. Certains documents indiquent que Lohse avait sorti au moins quatorze tableaux de son coffre depuis 1983. L'enquête suit son cours.

Restent enfin les personnages secondaires du drame

d'Altaussee : des hommes comme les autres, inconnus des autorités, qui ont dû se ménager par leurs propres moyens une place dans le chaos de l'Autriche et de l'Allemagne de l'après-guerre. À de rares exceptions près, tous appartenaient au parti nazi — l'adhésion y était indispensable à l'époque, si l'on tenait à s'assurer une position dans la société — sans pour autant y jouer de rôle actif. La « dénazification » de l'Allemagne et de l'Autriche au lendemain de la guerre punit des criminels mais fit aussi du tort à de nombreux innocents — voire à de véritables héros.

La preuve en est fournie par Otto Högler, l'ingénieur des mines dont les connaissances techniques permirent à Pöchmüller de condamner certaines galeries d'Altaussee. Il fut appréhendé le 9 mai 1945, le lendemain de l'arrivée des Américains. Détail piquant : le Dr Michel reçut une copie du rapport consacré à son arrestation assortie d'une note stipulant que les seuls signataires en étaient « les authentiques partisans de notre cause ». Högler a-t-il été délibérément écarté pour permettre à Michel de s'attribuer le mérite du sauvetage des chefs-d'œuvre d'Altaussee ? Impossible à dire. Högler passa huit mois en détention. Libéré en décembre 1945, il fut à nouveau arrêté trois mois plus tard. Mis à pied de la mine, il se reconvertit dans la dératisation.

Högler sortit définitivement de prison en 1948. La compagnie qui exploitait la mine consentit à le réembaucher en 1951 à la suite de multiples réclamations de sa part et à condition qu'il ne parle jamais du sauvetage des œuvres d'art. Une fois à la retraite en 1963, il s'efforça tout de même de rétablir la vérité. En vain. En 1971, il résuma la situation dans une lettre à un magazine qui venait de publier une version erronée des faits.

« Votre article dit vrai sur un point : personne n'a témoigné la moindre gratitude à celui qui a sauvé les œuvres, ce qui pourrait expliquer pourquoi son geste méritoire a inspiré en dépit du bon sens bien des romans de gare. » En 1972, il rédigea un rapport sur les événements d'Altaussee, corroboré par plusieurs mineurs. Le gouvernement autrichien n'en prit hélas jamais connaissance. Otto Högler s'éteignit en 1973[8].

Le Dr Herbert Seiberl, le responsable autrichien du patrimoine complice de Pöchmüller, perdit lui aussi sa place. Sous le coup d'une interdiction de postuler à un emploi dans son domaine de compétences en raison de son appartenance au parti nazi, il tenta de gagner sa vie en peignant des cartes de vœux, en restaurant des tableaux ou encore en écrivant des livres, sans résultat. Il mourut en 1952 à quarante-huit ans, en laissant derrière lui une femme et quatre enfants qui n'échappèrent à la misère que grâce aux dons d'une certaine Mme Bondi et d'un M. Oppenheimer, rentrés en possession de leur collection d'œuvres d'art entreposée à Altaussee[9].

Karl Sieber, le restaurateur de tableaux, resta quelque temps à la mine où il fournit de précieux renseignements aux Américains. Bien qu'il n'ait jamais évoqué son rôle publiquement, l'assistant de George Stout, le Monuments man Thomas Carr Howe Jr., en fit état dans son livre *Salt Mines and Castles* (Mines de sel et châteaux) qui inciterait certains historiens à lui attribuer le sauvetage des œuvres. Les Américains aidèrent Sieber à retourner auprès des siens en Allemagne avant de lever son assignation à résidence. Sieber n'exercerait toutefois plus jamais son métier. Il s'éteignit en 1953[10].

Le sort le moins enviable échut au héros méconnu d'Altaussee, le directeur de la mine, Emmerich

Pöchmüller. Arrêté le 17 juin 1945, il fut accusé d'avoir tenté de détruire les trésors d'Altaussee. Un officier américain le passa à tabac au cours de son interrogatoire. Il perdit une demi-douzaine de dents et, le lendemain, ne parvenait plus à se tenir debout. En novembre 1945, sa sœur obtint une audience auprès du ministère autrichien de l'Instruction. Elle montra le journal de son frère, où celui-ci exposait son rôle à la mine, à un conseiller qui lui répondit : « Votre frère a dit la vérité. Nous en sommes certains. Mais nous n'avons pas le pouvoir de le relâcher[11]. »

Dès son élargissement en juillet 1947, Pöchmüller entreprit de lutter pour sa réhabilitation. À l'automne 1947, une confrontation l'opposa au Dr Michel qui, depuis deux ans, répandait des mensonges relayés par la presse. Le 15 décembre 1947, Michel exposa, dans une lettre au gouvernement autrichien, le véritable rôle de Pöchmüller à Altaussee. (Il revint par la suite sur sa déclaration ; la seule pourtant conforme à la vérité[12].) Mayerhoffer, l'ingénieur ayant aidé Pöchmüller à condamner certaines galeries, salua en lui un patriote et un héros. L'enquête menée par la police à la mine ne permit pas d'incriminer le directeur d'un quelconque abus de pouvoir. L'archevêque de Vienne sollicita la grâce de Pöchmüller dont le dossier officiel confirme « le rôle indéniable dans le sauvetage des œuvres d'art[13] ». Le bureau du président autrichien refusa toutefois de laver Pöchmüller d'accusations d'activités illégales au service des Nazis. Ceux qui tiraient parti des rumeurs mensongères au sujet de la mine de sel avaient vraisemblablement œuvré en coulisse à sa perte.

Il fut dès lors impossible à Pöchmüller de travailler. Le parti nazi auquel il appartenait depuis 1932 l'avait nommé en 1934 membre honoraire du corps motorisé national-socialiste, qui regroupait surtout des industriels et des hommes d'affaires apolitiques. En 1950, les tribunaux allemands décidèrent de rayer des listes d'anciens Nazis les détenteurs de telles positions honoraires ; ce qui permit à Pöchmüller de solliciter un emploi. En vain : sa réputation resterait ternie à jamais. Faute de moyens de subsister décemment, il vit son état de santé se dégrader rapidement.

Un petit éditeur accepta de publier son livre *Des trésors artistiques en danger*, qu'il avait sans succès tenté de faire paraître par ses propres moyens en 1948. Karl Sieber lui apporta son soutien en écrivant qu'il « n'est question dans cet ouvrage que de faits avérés, du moins pour autant que je puisse en juger. Dans la mesure où le récit des événements dont je n'ai pas été le témoin direct concorde avec la version qu'en donnent plusieurs personnes de ma connaissance, j'estime que le Dr. E. Pöchmüller a fait de son mieux pour livrer un compte rendu objectif des événements[14] ». Hélas, le livre n'intéressa pas grand monde. Tiré à peu d'exemplaires, il est devenu aujourd'hui presque introuvable (pas tout à fait, cependant, puisque nous avons réussi à le consulter).

Abattu, aigri, Pöchmüller en appela à la justice de son pays en s'appuyant sur une loi autrichienne qui accordait à toute personne ayant sauvé de la destruction des œuvres d'art une récompense équivalant à dix pour cent de leur valeur. Il eut beau clamer haut et fort que l'argent ne l'intéressait pas et qu'il voulait simplement que l'on reconnaisse son rôle à Altaussee, la presse et les autres parties concernées (dont le Dr Michel) y virent une occasion de plus de le traîner dans la boue.

Dans les années 1950, il tenta de nouveau — avec plus ou moins de succès — de prouver son innocence devant la justice. En 1954, il tomba dans la catégorie des « moins coupables » ; ce qui lui permit en théorie d'exercer à nouveau sa profession. Il trouva un travail en 1955 mais en Allemagne et non dans son Autriche bien-aimée. Il tenta une dernière fois de laver son honneur en 1959 en écrivant au gouvernement autrichien : « J'aimerais que soient officiellement salués mes efforts en vue de sauver des œuvres d'art, afin de pouvoir (pour des raisons familiales) exercer de nouveau un métier qui me convienne en Autriche. Pour cela, je suis prêt à tous les sacrifices. » Il n'obtint aucune réponse.

Le Dr Emmerich Pöchmüller mourut d'un arrêt cardiaque en 1963 sans que ses mérites aient été reconnus. Son long combat en vue de sa réhabilitation l'avait brisé, physiquement et moralement.

Le Dr Hermann Michel ne sortit pas indemne des événements d'Altaussee. Il retrouva certes son ancien poste de directeur du musée d'histoire naturelle de Vienne mais de lourds soupçons pesaient sur lui. En 1945, il affirma au ministère de l'Instruction qu'il avait adhéré au parti nazi « pour pouvoir organiser plus facilement la résistance au musée[15] ». Le ministère de l'Intérieur n'en parut pas convaincu : son nom s'ajouta en 1947 à la liste des anciens Nazis.

En 1948, les affirmations de Pöchmüller obtinrent une relative publicité. Michel fut alors sommé de s'expliquer sur son rôle exact à Altaussee. Il repoussa la rédaction d'un rapport jusqu'en 1950 et ne remit à ce moment-là qu'un brouillon en se prétendant menacé par Pöchmüller qui, toujours selon lui, cherchait par cupidité à s'approprier la récompense prévue par la loi.

Le gouvernement autrichien ne reçut jamais le rapport de Michel dont les efforts pour assurer la cohérence de son tissu de mensonges finirent par l'épuiser. Il s'en prit bientôt à ses collègues en traînant en justice un conservateur du musée d'histoire naturelle qui l'accusait de vol. Le juge innocenta ce dernier en concluant que « le Dr Michel a manifestement livré un faux témoignage. Il a en outre tenté d'influencer un autre témoin ; ce qui le rend coupable d'incitation au parjure ».

Michel fut mis en disponibilité en décembre 1951 alors que l'enquête poursuivait son cours. En mai 1952, il dut prendre contre son gré une retraite anticipée. Il mourut en octobre 1965. Les circonstances peu glorieuses de son départ du musée d'histoire naturelle n'ont pas dissuadé ses directeurs ultérieurs, soucieux de disculper l'institution de son passé nazi raciste, d'affirmer en 1987 « qu'avec les combattants pour la liberté, le Dr Michel a empêché la destruction des trésors d'Altaussee[16] ».

En France, le rôle de Jacques Jaujard dans la protection des collections de l'État contre les Nazis lui valut le statut de héros national. Décoré de la Légion d'honneur, il reçut la médaille de la Résistance et fut promu au secrétariat général des Affaires culturelles à l'époque où André Malraux participait au gouvernement. Lors de son élection à l'académie des Beaux-Arts en 1955, son prédécesseur salua en lui un défenseur des arts en déclarant : « Il aborde l'avenir, auréolé du prestige des chefs-d'œuvre qu'il a contribué à sauvegarder[17]. »

Contrairement à nombre de personnalités en vue du monde muséal français, Jaujard ne livra pas de témoignage écrit sur son rôle dans la sauvegarde du patrimoine français à la direction des Musées nationaux pendant la Seconde Guerre mondiale. Il resta toujours très discret, convaincu que ceux qui gardent le silence n'ont pas moins de motifs de fierté que ceux qui se vantent ouvertement. Il ne consacra au conflit qu'un texte de sept pages où il s'étendit sur l'attitude de Rose Valland à Paris sous l'Occupation. On ne sait s'il prit la plume sur les instances de Valland afin de dissiper les doutes qui pesaient sur son héroïsme mais, une chose est sûre : il la défendit toujours.

En 1967, une crise cardiaque emporta Jacques Jaujard dans sa soixante-treizième année. Son ami, le célèbre historien André Chamson, écrivit : « Pour Jacques Jaujard, ce dépassement s'est produit pendant les années de l'Occupation, interminable minute de vérité où tout se jouait, à pile ou face, sur le courage et la lucidité […] Il s'est battu à la manière d'un soldat ; les idées claires, persuasif quand il le fallait, il a rempli les devoirs qu'il s'imposait en plus de ceux qu'impliquait son poste et s'est montré responsable de ses actes devant la patrie de la République sur le point de renaître enfin libérée[18]. » En 1974, un recueil de maximes de Jaujard parut en tirage limité. On pouvait y lire : « Peu importe que tu éprouves la peur si tu parviens à la dissimuler. Tu es alors au bord du courage » ou « Il y a des combats qu'il n'est pas déshonorant de perdre ; ce qui est déshonorant, c'est de ne pas les livrer[19] ». Son ami Albert Henraux, l'un des organisateurs de la Résistance, aimait citer la devise, sublime par sa modestie même, que Jaujard proposait à l'ensemble du personnel du Louvre : « Maintenir[20]. »

Le comte Franz von Wolff-Metternich, le responsable allemand de la Kunstschutz ayant aidé Jaujard à déjouer les menées des Nazis, fut lui aussi salué comme un héros en France. Après la guerre, il contribua, au côté des Alliés, à la restitution du patrimoine culturel de l'Allemagne. Il travailla ensuite au ministère des Affaires étrangères de la RFA où il s'efforça de retrouver les œuvres volées par les Nazis. En 1952, il obtint le poste de directeur de la bibliothèque allemande Hertziana de Rome et s'éteignit en 1958.

Rose Valland, l'assistante de Jaujard, continua de défendre le patrimoine culturel français depuis Paris bien après le départ de James Rorimer. Le 4 mai 1945, près d'un mois après l'affectation de Rorimer à la 7e armée des États-Unis, Valland reçut une commission dans la 1re armée française. « Le long des routes [allemandes], écrivit-elle, j'ai vu des processions déchirantes de réfugiés ; on aurait dit les fantômes de [l'évacuation de Paris, en 1940] […] J'ai croisé de pareils malheureux […] Ils m'ont contrainte à renoncer à l'idée claire que je me faisais de l'ennemi et qui m'avait jusque-là soutenue. J'ai compris que l'on ne peut savourer la victoire qu'une fois effacées les horreurs de la guerre[21]. »

Rose Valland parvint à Neuschwanstein entre le 14 et le 16 mai 1945, soit une semaine et demie après Rorimer. Ses aventures faillirent se terminer là, dans ce lieu devenu mythique à force de lui sembler inaccessible et qui l'avait souvent poussée à risquer ses jours à l'époque où elle travaillait au Jeu de Paume. À la grille d'entrée, le soldat qui montait la garde et ne la connaissait pas refusa de la laisser passer : Rorimer venait en effet d'interdire à quiconque l'accès du château. Comme d'autres affaires le réclamaient ailleurs, Valland ne put s'adresser à lui. Il ne lui resta plus qu'à tourner les talons face à sa plus belle réussite… pour y revenir plus tard.

Rose Valland passa en effet sept ans en Allemagne en tant qu'officier de la MFAA rattachée à la 1re armée française. Elle appréciait à l'évidence une compagnie masculine : sur de nombreuses photos de points de collecte de la MFAA, elle se mêle à ses collègues dans son uniforme de capitaine, un sourire aux lèvres et une cigarette à la main.

La postérité a gardé de Rose Valland l'image d'une « employée timide, effacée » bien qu'elle ait inlassablement œuvré à la restitution des œuvres pillées par les Nazis. Elle savait passer inaperçue quand il le fallait sans pour autant s'en laisser imposer, comme le prouve son attitude de défi face à Bruno Lohse lorsqu'il lui déclara froidement : « La moindre indiscrétion pourrait vous coûter la vie[22]. » De retour d'Allemagne en 1951, Valland tenta de nouveau de remettre la main sur les biens confisqués à des Français pendant l'Occupation. Sa réussite en ce domaine comme dans d'autres invite à ne pas voir en elle une fleur fanée mais une femme intelligente et courageuse mue par une volonté farouche d'accomplir le destin que Jaujard lui avait assigné en 1940.

Rose Valland reçut la Légion d'honneur et la médaille de la Résistance ainsi que le titre de commandeur de l'ordre des Arts et des Lettres ; ce qui fit d'elle l'une des femmes les plus décorées de France. En 1948, les États-Unis lui décernèrent la médaille de la Liberté et la RFA, la croix de l'ordre du Mérite. En 1953, après vingt ans de bons et loyaux services dans l'administration française,, elle obtint enfin un poste de conservateur. Son livre, *Le Front de l'art*, publié en 1961, a inspiré quatre ans plus tard un film, *Le Train*, mettant en scène Burt Lancaster et racontant, en dépit de nombreuses entorses à la vérité historique, le sauvetage du fameux convoi d'œuvres d'art. Le Jeu de Paume et une certaine «Mademoiselle Villard» y sont cependant à peine mentionnés.

Malgré ses décorations et ses médailles, Rose Valland ne connut jamais la célébrité en France, sans doute en raison de la modestie de ses origines. Élevée dans une petite ville de province, elle évoluait dans un monde dominé par des hommes, pour la plupart issus de l'élite de la nation. Certains de ses compatriotes lui reprochèrent comme un manquement grave au protocole d'avoir «pris le risque calculé de transmettre ses informations à un Américain afin de sauver des dizaines de milliers d'œuvres d'art[23]» (c'est Jaujard qui le dit). Son infatigable poursuite des Nazis et des pillards finit en outre par agacer beaucoup de Français. Au lendemain de la guerre, ceux-ci n'aspiraient plus en effet qu'à laisser sombrer dans l'oubli son cortège d'abominations. Valland, elle, ne s'y résoudrait jamais. Qui sait si, en dépit du soutien de Jaujard, elle n'était pas condamnée à demeurer en marge de la société?

Rose Valland vécut encore paisiblement pendant vingt ans avant de s'éteindre le 18 septembre 1980. Sa dépouille, un temps exposée aux Invalides, repose aujourd'hui dans une tombe sans ostentation de son village natal, Saint-Étienne-de-Saint-Geoirs. L'une de ses collègues du Louvre, Magdeleine Hours, commenterait par la suite[24] :

«La plupart de ses collègues ne la comprenaient pas ; elle suscitait la jalousie. Nous n'étions pas nombreux à l'admirer. Le jour de ses funérailles aux Invalides, le directeur des Musées de France, le conservateur en chef du département des dessins et moi-même, plus quelques employés du musée, étions quasiment les seuls à lui rendre l'hommage qu'elle méritait. Beaucoup n'ont témoigné que de l'indifférence, voire de l'hostilité à cette femme, qui avait si souvent risqué sa vie et sauvé les biens de tant de collectionneurs et qui faisait honneur à notre profession. »

Le 27 avril 2005, près d'un demi-siècle après la fin de la guerre, une plaque apposée sur le mur sud du Jeu de Paume a enfin reconnu les services rendus par Rose Valland à la France ainsi que sa volonté tenace de « sauver un peu de la beauté du monde[25] ».

Si ni les historiens ni le peuple français n'ont témoigné à Rose Valland la reconnaissance qu'elle méritait, on ne saurait en dire autant de ses collègues de la MFAA qui saluaient en elle une héroïne de la guerre au rôle indispensable du point de vue de la sauvegarde du patrimoine culturel de l'humanité. Sans elle, les tentatives de la MFAA de retrouver les milliers d'œuvres volées en France — et surtout de mettre la main sur les archives de l'ERR — auraient fort bien pu ne jamais aboutir.

À l'instar de Valland, les Monuments men poursuivirent leur mission après la fin des combats, même si la plupart d'entre eux ne restèrent pas longtemps dans l'armée.

Le 21 août 1945, le retable de Gand quitta le point de collecte de Munich pour retourner en Belgique. Ce chef-d'œuvre — l'un des plus célèbres dérobés par les Allemands — fut le premier à rejoindre son pays d'origine à bord d'un avion réquisitionné pour l'occasion. Les douze panneaux du polyptyque arrimés à l'intérieur du compartiment réservé aux passagers n'y laissèrent de place que pour une seule personne : le Monuments man Robert Posey.

L'avion attendu le 21 août au soir à l'aéroport de Bruxelles mais dérouté par suite d'une violente tempête se posa le lendemain à 2 heures du matin sur un champ d'aviation britannique en Belgique. Au lieu de la cérémonie en grande pompe organisée par le gouvernement belge, Posey se retrouva face à une piste d'atterrissage déserte. Il contacta un officier américain qui convainquit en échange de quelques pintes une vingtaine de soldats de renoncer à terminer la nuit dans un bar pour décharger sous une pluie battante les panneaux du retable. Celui-ci parvint au palais royal de Bruxelles à 3 h 30. Posey repartit quelques heures plus tard, muni d'un bon de livraison dûment signé. Quand il revint au QG de la 3e armée des États-Unis après un court séjour à Paris, son commandant lui décerna l'ordre de Léopold, l'une des plus prestigieuses distinctions belges. Le gouvernement belge comptait la lui remettre lors de la cérémonie accompagnant le retour du retable. Posey reçut aussi la Légion d'honneur en France, un peu plus tard.

Il n'accomplirait toutefois plus rien de significatif au sein de l'armée : son travail après la fin des hostilités ne tarda pas à l'ennuyer et il ne réussit pas à s'entendre avec les nouvelles recrues de la MFAA. Avant même la signature de l'armistice, il s'était mis à mépriser ses collègues cantonnés ailleurs que dans la zone des combats. Déboussolé dans l'Allemagne de l'après-guerre, il approuva le général Patton lorsque celui-ci insista pour servir leur petit déjeuner aux soldats de la 3e armée tôt le matin, comme du temps où ils luttaient encore contre l'ennemi. Les Monuments men fraîchement enrôlés auraient mieux aimé faire la grasse matinée. Pour ne rien arranger, ils recrutèrent une plantureuse secrétaire allemande bien qu'il leur fût interdit d'employer des

Allemands — y compris des blondes au généreux décolleté. Posey la limogea sur-le-champ.

Il quitta l'Europe en 1945, un mois après la restitution à la Belgique du retable de Gand et trois mois avant la mort du général George S. Patton Jr. — son mentor, qu'il idolâtrait — suite à un accident de jeep survenu non loin de Mannheim, en décembre. En 1946, Posey reprit son métier d'architecte en entrant dans le prestigieux cabinet Skidmore, Owings & Merrill où il travailla sur des projets d'envergure tels que l'Union Carbide Building, la Lever House de New York et la tour Sears à Chicago. Il prit sa retraite en 1974 et mourut trois ans plus tard.

Son coéquipier, Lincoln Kirstein, qui désespérait de quitter l'armée « avant de toucher [s]a retraite[26] », retourna plus tôt que prévu aux États-Unis en septembre 1945 : des médecins venaient de diagnostiquer un cancer à sa mère. En 1946, avec son associé le chorégraphe George Balanchine, il créa un nouveau corps de ballet à l'influence considérable sur les autres troupes de danseurs du XXe siècle et qui prit en 1948 le nom de New York City Ballet. Kirstein en demeura le directeur général jusqu'en 1989. Les vers qu'il avait composés à l'armée parurent en 1964 dans un recueil intitulé *Rhymes of a PFC* (Poèmes d'un soldat). Il n'évoquait pourtant que rarement sa mission en Europe. Il entretint une longue correspondance avec Posey avec lequel il caressa d'ailleurs un temps l'idée d'écrire un livre et incita George Stout à collaborer à la rédaction d'un essai sur les Monuments men, en lui précisant : « Il ne s'agira pas d'un recueil de photos mais d'un récit[27]. » Loin d'enjoliver son rôle pendant la guerre, Kirstein se reprochait souvent de ne pas s'être plus exposé au danger. Il était du genre à ne jamais se contenter de ses réussites, pourtant nombreuses.

À la fin de sa vie, Lincoln Kirstein était considéré comme l'une des plus éminentes personnalités du milieu culturel américain mais surtout comme le principal mécène de sa génération. « C'était l'un de ces rares hommes dont les talents couvrent l'ensemble des arts de son époque », écrivit le critique Clement Crisp. « Il s'est consacré aussi bien à la danse qu'au cinéma, à la littérature, au théâtre, à la peinture, à la sculpture et à la photographie[28]. » En 1984, Ronald Reagan lui décerna la médaille présidentielle de la Liberté. Il reçut en outre la médaille nationale des Arts en 1985 et, avec Balanchine, la médaille d'or du Mérite national, de la Société nationale des arts et des lettres. Lincoln Kirstein mourut en 1996 à quatre-vingt-huit ans.

Walker Hancock quitta l'Europe vers la fin de l'année 1945, après l'établissement à Marburg d'un point de collecte de la MFAA. De retour aux États-Unis, il bâtit la maison dont il rêvait depuis des mois et se remit à enseigner à l'académie des beaux-arts de Pennsylvanie où il demeura en poste jusqu'en 1967. Avec sa jeune épouse Saima, il travailla et vécut à Gloucester, dans le Massachusetts, le restant de ses jours. Sculpteur de renom, il réalisa le célèbre bas-relief figurant les généraux des États confédérés d'Amérique sur un versant de la Stone Mountain près d'Atlanta, en Georgie. Son œuvre la plus célèbre reste cependant le Mémorial de la gare de la 30e Rue à Philadelphie. Achevé en 1952, il rend hommage aux treize cents employés de chemin de fer morts pendant la Seconde Guerre mondiale et représente un soldat emporté par l'archange Michel. L'une des dernières commandes que lui passèrent les États-Unis ne fut autre que celle du buste du président George W. Bush.

Hancock reçut la médaille nationale des Arts des mains du président Bush senior en 1989 puis la médaille présidentielle de la Liberté l'année suivante. Sa bien-aimée Saima mourut en 1984. Walker Hancock lui survécut quatorze ans, apprécié de tous ceux qui le connaissaient. Il conserva son optimisme jusqu'à sa mort à quatre-vingt-dix-sept ans. En 1997, il écrivit : « Bien que j'aie vécu une vie exceptionnellement heureuse, et que j'aie toujours eu beaucoup de chance, je suis passé, comme tout le monde, par des moments pénibles, et même parfois tragiques. Je me suis cependant toujours raccroché à mon heureuse disposition (ou plutôt, dans mon grand âge, à la nécessité) de m'appesantir sur eux le moins possible[29]. »

James Rorimer resta en Europe jusqu'au début de l'année 1946, en tant que responsable de la MFAA auprès de la 7e armée des États-Unis et du district militaire occidental. De retour au Metropolitan de New York, il obtint la direction de l'annexe des Cloîtres regroupant les collections d'art médiéval du musée, à la création de laquelle il avait œuvré au début de sa carrière, en 1938. Pendant la guerre, il écrivit à ses proches qu'il caressait l'idée de rédiger un essai sur son expérience à la MFAA. Après bien des tâtonnements, il publia en 1950 un récit autobiographique intitulé *Survival* (Survivre). Son succès limité — à l'époque, les mémoires de guerre inondaient le marché de l'édition — fut l'une des rares déceptions qu'essuya Rorimer dont la carrière fut sans cela jalonnée de brillantes réussites. En 1955, plus ambitieux que jamais, il succéda à Francis Henry Taylor (l'un des membres de la commission

Roberts) à l'un des postes les plus en vue du monde muséal américain : celui de directeur du Metropolitan.

En un sens, James Rorimer eut la chance de se trouver au bon endroit au bon moment, encore que les hommes aussi énergiques et brillants que lui finissent en général par faire leur trou, quoi qu'il arrive. À la fin des années 1940 et au début des années 1950, les États-Unis, jusqu'alors à la traîne dans le domaine culturel, devinrent une scène artistique de premier plan. La Seconde Guerre mondiale offrit l'occasion à des millions de jeunes Américains de découvrir le patrimoine de l'Europe et de l'Asie en suscitant en eux, presque du jour au lendemain, un intérêt pour l'art qu'il aurait fallu des générations pour éveiller en d'autres circonstances. La nation américaine éprouva dès lors pour la première fois de sa « jeune » existence le désir de s'instruire et aussi plus simplement de jouir du plaisir esthétique que procure la peinture ou encore la musique. Les Monuments men, eux-mêmes sensibilisés à la valeur des vestiges du passé par leur séjour à l'étranger, ne demandèrent qu'à satisfaire leurs concitoyens. Fort de sa capacité à se projeter dans l'avenir et des talents de diplomate qu'il avait déjà déployés pendant la guerre, James Rorimer profita de cet engouement sans précédent pour asseoir la réputation du Metropolitan. Grâce à lui, la bibliothèque Watson devint l'une des plus considérables du pays et les collections du musée s'enrichirent d'œuvres qui comptent aujourd'hui parmi ses plus célèbres — *Aristote contemplant le buste d'Homère*, par Rembrandt, et l'*Annonciation* (également connue sous le nom de retable Mérode) du maître flamand Robert Campin, pour n'en citer que quelques-unes. Le nombre annuel

de visiteurs du Metropolitan passa sous sa direction de
deux à six millions.

Fier de son affectation à la MFAA, Rorimer se chaus-
sait presque toujours de ses bottes de l'armée, y compris
à son travail, en costume ou en smoking. Sa mort pré-
maturée à soixante ans en 1966, d'une crise cardiaque
pendant son sommeil, représenta une terrible perte, et
pour l'histoire des Monuments men, et pour la communauté muséale.

Ses funérailles se déroulèrent au département des
Cloîtres cher à son cœur où aucune célébration reli-
gieuse n'avait encore eu lieu. Y assistèrent plus de mille
de ses amis et admirateurs. La réputation de James
Rorimer ne connaissait pas de frontières. « Imprégné
par l'histoire », déclara son collègue de la MFAA et
néanmoins ami Sherman Lee, lors de son oraison
funèbre, « il cultivait la patience en tant que vertu et
n'usait de son autorité qu'à bon escient. Doté d'un œil
expert et d'un jugement fiable, il était conscient de la
valeur de l'héritage culturel de l'humanité et avait
résolu, dans un monde en bouleversement constant, de
le préserver et de le mettre en valeur à l'intention de
ceux qui ont des yeux pour voir[30] ».

Ce sont sans doute les propos de Rorimer qui
offrent le meilleur bilan de sa vie. Quand on l'interrogeait sur le secret de sa réussite, il répondait qu'il
suffisait de : « Partir du bon pied, être prêt à en faire
plus que le strict minimum, se montrer beau joueur,
saisir la balle au bond et ne laisser passer aucune occasion. Ou si l'on préfère : se fixer un objectif et savoir
s'y tenir[31]. » En un sens, les principes de Rorimer
caractérisaient parfaitement la MFAA et le rôle qu'il y
avait joué.

À l'été 1946, il ne restait plus sur le continent européen que deux Monuments men parmi ceux qui s'y étaient rendus dès le début de la guerre — et ils y avaient laissé la vie.

Walter, dit « Hutch » Huchthausen, décédé dans l'ouest de l'Allemagne, repose aujourd'hui au cimetière militaire américain de Margraten, en Hollande. En octobre 1945, Frieda Van Schaïk, devenue son amie à l'époque de son affectation à Maastricht auprès de la 9ᵉ armée des États-Unis et qui entretenait depuis sa tombe, écrivit à la faculté de Harvard, dont il était diplômé : « Après que nous avons fait sa connaissance, il est venu nous rendre visite à plusieurs reprises et c'est ainsi qu'il est devenu l'un de nos excellents amis […] la nouvelle de sa mort subite nous a beaucoup attristés […] Je serais ravie d'entrer en contact avec sa famille. Il est enterré au grand cimetière militaire américain de Margraten, en Hollande (à dix kilomètres de chez moi) et j'ai pris jusqu'ici soin de sa tombe […] Si vous connaissez l'adresse de la mère de Walter Huchthausen, je vous serais très obligée de me la communiquer[32]. » L'un des supérieurs de Huchthausen au QG des forces expéditionnaires alliées écrivit à sa mère : « Son travail lui plaisait beaucoup au moment où je suis allé le voir à Maastricht au mois de février dernier et il en tirait une grande fierté. Vous aussi, vous pouvez être fière de lui. Sa disparition a représenté une grande perte pour nous tous[33]. » Walker Hancock n'exagérait pas en affirmant que Huchthausen « aura donné aux quelques personnes qui l'ont vu à son poste — amis comme ennemis — une meilleure opinion de la race humaine[34] ».

Ronald Balfour repose au cimetière britannique de Clèves, en Allemagne. En 1954, son portrait fut apposé

sur le bâtiment restauré des archives municipales, à
côté d'une plaque indiquant : « Le Commandant
Ronald E. Balfour, enseignant au King's College de
Cambridge, est mort en service en mars 1945. Il a
sauvé, en tant qu'officier britannique des monuments,
de précieuses archives médiévales et les trésors de bien
des villes de la vallée du Rhin. Qu'un hommage lui
soit ici rendu[35]. » Quand la mère de Balfour se rendit à
Clèves l'année suivante, à l'occasion du dixième anniversaire de la mort de son fils, les édiles l'assurèrent
qu'ils « continuaient d'honorer sa mémoire[36] ». Ils lui
promirent en outre de veiller de leur mieux « à l'entretien de sa tombe[37] ». Sans doute cela ne suffit-il pas à
la consoler de la disparition de son fils.

Le dernier des Monuments men en service depuis le
début de la guerre à quitter le théâtre des opérations en
Europe fut, comme de juste, George Stout. Il ne revint
aux États-Unis qu'à la fin du mois de juillet 1945 et,
deux mois plus tard, partit à sa demande dans le Pacifique. Il arriva en octobre 1945 au Japon, où il cha-
peauta la division des beaux-arts et des monuments au
QG du commandement suprême des forces alliées, à
Tokyo. Il revint aux États-Unis l'année suivante et reçut
les médailles d'éloge et de l'étoile de bronze de l'armée
américaine.

Stout reprit pour une courte période son travail au
musée Fogg de Harvard. En 1947, il devint directeur
du musée d'art Worcester du Massachusetts, puis du
musée Isabella Stewart Gardner à Boston — un poste
à sa mesure, le musée n'accueillant pas d'expositions
temporaires.

Lorsque Stout partit à la retraite en 1970, sa réputation professionnelle n'était plus à faire. Il publia en

1977 un article sur ses premières années au musée Fogg
(considéré alors comme « pionnier en Amérique dans le
domaine de la conservation des œuvres »). En 1978,
plusieurs revues spécialisées lui rendirent hommage, à
lui et à son ami le chimiste John Gettens, en leur décer-
nant le titre de « pères fondateurs du muée Fogg » à
l'origine d'une ère nouvelle dans leur profession[38]. Un
autre magazine reconnut à Stout le mérite d'avoir conci-
lié les technologies modernes avec « la sensibilité esthétique des restaurateurs traditionnels et des historiens
de formation[39] ». En d'autres termes, Stout réussit à
moderniser son métier sans jamais perdre de vue le rôle
essentiel des individus aux commandes des machines.

Stout n'évoquait pas souvent ses états de service
pendant la Seconde Guerre mondiale, qui sont de ce
fait restés largement méconnus. Quand le musée
Smithsonian lui consacra un entretien en 1978, Stout
déclara, avec son sens coutumier de la litote, qu'appelé
sous les drapeaux, il avait rempli ses devoirs militaires
comme n'importe quel soldat, dans l'intérêt de la
conservation du patrimoine. Il ne précisa pas que c'était
principalement lui qui avait organisé la mission de la
MFAA. Quand il s'éteignit à Menlo Park en Californie,
en juillet 1978, sa notice nécrologique indiqua qu'il
était « internationalement connu en tant qu'expert en
restauration d'œuvres d'art », que, pendant la Seconde
Guerre mondiale, il avait contribué à la mise au point de
techniques de camouflage et « qu'il avait été par la suite
nommé membre de l'état-major du général Dwight
D. Eisenhower responsable des monuments, des beaux-
arts et des archives[40] ».

Ceux qui le connaissaient mieux ne manquèrent pas
de saluer sa contribution essentielle à l'œuvre de la

MFAA et à la protection du patrimoine européen. Le rapport officiel que lui consacra l'armée établit que « motivé par l'urgence de sa tâche, il passa presque tout son temps seul sur le terrain, au mépris de son confort personnel [...] il a fait preuve d'un admirable tact vis-à-vis des nombreuses unités qui collaboraient avec lui[41] ». Il n'est sans doute pas inutile de rappeler ici les propos du Monuments man Craig Hugh Smyth, qui seconda Stout vers la fin de son séjour en Europe : « C'était un meneur d'hommes ; calme, généreux, modeste, et cependant doté d'une forte personnalité, à la fois posé, réfléchi et capable d'innover. À l'écrit comme à l'oral, il se montrait économe de ses mots mais s'exprimait d'une manière toujours précise et vivante. Il n'affirmait rien qui ne fût digne d'être cru. Au fond, on ne demandait qu'à lui obéir. »

Tout ceci ne donne pas encore une juste idée de la contribution de Stout à l'effort de guerre ni de l'estime et de l'affection qu'il inspirait à ses collègues de la MFAA. Leurs lettres et leurs journaux intimes fourmillent d'éloges sur son compte. Ce fut encore Lincoln Kirstein qui résuma le mieux ce qu'ils pensaient tous en écrivant sans détours : « George Stout a été le plus grand héros de guerre de tous les temps. C'est lui qui a sauvé les œuvres dont les autres se contentaient de parler[42]. »

Il ne faut toutefois pas s'étonner que le rôle de Stout au sein de la MFAA n'ait jamais été apprécié à sa juste valeur. Au cours des décennies qui ont suivi la guerre, la MFAA s'est perdue dans les brumes de l'histoire. Les Monuments men (et il s'agit là d'un phénomène avant tout générationnel) ont eu tendance à minimiser leur participation à l'effort de guerre. Comme ils ne formaient pas une unité à proprement parler, leur action n'a pas trouvé sa place parmi les récits officiels du conflit. Certains d'entre eux sont restés en contact les uns avec les autres en tissant de solides liens d'amitié mais la plupart ne se connaissaient pas ou peu. Modestes, effacés, ces experts ne disposaient d'aucun chef en mesure de s'exprimer en leur nom ou de donner de la publicité à leurs réussites.

Voilà qui explique sans doute le rapide oubli par l'armée de l'effort mené pendant la Seconde Guerre mondiale en vue de la conservation du patrimoine. En 1957, en pleine guerre de Corée, Robert Posey voulut reprendre du service en tant que Monuments man. Il essuya un refus ; ce qui se comprend quand on sait qu'à cinquante-trois ans, il n'était même plus réserviste. Même si sa candidature avait été acceptée, il n'y aurait pas eu de place pour lui au sein de la hiérarchie militaire. Aucune unité de combat n'a joué de rôle équivalent à celui de la MFAA pendant la guerre de Corée ni, d'ailleurs, lors des différents conflits qui se sont succédé depuis.

L'officier des monuments Edith Standen évoque de manière très juste le legs de la MFAA à la postérité en remarquant : « se montrer efficace ne suffit pas ; il faut encore le faire savoir[43] ». Standen est consciente, à l'instar du président Roosevelt et du général Eisenhower, que les premières impressions sont porteuses d'une signification durable. La méconnaissance du rôle des Monuments men risque de porter du tort à n'importe quel pays. Il y a quelques années, j'ai discuté avec l'un des principaux officiers chargés de retrouver les quinze mille œuvres d'art pillées au Musée national de Bagdad au cours (et au lendemain) de l'invasion de l'Irak par les

États-Unis en 2003. Il m'a confié n'avoir jamais entendu parler des Monuments men.

Aujourd'hui, certains experts et officiers aux Affaires civiles — dont le colonel Matthew Bogdanos, le commandant Corine Wegener et le Pr John Russell — tentent vaillamment de remédier aux dommages subis par ce grand musée auquel ils ont pour l'instant restitué la moitié de ses collections, en plus d'assurer la formation des soldats affectés aux Affaires civiles. En dépit de leur action méritoire, les premières impressions qu'a laissées la réaction des États-Unis au pillage des collections du Musée national d'Irak demeurent encore bien présentes à l'esprit du public.

La communauté muséale elle-même a longtemps ignoré les réussites des Monuments men. De retour dans leurs pays respectifs au lendemain de la guerre, ils ont assumé des fonctions de direction dans un grand nombre d'institutions culturelles (le Metropolitan, le MoMA, la Galerie nationale d'Art, les musées d'art de Toledo, de Cleveland, de Worcester, de Baltimore, de Philadelphie, de Brooklyn, et de Dallas, la collection Frick, les musées Fogg, Amon Carter, Nelson-Atkins, Isabella Stewart Gardner, celui de la Légion d'honneur à San Francisco, la galerie d'art de l'université Yale et la bibliothèque du Congrès aux États-Unis, pour n'en citer que les principales). Les Monuments men et leurs conseillers à l'époque du conflit ont joué un rôle de premier plan dans la création de deux des organisations culturelles les plus influentes d'Amérique : le Fonds national pour les humanités et le Fonds national pour les arts. Il suffit d'ailleurs de consulter la liste des directeurs de n'importe quelle institution culturelle américaine au cours des années 1950 et 1960 pour y reconnaître le nom d'un ancien membre de la MFAA. Seul un petit nombre de leurs successeurs est cependant conscient du rôle qu'ils ont joué dans la préservation du patrimoine culturel mondial pendant et même après la Seconde Guerre mondiale.

La recherche des œuvres volées par les Nazis a connu un nouvel essor au début des années 1990 mais les Monuments men et les incroyables résultats auxquels ils sont parvenus n'en ont pas bénéficié. Certains anciens de la MFAA ont certes participé à une conférence à l'occasion mais uniquement pour y livrer des anecdotes personnelles. Pour paraphraser l'un d'eux : même ses collègues consciencieux n'ont pas su reconnaître le trésor qu'ils avaient sous les yeux ; non pas les milliards de dollars d'œuvres retrouvées mais les centaines de vétérans de la section des Monuments, des Beaux-Arts et des Archives. Aujourd'hui encore, les journalistes qui évoquent la restitution de tel ou tel chef-d'œuvre s'attachent surtout à sa valeur monétaire en précisant que « les Alliés l'ont retourné à son propriétaire après la guerre » alors que, sans les Monuments men, jamais il n'y aurait eu de restitutions.

En 2007, les Monuments men ont enfin eu droit à une infime part de la reconnaissance qu'ils méritent. Le 6 juin, le jour du soixante-troisième anniversaire du débarquement en Normandie, les deux Chambres du Congrès des États-Unis ont voté à l'unanimité une résolution qui salue officiellement le rôle joué dans l'effort de guerre par les officiers de la MFAA issus de treize nations différentes.

La même année, les Monuments men et leur principal soutien, la Fondation des Monuments men pour la préservation de l'art, ont reçu la médaille nationale des humanités. Quatre des douze Monuments men encore en vie ont pu assister à la cérémonie, à Washington. Parmi eux : Harry Ettlinger, toujours bon pied bon œil à quatre-vingt-un ans. En tant que soldat sans grade entré à l'armée juste après le lycée, Harry avait vingt ans de moins en moyenne que la plupart de ses collègues.

Contrairement à la majorité des Monuments men, Harry Ettlinger n'a pas poursuivi de carrière artistique après la guerre. En août 1946, il revint dans le New Jersey où une bourse de l'armée lui permit de poursuivre ses études. Une fois obtenu un diplôme de mécanique, il trouva un emploi dans une usine de moteurs de machine à coudre Singer. Vers le milieu des années 1950, il se mit à travailler pour l'industrie de la défense, sur des indicateurs de vol, des radars portables et des sonars avant de devenir enfin directeur adjoint du développement d'un système de guidage des missiles sous-marins Trident.

Membre actif de diverses associations d'anciens combattants, Harry Ettlinger a toujours défendu la cause de ses coreligionnaires. Ce fut par le biais de vétérans juifs de la Seconde Guerre mondiale qu'il entendit parler de Raoul Wallenberg, un riche diplomate suédois de confession luthérienne. En 1944, Wallenberg convainquit son entourage de l'aider à sauver la vie de cent mille Juifs hongrois. En janvier 1945, les Soviétiques le capturèrent avec son chauffeur. Personne ne les reverrait jamais. Une fois à la retraite en 1992, Harry prit la codirection d'un comité se proposant de financer l'érection d'une statue en hommage à Wallenberg. Il participa en outre à la création de la fondation Wallenberg du New Jersey qui encourage de jeunes gens à s'inspirer de l'exemple de Wallenberg pour rendre le monde meilleur. Ce fut à cette occasion que Harry découvrit ce qui s'était réellement passé dans les mines de Heilbronn et Kochendorf.

Harry savait depuis le début que les niveaux inférieurs de la mine abritaient des usines. Des câbles électriques y alimentaient des machines dans des salles au sol bétonné, larges de dix-huit mètres et hautes de douze. Les Nazis comptaient produire en masse à Kochendorf l'une de leurs inventions décisives : le turboréacteur. S'ils avaient été en mesure de faire tourner l'usine de Heilbronn (à l'arrivée des Américains, il ne leur manquait plus que quelques semaines pour y parvenir), la guerre aurait sans doute connu une autre issue ; ce qui explique en partie la volonté farouche de la Wehrmacht de tenir les collines aux environs de Heilbronn.

En 2001, deux des rares survivants de cette terrible époque firent part à Harry du drame qui s'était déroulé dans la mine de Kochendorf. Quinze mille Juifs hongrois déportés à Auschwitz avaient été contraints d'y creuser des galeries. En septembre 1944, un bombardement britannique réduisit en cendres Heilbronn et sa centrale électrique en plongeant les alentours dans les ténèbres. Le vrombissement des avions ne se fut pas plus tôt évanoui dans le lointain qu'un chant s'éleva mystérieusement du ventre noir de la mine. À peine audible au départ, il gagna peu à peu en volume sonore avant de retentir enfin haut et fort. En ce jour de Yom Kippour, la fête du grand pardon, les Juifs hongrois venaient d'entonner la prière de Kol Nidre — pour la dernière fois de leur vie en ce qui concernait la majorité d'entre eux. En mars 1945, moins d'un mois avant l'arrivée des Américains, les prisonniers du camp furent envoyés à Dachau. La plupart moururent de froid au

cours des cinq jours du trajet. Les autres furent directement envoyés dans les chambres à gaz.

Aujourd'hui, le Monuments man Harry Ettlinger vit
dans un immeuble résidentiel du nord-ouest du New
Jersey où il participe encore aux activités de la fondation Wallenberg, de diverses associations nationales
ou locales d'anciens combattants et enfin d'organisations pour la défense du peuple juif. Les héritiers de
son grand-père se sont réparti sa collection d'estampes
bien-aimée. La majorité d'entre elles appartient aujour-
d'hui à Harry qui les conserve précieusement chez lui.
Pour peu qu'on l'en prie, Harry n'hésitera pas à suspendre au-dessus de son canapé, bien en évidence
dans son salon, la gravure qui reproduit le fameux
Rembrandt de Karlsruhe.

Ne demeure visible chez Harry qu'un seul souvenir
de ses années de guerre : une petite photo sur une table
basse. Prise dans la mine de Heilbronn au début de
l'année 1946, elle représente le lieutenant Dale Ford et
Harry Ettlinger, promu sergent depuis peu, en train
d'examiner un autoportrait de Rembrandt juché sur un
chariot de mine. En 1946, ce cliché reproduit par l'armée
à des fins de propagande a fait le tour du monde, assorti
de la légende « soldats américains face à un Rembrandt ». Personne ne semble avoir relevé que la toile
provenait du musée de Karlsruhe, que le soldat juif de
dix-neuf ans qui la contemplait avait grandi trois pâtés
de maisons plus loin et que par un étrange concours de
circonstances, il venait, en descendant à deux cent dix
mètres sous terre, de poser pour la première fois les yeux
sur un tableau dont il entendait parler depuis tout petit
sans avoir jamais reçu l'autorisation de le voir.

Personnages secondaires

John Edward Dixon-Spain : vétéran de la Première Guerre mondiale ; Monuments man britannique affecté avec George Stout à la 1re armée des États-Unis

S. Lane Faison Jr. : a servi dans l'OSS, l'ancêtre de la CIA ; a interrogé de nombreux Nazis impliqués dans le pillage d'œuvres d'art et de biens culturels

Dale V. Ford : décorateur d'intérieur ; Monuments man affecté à la 7e armée des États-Unis après la fin des combats ; a prêté main-forte à Harry Ettlinger à la mine de Heilbronn

Ralph Hammett : architecte, Monuments man affecté à la zone de communications

Mason Hammond : diplômé en lettres classiques ; conseiller dans le domaine des beaux-arts et des monuments en Sicile et, officieusement, premier Monuments man de l'histoire

Albert Henraux : président de la commission française de récupération artistique

Thomas Carr Howe Jr. : directeur du palais californien de la Légion d'honneur à San Francisco, officier des monuments en poste à Altaussee

Sheldon Keck : conservateur du patrimoine, officier des

monuments assistant de Walter, dit « Hutch » Huchthausen, auprès de la 9ᵉ armée des États-Unis

Stephen Kovalyak : entraîneur en athlétisme ; officier des monuments chargé d'organiser l'évacuation de différents dépôts d'œuvres

Bancel LaFarge : architecte ; premier Monuments man à débarquer en Normandie dans le sillage de la 2ᵉ armée britannique ; promu au QG des forces expéditionnaires alliées en France, début 1945

Everett, dit « Bill » Lesley : professeur ; Monuments man rattaché à la 1ʳᵉ armée des États-Unis avec Walker Hancock et plus tard à la 15ᵉ armée des États-Unis

Lord Methuen : Monuments man britannique affecté à la zone de communications

Lamont Moore : conservateur à la Galerie nationale d'Art de Washington ; assistant officier des monuments auprès du 12ᵉ groupe d'armées des États-Unis, de la 1ʳᵉ et de la 9ᵉ armées des États-Unis

Paul Sachs : instaurateur d'une formation muséale spécifique à Harvard, supérieur hiérarchique de George Stout au musée Fogg ; directeur du groupe de Harvard ayant mis au point des cartes et des guides des monuments dont s'est servie la MFAA sur le terrain ; a joué un rôle clé, en tant que membre de la commission Roberts, dans le recrutement des principaux officiers des monuments en poste dans le nord de l'Europe

Francis Henry Taylor : directeur du Metropolitan ; président de l'association américaine des directeurs de musées ; membre de la commission Roberts

John Bryan Ward-Perkins : spécialiste en archéologie ; officier d'artillerie britannique en Afrique du Nord, dont il a contribué à la sauvegarde du patrimoine ; plus tard directeur adjoint de la MFAA en Italie

Geoffrey Webb : historien de l'architecture ; conseiller britannique de la MFAA au QG des forces expéditionnaires alliées ; principal officier de la MFAA dans le nord de l'Europe

Sir Eric Mortimer Wheeler : officier d'artillerie britannique et archéologue au musée de Londres ; sa sauvegarde des ruines romaines et grecques en Afrique du Nord en 1942 a correspondu aux premiers efforts menés par les Alliés en ce sens

Sir Charles Léonard Woolley : conseiller britannique en archéologie au Bureau de la guerre et directeur, dans le civil, de la MFAA ; a donné à la MFAA, souvent à son détriment, la devise « Nous protégeons les arts au moindre coût possible »

Allemands et Nazis

Colonel baron Kurt von Behr : directeur de la Dienstelle Westen de l'Einsatzstab du Reichsleiter Rosenberg (l'ERR) ; a supervisé les opérations de pillage menées par les Nazis au Jeu de Paume

Martin Bormann : ministre du Reich ; secrétaire personnel de Hitler

Dr Hermann Bunjes : ancien employé de la Kunstschutz en France ; a joué un rôle de premier plan au sein de l'ERR à Paris ; fidèle de von Behr et du Reichsmarschall Göring

August Eigruber : Nazi fanatique et gauleiter de l'Oberdonau qui englobait la mine de sel d'Altaussee et la ville de Linz où Hitler a grandi

Dr Hans Frank : Reichsleiter, gouverneur général de Pologne

Hermann Giesler : architecte de la future Linz

Hermann Göring : Reichsmarschall de l'Allemagne nazie à la tête de la Luftwaffe ; deuxième plus haut responsable du parti nazi et rival de Hitler en ce qui concerne le pillage de l'Europe

Heinrich Himmler : Reichsführer SS ; à la tête de la Waffen SS et de la Gestapo

Adolf Hitler : Führer du Reich, « purificateur » de l'Allemagne, pourfendeur de l'art moderne, a « glorifié » l'Allemagne, persuadé que le Reich devait posséder les trésors culturels de l'Europe. Il comptait d'ailleurs en exposer la plupart au Führermuseum de Linz

Walter Andreas Hofer : marchand de tableaux ; responsable de la collection d'œuvres d'art de Göring, a joué un rôle clé dans les opérations de pillage menées au Jeu de Paume

Dr Helmut von Hummel : assistant de Martin Bormann, secrétaire personnel de Hitler ; c'est surtout par son intermédiaire qu'ont transité par Berlin certaines informations au cours des derniers jours du Reich

Ernst Kaltenbrunner : Nazi haut placé dans la hiérarchie du parti, originaire d'Autriche ; chef de la Reichssicherheitshauptamt (le principal organe assurant la sécurité du Reich) ; *Obergruppenführer* SS ; chef de la Gestapo et du Sicherheitsdienst

Pr Dr Otto Kümmel : directeur des musées d'État de Berlin, a dressé une liste de toutes les œuvres d'art « germaniques » en Europe justifiant leur rapatriement en Allemagne

Dr Bruno Lohse : représentant de Hermann Göring auprès de l'ERR au Jeu de Paume

Dr Hans Posse : premier directeur du Führermuseum de Linz, mort d'un cancer en 1943

Alfred Rosenberg : directeur de l'ERR (Einsatzstab Reichsleiter Rosenberg), une organisation raciste qui devint rapidement le principal outil « légal » de pillage des Nazis en Europe

Pr Dr Albert Speer : architecte attitré et confident de Hitler : ministre de l'Armement et de la Production de guerre du Reich

Pr Dr comte Franz von Wolff-Metternich : directeur de

la Kunstschutz à Paris, l'organisme allemand de protection des monuments

Principaux acteurs des événements d'Altaussee

Max Eder : ingénieur

Glinz : *Gauinspektor* (inspecteur de district) au service d'Eigruber

Otto Högler : ingénieur et conseiller de la mine (*Oberbergrat*)

Eberhard Mayerhoffer : ingénieur, directeur technique des mines de sel

Pr Dr Hermann Michel : ancien directeur du musée d'histoire naturelle de Vienne, à la tête de son département minéralogique

Ralph E. Pearson : colonel de la 318e division d'infanterie de l'armée américaine ; a dirigé une force spéciale portant son nom à la mine de sel d'Altaussee

Dr Emmerich Pöchmüller : directeur général des mines de sel d'Altaussee

Alois Raudaschl : mineur et membre du parti nazi

Dr Herbert Seiberl : fonctionnaire autrichien de l'institut pour la protection des monuments de Vienne

Karl Sieber : restaurateur de tableaux berlinois ayant travaillé dans la mine

Notes

Abréviations :

AAA : Smithsonian Archives of American Art, Washington, DC.

DÖW : Dokumentationsarchiv des Österreichischen Widerstandes, Wien, Autriche.

NHM : Naturhistorisches Museum, Wien.

NARA : National Archives and Records Administration, College Park, Maryland.

NGA : National Gallery of Art, Washington, DC.

RG : Record Group.

Les épigraphes proviennent des « Remarques » prononcées par le président Franklin D. Roosevelt lors de l'inauguration de la Galerie nationale d'Art, le 17 mars 1941 (Archives de la galerie, NGA), et de *World War II : The Nazis* par Robert Edwin Herzstein (Alexandria, Virginie : Time-Life Books, 1980), 107.

I — LA MISSION

Les épigraphes sont extraites d'*At Ease*, d'Eisenhower (254), et d'« Our Early Years at the Fogg » de Stout (13).

1. Lettre de Stout à Margie, du 16 juin 1994, bobine 1421, Documents Stout.

1. Quitter l'Allemagne
1. Ettlinger, « Ein Amerikaner », 18.
2. *Ibid.*, 19.

2. Le rêve de Hitler
1. Spotts, *Hitler and the Power of Aesthetics*, 323.
2. Tutaev, *The Consul of Florence*, 11.

Le document reproduit à la fin du chapitre provient de *Favorite Museum of the Führer*, d'Aksenov ; la légende est tirée de « Consolidated Interrogation Report n° 4 : Linz » de l'Unité d'investigation sur le pillage des œuvres d'art, NARA.

3. L'appel aux armes
1. Lettre de Godwin à Finley du 5 décembre 1940, RG 7, Carton 77, correspondance relative au musée, conservation des ressources culturelles, archives de la galerie, NGA.
2. « Minutes d'une réunion extraordinaire de l'association des directeurs de musée concernant les problèmes posés par la protection des œuvres au Metropolitan », pp. 134-135, RG7, Carton 77, Publications, conservation des ressources culturelles, archives de la galerie, NGA.
3. Stout s'adressant à Taylor et Constable, « Conservation générale », 31 décembre 1942, section 6a, archives W.G. Constable, Smithsonian.
4. Stout : « Protection des monuments : propositions en temps de guerre », 6a, archives Constable.

Le document cité à la fin du chapitre est extrait de *Nazi Conspiracy and Aggression*, vol. III, 186.

4. Un monde terne et dépeuplé

1. Stout, « Our Early Years at the Fogg » (Nos débuts au musée Fogg), 11.

2. *Ibid.*, 13.

3. Hancock, « Experiences of a Monuments Officer in Germany », 279.

4. Lettre de Stout à Warner du 4 octobre 1944, film 1421, Documents Stout.

5. Nicholas, *Le Pillage de l'Europe*.

6. Lettre de Stout à Margie du 20 mars 1943, film 1420, Documents Stout.

7. Lettre de Stout à Margie du 16 mars 1943, film 1420, Documents Stout.

8. Lettre de Constable à Stout du 1er juin 1943, 6a, Documents Constable.

9. Lettre de Stout à Constable du 3 avril 1943, 6a, Documents Constable.

10. Lettre de Stout à Constable du 28 mars 1943, 6a, Documents Constable.

11. Lettre de Stout à Margie du 12 juillet 1943, film 1420, Documents Stout.

Le document qui figure à la fin du chapitre est extrait de *Nazi Conspiracy and Aggression*, vol. III, 188-189.

5. Leptis Magna

1. Wooley, *The Protection of Treasures*, 14.

6. La première campagne

1. Wooley, *The Protection of Treasures*, 18.

2. Lettre de Hammond à Reber du 24 juillet 1943, RG 165, NM-84, Entrée 463, NARA.

3. Smyth, *Repatriation of Art from the Collecting Point in Munich after World War II*, 77.

4. Lettre de Stout à Sachs du 13 septembre 1943. RG 239, M1944, film 57, NARA.

Le document cité à la fin du chapitre provient de *Nazi Conspiracy and Aggression*, vol III, 40-41.

7. Mont-Cassin

1. *Rapport de la commission américaine pour la protection et la sauvegarde des monuments historiques dans les zones de combat*, 68.

2. *Ibid.*, 48

3. Majdaleny, *Cassino*, 122.

4. *Ibid.*, 121-122.

5. Hapgood et Richardson, *Monte Cassino*, 227.

Le document de la fin du chapitre est extrait de *Nazi Conspiracy and Aggression*, vol. III, 1.

8. Monuments, Beaux-Arts et Archives

1. Ambrose, *Eisenhower*, 177.

2. Lettre de Stout à Margie du 31 octobre 1943, film 1420, Documents Stout.

3. Lettre de Stout à Margie du 17 janvier 1944, film 1421, Documents Stout.

4. Piña, *Louis Rorimer*, 123.

5. Woolley, *The Protection of Treasures*, 6.

9. L'objectif

1. *Rapport de la commission américaine*, 102.

2. Ambrose, *Eisenhower*, 301.

II — EUROPE DU NORD

La lettre citée en introduction de la deuxième partie provient des Documents James J. Rorimer, New York.

10. Gagner le respect

1. D'Este, *Eisenhower*, 534.

2. Ambrose, *Citizen Soldiers*, 43.

3. Rorimer, *Survival*, 3-4.

4. Skilton, *Défense de l'art européen*, 19.

5. Rorimer, *Survival*, 2.

6. Lettre de Rorimer datée du 4 février 1944, Documents Rorimer.

7. Lettre de Rorimer datée du 10 mars 1944, Documents Rorimer.

8. Lettre de Rorimer datée du 6 juin 1944, Documents Rorimer.

9. Lettre de Rorimer datée du 30 avril 1944, Documents Rorimer.

10. *Ibid.*

11. *Ibid.*

12. Lettre de Rorimer datée du 7 mai 1944, Documents Rorimer.

13. Lettre de Rorimer datée du 6 avril 1944, Documents Rorimer.

14. Rorimer, *Survival*, 4.

15. *Ibid.*, 8.

16. *Ibid.*, 14.

La lettre de la fin du chapitre est extraite de la bobine 1421, Documents Stout.

11. Une réunion sur le terrain

1. Ambrose, *Citizen Soldiers*, 75.

2. Rorimer, *Survival*, 15.

3. « La Capitale des Ruines » ; tel fut le titre d'un court texte de Samuel Beckett rédigé en 1946.

4. Lettre de Rorimer non datée, Documents Rorimer.

5. *Ibid.*

6. Smyth, *Repatriation of Art*, 16.

7. Rorimer, *Survival*, 19.

8. *Ibid.*, 37.

9. *Ibid.*

10. *Ibid.*, 39.

La lettre de la fin du chapitre est extraite de la bobine 1421, Documents Stout.

12. La *Madone* de Michel-Ange

Ce chapitre s'appuie sur « Removal of Works of Art from the Church of Notre-Dame at Bruges », 24 septembre 1944. King's College Archive Centre, Cambridge, Documents de Ronald Edmond Balfour, Misc. 5.

13. La cathédrale et le chef-d'œuvre

1. Lettre de Hancock à Saima, 20 septembre 1944, Documents Walker Hancock, Gloucester, Massachusetts.

2. Rorimer, *Survival*, 47.

3. Lettre de Hancock à Saima, datée du 30 octobre 1943.

4. Hancock, *A Sculptor's Fortunes*, 129.

5. Lettre de Hancock à Saima, datée du 31 octobre 1943, Documents Hancock.

6. Lettre de Hancock à Saima, datée du 30 octobre 1943. Documents Hancock.

7. Lettre de Hancock à Saima datée du 28 janvier 1944, documents Hancock.

8. Lettre de Hancock à Saima datée du 11 avril 1944, documents Hancock.

9. Ambrose, *Citizen Soldiers*, 110.

10. Lettre de Hancock à Saima datée du 6 octobre 1944, Documents Hancock.

11. Entretien avec Bernard Taper.

12. Hancock, *A Sculptor's Fortunes*, 136.

13. Lettre de Hancock à Saima datée du 6 octobre 1944, Documents Hancock.

14. Lettre de Hancock à Saima datée du 10 octobre 1944, Documents Hancock.

14. *L'Agneau mystique* de Van Eyck

1. Entretien avec Robert Posey.

2. Lettre de Posey à Alice, datée du 23 septembre 1944, Documents Robert Posey, Scarsdale, État de New York.

15. James Rorimer visite le Louvre

1. Lettre de Rorimer du 8 septembre 1944, Documents Rorimer.

2. *Ibid.*

3. Taylor, « The Rape of Europa », 52.

4. Journal de Rorimer à la date du 27 septembre 1944, 28MFAA-J : 1-1, Documents James J. Rorimer, archives de la galerie nationale de Washington.

5. Simon, *The Battle of the Louvre*, 26.

6. Chamson, « In Memoriam, Jacques Jaujard », 151.

7. Franz Graf Wolff-Metternich, « À propos de mes activités de conseiller à la Protection des œuvres d'art depuis 1940-1942 (Kunstschutz) » p. 3, RG 239, M1944, Microfilm 89, vues 352-372, NARA.

8. *Ibid.*

9. *Ibid.*, p. 12.

10. *Ibid.*, pièce jointe « Professeur Dr Comte Franz Wolff-Metternich, né le 31 décembre 1899 à Felkingen, catholique, marié, Provinzialkonservator de la province du Rhin, demeurant à Bonn, au n° 2 de la Blücherstrasse ».

11. Rayssac, *L'Exode des musées*, 853.

12. *Ibid.*, 706.

13. Von Choltitz, « Pourquoi en 1944 je n'ai pas détruit Paris ».

La lettre de la fin du chapitre provient des Documents Rorimer.

16. L'arrivée en Allemagne

1. Lettre de Hancock à Saima, datée du 25 octobre 1944, Documents Hancock.

2. Photo nº 00060179, Ullstein Bild.

3. Lettre de Hancock à Saima datée du 25 octobre 1944, Documents Hancock.

4. Hancock, « Experiences of a Monuments Officer in Germany », 273.

5. Hancock, *A Sculptor's Fortunes*, 139.

6. *Ibid.*, 140.

7. *Ibid.*

8. Journal de Hancock, Documents Hancock.

17. Une excursion pédagogique

1. Hancock, « Experiences of a Monuments Officer in Germany », 277.

2. *Ibid.*

3. *Ibid.*, 279.

4. *Ibid.*

5. Les notes concernant l'analyse de la toile proviennent du journal de Hancock à la date du 18 novembre 1944, Documents Hancock.

La lettre à la fin du chapitre provient de la bobine 1421, Documents Stout.

18. La tapisserie

1. Canady, « James Rorimer Left Cloisters to Excel in a Bigger Job ».

2. Rayssac, *L'Exode des musées*, 695.

3. Rorimer, *Survival*, 93.

4. *Ibid.*

5. Notes de Rorimer à propos de Valland, 28MFAA-J : 2-11, Documents Rorimer.

6. *Ibid.*

19. Vœux de Noël

1. Sasser, *Patton's Panthers*, 127.

2. D'Este, *Patton*, 685.

3. Lettre de Posey à Alice, datée du 9 juillet 1944, Documents Posey.

4. Lettre de Posey à Dennis, datée du 1er mars 1945, Documents Posey.

5. Nicholas, *Le Pillage de l'Europe.*

La lettre à la fin du chapitre provient des Documents Posey.

20. La Madone de La Gleize

La lettre à la fin du chapitre provient des Documents Hancock.

21. Le train

1. *Nazi Conspiracy and Aggression*, vol. III, 186.

2. Note de Rose Valland du 28 juillet 1944, R32-1, Archives des musées nationaux.

3. Note de Rose Valland du 16 août 1944, R32-1, Archives des Musées nationaux.

4. Note de Rose Valland du mois de février 1944, R32-1, Archives des Musées nationaux.

5. Note de Rose Valland du 20 août 1944, R32-1, Archives des Musées nationaux.

6. Michel Rayssac, *Historail*, janvier 2008.

7. Rorimer, *Survival*, 112.

8. Valland, *Le Front de l'art*, 218.

9. Lettre de Rorimer du 23 avril 1944.

10. Lettre de Rorimer datée du 22 octobre 1944, Documents Rorimer.

11. Lettre de Rorimer datée du 6 juin 1944, Documents Rorimer.

12. Lettre de Rose Valland du 21 octobre 1944, Archives des Musées nationaux.

13. Manuscrit de Rorimer, 28MFAA-J : 3-14, Documents Rorimer.

22. La bataille des Ardennes

1. Lettre de Posey à Alice du 16 décembre 1944, Documents Posey.

2. *Ibid.*

3. Lettre de Stout à Margie du 10 janvier 1945, Microfilm 1421, Documents Stout.

4. Entretien de l'auteur avec Robert Posey.

23. Champagne !

1. Les détails concernant l'arrivée des Allemands au Jeu de Paume proviennent du chapitre 7 du *Front de l'art* de Valland.

2. *Ibid.*, 67.

3. *Ibid.*, 68.

4. *Ibid.*, 59.

5. Les détails concernant la libération de Paris proviennent du *Front de l'art* de Valland, chapitre 23.

6. Lettre de Valland du 27 octobre 1944, Archives des Musées nationaux.

24. Un Juif allemand dans l'armée américaine

Ce chapitre s'appuie sur un entretien de l'auteur avec Harry Ettlinger en 2008 et sur « Ein Amerikaner », d'Ettlinger.

25. Survivre aux combats

1. Hancock, « Experiences of a Monuments Officer in Germany », 285.
2. *Ibid.*
3. *Ibid.*

26. Le nouveau Monuments man

1. Duberman, *The Worlds of Lincoln Kirstein*, 373.
2. *Ibid.*, 387.
3. *Ibid.*
4. Lettre de Rorimer du 27 juin 1944, Documents Rorimer.
5. Lettre de Kirstein à Cairns, du 13 octobre 1944, carton 13-202, MGZMD, 97, Documents Lincoln Kirstein, 1914-1991, bibliothèque publique de New York des arts du spectacle, Section danse « Jerome Robbins », Archives.
6. Adolf Hitler, *Mon combat*, cité par Martin Gray et A. Norman Jeffares, éd. *A Dictionary of Quotations* (New York : Barnes and Noble Books, 1995), 323.

27. George Stout et ses cartes

1. Lettre non datée de Stout à Margie, qui remonte au début de l'année 1945, microfilm 1421, Documents Stout.
2. Journal, 29 janvier 1945, Microfilm 1378, Documents Stout.
3. Lettre de Stout à Margie, du 6 mars 1945, microfilm 1421, Documents Stout.

4. Lettre de Stout à Margie du 6 avril 1945, microfilm 1421, Documents Stout.

5. Lettre de Stout à Margie du 6 mars 1945, microfilm 1421, Documents Stout.

28. Œuvres d'art en transit

1. Yeide, *Beyond the Dreams of Avarice*, 17.

2. Sigmund, *Die Frauen der Nazis*, 65.

29. Deux tournants

Le récit de la mort de Balfour s'appuie sur « Translation of Article in Rheinpost 12th September 1985, Hachmann, The Sexton, Eyewitness of Major Balfour's Death », King's College Archive Centre, Cambridge, Documents Ronald Edmond Balfour, Misc. 5.

1. Hobbs, « A Michelangelo in Bruges ».

2. Lettre de Rorimer, du 18 février 1945, Documents Rorimer.

3. Extrait d'un manuscrit de Rorimer, ERR 20, cartons 3-9, Documents Rorimer.

4. Ce passage s'appuie sur les notes prises par Rose Valland et Jacqueline Bouchot-Saupique à propos de faits dont Valland a été témoin les 20 et 23 juillet 1943, Archives des Musées nationaux. Certains historiens, dont Matila Simon dans *The Battle of the Louvre* contestent toutefois leurs affirmations.

5. Rorimer, *Survival*, 114.

30. Le décret néronien de Hitler

1. Speer, *Inside the Third Reich*, 437.

2. *Ibid.*, 562.

31. La 1re armée franchit le Rhin

1. Lettre de Hancock à Saima du 12 mars 1945, Documents Hancock.

2. *Ibid.*

3. Lettre de Stout à Margie du 19 mars 1945, microfilm 1421, Documents Stout.

32. La carte au trésor

1. Lettre de Posey à Alice, datée du 18 mars 1945, Documents Posey.

2. Lettre de Kirstein à « *Groozle* », datée du 24 mars 1945, carton 2-25, MGZMD 97, Documents Kirstein. Kirstein donnait à ses intimes de nombreux surnoms, des variantes de « *Goosie* » pour la plupart ; d'où des difficultés à identifier le destinataire de sa missive.

3. « St. Lô to Alt Aussee », Documents Posey.

4. Lettre de Kirstein à « *Groozle* », datée du 24 mars 1945, carton 2-25, MGZMD 97, Documents Kirstein.

5. *Ibid.*

6. Lettre de Posey à Dennis, du 23 mars 1945, Documents Posey.

7. Posey, « Protection of Cultural Materials During Combat ».

8. Kirstein, « Arts and Monuments », *The Poems of Lincoln Kirstein*, 264.

9. Kirstein, « Quest for Golden Lamb », 183.

10. Kirstein, « Arts and Monuments », 265.

11. Lettre de Bunjes présentée aux procès de Nuremberg, *Nuremberg Trials*, Volume 9. 547-549.

12. Kirstein, « Quest for the Golden Lamb », 183.

33. Frustration

1. Lettre de Rorimer, non datée, Documents Rorimer.

2. Speer, *Inside the Third Reich*, 452-453.

3. *Ibid.*, 453.
4. *Ibid.*, 453-454.
5. *Ibid.*, 455.

Les lettres de la fin du chapitre proviennent des Documents Hancock et de la bobine 1421 des Documents Stout.

34. Sous la montagne
1. Lettre de Hancock à Saima datée du 4 avril 1945, Documents Hancock.

35. Perdu
1. Nicholas, *Le pillage de l'Europe*.
2. Lettre de Hancock à Saima du 25 novembre 1945, Documents Hancock.

36. Une semaine mémorable
1. Kirstein, « The Mine at Merkers », carton 13-206, MGZMD 97, Documents Kirstein.
2. Bradsher, « Nazi Gold : The Mine at Merkers », 8.
3. Lettre de Posey à Alice, du 9 avril 1945, Documents Posey.
4. Kirstein, « The Mine at Merkers ».
5. Kirstein, « Hymn », *The Poems of Lincoln Kirstein*, 274. Journal de Stout.
6. Journal de Stout, 11 avril 1945, microfilm 1378, Documents Stout.
7. Bradsher, « Nazi Gold : the Mine at Merkers », 8.
8. D'Este, *Eisenhower*, 686.
9. David Eisenhower, *Eisenhower at War*, 763.
10. Bradley, *A General's Life*, 428.
11. D'Este, *Eisenhower*, 720.
12. *Ibid*.
13. Kirstein, « The Mine at Merkers ».

14. Lettre de Kirstein à Ma et Goosie, datée du 13 avril 1945, carton 2-24, MGZMD, Documents Kirstein.

15. Journal de Stout, 13 avril 1945, bobine 1378, Documents Stout.

16. *Ibid.*

17. Journal de Stout, 15 avril 1945, microfilm 1378, Documents Stout.

18. Journal de Stout, 16 avril 1945, microfilm 1378, Documents Stout.

19. *Ibid.*

20. Journal de Stout, 17 avril 1945, bobine 1378, Documents Stout.

21. Kirstein, « The Mine at Merkers ».

22. Lettre de Stout à Margie du 19 avril 1945, microfilm 1421, Documents Stout.

23. Lettre de Posey à Alice, du 20 avril 1945, Documents Posey.

IV — LE VIDE

37. Sel

1. Photographie, Documents Posey.

2. Ambrose, *Eisenhower*, 392.

3. *Ibid.*, 391.

4. Hobbs, *Dear General*, 223.

5. Ambrose, *Eisenhower*, 400.

6. Hirshon, *General Patton*, 628.

7. Ambrose, *Eisenhower*, 393.

38. Horreur

1. Lettre de Hancock à Saima, du 9 avril 1945, Documents Hancock.

2. Lettre de Hancock à Saima, du 12 avril 1945, Documents Hancock.

3. Hancock, *A Sculptor's Fortunes*, 157.

4. *Ibid.*, 158.

5. Lettre de Hancock à Saima, du 20 avril 1945, Documents Hancock.

6. Lettre de Hancock à Saima, du 15 avril 1945, Documents Hancock.

7. Lettre de Kirstein à Goosie, du 20 avril 1945, carton 2-24, MGZMD 97, Documents Kirstein.

8. *Ibid.*

9. Lettre de Kirstein à Miss Marshall, datée du 24 avril 1945, carton 8-90, MGZMD 123, Documents Kirstein.

39. Le gauleiter

1. Pöchmüller, *Welt-Kunstschätze in Gefahr*, 57.

2. Kubin, *Sonderauftrag Linz*, 100.

3. Pöchmüller, *Welt-Kunstschätze in Gefahr*, 58.

40. La mine bombardée

Ce chapitre s'appuie sur *Survival* de Rorimer, 135-143.

1. Rorimer, *Survival*, 137.

2. Lettre de Rorimer datée du 25 avril 1945, Documents Rorimer.

41. Dernier anniversaire

1. Joachimsthaler, *The Last Days of Hitler*, 105-106.

2. *Ibid.*, 97.

3. Wheelock, éd., *Johannes Vermeer*, 168.

42. Plans

1. Journal de Stout, 1er mai 1945, Documents Stout.

2. Pöchmüller, *Welt-Kunstschätze in Gefahr*, 68.

3. Rorimer, *Survival*, 160-161.

43. Le nœud coulant

Ce chapitre s'appuie sur *The Last Days of Hitler*, de Joachimsthaler, 128-130.

1. Adolf Hitler, « Last Will and Testament », 30 avril 1945, RG 238, Entrée 1 NM-66, U.S. Counsel for the Prosecution of Axis Criminality, Box 189, F : 3569 — PS, NARA.

2. Hitler dicta un « testament politique » et ses « dernières volontés » le 29 avril 1945, la veille de son suicide. Il en signa au moins trois exemplaires, et plus probablement quatre, devant témoins. Trois quittèrent en tout cas l'abri sous la chancellerie du Reich après la mort de Hitler : l'un devait être remis au grand amiral Dönitz, un autre au Feldmarschall Schörner et le dernier aux archives du parti nazi à Munich. Aucun ne parvint à destination. On ne les découvrit que bien plus tard, dans différentes cachettes. L'exemplaire destiné à Dönitz se trouve à présent aux Archives nationales de College Park, dans le Maryland. Les autres appartiennent au Musée impérial de la guerre à Londres. Il est possible que Bormann ait emporté le 3e exemplaire des dernières volontés de Hitler en quittant son bunker le soir du 1er mai 1945. Il semblerait qu'un quatrième ait été remis au lieutenant général soviétique Vassili Ivanovitch Chuikov au cours de négociations qui n'aboutirent à rien avec le général allemand Hans Krebs le 1er mai 1945. Il semble toutefois peu probable que Hitler ait souhaité transmettre ses dernières volontés aux Russes. Sans doute faut-il y voir le résultat d'une manœuvre de Goebbels et Bormann. Hitler ignorait peut-être l'existence du quatrième exemplaire (Bormann ou Goebbels ont pu demander à Frau Junge de glisser une feuille de papier carbone dans sa machine à écrire). À moins qu'il ne fût destiné au Generalfeldmarschall Kesselring qui, le 29 avril 1945, projetait de se rendre aux Alliés en Italie tout en gardant la confiance de Hitler ? Rien ne prouve que lorsque Hitler rédigea son testament, il eût déjà

retiré sa confiance à Kesselring. Il se pourrait donc bien que le 4ᵉ exemplaire des dernières volontés du Führer lui eût été destiné.

3. Högler, *Bericht über die Verhinderung der von Gauleiter Eigruber geplanten Vernichtung der Kunstschätze im Salzbergwerk Altaussee*, 30 décembre 1945, Archiv Linz, Sch 0018, Documents Högler, 4.

4. *Ibid.*

5. Kubin, *Sonderauftrag Linz*, 115.

6. Entretien avec Robert Posey, 2008.

7. Lettre de Posey à Alice, du 18 avril 1945, Documents Posey.

44. Découvertes

1. Hancock, *A Sculptor's Fortunes*, 159-160.

2. *Ibid.*, 160.

3. Rorimer, *Survival*, 181-182.

45. Le nœud coulant se resserre

1. Davidson, *The Trial of the Germans*, 439.

2. Rayssac, *L'Exode des musées*, 758-760, 803.

46. La course

Ce chapitre s'appuie sur McManus, « The Last Great Prize », 51-56.

1. Rorimer, *Survival*, 183.

2. *Ibid.*, 185.

47. Les derniers jours

1. Aknisha et Kozolov, *Beautiful Loot*, 52-95.

2. Bernard Taper, « Investigation Art Looting for the MFAA », *in* Simpson, éd., *Spoils of War*, 137.

3. Lettre de Posey à Alice, du 2 mai 1945, Documents Posey.

4. Lincoln Kirstein, « Quest for the Golden Lamb », 183.

5. Lettre de Kirstein à Grooslie, du 6 mai 1945, carton 2-25, MGZMD 97, Documents Kirstein.

6. *Ibid.*

48. Le traducteur

Ce chapitre s'appuie sur un entretien de l'auteur avec Harry Ettlinger en 2008 et sur « Ein Amerikaner », d'Ettlinger.

49. La Mélodie du bonheur

1. Hancock, « Experience of a Monuments Officer in Germany », 299.

2. Lettre de Hancock à Saima, du 4 mai 1945, Documents Hancock.

3. Lettre non datée n° 151 de Hancock à Saima, Documents Hancock.

4. Lettre non datée n° 150 de Hancock à Saima, Documents Hancock.

50. Le bout du tunnel

1. Kirstein, « Quest for the Golden Lamb », 184.

V — L'APRÈS-GUERRE

Les épigraphes proviennent de « Draft Lecture » de Balfour, 9, Documents Balfour et de *The Florence galleries and the War* de Fasola, 75.

51. Comprendre Altaussee

1. Entretien avec Ŝ. Lane Faison Jr., avec l'autorisation d'Actual Films.

2. Pöchmüller, *Welt-Kunstschätze in Gefahr*, 57-59.

578 *Monuments Men*

3. Lincoln Kirstein, « Quest for the Golden Lamb », 184.

4. *Ibid.*, 185.

5. Freiheitskämpfer von Altaussee, *Bericht über die Aktion zur Rettung und Sicherstellung der im Salzbergwerk verlagerten Wert- und Kunstgegenständen Europas in den April- und ersten Maitagen des Jahres 1945*, février 1948, Archiv Linz, Sch 0042-0046, Documents Michel.

6. Kubin, *Sonderauftrag Linz*, 231-238.

7. Pliesis, lettre au rédacteur en chef du magazine *Neuer Mahnruf*, 27 octobre 1960, Kubin Estate, Linz Archive.

8. Kubin, *Sonderauftrag Linz*, 211-225.

9. Michel, *Bergungmassnahmen und Widerstandsbewegung*, Annalen des Naturhistorischen Musums in Wien, 56. Band, 1948. AuW, NHM, 3-6.

10. Riedl-Dorn, *Das Haus der Wunder*, 220.

11. Kubin, *Sonderauftrag Linz*, 196.

12. Michel, *Bericht über die ereignisreiche und denkwürdige Bewahrung unschätzbarer Kunstwerke in den Salzberg-Anlagen in Alt Aussee vor nazistischer Zertörung durch die Eigruber-Bande*, rapport non daté, Archiv Linz, Sch 0042-0046, Documents Michel.

13. Microfilm 1421, Documents Stout.

14. Lettre de Kirstein à Goosie, du 13 mai 1945, carton 13-206, MGZMD 97, Documents Kirstein.

15. Kubin, *Sonderauftrag Linz*, 99.

16. Pöchmüller, *Welt-Kunstschätze in Gefahr*, 58.

17. *Ibid.*, 51.

18. *Ibid.*, 68.

19. Sieber, *Bericht über die Verlagerung von Gemälden innerhalb des Salzberges*, Altaussee, 12 mai 1945, DÖW 3296a/b.

20. Högler, *Bericht über die Verhinderung der von Gauleiter Eigruber geplanten Vernichtung der Kunstschätze im*

Salzbergwerk Altaussee, Archiv Linz, Sch 0018, Documents Högler, 11.

21. *Ibid.*, 12.

22. Pöchmüller, *Welt-Kunstschätze in Gefahr*, 82-83.

23. Kubin, *Sonderauftrag Linz*, 128.

24. *Ibid.*, 85.

52. Évacuation

1. Kirstein, « Quest for the Golden Lamb », 184.

2. *Ibid.*, 186.

3. Howe, *Salt Mines and Castles*, 183.

4. Lettre de Kirstein à Grooslie, du 22 mai 1945, carton 13-206, MGZMD 97, Documents Kirstein.

5. Eder, *Zusammenfassung der mir bekannten Ein-lagerungen im Salzbergwerk Altaussee*, DÖW 10610, 4.

6. Kirstein, « Quest for the Golden Lamb », 190.

7. Journal de Stout, 3 juillet 1945, Documents Stout.

8. Howe, *Salt Mines and Castles*, 159.

9. *Ibid.*

10. *Ibid.*

11. Nicholas, *Le pillage de l'Europe*.

La lettre à la fin du chapitre provient des Documents Rorimer.

53. Le chemin du retour

Ce chapitre s'appuie sur l'entretien de l'auteur avec Harry Ettlinger en 2008 et sur « Ein Amerikaner » d'Ettlinger.

1. Entretien avec Harry Ettlinger ; cité grâce à l'aimable autorisation d'Actual Films.

54. Héros

1. Goldensohn, *Nuremberg Interviews*, 132.

2. *Ibid.*, 129.

3. *Ibid.*, 128.

4. Bernard Taper, « Investigating Art Looting for the MFAA », *in* Simpson, éd., *Spoils of War*, 138.

5. Rayssac, *L'Exode des Musées*, 955.

6. Rorimer, *Survival*, 187.

7. Lettre de Valland à Rorimer, du 25 juin 1957, Documents Rorimer, NGA.

8. Kubin, *Sonferauftrag Linz*, 189-191.

9. *Ibid.*, 191-192.

10. *Ibid.*, 193-194.

11. *Ibid.*, 172-189.

12. Michel, lettre au Bundeslinisterium für Unterricht, 1947, Archiv Linz, Sch 0042-0046, Documents Michel.

13. Kubin, *Sonderauftrag Linz*, 175.

14. *Ibid.*, 194.

15. Michel, *Bergungsmassnahmen und Widerstandsbewegung*, Annalen des Naturhistorischen Museums in Wien, 56. Band, 1948. AuW, NHM, 3-6.

16. Kubin, *Sonderauftrag Linz*, 195-204.

17. Rayssac, *L'Exode des musées*, 847.

18. Chamson, « In Memoriam Jacques Jaujard », 152.

19. « À l'Institut : Gaston Palewski fait l'éloge d'un grand défenseur des Beaux-Arts, Jacques Jaujard », *Le Figaro*, 21 novembre 1968.

20. « Albert Henraux (1881-1953) », p. XXII, Archives des Musées nationaux.

21. Valland, *Le Front de l'art*, 221.

22. Note de Rose Valland, du mois de février 1944, R32-1, Archives des Musées nationaux.

23. Jacques Jaujard, « Activités dans la Résistance de Mademoiselle Rose Valland Conservateur des Musées nationaux », R32-1, Archives des Musées nationaux.

24. Rayssac, *L'Exode des musées*, 850.

25. *Ibid.*

26. Lettre de Kirstein à Goosie, du 20 avril 1945, carton 2-24, MGZMD 97, Documents Kirstein.

27. Lettre de Kirstein à Stout, du 16 mars 1947, Documents Stout.

28. Cf. wikipedia.org/wiki/Kirstein.

29. Hancock, *A Sculptor's Fortunes*, VII.

30. « 1,000 Pay Tribute at Rorimer Rites », *New York Times*, 17 mai 1966.

31. Houghton, « James J. Rorimer », 39.

32. Lettre de Frieda Van Schaïk, novembre 1945, Documents Huchthausen, université de Harvard.

33. Lettre de Marvin Ross, Documents Huchthausen.

34. Lettre de Hancock à Saima, du 25 novembre 1945, Documents Hancock.

35. Lettre à M. Kenneth Balfour, datée du 1er octobre 1954, Documents Balfour.

36. Lettre à M. et Mme Balfour, du 17 novembre 1955, Documents Balfour.

37. Lettre à M. Kenneth Balfour, du 1er octobre 1954, Documents Balfour.

38. Stoner, « Changing Approaches in Art Conservation », 41.

39. Cohn, « George Stout's Legacy », 8.

40. « George L. Stout, at 80 ; Expert on Restoration of Works of Art », *New York Times*, 3 juillet 1978.

41. « Report on Lieutenant George L. Stout, USNR, by Damon M. Gunn », 19 novembre 1944, microfilm 1420, Documents Stout.

42. Duberman, *The Worlds of Lincoln Kirstein*, 403.

43. Standen, « Report on Germany », 213.

Bibliographie

Livres

AKINSHA, Konstantin, et Grigórii KOZLOV. *Beautiful Loot: The Soviet Plunder of Europe's Art Treasures*. New York : Random House, 1995.

AKSENOV, Vitali. *Favorite Museum of the Führer, Stolen Discoveries*. Saint-Pétersbourg : Neva, 2003.

AMBROSE, Stephen. *Citizen Soldiers: The U.S. Army from the Normandy Beaches to the Bulge to the Surrender of Germany, June 7, 1944, to May 7, 1945*. New York : Simon and Schuster, 1997.

—. *D-Day: June 6, 1944; The Battle for the Normandy Beaches*. Londres : Pocket Books, 2002.

—. *Eisenhower*. Paris : Flammarion, 1986.

BOUCHOUX, Corinne. *Rose Valland: La Résistance au Musée*. France : Geste Éditions, 2006.

BRADLEY, Omar N. et Clay BLAIR. *A General's Life: An Autobiography by General of the Army Omar N. Bradley*. New York : Simon and Schuster, 1983.

BULL, George. *Michelangelo: A Biography*. New York : St Martin's Press, 1995.

BUSTERUD, John A. *Below the Salt: How the Fighting 90th*

Division Struck Gold and Art Treasure in a Salt Mine. United States : Xlibris Corporation, 2001.

BUTCHER, Capt. Harry C. *Trois ans avec Eisenhower*, Paris : E.I.P., 1946.

Che cosa hanno fatto gli Inglesi in Cirenaica. Rome : Ministero della Cultura Popolare, 1941.

DAVIDSON, Eugene. *The Trial of the Germans : An Account of the Twenty-two Defendants Before the International Military Tribunal at Nuremberg*. New York, Macmillan, 1996.

D'ESTE, Carlo. Patton : *A Genius for War*. New York : HarperCollins, 1995.

—. *Eisenhower : A Soldier's Life*. New York : Henry Holt, 2002.

DUBERMAN, Martin. *The Worlds of Lincoln Kirstein*. New York : Alfred A. Knopf, 2007.

DULLES, Allen W. *Les secrets d'une reddition*. Paris : Calmann-Lévy, 1967.

EDSEL, Robert M. *Rescuing Da Vinci : Hitler and the Nazis Stole Europe's Great Art, America and Her Allies Recovered It*. Dallas : Laurel Publishing, 2006.

EISENHOWER, David. *Eisenhower at War, 1943-1945*. New York : Random House, 1986.

EISENHOWER, Dwight D. *Celui que je fus, souvenirs de guerre et de paix*. Paris : le Cercle du nouveau livre d'histoire, 1969.

ESTEROW, Milton. *Le mystère des tableaux volés*. Paris : Presses de la cité, 1967.

FASOLA, Cesare. *The Florence Galleries and the War*. Florence : Casa Editrice Monsalvato, 1945.

FELICIANO, Hector. *Le musée disparu : enquête sur le pillage des œuvres d'art en France par les Nazis*. Paris : Austral, 1995.

FEST, Joachim. *Les derniers jours de Hitler*. Paris : Perrin, 2002.

FLANNER, Janet. *Men and Monuments*. New York : Harper & Brothers, 1957.

FRIEMUTH, Cay. *Die Geraubte Kunst*. Berlin : Westermann, 1989.

GOLDENSOHN, Leon. *Les entretiens de Nuremberg*. Paris : Flammarion, 2005.

GRAY, Martin et A. Norman JEFFARES, eds. *A Dictionary of Quotations*. New York : Barnes and Noble Books, 1995.

HAMMER, Katharina. *Glanz im Dunkel : Die Bergung von Kunstschätzen im Salzkammergut am Ende des 2. Weltkrieges*. Wien : Österreichischer Bundesverlag, 1986.

HANCOCK, Walker et Edward Connery LATHEM. *A Sculptor's Fortunes*. Gloucester, MA : Cape Ann Historical Association, 1997.

HAPGOOD, David et David RICHARDSON. *Monte Cassino : The Story of the most controversial battle of World War II*. Cambridge, MA : Da Capo, 2002.

HASTINGS, Max. *Victoire : du débarquement à Berlin, 6 juin 1944-8 mai 1945*. Paris : Plon, 1985.

HIRSHON, Stanley P. *General Patton : A Soldier's Life*. New York : Perennial, 2003.

HITLER, Adolf. *Mon combat*. Paris : Nouvelles éd. latines, 1934.

HOBBS, Joseph. *Dear General : Eisenhower's Wartime Letters to Marshall*. Baltimore : Johns Hopkins University Press, 1999.

HOWE, Thomas Carr, Jr. *Salt Mines and Castles*. New York : Bobbs-Merrill, 1946.

HUGHES, Anthony. *Michel-Ange*. Paris : Phaidon, 2002.

JOACHIMSTHALER, Anton. *The Last Days of Hitler : The Legends — The Evidence — The Truth*. Traduit par Helmut Bögler. Londres : Arms and Armour Press, 1996.

KIRSTEIN, Lincoln. *The Poems of Lincoln Kirstein*. New York : Atheneum, 1987.

KUBIN, Dr Ernst. *Sonderauftrag Linz : Die Kunstsammlung Adolf Hitler, Aufbau, Vernichtungsplan, Rettung. Ein Thriller der Kulturgeschichte*. Vienne, Autriche : ORAC Buch- und Zeitschriftenverlag, 1989.

KURTZ, Michael J. *America and the Return of Nazi Contraband : The Recovery of Europe's Cultural Treasures*. Cambridge, UK : Cambridge University Press, 2006.

LINKLATER, Eric. *The Art of Adventure*. Londres : Macmillan & Co, Ltd., 1947.

LÖHR, Hanns Christian. *Das Braune Haus der Kunst : Hitler und der « Sonderauftrag Linz »*. Berlin : Akademie Verlag, 2005.

MAJDALANY, Fred. *Monte Cassino, aperçus d'une bataille*. Paris : Presses de la cité, 1958.

METHUEN, Lord. *Normandy Diary : Being a Record of Survivals and Losses of Historical Monuments in North-Western France, Together with Those in the Island of Walcheren and in That Part of Belgium Traversed by 21st Army Group in 1944-45*. Londres : Robert Hale Limited, 1952.

Nazi Conspiracy and Aggression, vol. III. Washington, DC : U.S. Government Printing Office, 1946.

NICHOLAS, Lynn. *Le pillage de l'Europe : les œuvres d'art volées par les Nazis*. Paris : Éd. du Seuil, 1995.

PETROPOULOS, Jonathan. *Art as Politics in the Third Reich*. Chapel Hill : University of North Carolina Press, 1996.

—. *The Faustian Bargain : The Art World in Nazi Germany*. Oxford University Press, 2000.

PIÑA, Leslie A. *Louis Rorimer : A Man of Style*. Kent, OH : Kent State University Press, 1990.

PÖCHMÜLLER, Dr Ing. Emmerich. *Welt-Kunstschätze in Gefahr.* Salzbourg : Pallas-Verlag, 1948.

PUYVELDE, Leo Van. *L'Agneau mystique d'Hubert et Jean Van Eyck.* Bruxelles : Elsevier, 1959.

RAYSSAC, Michel. *L'Exode des Musées : histoire des œuvres d'art sous l'Occupation.* Paris : Payot & Rivages, 2007.

Report of the American Commission for the Protection and Salvage of Artistic and Historic Monuments in War Areas. Washington, DC : U.S. Government Printing Office, 1946.

RIEDL-DORN, Christa. *Das Haus der Wunder : Zur Geschichte des Naturhistorischen Museums in Wien.* Vienne, Autriche : Holzhausen, 1998.

RORIMER, James J. *Survival : The Salvage and Protection of Art in War.* New York : Abelard Press, 1950.

ROXAN, David et Ken WANSTALL. *The Rape of Art.* New York : Coward-McCann, 1964.

SASSER, Charles W. *Patton's Panthers : The African-American 761st Tank Battalion in World War II.* New York : Pocket Books, 2005.

SCHRENK, Christhard. *Schatzkammer Salzbergwerk : Kulturgüter überdauern in Heilbronn und Kochendorf den Zweiten Weltkrieg.* Heilbronn : Stadtarchiv, 1997.

SCHWARE, Birgit. *Hitlers Museum : Die Fotoalben Gemäldegalerie Lindz.* Vienne : Böhlau Verlag, 2004.

SERENY, Gitta. *Albert Speer : Son combat avec la vérité.* Paris : Éd. du Seuil, 1997.

SHIRER, William L. *Mon journal à Berlin.* Montréal : Édit. de la Revue moderne, 1943.

—. *Le IIIe Reich : des origines à la chute.* Paris : Stock, 1970.

SIGMUND, Anna Maria. *Les femmes du IIIe Reich.* Paris : J.-C. Lattès, 2004.

SIMON, Matila. *The Battle of the Louvre : The Struggle to Save French Art in World War II.* New York : Hawthorne Books, 1971.

SIMPSON, Elizabeth, éd. *Spoils of War*. New York : Harry N. Abrams, 1997.

SKILTON, John D. Jr. *Défense de l'art européen : Souvenirs d'un officier américain « Spécialiste des Monuments »*. Paris : Les Éditions Internationales, 1948.

SMYTH, Craig Hugh. *Repatriation of Art from the Collecting Point in Munich after World War II*. New Jersey : Abner Schram Ltd., 1988.

SPEER, Albert, *Au cœur du Troisième Reich*. Paris : A. Fayard, 1971.

SPOTTS, Frederic. *Hitler and the Power of Aesthetics*. Woodstock et New York : Overlook Press, 2002.

Tribunal militaire international (Nuremberg, Allemagne). *Procès des grands criminels de guerre devant le tribunal militaire international : Nuremberg, 14 novembre 1945 — 1er octobre 1946*.

TUTAEV, David. *The Consul of Florence*. Londres : Secker and Warburg, 1966.

VALLAND, Rose. *Le Front de l'Art : 1939-1945*. Paris : Plon, 1961.

VASARI, Giorgio. *Vie des grands artistes*. Paris : le Club français du livre, 1954.

WHEELOCK, Arthur K. éd. *Jan Vermeer*. Paris : Éditions Cercle d'art, cop. 1983.

WHITING, Charles. *Bloody Aachen*. New York : Stein and Day, 1976.

WOOLLEY, Lt. Col. Sir Leonard. *The Protection of the Treasures of Art and History in War Areas*. Londres : His Majesty's Stationery Office, 1947.

YEIDE, Nancy. *Beyond the Dreams of Avarice : The Hermann Goering Collection*. Dallas : Laurel Publishing, 2009.

Articles

« À l'Institut : Gaston Palewski fai ...loge d'un ...
    défenseur des Beaux-Arts Jacques J....rd ». *Le Fi...*
    21 novembre 1968.

BRADSHER, Greg. « Nazi Gold : The Merkers ...ne Treasu...
    Prologue Magazine 31, n° 1 (printemps 199...

CANADY, John. « James Rorimer Left Cloisters ...Excel i...
    Bigger Job ». *New York Times*, 12 mai 1966.

CHAMSON, André. « In Memoriam Jacques Jaujard ». *Musée...
    et collections publiques* (1967) : 151-153.

COHN, Marjorie B. « George Stout's Legacy ». *Journal of
    the American Institute for Conservation* 18, n° 1 (1978).

ESTEROW, Milton. « Europe is Still Hunting its Plundered
    Art ». *New York Times*, 16 novembre 1964.

GIBSON, Michael. « How a Timid Curator with a Deadpan
    Expression Outwitted the Nazis ». *ARTnews* 80 (été
    1981) : 105-111.

HAMMETT, Ralph. « Comzone and the Protection of Monu-
    ments in North-West Europe ». *College Art Journal* 5,
    n° 2. (janvier 1946) : 123-126.

HAMMOND, Mason. « The War and Art Treasures in
    Germany ». *College Art Journal* 5, n° 3 (mars 1946) :
    205-218.

HANCOCK, Walker. « Experiences of a Monuments Officer
    in Germany ». *College Art Journal* 5, n° 4 (mai 1946) :
    271-311.

HOUGHTON, Arthur A., Jr. « James J. Rorimer ». *The Metro-
    politan Museum of Art Bulletin* (été 1966, Part Two).

KIRSTEIN, Lincoln. « Quest for the Golden Lamb ». *Town
    and Country* 100, n° 428 (septembre 1945) : 115.

MCGREGOR, Neil. « How Titian Helped the War Effort ». *The
    Times* (Londres), 5 juin 2004.

MCMANUS, John C. « The Last Great Prize ». *World War II
    Magazine* (mai 2005) : 51-56.

NORRIS, Christopher : *e* Disaster at Flakturm Friedrich-shain ; A Chro* and List of Paintings ». *The Burlington Mag* *e* 94, n° 597 (décembre 1952) : 337-347.

« 1,000 Pay Tr* *te* at Rorimer Rites ». *New York Times*, 17 ma* 196*

PLAUT, Jan* S. « Loot for the Master Race ». *Atlantic Monthly* 178, n° 3 (septembre 1946) : 57-63.

—. « Hitler's Capital ». *Atlantic Monthly* 178, n° 4 (octobre 1946) : 73-78.

POSEY, Robert. « Protection of Cultural Monuments During Combat ». *College Art Journal* 5, n° 2. (janvier 1946) : 127-131.

RAYSSAC, Michel. « Extrait de Historail : janvier 2008 ». http://www.rosevalland.eu/hist-train.htm

STANDEN, Edith. « Report on Germany ». *College Art Journal* 7, n° 3 (printemps 1948) : 209-215.

STONER, Joyce Hill. « Changing Approaches in Art Conservation : 1925 to the Present », in *Scientific Examination of Art : Modern Techniques in Conservation and Analysis* (Washington DC : National Academies Press, 2003).

STOUT, George. « Our Early Years at the Fogg ». *Art Dealer & Framer* (juin 1977) : 10-13, 16, 92-93, 96-97.

TAYLOR, Francis Henry, « The Rape of Europa ». *Atlantic Monthly* 175 (janvier 1945) : 52.

VON CHOLTHZ, Dietrich. « Pourquoi en 1944 je n'ai pas détruit Paris — IX : Hitler : Vous réduirez Paris en un tas de décombres ». *Le Figaro*, 12 octobre 19*9.*

Inédits

DUNCAN, Sally Anne. « Paul J. Sachs and the Institutionalization of Museum Culture Between the World Wars ». PhD diss. Tufts University, 2001.

ETTLINGER, Harry. « Ein Amerikaner : A Collection of

Bibliographie

Documents James J. Rorimer, New York City, NY

Entretiens et conversations menés par l'auteur
Horace Apgar, Daniel Altshuler, Richard Barancik, Anne
Olivier Bell, Corinne Bouchoux, Dr. Bruce Cole, Jill
Croft-Murray, Harry Ettlinger, S. Lane Faison Jr., Betsy
Ford, Dorothy Ford, Deanie Hancock French, Thomas
Hoving, William Keller, Kenneth Lindsay, Jim Mullen,
Lynn Nicholas, Alessandro Olschki, Charles Parkhurst,
Dr. Edmund Pillsbury, Emmanuelle Polack, Col. Seymour
Pomrenze, Dennis Posey, Robert Posey, Alain Prévert,
Hedy Reeds, James Reeds, Agnes Risom, Anne Rorimer,
Louis Rorimer, Salvatore Scarpitta, Craig Hugh Smyth,
Richard Sonnenfeld, Mark Sponenberg, Thomas Stout,
Bernard Taper, Nancy Yeide

Entretiens avec l'aimable autorisation d'Actual Films
Harry Ettlinger, S. Lane Faison Jr., Kenneth Lindsay, Charles
Parkhurst, Seymour Pomrenze, Craig Hugh Smyth,
Bernard Taper

**Smithsonian Archives of American Art Oral History
Interviews**
William Constable, S. Lane Faison Jr., Walker Hancock,
Thomas Carr Howe Jr., Charles Parkhurst, James Plaut,
George Stout

Remerciements

Treize années de curiosité en éveil, dont cinq de recherches effectives : À moins d'avoir soi-même enfanté un projet d'une telle ampleur, il est difficile de mesurer l'importance des « remerciements » à la fin d'un essai comme celui-ci. Sans préjuger des sacrifices personnels auxquels a consenti son auteur, un livre est rarement l'œuvre d'un seul homme. Sans l'appui de nombreuses personnes, qui m'ont apporté une aide concrète ou plus simplement réconforté au besoin, jamais je ne serais parvenu à raconter cette histoire.

Christy Fox s'est sacrifiée plus que n'importe qui d'autre en m'assurant son soutien par tous les moyens possibles. Sa foi dans mon projet, son affection pour les Monuments men et ses encouragements du début à la fin de mon entreprise de longue haleine se devinent à chaque page. La longue expérience de mon avoué et conseiller, Michael Friedman, explique pourquoi je tiens encore plus à lui en tant que conseiller qu'en tant qu'avoué. Peter McGuigan et son équipe de Foundry Literary & Media, dont Stéphanie Abou et Hannah Brown Gordon, ont partagé mon point de vue sur l'incalculable portée de cette histoire. Il a su me représenter dans le monde de l'édition et m'a en outre permis de faire la connaissance de Bret Witter, dont le professionnalisme n'a d'égal que son souci de retracer une formidable aventure sans effets inutiles, en s'effaçant devant son sujet. Notre collaboration a été source de joie. Michelle Rapkin, mon éditrice, s'est passionnée pour les Monuments men dès qu'elle en a entendu parler. Elle m'a apporté un soutien d'autant plus exemplaire qu'il ne s'est pas démenti après la disparition subite de son mari, Bob. Son équipe de Center Street s'est impliquée dans ce projet à toutes les étapes de sa réalisation. Pamela Clements, Preston Cannon et Jana Burson du département Marketing et Publicité ; Chris Barba, Chris Murphy, Gina Wynn, Karen Torres et l'ensemble du groupe des ventes Hachette ainsi que Jody Waldrup méritent une reconnaissance toute particulière. Rolf Zettersten et Harry Helm se sont montrés enthousiastes dès le début et je les en remercie tous les deux.

Quand on travaille sur la Seconde Guerre mondiale, la quantité de documents, de photos et d'images d'archives disponibles a de quoi donner le tournis. Si l'on y ajoute des problèmes de traduction du français, de l'allemand et de l'italien, on comprendra que les défis qu'il a fallu relever m'ont parfois intimidé. J'ai eu la chance de pouvoir compter sur deux collaboratrices hors pair. Elizabeth Ivy Hudson avait déjà travaillé à mon premier livre et c'est elle qui a mené l'essentiel des recherches concernant celui-ci. Dorothee Schneider ne fait partie de notre équipe que depuis un an ; sa contribution au projet a été d'autant plus inestimable qu'elle parle couramment allemand et s'est toujours trouvée là où nous avions besoin d'elle. James Early, Karen Evans, Jamie Lewis, Tom Rupreth et Anne Edsel Jones ont eux aussi mis la main à la pâte. Se rendre sans cesse d'une ville à l'autre et prendre des rendez-vous en vue d'entretiens constitue une écrasante responsabilité que mon assistante Michele Brown a toujours assumée avec le sourire. Arlette Quervel, son mari

Yves et Carol Brick-Stock nous ont prêté main-forte pour de nombreuses traductions.

Le personnel des différentes archives que nous avons consultées nous a été d'une grande aide. Les Archives nationales de College Park, dans le Maryland, sont une pure merveille. Je dois une fière chandelle au Dr Greg Bradsher, au Dr Michael Kurtz et aux nombreux employés de la NARA. Je souhaiterais remercier, de la Galerie nationale d'Art de Washington, Maygene Daniels et son assistante Jean Henry. Charles Perrier de la bibliothèque publique de New York m'a apporté une aide précieuse. Au musée du Louvre, à Paris, nous avons eu la chance de bénéficier du soutien enthousiaste d'Alain Prévet, qui a su retrouver de mémoire l'emplacement de presque tous les documents nécessaires. Merci aussi à Catherine Granger, Nicholas Jenkins, Laura Moore, Gene Fielden, Corinne Bouchaux et Desiree Wöhler.

Le Dr Bruce Cole, le Dr Edmund Pillsbury, Jim Mullen, Claire Barry et Emmanuelle Polack nous ont aidés chacun à leur façon. Tous entretiennent un lien direct avec les Monuments men. Cela dit, en matière de lien, rien ne saurait remplacer ceux que les Monuments men eux-mêmes ont tissés avec leur famille. Certains de leurs proches disposaient de lettres de leurs aïeux et de photos classées et donc facilement disponibles ; d'autres ont dû passer un temps fou à mettre la main dessus. En tout cas, il a fallu qu'ils nous accordent une confiance absolue pour nous autoriser à publier des documents aussi personnels. Rien que pour cela, nous garderons une dette éternelle envers les Monuments men et leur famille. Je voudrais en particulier dire merci à Deanie Hancock French, Anne Rorimer, Tom Stout, Robert et Dennis Posey ainsi qu'à Dorothy et Elizabeth Ford.

Au cours de mes recherches, j'ai fait la connaissance de quinze Monuments men et de leurs proches, avec lesquels je me suis lié d'amitié. À l'heure où j'écris ces remerciements, neuf d'entre eux sont encore parmi nous. Je remercie les disparus (Lane, Craig, Salvatore, Charles, Sherman et Ken) et les autres (Seymour, Bernie, Anne, James, Horace, Richard, Mark, Robert et Harry) d'avoir compté sur moi pour utiliser à bon escient leur remarquable legs à la postérité.

Lynn Nicholas mérite ici une reconnaissance particulière : ses recherches sur les pillages effectués par les Nazis pendant la Seconde Guerre mondiale restent une source d'informations essentielle pour tous ceux qui étudient le sujet.

Neuf personnes ont couru le risque de rendre public le rôle des Monuments men. Chacune à leur manière, elles nous ont fourni une aide cruciale. Je tiens à remercier la députée Kay Granger, Steve Glauber, Charlie Rose, Randy Kennedy, Melik Kaylan, Eric Gibson, Susan Eisenhower, Dick Bass et feu William F. Buckley Jr.

Plusieurs amis intimes m'ont aidé à gardé le moral. Je remercie George et Fern Wachter, Leslie Tcheyan, June Terry, Mike Madigan, Allen Cullum et Rod Laver. La musique de Keith Jarrett a apaisé mon âme souvent angoissée.

Enfin, je tiens à remercier tout spécialement Kathleen Kennedy-Marshall, qui, parce qu'elle m'a judicieusement poussé à me remettre en question, il y a des années de ça, m'a permis de découvrir le meilleur moyen de raconter cette histoire.

Avez-vous un lien avec cette histoire ?

Si vous souhaitez prendre connaissance de la liste complète des Monuments men, de documents complémentaires sur les Nazis ou de lettres des Monuments men qui ne figurent pas dans ce livre, consultez le site Internet www.monumentsmen.com.

La fondation des Monuments men pour la sauvegarde des arts est une organisation à but non lucratif qui vise à rassembler des informations sur les Monuments men, sur les responsables locaux du patrimoine et les volontaires qui, parfois au péril de leur vie, ont contribué à préserver les trésors artistiques de l'Europe pendant la Seconde Guerre mondiale. Elle poursuit en outre la mission des Monuments men dans la mesure où elle tente de retrouver puis de restituer les centaines de milliers d'œuvres d'art volées pendant la Seconde Guerre mondiale. Si vous avez des informations sur les Monuments men ou d'autres personnes ayant aidé à sauver les trésors de la civilisation pendant la guerre, ou si vous possédez des œuvres que vous soupçonnez d'avoir été volées pendant la guerre, contactez la fondation des Monuments men par l'intermédiaire de leur site : www.monumentsmenfoundation.org.

Ceux qui souhaitent en savoir plus sur le programme éducatif « Le plus grand vol de l'histoire » consulteront le site www.greatesttheft.com.

Index

I. LA MISSION

II. EUROPE DU NORD

III. ALLEMAGNE

IV. LE VIDE

V. L'APRÈS-GUERRE

DU MÊME AUTEUR

Aux Éditions Jean-Claude Lattès

Avec Bret Witter, MONUMENTS MEN : Rose Valland et le commando d'experts à la recherche du plus grand trésor nazi, 2010 (Folio nº 5672).